Reino von Neumann-Cosel,
Rudi Rupp

Handbuch Wirtschaftsausschuss

Reino von Neumann-Cosel
Rudi Rupp

Handbuch Wirtschaftsausschuss

**Unter Mitarbeit von
Jürgen Krack, Joachim Stöber
und Gerlinde Strauss-Wieczorek**

Vierte, vollständig überarbeitete
und erweiterte Auflage

Bund-Verlag

Die Deutsche Bibliothek – CIP-Einheitsaufnahme

Neumann-Cosel, Reino von:
Handbuch Wirtschaftsausschuss/
Reino von Neumann-Cosel; Rudi Rupp.
Unter Mitarb. von Jürgen Krack ... –
4., vollst. überarb. und erw. Aufl. – Frankfurt am Main :
Bund-Verl., 2001
ISBN 3-7663-3225-2
NE: Rupp, Rudi:; GT

4., vollständig überarbeitete und erweiterte Auflage 2001

© 1996 by Bund-Verlag GmbH, Frankfurt/Main
Herstellung: Inga Tomalla, Frankfurt/Main
Umschlag: Atelier Warminski, Büdingen
Druckvorstufe: Satzbetrieb Schäper GmbH, Bonn
Druck: Media-Print, Paderborn
Printed in Germany 2001
ISBN 3-7663-3225-2

Vorwort zur 4. Auflage

Das vorliegende Handbuch entstand im Anschluss an ein von der Hans-Böckler-Stiftung finanziertes Forschungsprojekt »Der Wirtschaftsausschuss in der Mitbestimmungspraxis«[1]. Die am Beispiel der Berliner Metallindustrie 1984/85 durchgeführte Untersuchung zeigte in aller Deutlichkeit, wie schwierig die Ausschöpfung der Informations- und Beratungsrechte durch die Wirtschaftsausschüsse in der betrieblichen Praxis ist. Dabei lagen die Hindernisse keineswegs allein im Verhalten der Arbeitgeberseite – jedenfalls nicht in solchen Verhaltensweisen, die als eindeutige Verletzung des BetrVG mit rechtlichen Mitteln zu ändern wären. Wesentlichen Anteil an den konstatierten Schwierigkeiten hatten die Wirtschaftsausschüsse selbst. Dabei reichten die Ursachen von einem falschen Verständnis der Wirtschaftsausschusstätigkeit bis hin zu einer mangelhaften Organisation der eigenen Arbeit.

Durch unsere Schulungs- und Beratungstätigkeit müssen wir feststellen, dass sich die in unserer Untersuchung gezeigte unbefriedigende Situation zumindest im Bereich der Wirtschaftsauschüsse in mittelständischen Unternehmen – soweit sie denn überhaupt errichtet sind – nicht wesentlich gebessert hat.

Das Handbuch soll deshalb als Anregung und Handlungsanleitung dienen, eine gezielte, auf Interessenvertretung ausgerichtete Informationspolitik im Unternehmen zu entwickeln und den Wirtschaftsausschuss zu einem Gremium der Interessenvertretung zu machen, in dem die wirtschaftlichen Angelegenheiten des Unternehmens im Hinblick auf deren Auswirkungen auf die Beschäftigten mit dem Unternehmer beraten werden.

Seit der 1. Auflage im Jahre 1986 wurde das Handbuch ständig aktualisiert und inhaltlich erweitert. Damit haben wir versucht, unserem Anspruch *aus der Praxis für die Praxis* auch unter den gestiegenen Anforderungen an die Arbeit von Wirtschaftsausschüssen gerecht zu werden. Entsprechend haben wir in der 4. Auflage die seit der 3. Auflage eingetretenen gesetzlichen Änderungen und die zwischenzeitlich ergangene Rechtsprechung zu den §§ 106 ff. BetrVG berücksichtigt. Durch das Gesetz zur Kontrolle und Transparenz im Unter-

---

1 Veröffentlicht als fhw-forschung 12/13, Berlin 1986

nehmensbereich (KonTraG) wird das Thema Risikomanagement nicht nur die Aufsichtsräte, sondern nach unserer Überzeugung auch zunehmend die Wirtschaftsausschüsse beschäftigen. Mit dem Kapitalgesellschaften-& Co.-Richtlinie-Gesetz (KapCoRiliG) hat der Gesetzgeber endlich diese Sonderform der Personengesellschaften den Kapitalgesellschaften angeglichen. Inhaltlich haben wir das Kapitel über den Jahresabschluss um einen Abschnitt über die internationale Rechnungslegung (IAS, US-GAAP) ergänzt. Der Abschnitt zur Konzernrechnungslegung wurde vollständig überarbeitet. Dem Thema Risikomanagement widmen wir ein komplett neues Kapitel.

Nach wie vor gilt für uns der Grundsatz, dass nichts so gut ist, als dass es nicht noch besser werden könnte. Deshalb sind wir für Kritik und Anregungen dankbar.

Berlin, im Januar 2001

Reino von Neumann-Cosel
Rudi Rupp

Inhalt[1]

---

1 Eine detaillierte Inhaltsübersicht ist den einzelnen Kapiteln vorangestellt.

Abkürzungsverzeichnis

Abs.	Absatz
Abschn.	Abschnitt
Abt.	Abteilung
abzügl.	abzüglich
AG	Aktiengesellschaft
AiB	Arbeitsrecht im Betrieb
AktG	Aktiengesetz
ArbGG	Arbeitsgerichtsgesetz
AuR	Arbeit und Recht
BAG	Bundesarbeitsgericht
BB	Betriebs-Berater
betriebl.	betrieblich
BetrVG	Betriebsverfassungsgesetz
BR	Betriebsrat
BWL	Betriebswirtschaftslehre
DB	Der Betrieb
d.h.	das heißt
DKK	Däubler/Kittner/Klebe (Hrsg.), BetrVG. Kommentar für die Praxis, 7. Aufl. Köln 2000
durchschnittl.	durchschnittlich
evtl.	eventuell
FKHE	Fitting/Kaiser/Heither/Engels, Betriebsverfassungsgesetz, Handkommentar, 19. Aufl. München 1998
GBR	Gesamtbetriebsrat
ggf.	gegebenenfalls
GmbH	Gesellschaft mit beschränkter Haftung
HGB	Handelsgesetzbuch
i.d.R.	in der Regel
i.V.m.	in Verbindung mit
KBR	Konzernbetriebsrat
KG	Kommanditgesellschaft

KG a.A.	Kommanditgesellschaft auf Aktien
KWA	Konzernwirtschaftsausschuss
kons.	konsolidiert
langfr.	langfristig
MB	Die Mitbestimmung
Mon.	Monat
o.	oder
OHG	Offene Handelsgesellschaft
PublG	Publizitätsgesetz
S.	Seite
s.	siehe
sogen.	so genannt
u.	und
u.a.	unter anderem
u.ä.	und ähnliches
unkons.	unkonsolidiert
usw.	und so weiter
u.U.	unter Umständen
v.a.	vor allem
vgl.	vergleiche
WA	Wirtschaftsausschuss
Ziff.	Ziffer
z.T.	zum Teil

1. # Einleitung

Inhaltsübersicht

1.1 ## Praxisbeispiele

1.1.1 ## »Was willst Du da machen?
Die Maßnahmen sind doch
betriebswirtschaftlich geboten!«

In einem Familienunternehmen in der Rechtsform einer *GmbH* werden elektrische Haushaltsgeräte hergestellt. Das Unternehmen besteht aus drei räumlich weit voneinander entfernten Betrieben: dem Hauptwerk mit 1100 Beschäftigten, dem Zweigwerk A mit 700 und dem Zweigwerk B mit 200 Beschäftigten. Im Hauptwerk werden Küchengeräte und in den Zweigwerken elektrische Geräte für den Sanitärbereich hergestellt.

Die Entwicklung des Unternehmens verlief bis Anfang der 80er Jahre recht positiv. In dieser Zeit gab es kaum Konflikte zwischen Geschäftsleitung und Arbeitnehmervertretung. Da die meisten Probleme zwischen Arbeitgeber- und Arbeitnehmerseite in den drei Betrieben ohne größere Schwierigkeiten gelöst werden konnten, spielte der Gesamtbetriebsrat (GBR) in dieser Zeit nur eine untergeordnete Rolle für die Interessenvertretungsarbeit. Auch der Wirtschaftsausschuss (WA) führte nur ein Schattendasein: Er trat ein- bis zweimal im Jahr zusammen, wobei vom Unternehmer lediglich ein mündlicher Bericht über die vergangene Umsatz- und Personalentwicklung und die vorgesehenen Investitionen gegeben wurde. Die im WA erhaltenen Informationen wurden von den WA-Mitgliedern deshalb auch als wenig nützlich angesehen, ohne dass dieser Zustand als besonders problematisch empfunden wurde.

Ende 1984 kam es im Unternehmen aufgrund der wirtschaftlichen Situation in der Branche zu Umsatzrückgängen, die zu einer Unterauslastung der Produktionskapazitäten und Verlusten führten. Nachdem Versuche, diese Entwicklung durch die beschleunigte Einführung neuer Produkte und die Senkung von Materialkosten zu stoppen, keinen Erfolg hatten, begann die Geschäftsleitung mit der Planung einer grundsätzlichen Umstrukturierung der drei Betriebe. In dieser Planung wurde zum einen untersucht, ob sich die Kosten durch Zentralisierung bestimmter Produktionsverfahren (z. B. Lackierung, Galvanisation) in einem der drei Betriebe senken ließen. Zum anderen wurde die bisherige Aufteilung der Produkte auf die drei Betriebe überprüft.

Ende 1986 erfuhr der GBR-Vorsitzende bei einem Vieraugengespräch mit einem Mitglied der Geschäftsleitung erstmals von den Umstrukturierungsplänen. Das Geschäftsleitungsmitglied erklärte in diesem Gespräch, dass im Februar 1987 eine Entscheidung über die Schließung eines der drei Betriebe getroffen werden solle, wobei zur Zeit noch nicht feststehe, welcher Betrieb betroffen sein würde. Der GBR-Vorsitzende hielt sich an den Wunsch des Geschäftsführungsmitglieds, dieses Gespräch vertraulich zu behandeln, und gibt die Information erst auf der nächsten routinemäßigen GBR-Sitzung im Januar 1987 an die restlichen Interessenvertreter weiter.

Der GBR nahm die Ankündigung lediglich zur Kenntnis, ohne dass konkrete Beschlüsse über ein gemeinsames Vorgehen der Arbeitnehmerseite gefasst wurden. Forderungen einzelner GBR-Mitglieder, sofort die Belegschaft zu informieren und die Gewerkschaft einzuschalten, werden von der GBR-Mehrheit mit der Begründung abgelehnt, der Unternehmer würde nicht mehr mit dem GBR verhandeln, wenn die Pläne in der Öffentlichkeit bekannt würden.

Noch bevor die Geschäftsleitung eine endgültige Entscheidung über die Umstrukturierung getroffen hatte, erfuhr der GBR-Vorsitzende über seine vertraulichen Kanäle, dass vermutlich das Zweigwerk B geschlossen werden solle. Er informierte daraufhin sofort den betroffenen BR, der seinerseits den Wirtschaftsminister seines Landes über die drohende Betriebsschließung in Kenntnis setzte.

Da die Landesregierung erhebliche Subventionen für den Fall in Aussicht stellte, dass das Zweigwerk B an seinem bisherigen Standort erhalten bliebe, beschloss die Geschäftsleitung im Februar 1987, doch alle Standorte zu erhalten, allerdings unter Personalabbau in allen drei Betrieben. Erst im März 1987 wurde die Belegschaft der drei Betriebe von den jeweiligen Betriebsräten auf Betriebsversammlungen über die Entwicklung informiert.

Nachdem die Entscheidung für den Erhalt aller drei Betriebe und Grundsatzentscheidungen über die Umstrukturierung auf der Ebene der Geschäftsleitung feststand, wurde eine Unternehmensberatungsgesellschaft beauftragt, die Umstrukturierung in ihren Einzelheiten auszuarbeiten. Dazu wurde in jedem Betrieb ein Projektteam gebildet, in dem auch jeweils ein BR-Mitglied vertreten war. Die Interessenvertretung war daher auf der Basis von schriftlichen Unterlagen recht gut über den jeweiligen Planungsstand informiert. Die Ergebnisse der drei Projektteams wurden außerdem im WA besprochen, ohne dass dazu Unterlagen vorlagen.

Der WA diskutierte jedoch nur die *betriebswirtschaftliche Seite* der Umstrukturierung (Fixkosten, Deckungsbeiträge, Durchlaufzeiten, Lieferfristen etc.), wie es die Aussage eines Teilnehmers belegt: »... erst einmal ist dieser ganze Ablauf betriebswirtschaftlich zu sehen, das war für mich ja etwas ganz Neues. Man hat zwar ein bißchen Einblick gekriegt, wie sie sich das denken, – aber Einflussnahme – nee!« (WA-Mitglied)

Die voraussichtlichen Auswirkungen der vorgesehenen Maßnahmen auf die Beschäftigten (Arbeitsplatzabbau, Intensivierung, Qualifikationsverlust etc.) wurden dagegen nicht zum Thema gemacht. So war es nicht verwunderlich, dass auch keine Forderungen oder gar eigene Vorschläge zur Minderung der zu erwartenden negativen Konsequenzen entwickelt wurden. Neben der Akzeptanz angeblicher Sachzwänge war für diese mangelnde Nutzung des WA auch die Tatsache verantwortlich, dass dem Unternehmer im WA zu sehr das Gesetz des Handelns überlassen wurde, wie ein Beteiligter rückblickend eingestand: »Also die Wirtschaftsausschusssitzungen, da läuft es ja immer mehr oder weniger nach den Willensentscheidungen des Arbeitgebers. Der letzte Geschäftsführer, der war ein blendender Redner, der hat tolle Reden gehalten, bloß hatten sie keinen Inhalt. ... Und die waren sehr großzügig, mit Zahlen schnell rumzuwerfen. Nach dem Motto: Damit könnt Ihr sowieso nichts anfangen. Und das ist eigentlich auch ein Fehler des Wirtschaftsausschusses, dass sich da oft keine Leute finden, um mitzumachen. Nie einer ..., der sagt: Die Zahlen kann ich auch umsetzen.«

Nachdem die detaillierten Umstrukturierungspläne im Sommer 1987 von der Geschäftsleitung beschlossen waren, schloss sich eine halbjährige Umsetzungsphase an, in deren Verlauf die Belegschaft unternehmensweit durch Kündigungen und Ausnutzung der Fluktuation von 2000 auf 1650 Beschäftigte abgebaut werden sollte, ohne dass der BR hier noch wirksame Eingriffsmöglichkeiten sah.

1.1.2   »Wir sind Betriebsräte und keine Geheimräte!«

Ein anderer Fall: Eine *AG* besteht aus einem Betrieb mit 600 Beschäftigten, in dem elektronische Bauelemente hergestellt werden. Auf der WA-Sitzung im November 1986 legt die Geschäftsleitung dem WA eine Aufstellung über die für 1987 geplanten Investitionen vor. Diese Aufstellung enthält unter anderem einen relativ hohen Geldbetrag für Softwareentwicklung. Auf Nachfrage wird dem WA mitgeteilt, dass es sich um die Ausgaben für den Kauf und die Anpassung eines Produktions-, Planungs- und Steuerungssystems (PPS) handelt, mit dem über eine schnelle Rückmeldung der Produktionsfortschritte eine bessere Kapazitätsauslastung und eine realistische Zeitplanung erreicht werden soll. Da die Interessenvertretung mit dem EDV-Einsatz, speziell mit Personalinformationssystemen, schon Erfahrungen sammeln konnte, wird im WA sofort weiter nachgefragt, welche Personaleinsparungseffekte der Unternehmer vom Einsatz des PPS-Systems erwartet und welche Auswirkungen auf die Qualifikationsanforderungen der betroffenen Beschäftigten sich ergeben bzw. ob vorgesehen ist, personenbezogene Daten zu erfassen, die zu Kontroll- und Überwachungszwecken verwendet werden können.

Die Geschäftsleitung reagiert ausweichend: Über Rationalisierungseffekte und veränderte Qualifikationsanforderungen könne man noch nichts aussagen, da das zu kaufende PPS-System erst an die betrieblichen Bedingungen anzupassen sei. Es sei auch nicht beabsichtigt, Leistungs- und Verhaltensdaten zu erfassen. Statt dessen wird der WA aufgefordert, über die Planungen Stillschweigen gegenüber BR und Belegschaft zu bewahren, um die Vorteile, die man sich gegenüber der Konkurrenz erhofft, nicht zu gefährden.

Der WA zeigt sich mit dieser Antwort jedoch ganz und gar nicht zufrieden, sondern fordert die Geschäftsleitung auf, umgehend Unterlagen über das System vorzulegen. Auf einer Nachbereitungssitzung wird zudem vereinbart, dem BR die Einbeziehung einer gewerkschaftlichen *Technologieberatungsstelle* zu empfehlen, um sich über mögliche Auswirkungen des Einsatzes von PPS-Systemen auf die Beschäftigten zu informieren. Als der BR daraufhin von der eingeschalteten Technologieberatungsstelle erfährt, dass beim Einsatz von PPS-Systemen

- zwar nicht kurzfristig, wohl aber auf lange Sicht mit Personaleinsparungen zu rechnen ist,
- die Entwicklung der Qualifikationsanforderungen bei den meisten Systemen eher negativ einzuschätzen sei,
- und durch die Zusammenfassung von vielen, bisher in getrennten Dateien gesammelten Daten in einer gemeinsamen Datenbank die Grundlagen für

weitere Rationalisierungsmaßnahmen und umfassende Leistungs- und Verhaltenskontrollen gelegt werden,
beschließt der BR, mit der Geschäftsleitung umgehend in Verhandlungen über eine *Betriebsvereinbarung* zum Einsatz des PPS-Systems einzutreten.

Wie nach dem Verlauf der WA-Sitzung schon zu erwarten, lehnt die Geschäftsleitung solche Verhandlungen ab, da Mitbestimmungsrechte ihrer Meinung nach zumindest zur Zeit nicht gegeben seien. Man werde aber – falls erforderlich – zu gegebener Zeit auf den BR zukommen. Die vom WA geforderten Unterlagen könnten auch nicht vorgelegt werden, da eine Entscheidung für einen bestimmten Softwarehersteller noch nicht gefallen sei. Da der BR jedoch von Beschäftigten aus der EDV-Abteilung weiß, dass die Entscheidung für einen Hersteller praktisch schon getroffen ist, wird das Verhalten der Geschäftsleitung sehr schnell als Verzögerungs- und Verharmlosungstaktik erkannt. Der BR macht deshalb bei der nächsten Zusammenkunft mit der Geschäftsleitung deutlich, dass er notfalls versuchen werde, den Einsatz des Systems mit einer einstweiligen Verfügung zu verhindern, solange zu diesem Komplex keine Betriebsvereinbarung abgeschlossen ist. Außerdem wird nun auch entgegen dem Wunsch der Geschäftsleitung die Belegschaft in dem regelmäßig erscheinenden Infoblatt des Betriebsrats über den vorgesehenen Einsatz des PPS-Systems unterrichtet. Der BR stellt darin die vermuteten negativen Auswirkungen auf die Beschäftigten dar sowie die Weigerung der Geschäftsführung, mit dem BR Verhandlungen aufzunehmen.

Um die entstandene Unruhe im Betrieb zu dämpfen, sieht die Geschäftsführung keinen anderen Ausweg, als die Belegschaft über den inzwischen erfolgten Kauf des PPS-Systems zu informieren. Der WA erhält gleichzeitig die Systembeschreibung des Softwareherstellers. Außerdem erklärt sich der Arbeitgeber nun zu Verhandlungen mit dem BR bereit.

Da sich der WA nicht in der Lage sieht, die zur Verfügung gestellten umfangreichen Unterlagen daraufhin durchzuarbeiten, welche Auswirkungen der Einsatz des PPS-Systems für die Belegschaft haben werde, beschließen BR und WA, einen *Sachverständigen* entsprechend § 80 Abs. 3 BetrVG hinzuzuziehen. Die Geschäftsleitung versucht zwar, die Hinzuziehung des Sachverständigen durch das Angebot der Nutzung interner Experten zu verhindern. Da erwartungsgemäß diese Experten jedoch die möglichen oder tatsächlichen Auswirkungen des Systems auf die Belegschaft nicht darstellen können oder wollen und auch in den parallel aufgenommenen Verhandlungen zwischen BR und Geschäftsleitung keine Einigung über das Bestehen eines Mitbestimmungsrechts nach § 87 Abs. 1 Ziff. 6 BetrVG erzielt werden kann, die Anpassungsarbeiten des PPS-Systems an die betrieblichen Bedingungen durch eine eingerichtete Projektgruppe aber schon in vollem Gange sind, beschließt der

BR im Juni 1987, die Verhandlungen für gescheitert zu erklären und die *Einigungsstelle* anzurufen. Auch diese Schritte werden der Belegschaft auf einer Betriebsversammlung und über das BR-Info im Einzelnen dargestellt und begründet.

Die Einigungsstelle wird zu einem vollen Erfolg für die Interessenvertretung. Zunächst gelingt es, den Einigungsstellenvorsitzenden schon auf der ersten Sitzung zu überzeugen, dass aufgrund der im PPS-System zu erfassenden personenbezogenen Daten Leistungs- und Verhaltenskontrollen möglich sind und somit ein erzwingbares Mitbestimmungsrecht nach § 87 Abs. 1 Ziff. 6 BetrVG gegeben ist. Außerdem setzt sich der Einigungsstellenvorsitzende wegen der Komplexität der Materie für die Hinzuziehung eines Sachverständigen durch den BR ein, weil sonst zeitliche Verzögerungen des Einigungsstellenverfahrens zu befürchten wären. Der Durchbruch ist geschafft: Die Geschäftsleitung akzeptiert den geforderten Sachverständigen. Auf weiteren Sitzungen der Einigungsstelle können schließlich die vom BR zusammen mit dem Sachverständigen erarbeiteten Forderungen für eine Betriebsvereinbarung weitgehend durchgesetzt werden: So wird u.a. vereinbart, dass

- aufgrund der Einführung und des Einsatzes des PPS-Systems *keine Entlassungen, Versetzungen* oder *Abgruppierungen* vorgenommen werden dürfen,
- ein spezielles langfristiges *Qualifizierungsprogramm* für die betroffenen Beschäftigten unter Mitwirkung des Betriebsrats entwickelt werden soll und
- bestimmte *sensible Daten* nur für entsprechend große Gruppen von Arbeitnehmern und auch nur in jeweils solchen Zeiträumen erfasst werden dürfen, die individuelle Leistungs- und Verhaltenskontrollen weitgehend ausschließen,
- im Konfliktfall eine *Einigungsstelle* eingeschaltet werden soll.

1.2 Märchenstunde oder Informationsinstrument? – Anmerkungen zur Praxis der Wirtschaftsausschussarbeit

Die beiden – übrigens in keiner Weise erfundenen – Fallbeispiele verdeutlichen, wie unterschiedlich der WA von der betrieblichen Interessenvertretung genutzt werden kann. Während im ersten Fall fast alles falsch gemacht wurde, so dass es für das Unternehmen ein Leichtes war, seine Planungen ohne Widerstand der Betroffenen durchzusetzen, zeigt der zweite Fall, dass durch eine konsequente Ausnutzung der Mitbestimmungsrechte Regelungen zum Schutz der Beschäftigten getroffen werden können.

So wurden im Fall der *GmbH* selbst die drohenden Vorzeichen (Umsatz-rückgang, Verluste) im WA nicht zum Anlass genommen, wenigstens die Planungen des Unternehmers zu erkunden. Dagegen führten im WA der *AG* schon kleine Hinweise auf geplante Ausgaben zu einer intensiven Nachfrage nach den Auswirkungen unternehmerischer Planungen auf die Beschäftigten. Auch in der Folge ließ sich der WA der *AG* bei seinen Informationsforderungen und Beratungen nicht auf rein betriebswirtschaftliche Sachverhalte beschrän-ken, während der WA der *GmbH* – soweit er überhaupt eingeschaltet wurde – die angeblichen betriebswirtschaftlichen Sachzwänge ohne Widerspruch ak-zeptierte.

Deutliche Unterschiede zeigten sich auch im Umgang mit den erhaltenen Informationen. Die Interessenvertretung in der *GmbH* bzw. einzelne Mitglie-der, ließen sich von der Geheimhaltungsaufforderung des Unternehmers beein-drucken und versäumten es damit, durch rechtzeitige Information der Beleg-schaft einen entsprechenden Verhandlungsdruck zu erzeugen. In der *AG* wurden dagegen die Verhandlungen zwischen BR und Geschäftsleitung zum Abschluss einer Betriebsvereinbarung durch Einschalten der Gewerkschaft und Information der Belegschaft eindrucksvoll unterstützt.

Schließlich ist im ersten Beispiel zu bemängeln, dass der GBR erst gar nicht versucht hat, Verhandlungen mit dem Arbeitgeber – z. B. über einen Interes-senausgleich nach § 112 BetrVG – aufzunehmen. Der zweite Fall zeigt dage-gen, wie es durch weitgehende Ausschöpfung der Mitbestimmungsrechte (Hinzuziehung eines Sachverständigen, Anrufung der Einigungsstelle) gelingen kann, auf die Planungen des Unternehmers Einfluss zu nehmen.

Natürlich wird sich die Arbeit vieler WAs zwischen diesen beiden Extremen bewegen. Allerdings zeigt eine in den Jahren 1983–1985 durchgeführte Unter-suchung der Autoren über die WA-Praxis in 87 Berliner Metall-Unternehmen sehr deutlich, dass nur in den seltensten Fällen die Möglichkeit der Wirtschafts-ausschüsse so genutzt wurden, wie dies möglich und auch notwendig wäre. So ist in einem Großteil von ihnen der Informationsstand äußerst unbefriedigend. Insbesondere erhielten die WAs nur in sehr beschränktem Maße auf die Zukunft bezogene Plandaten. Auch 15 Jahre später haben sich die Verhältnisse vor allem in Klein- und Mittelbetrieben nicht wesentlich gebessert.

So ist auch heute noch davon auszugehen, dass der Informationsstand be-züglich arbeitnehmerbezogener Daten – also solcher Daten, die die Situation der Belegschaft direkt beschreiben – schlechter ist als der bezüglich ökonomi-scher Daten. Von den meisten WA-Mitgliedern wird somit der Schwerpunkt der WA-Arbeit immer noch sehr viel stärker im Bereich der rein betriebswirt-schaftlichen Fragestellungen und weniger im Bereich der Auswirkungen unter-nehmerischer Maßnahmen auf die Beschäftigten gesehen.

Dieser negative Zustand ist zumindest zum Teil von den Gremienmitgliedern selbst zu vertreten, da durch Mängel in der eigenen Arbeit den Unternehmern eine ungenügende Unterrichtung und Beratung erleichtert wird. Solche Mängel sind vor allem:

- Die zu geringe Sitzungshäufigkeit.
- Die ungenügende Vorbereitung der WA-Sitzungen.
- Die ungenügende Verarbeitung und Dokumentation von Informationen, die ein Wiederauffinden und Vergleichen der Daten erschwert.
- Die Möglichkeit der Teilnahme von Gewerkschaftsbeauftragten an WA-Sitzungen, die nur selten genutzt wird.

Vor diesem Hintergrund ist es nicht erstaunlich, dass vielen Interessenvertretungen die restriktive Informationspolitik der Unternehmer im WA nicht recht bewusst ist. So fühlten sich in unserer Untersuchung fast 50 % der WA-Sprecher immer oder doch meistens umfassend informiert; nur ein Drittel der WA-Sprecher gab an, selten oder nie rechtzeitig informiert zu werden.

Zusammenfassend muss man deshalb feststellen, dass die WAs für die Arbeit der meisten Interessenvertretungen immer noch von geringer Bedeutung sind. Aktive Ausschüsse, deren Informationen zu einer frühzeitigen und erfolgreichen Einflussnahme auf die unternehmerischen Planungen genutzt werden, stellen leider noch die Ausnahme dar. Die Ursachen dafür sind allerdings nur zum Teil in einer restriktiven Informationspolitik der Unternehmerseite zu sehen. Mindestens in gleichem Maße sind auch Mängel in der WA-Arbeit für diesen Zustand verantwortlich. In diesem Handbuch werden deshalb Beispiele und Hinweise gegeben, wie die Arbeit im WA besser gestaltet und organisiert (Kap. 3 und 9) und wie mit restriktiver Informationspolitik der Unternehmer umgegangen werden kann (Kap. 10).

Vertiefende und weiterführende Literatur

Böhle, F., Strategien betrieblicher Informationspolitik. Eine systematische Darstellung für Betriebsräte und Vertrauensleute, Hrsg.: Hans-Böckler-Stiftung. Wissenschaft im Arbeitnehmerinteresse, Bd. 5, Köln 1986.

von Neumann-Cosel, R. v./Rupp, R., Der Wirtschaftsausschuss in der Mitbestimmungspraxis, fhw-forschung 12/13, Berlin, Februar 1986.

Die Mitbestimmung, Heft 9/1985.

2. Informationen sind nicht alles, aber ohne Informationen ist alles nichts – Die Informationspolitik der Interessenvertretung

2.1   Die Informationsarbeit der Interessenvertretung

Die beiden Beispiele der Einleitung haben gezeigt, wie wichtig es für den Schutz und die Gestaltung von Arbeitnehmerinteressen ist, dass die Interessenvertretung

- frühzeitig Kenntnis über die voraussichtliche zukünftige Entwicklung des Unternehmens und damit über die mögliche Gefährdung von Arbeitnehmerinteressen hat,
- eigene Ziele und Forderungen bezüglich der Arbeitnehmerinteressen entwickelt,
- die Belegschaft und notfalls die Öffentlichkeit in die Auseinandersetzung einbezieht,
- im Zuge der Verhandlungen mit der Arbeitgeberseite notfalls auch vom Einsatz aller rechtlichen Möglichkeiten bis hin zur Einigungsstelle und zum Arbeitsgericht nicht zurückschreckt.

Eine wesentliche Voraussetzung für erfolgreiche Interessenvertretungspolitik ist damit die *Informationsarbeit* der Interessenvertretung. Dabei sollen die Mitglieder der Interessenvertretung stets daran denken, dass es in der Regel nicht in erster Linie darum geht, den Arbeitgeber mit besseren betriebswirtschaftlichen Argumenten zu überzeugen. Die Informationsarbeit – unterteilt in Informationsbeschaffung, -verarbeitung und -weitergabe – sollte statt dessen dazu dienen,

• Gefährdungen der Arbeitnehmerinteressen zu erkennen,
• Forderungen entwickeln zu können und
• die potenziellen Mitstreiter zu überzeugen.

Dabei kommt der Überzeugung der potenziellen Mitstreiter bzw. externer Entscheidungsinstanzen eine besondere Bedeutung zu, da das Betriebsverfassungsgesetz dem Betriebsrat in wirtschaftlichen Fragen kein echtes Mitbestimmungsrecht zubilligt. Es ist deshalb nötig, dass die Interessenvertretung alle anderen Möglichkeiten der faktischen Gegenmachtentfaltung (Ausschöpfung der Mitbestimmungsrechte bis zum Einigungsstellenverfahren, Hinzuziehung von Gewerkschaftsbeauftragten und Sachverständigen, Einleitung von Beschlussverfahren, Mobilisierung von Belegschaft und Öffentlichkeit) optimal einsetzen kann. Diese betriebspolitischen Vorgehensweisen sind um so eher möglich, je genauer potenzielle Mitstreiter (Betriebsratskollegen, Vertrauensleute, Belegschaft, Gewerkschaftssekretäre, Einigungstellenvorsitzende, Arbeitsrichter, Journalisten, Bürger) über die unternehmenspolitischen Vorhaben, deren Folgen für die Beschäftigten und das weitere Umfeld sowie über die Gegenvorstellungen (Forderungen) des Betriebsrates informiert sind.

Schon die Informationsbeschaffung, insbesondere aber die Informationsweitergabe, muss deshalb so angelegt sein, dass den potenziellen Mitstreitern die Problemsichten des Betriebsrates einleuchten, die Forderungen für die Arbeitnehmer notwendig und machbar und die Kritik an der Unternehmenspolitik plausibel erscheinen. Den Unternehmer schützt vor allzuviel Einsicht in Arbeitnehmerargumente und Betriebsrats-Informationen die Erwartung von Gewinneinbußen gerade durch Zugeständnisse an die Beschäftigten. Deshalb versucht er umgekehrt das Feld (und die gleichen Zielgruppen) mit seiner Informationspolitik besser zu bearbeiten als der Betriebsrat. Übersicht 1 illustriert diesen wichtigen informationspolitischen Zusammenhang.

Der »Kampf um die Köpfe« setzt Maßstäbe für die Qualität der Informationsarbeit des Betriebsrates. Es kommt darauf an, eigenständige Aktivitäten der Informationsbeschaffung, -verarbeitung und -weitergabe zu entwickeln. Die Politik des Betriebsrates wird von der Belegschaft erst dann aufgegriffen, wenn sie deren Nutzen und Wert für ihre Belange erkennen kann.

Der Betriebsrat muss eine offensive Informationspolitik betreiben. Er braucht dazu Informationen, die

• präzise über die jetzige und zukünftige Interessenlage der Beschäftigten aufklären,
• sofort verständlich sind,

• sich von der Form her zur reibungslosen Weitergabe eignen.
Auch ein anderer Aspekt spricht für eine solche offensive Informationspolitik
der Interessenvertretung: Wie aus vielen Betrieben zu hören ist, erwarten die
Beschäftigten von dem von ihnen gewählten Betriebsrat mehr Transparenz
seiner Arbeit, mehr Diskussionen, letztlich auch mehr Einflussmöglichkeiten.
Kritisiert werden meist nicht so sehr die Entscheidungen und Regelungen selbst
als ihr Zustandekommen. Gelingt es in der Interessenvertretung, Unternehmenspolitik *und* Betriebsratsarbeit durchschaubar darzustellen, wächst die
Bereitschaft der Kollegen, »sich in ihre Angelegenheiten einzumischen«.

Übersicht 1:
Zielgruppen der Informationspolitik von Betriebsrat und Unternehmer

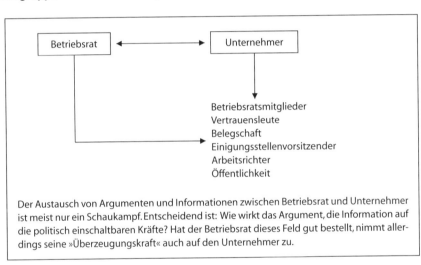

Der Austausch von Argumenten und Informationen zwischen Betriebsrat und Unternehmer
ist meist nur ein Schaukampf. Entscheidend ist: Wie wirkt das Argument, die Information auf
die politisch einschaltbaren Kräfte? Hat der Betriebsrat dieses Feld gut bestellt, nimmt allerdings seine »Überzeugungskraft« auch auf den Unternehmer zu.

Interessenvertretung wird erfolgreicher, wenn sie sich auf eine mobilisierte und
aktionsbereite Belegschaft stützen kann. Informationsarbeit ist dazu lediglich
eine Voraussetzung, aber eine unerläßliche. So gesehen *sind Informationen nicht
alles, aber ohne Informationen ist alles nichts!* Das gilt besonders angesichts der
Betriebsverfassung, die ja bestenfalls eine mittelbare Einflussnahme auf die
wirtschaftlichen Entscheidungen zulässt. Mitbestimmungsmöglichkeiten sind
nur dann wahrzunehmen, wenn hierüber wenigstens rechtzeitig umfassende
Informationen vorliegen und der Betriebsrat qualifiziert genug ist, diese inte-
ressengerechten Informationen auch zu verarbeiten und weiterzugeben.

2.2　Der Wirtschaftsausschuss als zentrale Informationsschaltstelle

Der WA kann in der oben skizzierten Informationsarbeit der Interessenvertretung eine wichtige Rolle spielen, da er – selbst im Vergleich mit dem Aufsichtsrat[1] – mit weitgehenden Informations- und Beratungsrechten ausgestattet ist: Nach § 106 Abs. 1 BetrVG hat der WA die Aufgabe, wirtschaftliche Angelegenheiten mit dem Unternehmer zu beraten und den Betriebsrat zu unterrichten. Als wirtschaftliche Angelegenheiten werden dabei entsprechend § 106 Abs. 3 BetrVG insbesondere die in Übersicht 2 aufgelisteten Angelegenheiten angesehen, wobei hervorzuheben ist, dass diese Aufzählung nicht erschöpfend ist, sondern auch andere nicht ausdrücklich genannten Angelegenheiten zu den Informations- und Beratungsgegenständen zählen können. Besonders wichtig ist in diesem Zusammenhang Ziffer 10 von § 106 Abs. 3 BetrVG, weil sie dem Unternehmer eine *Informations- und Beratungspflicht* für alle Vorgänge und geplanten Vorhaben schon dann auferlegt, wenn die Möglichkeit besteht, dass sie die Interessen der Belegschaft wesentlich berühren. Der Unternehmer muss also auch dann den WA informieren und sich mit ihm beraten, wenn die Auswirkungen seiner geplanten Maßnahmen auf die Beschäftigten tatsächlich oder angeblich noch nicht feststehen. Ob die denkbaren Auswirkungen auf die Interessen der Belegschaft dabei positiv oder negativ sind, ist für die Informations- und Beratungspflicht unerheblich.

Nach § 106 Abs. 2 BetrVG hat der Unternehmer in diesem Zusammenhang die Pflicht, den WA rechtzeitig und umfassend zu informieren, soweit dadurch Betriebs- und Geschäftsgeheimnisse nicht gefährdet werden. Kommt der Unternehmer seiner Pflicht nach rechtzeitiger und umfassender Information nicht oder nur unvollständig nach, so kann der BR nach § 109 BetrVG die Einigungsstelle einschalten.

Die Unterrichtung und Beratung ist nach der Rechtsprechung und der allgemeinen Meinung in der Literatur dann *rechtzeitig,* wenn sie nicht erst nach dem Entschluss des Unternehmers, eine Maßnahme durchzuführen, sondern schon so frühzeitig im Planungsstadium erfolgt, dass der BR noch in betriebswirtschaftlich sinnvoller Weise auf die Planung des Unternehmers einwirken kann (vgl. *DKK,* Rn. 39 zu § 106 BetrVG).

Umfassende Information bedeutet einerseits, dass der Unternehmer unter Vorlage aller Unterlagen informiert, die er selbst zur Grundlage seiner Planung macht. Sie ist andererseits nur gewährleistet, wenn dem WA die in Aussicht

---

1 Siehe: *Bamberg, U. u. a.,* Aber ob die Karten voll ausgereizt sind ..., 10 Jahre Mitbestimmungsgesetz 1976 in der Bilanz, Köln 1987.

Übersicht 2:
Wirtschaftliche Angelegenheiten gemäß § 106 Abs. 3 BetrVG

- wirtschaftliche und finanzielle Lage des Unternehmens
- Produktions- und Absatzlage
- Produktions- und Investitionsprogramm
- Rationalisierungsvorhaben
- Fabrikations- und Arbeitsmethoden, insbesondere die Einführung neuer Arbeitsmethoden
- Einschränkung oder Stilllegung von Betrieben oder von Betriebsteilen
- Verlegung von Betrieben oder Betriebsteilen
- Zusammenschluss oder Spaltung von Unternehmen oder Betrieben
- Änderung der Betriebsorganisation oder des Betriebszwecks
- sonstige Vorgänge und Vorhaben, welche die Interessen der Arbeitnehmer des Unternehmens wesentlich berühren *können*.

genommenen Alternativen und die möglichen Auswirkungen auf die Beschäftigten dargestellt werden (vgl. *DKK*, Rn. 43 f. zu § 106 BetrVG).

Die Unterrichtung im WA hat nach § 106 Abs. 2 BetrVG unter Vorlage der erforderlichen Unterlagen zu erfolgen. Dabei haben nach § 108 Abs. 3 BetrVG die WA-Mitglieder das Recht, in die vorzulegenden Unterlagen Einsicht zu nehmen und sich Notizen zu machen. Insbesondere umfangreiche Unterlagen sind den WA-Mitgliedern für eine gründliche Vorbereitung auch schon vor der WA-Sitzung zumindest zeitweise zu überlassen, damit der WA seine Beratungsaufgaben sinnvoll wahrnehmen kann (vgl. *DKK*, Rn. 45 zu § 106 BetrVG).

Schon aus dieser knappen Darstellung wird deutlich, dass die Interessenvertretung den WA im Rahmen ihrer Gesamtstrategie als zentrales Gremium ihrer Informationsarbeit nutzen kann. Der WA sollte dabei die folgenden Funktionen wahrnehmen:

- Da der WA nach herrschender Auffassung jeweils als erstes Interessenvertretungsgremium über anstehende Maßnahmen und Planungen zu informieren ist, kann er am besten als *Frühwarninstrument* der Interessenvertretung eingesetzt werden.
- Da der WA unabhängig von konkreten Mitbestimmungstatbeständen über die wirtschaftlichen Angelegenheiten des Unternehmens zu informieren ist, eignet er sich besonders als *Informationsbeschaffungsinstrument*. Zielsetzung der dabei zu beschaffenden Informationen sollte neben der Früherkennung von Arbeitnehmergefährdungen der Beleg der Machbarkeit und Finanzierbarkeit von Arbeitnehmerforderungen und damit die spätere Verwendung der Informationen zur Überzeugung der potenziellen Mitstreiter sein.

- Da der Unternehmer gemäß § 106 Abs. 2 BetrVG im WA die Auswirkungen der wirtschaftlichen Angelegenheiten auf die Personalplanung darzulegen hat, eignet sich der WA als *Beratungsinstrument*, um auf die Unternehmenspolitik und -planung im Hinblick auf die Arbeitnehmerinteressen Einfluss auszuüben.
- Da der WA gegenüber dem BR gemäß §§ 106 Abs. 1, 108 Abs. 4 BetrVG eine Unterrichtungspflicht hat, kann der WA auch als *zentrale Informationsschaltstelle* der Interessenvertretung eingesetzt werden.

Der WA sollte deshalb zum verlängerten Arm des BR bzw. des GBR gemacht werden, indem insbesondere die Auswirkungen zukünftiger Maßnahmen des Unternehmers auf die Beschäftigten abgefragt und mit dem Unternehmer beraten werden. Gelingt es der Interessenvertretung, über einen in dieser Weise als »Frühwarninstrument« eingesetzten WA frühzeitig Einblick in die Planungen des Unternehmers zu gewinnen, so wachsen in der Regel die Möglichkeiten, negative Entwicklungen für die Arbeitnehmer zu verhindern oder zumindest abzumildern und möglicherweise auch Verbesserungen für die Beschäftigten durchzusetzen.

Dazu ist es notwendig, dass die im § 106 Abs. 1 BetrVG ausdrücklich festgelegten Beratungsmöglichkeiten im WA genutzt werden. Zwar können die Vorstellungen der Interessenvertretung über die zukünftige Entwicklung des Unternehmens und damit auch der Arbeitnehmerinteressen im WA rechtlich gesehen nicht durchgesetzt werden, da in wirtschaftlichen Angelegenheiten eben keine erzwingbaren Mitbestimmungsrechte bestehen. Bei der Beratung zukünftiger Maßnahmen sollte aber schon im WA deutlich gemacht werden, dass die Interessenvertretung bestimmte, erkennbar negative Auswirkungen nicht ohne weiteres hinnehmen, sondern von ihren erst bei der Umsetzung der geplanten Maßnahmen greifenden Mitbestimmungsrechten in personellen und sozialen Angelegenheiten Gebrauch machen wird.

Plant der Unternehmer beispielsweise den Einsatz neuer Maschinen, die mit höheren Qualifikationsanforderungen verbunden sind, so kann der WA schon bei den Beratungen deutlich machen, dass der BR sicherlich Neueinstellungen nicht zustimmen wird, wenn gleichzeitig Beschäftigte entlassen werden sollen, weil sie den neuen Qualifikationsanforderungen nicht mehr genügen. Der Unternehmer kann auf diese Weise frühzeitig dazu gebracht werden, die Investitionsmaßnahme mit einem entsprechenden Qualifizierungsprogramm zu verbinden.

Voraussetzung für eine solche Politik der Interessenvertretung sind natürlich eine personelle Verzahnung zwischen BR/GBR und WA sowie eine gute Abstimmung zwischen beiden Gremien, damit die Ankündigung der Ausschöpfung von erzwingbaren Mitbestimmungsrechten, die erst in Zukunft greifen, dem Unternehmer auch glaubhaft gemacht werden kann.

Neben der Frühwarnfunktion sollte dem WA vom BR auch die Aufgabe gestellt werden, wirtschaftliche Informationen vom Unternehmer abzufragen, mit denen die Machbarkeit bestimmter Forderungen der Arbeitnehmervertretung nachgewiesen werden kann. So scheitern beispielsweise die Forderungen nach einer Verbesserung der Arbeitsbedingungen (z. B. der Einbau von Schallschutzvorrichtungen) häufig an der Behauptung des Arbeitgebers, dafür sei kein Geld vorhanden. Hier ist es Aufgabe des WA, durch die Beschaffung geeigneter ökonomischer Informationen (vgl. dazu im Einzelnen: Kap. 4–6) die Behauptung des Unternehmers zu überprüfen und möglicherweise die Finanzierbarkeit der Forderungen zu belegen. Lehnt der Arbeitgeber in anderem Zusammenhang beispielsweise die Forderung des BR nach Abbau von Überstunden bei gleichzeitig vorzunehmenden Neueinstellungen mit der Begründung ab, die Überstunden seien unvorhersehbar und fielen zu unregelmäßig an, so können möglicherweise detaillierte Unterlagen aus dem WA über geplante Umsätze, Auftragslage, Fehlzeiten und Überstunden das Gegenteil beweisen.

2.3 Welche Informationen braucht die Interessenvertretung?

Soll der WA in dem oben beschriebenen Sinn zur zentralen Informationsschaltstelle der Interessenvertretung werden, so muss festgelegt werden, welche Daten und Unterlagen beschafft, verarbeitet und weitergegeben werden sollen. Dies wird sich zwar jeweils nur in Abhängigkeit vom jeweiligen Unternehmen bzw. Betrieb festlegen lassen, allerdings lassen sich einige allgemeine Überlegungen zu dieser Frage anstellen.

Würde der WA tatsächlich alle Daten und Unterlagen anfordern, über die der Unternehmer verfügt, so würde er mit Sicherheit in einer Datenflut ertrinken, ohne das Wichtige vom Unwichtigen trennen zu können. Daten und Unterlagen des Unternehmers werden also nur dann zu Informationen für die Interessenvertretung, wenn sie auf den *Zweck der Interessenvertretungsarbeit* bezogen sind.

Fragt man Betriebsräte nach dem Zweck ihrer Arbeit, bekommt man schnell die Antwort: »Die Interessen der Kollegen vertreten.« Fragt man weiter, was das genauer heißt, ist übereinstimmend zu erfahren:
Sie wollen
- Arbeitsplätze erhalten, neue einrichten;
- Einkommen sichern und möglichst erhöhen, für eine »gerechte« Einkommensfindung und -verteilung sorgen;

- Belastungen, Unfälle, Krankheiten am Arbeitsplatz verhindern, die Arbeit menschengerecht gestalten;
- Arbeitszeit verkürzen und den Arbeitseinsatz bedürfnisgerecht regulieren;
- die Ausbildungssituation und die Weiterbildungsmöglichkeiten verbessern;
- Sozialeinrichtungen einführen, verbessern bzw. ihren Bestand schützen;
- schädliche Auswirkungen der Produktion auf die Umwelt vermeiden.

Häufig folgt noch der Hinweis auf die schwierigen Rahmenbedingungen, unter denen Interessenvertretungsarbeit stattfindet: »Um dies alles zu erreichen, muss die Unternehmenspolitik beeinflusst werden. Aber wir haben zu wenig Mitbestimmungsrechte und kriegen kaum brauchbare Informationen!«

Die zu beschaffenden Daten und Unterlagen müssen deshalb

1. direkte Aussagen über die gegenwärtigen und zukünftigen Interessenlagen der Beschäftigten enthalten oder aber im Hinblick darauf auswertbar sein und

2. gegenüber der Belegschaft und den potenziellen Mitstreitern nach Möglichkeit als Beleg dafür geeignet sein, dass die Forderungen der Interessenvertretung wirtschaftlich vertretbar – insbesondere finanzierbar sind.

Eine ausführliche Darstellung, wie ein Informationssystem, das diesen Anforderungen genügt, aussehen kann, findet sich in Kap. 8 dieses Handbuchs.

3. Der Wirtschaftsausschuss wird gebildet – worauf ist zu achten?

Inhaltsübersicht

3.1   Der Wirtschaftsausschuss: Nur etwas für große Unternehmen?

3.1.1   Voraussetzungen zur Errichtung eines Wirtschaftsausschusses

Nach § 106 Abs. 1 BetrVG ist ein WA in Unternehmen mit in der Regel mehr als 100 ständig Beschäftigten zu bilden. Der WA wird somit nicht auf der Betriebs-, sondern auf der Unternehmensebene eingerichtet. Zum besseren Verständnis der weiteren Darstellungen muss deshalb zunächst das Verhältnis von Betrieb und Unternehmen bestimmt werden.

Unter einem Betrieb wird die arbeitstechnische Einheit zur Erstellung von Gütern und Dienstleistungen verstanden. Ein Unternehmen stellt dagegen eine wirtschaftliche Einheit dar. Es bildet den rechtlichen Mantel für einen oder mehrere Betriebe. Im Rechtsverkehr nach außen, also z. B. mit Kunden, Lieferanten oder Geldgebern, tritt das Unternehmen und nicht der Betrieb auf. Nach innen werden auf Unternehmensebene die wesentlichen wirtschaftlichen Entscheidungen getroffen, bei denen die Interessenvertretung lediglich Informations- und Beratungsrechte, aber keine tatsächlichen Mitbestimmungsrechte besitzt. Die Umsetzung der unternehmerischen Entscheidungen erfolgt auf Betriebsebene und führt dort zu (häufig negativen) Auswirkungen bei den Beschäftigten. Erst auf dieser betrieblichen Ebene greifen dann die zum Teil über die Einigungstelle durchsetzbaren Mitbestimmungsrechte des Betriebsrats in sozialen und personellen Fragen sowie bei der Gestaltung der Arbeit.

Besteht das Unternehmen – wie in Übersicht 3 – nur aus einem Betrieb (Einbetriebsunternehmen), so wird der Unterschied zwischen der Unternehmens- und Betriebsebene in der praktischen Arbeit von BR und WA kaum erkennbar, da Betriebsleitung und Unternehmer meist personell identisch sind, so dass BR und WA mit denselben Personen verhandeln.

Setzt sich das Unternehmen dagegen – wie in Übersicht 4 – aus mehreren Betrieben zusammen (Mehrbetriebsunternehmen), wird die Trennung zwischen Unternehmens- und Betriebsebene auch nach außen deutlich. Ansprechpartner für die BR sind die örtlichen Betriebsleitungen, während der WA mit der übergeordneten Unternehmensleitung verhandelt.

Besteht das Unternehmen nur aus einem Betrieb, setzt der BR den WA ein. Besteht das Unternehmen aus mehreren Betrieben, wird der WA vom GBR eingerichtet (§ 107 Abs. 2 BetrVG). Existiert in einem Mehrbetriebsunternehmen kein GBR, weil nur in *einem* Betrieb ein BR gebildet wurde, so kann dieser BR für das gesamte Unternehmen einen WA einrichten (vgl. *DKK*, Rn. 17 zu

Übersicht 3:
Einbetriebsunternehmen

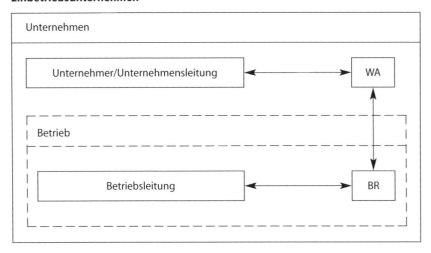

§ 107 BetrVG). Besteht in keinem der Betriebe des Unternehmens ein BR, so kann auch kein WA gebildet werden.

Voraussetzung für die Bildung eines WA ist, dass im Unternehmen – also in allen Betrieben zusammen – in der Regel mindestens 101 Arbeitnehmer ständig beschäftigt werden. In Unternehmen, deren Beschäftigtenzahl in der Nähe dieser Grenze liegt, kann es Zweifel geben, ob die Errichtung eines WA zulässig ist. Grundsätzlich gelten folgende Bedingungen:

- Zu berücksichtigen sind die Arbeitnehmer (einschließlich der Auszubildenden) aller Betriebe gemäß § 5 Abs. 1 BetrVG, unabhängig davon, ob in dem jeweiligen Betrieb ein BR errichtet ist und ob die Arbeitnehmer wahlberechtigt sind. Nicht zu berücksichtigen sind die Arbeitnehmer aus Tochter- oder Mutterunternehmen. Umstritten ist, ob auch Arbeitnehmer ausländischer Betriebe eines inländischen Unternehmens mitzuzählen sind.
- Als ständig Beschäftigte gelten in jedem Fall alle Arbeitnehmer mit unbefristeten Verträgen, unabhängig davon, ob es sich um Vollzeit- oder Teilzeitbeschäftigte handelt, wobei Teilzeitbeschäftigte voll und nicht nur anteilig zu berücksichtigen sind. Auch Beschäftigte mit befristeten Verträgen sind zu berücksichtigen, wenn die von ihnen erledigten Arbeiten Dauerarbeiten darstellen. Dagegen werden Aushilfen oder Saisonarbeitnehmer nicht mitgezählt, wenn die Arbeit nur vorübergehend anfällt oder wenn die Saison weniger als 6 Monate beträgt. Arbeitnehmer im Mutterschutz

Übersicht 4:

Mehrbetriebsunternehmen

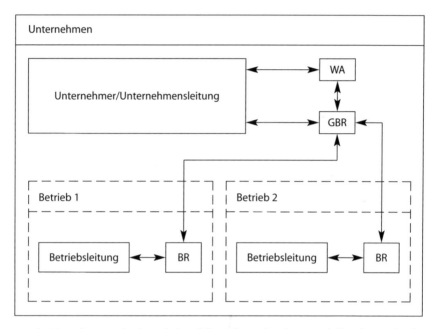

oder Erziehungsurlaub sind ebenfalls zu berücksichtigen, dafür aber nicht die zu ihrem Ersatz befristet eingestellten Mitarbeiter.

• Vorübergehende Erhöhungen oder Verminderungen der Beschäftigtenzahl sollen unberücksichtigt bleiben. Dazu bedarf es eines Rückblicks und einer Prognose der zukünftigen Entwicklung, wobei die Prognose nicht lediglich auf Befürchtungen oder Hoffnungen, sondern nur auf Entscheidungen des Arbeitgebers gegründet werden sollte (vgl. *LAG-Berlin* vom 25. 4. 1998 – 9 TaBV 2/88, DB 1988, 1456). Werden in einem solchen Rückblick bzw. in einer entsprechenden Prognose in mindestens sechs Monaten eines Jahres mehr als 100 Arbeitnehmer beschäftigt, so kann ein WA errichtet werden, auch wenn der rechnerische Durchschnitt unter 101 liegt. Deshalb sind auch Saisonarbeitskräfte mitzuzählen, wenn die Saison mindestens 6 Monate dauert.

Im Zweifelsfall sollte der (G)BR deshalb eine Übersicht über alle Beschäftigungsverhältnisse aufstellen, aus der die monatliche Zahl der Beschäftigten mindestens für das letzte Jahr ersichtlich ist. Bestreitet der Arbeitgeber die Zulässigkeit der Bildung eines WA, so sollte sich der (G)BR mit der zuständigen Gewerkschaft oder einem Rechtsanwalt in Verbindung setzen. Gemeinsam kann dann entschieden werden, ob die Anrufung des Arbeitsgerichts zur Klärung der Streitfrage erfolgen soll.

Wenn die Zahl der Beschäftigten zwar eindeutig unter 101 liegt oder wenn diese Grenze durch Personalabbau erstmalig unterschritten wird, sollte der BR versuchen, mit dem Arbeitgeber eine freiwillige Betriebsvereinbarung über die Bildung eines WA abzuschließen, in der die Regelungen der §§ 106–110 BetrVG nach Möglichkeit vollständig übernommen werden. Im Falle eines erheblichen Absinkens der Belegschaftsstärke i. S. v. § 13 Abs. 2 BetrVG endet die Amtszeit der Mitglieder des WA erst mit der Beendigung der Amtszeit des BR, der die Mitglieder des WA bestimmt hat, durch Bekanntgabe des Wahlergebnisses einer gebotenen vorzeitigen Neuwahl (vgl. *Hess. LAG* vom 17.8.1993 – 4 TaBV 61/93, AuR 1994, 108). Gelingt der Abschluss einer solchen Vereinbarung nicht, so kann der BR auf der Basis von § 80 Abs. 2 BetrVG entsprechende Informationen wie der WA anfordern. Allerdings muss der BR in diesem Fall sein Informationsbegehren mit konkreten, von ihm wahrzunehmenden Aufgaben begründen (vgl. *DKK*, Rn. 22 zu § 106 BetrVG). In jedem Fall aber sollte der BR das Recht zur Abstimmung des vom Arbeitgeber der Belegschaft vorzulegenden Vierteljahresberichts gemäß § 110 Abs. 2 BetrVG nutzen, um möglichst viele Informationen zu erhalten.

Sonderfälle

a. Sind mehrere Unternehmen zu einem *Konzern* verbunden, so ist in jedem Unternehmen, in dem die oben genannten Voraussetzungen erfüllt sind, ein WA zu bilden. Da wesentliche wirtschaftliche Entscheidungen jedoch häufig nicht in den einzelnen Unternehmen, sondern in der Konzernspitze getroffen werden, sollte der KBR versuchen, einen Konzern-WA zu errichten. Zwar hat das BAG dem KBR den Rechtsanspruch auf die Bildung eines KWA abgesprochen (vgl. den heftig umstrittenen BAG-Beschluss vom 23.8.1989), allerdings ist die Errichtung eines KWA auf der Basis einer freiwilligen Betriebsvereinbarung zwischen KBR und Konzernleitung möglich.

b. In *Tendenzunternehmen* gemäß § 118 BetrVG kann die Errichtung eines WA vom (G)BR ebenfalls nicht erzwungen werden. Allerdings sollte auch in diesem Falle versucht werden, mit der Unternehmensleitung eine freiwillige Betriebsvereinbarung über die Errichtung eines WA zu beschließen.

c. Hat ein Unternehmen mit Hauptsitz im Ausland einen oder mehrere inländische Betriebe, so ist zumindest für alle inländischen Betriebe ein WA zu errichten, wenn die inländischen Betriebe organisatorisch zusammengefasst sind, in ihnen zusammen in der Regel mehr als 100 Arbeitnehmer ständig beschäftigt werden (vgl. *BAG* vom 1.10.1974 und 31.10.1975) und wenn wenigstens in einem der inländischen Betriebe ein BR existiert (vgl. *DKK*, Rn. 24 zu § 106 BetrVG).

d. Bilden mehrere Unternehmen (Trägerunternehmen) einen *Gemeinschafts-betrieb*, so kann bei der Trägergruppe ein WA errichtet werden (vgl. BAG-Beschluss vom 1. 8. 1990), wenn im Gemeinschaftsbetrieb mehr als 100 Arbeitnehmer beschäftigt werden, selbst wenn bei keinem der den Gemein-schaftsbetrieb führenden Unternehmen die Beschäftigtenzahl von 100 über-schritten wird (vgl. *DKK*, Rn. 19 f. zu § 106 BetrVG). Haben die Träger-unternehmen des Gemeinschaftsbetriebes weitere Betriebe, so kann bei jedem Trägerunternehmen vom jeweiligen GBR ein WA errichtet werden, wenn die notwendigen Voraussetzungen vorliegen, wobei die Arbeitnehmer des Gemeinschaftsbetriebes bei jedem Trägerunternehmen mitzählen. Da der BR des Gemeinschaftsbetriebes in allen GBRs der Trägerunternehmen vertreten ist, ist der Informationsfluss zwischen den WAs der Trägerunter-nehmen und dem BR des Gemeinschaftsunternehmens gesichert.

e. In Unternehmen der *Seeschifffahrt* erfolgt die Errichtung eines WA durch den See-BR oder – falls auch ein Land-BR existiert – durch den GBR (vgl. *DKK*, Rn. 27 f. zu § 106 BetrVG).

f. In Unternehmen der *Luftfahrt* wird der WA vom BR des Bodenbetriebes bzw. dem GBR der Bodenbetriebe errichtet. Strittig ist, ob die Arbeitneh-mer des Luftbetriebes bei der Ermittlung der ständig beschäftigten Arbeit-nehmer mitzuzählen sind (vgl. *DKK*, Rn. 29 zu § 106 BetrVG).

3.1.2   **Errichtungspflicht**

Die Errichtung eines WA ist übrigens eine *Pflicht* des BR bzw. des GBR (vgl. *DKK*, Rn. 14 zu § 106 BetrVG). Um so erstaunlicher ist die Tatsache, dass es immer noch eine beträchtliche Zahl von WA-fähigen Unternehmen (in unserer Untersuchung etwa 25 %) gibt, in denen ein WA bisher nicht gebildet wurde. Es sind überwiegend die Betriebsräte von kleineren Unternehmen (ohne frei-gestelltes BR-Mitglied), die auf die Einrichtung eines WA verzichten. Als Begründung für diesen Verzicht wird oft angegeben

• die angeblich geringe Bedeutung der im WA beschafften Informationen für die Betriebsratstätigkeit

• die zu große zeitliche Belastung durch einen weiteren Ausschuss,

• das Fehlen geeigneter Personen, die in den WA entsandt werden könnten.

Alle drei Argumente können nicht überzeugen: Gerade die über den WA beschafften Informationen sind für eine langfristig orientierte BR-Arbeit unver-zichtbar. Deshalb wird sich auch der zusätzliche Zeitaufwand auf Dauer auszahlen. Da die Mitglieder des WA für die Arbeit im WA ohne Minderung des Arbeitsentgelts freizustellen sind, sollte auch die zusätzliche zeitliche Belastung bei vernünftiger Sitzungsdauer und -lage verkraftbar sein. Sollte der Unternehmer die Bildung eines WA zu verhindern suchen, so sollte der BR ihn darauf hinweisen, dass er damit gegen seine Verpflichtung aus dem BetrVG in grober Weise verstößt. Auch die Rekrutierung geeigneter Personen sollte möglich sein, wenn unsere Vorschläge im folgenden Abschnitt 3.2 berücksichtigt werden. Wichtiger dürfte es in diesem Zusammenhang sein, die Belegschaft von der Notwendigkeit und Nützlichkeit eines WA zu überzeugen.

Häufig wird auch argumentiert, in einem kleinen Unternehmen brauche man keinen WA, da der BR bei seinen Verhandlungen ohnehin dem Unternehmer in seiner Arbeitgeberfunktion gegenübersitze und so schon alle wichtigen Informationen für seine Arbeit erhalte. Dies ist allerdings nur bedingt richtig: Zwar hat auch der BR das Recht, vom Arbeitgeber wirtschaftliche Informationen abzufordern, allerdings muss er jeweils deutlich machen, dass die Information zur Wahrnehmung eines bestimmten Mitbestimmungsrechts benötigt wird. Den WA dagegen muss der Unternehmer auch schon ohne Vorliegen konkreter Mitbestimmungstatbestände von sich aus informieren, wenn die Interessen der Belegschaft berührt sein könnten. Tatsächlich ist deshalb der wirtschaftliche Informationsstand der Interessenvertreter in Unternehmen ohne WA erfahrungsgemäß schlechter als in vergleichbaren Unternehmen mit WA. Die BR von kleineren Unternehmen sollten deshalb nicht auf die Einrichtung eines WA verzichten.

3.2 Der Wirtschaftsausschuss: Tummelplatz nur für Wirtschaftsexperten?

Hat der (G)BR die Einrichtung eines WA beschlossen, so sind im nächsten Schritt die Mitglieder des WA zu benennen. Damit wird zugleich die Größe und Zusammensetzung des WA festgelegt.

3.2.1 Zusammensetzung des Wirtschafts-
ausschusses

Nach § 107 Abs. 1 BetrVG müssen die WA-Mitglieder dem Unternehmen angehören. Außerdem muss mindestens ein BR-Mitglied im WA vertreten sein. Es ist jedoch zu empfehlen, in den WA vorrangig BR-Mitglieder zu entsenden, damit der WA seine Aufgabe als verlängerter Arm des BR erfüllen kann. Dafür sprechen mehrere Gründe:

- Die inhaltliche Verknüpfung von WA- und BR/GBR-Arbeit wird verbessert.
- Die Informationsverluste zwischen WA und BR/GBR können vermindert werden.
- Die Konfliktfähigkeit des WA steigt, da WA-Mitglieder, die nicht zugleich BR-Mitglieder sind, zwar auch unter das Benachteiligungsverbot nach § 78 BetrVG fallen, jedoch nicht den besonderen Kündigungsschutz nach § 15 KSchG und § 103 BetrVG genießen.

In besonderen Fällen kann es jedoch sinnvoll sein, auch mehrere Nicht-BR-Mitglieder in den WA zu entsenden. Dadurch kann z. B. in Kleinunternehmen, in denen der BR nur aus 5 oder 7 Mitgliedern besteht, die Interessenvertretungsmannschaft vergrößert werden. Voraussetzung ist, dass genügend interessierte Kolleginnen und Kollegen, die den im Folgenden beschriebenen Anforderungen genügen, zur Verfügung stehen. Diese können dann mit einer konkreten Aufgabe dauerhaft in die Interessenvertretungsarbeit eingebunden werden, so dass sich die Arbeit des BR auf mehr Schultern verteilen lässt.

Während bei Einbetriebsunternehmen darauf geachtet werden sollte, dass die wichtigsten Abteilungen im WA vertreten sind, ist es bei Mehrbetriebsunternehmen von besonderer Bedeutung, möglichst aus jedem größeren Betrieb ein Mitglied in den WA zu entsenden. Dadurch können schon auf den WA-Sitzungen die Auswirkungen wirtschaftlicher Entscheidungen auf die betroffenen Abteilungen und Betriebe besser erfragt und beraten werden. Außerdem erleichtert eine solche WA-Zusammensetzung in Mehrbetriebsunternehmen die Zusammenarbeit zwischen WA und den einzelnen Betriebsräten.

Auch in größeren Mehrbetriebsunternehmen kann die Entsendung von Nicht-BR-Mitgliedern in den WA sinnvoll sein, wenn dadurch auch Betriebe, die an der Errichtung des GBR nicht beteiligt waren, im WA vertreten sind. Zu denken ist z. B. an Betriebe, in denen kein BR existiert, an ausländische Betriebe eines inländischen Unternehmens oder an den Luftbetrieb eines Luftfahrtunternehmens. Voraussetzung für die Entsendbarkeit solcher Personen ist jedoch, dass sie Arbeitnehmer des Unternehmens sind, für das der WA errichtet werden soll. Arbeitnehmer aus anderen Konzernunternehmen können nicht in den WA entsandt werden.

3.2.2 ## Qualifikationsanforderungen an Wirtschaftsausschuss-Mitglieder

Neben den Überlegungen zur Zusammensetzung des WA spielen auch die erforderlichen Qualifikationen der zu bestellenden WA-Mitglieder eine wichtige Rolle bei der Errichtung des WA. In kleinen Unternehmen führt zudem der angebliche Mangel an qualifizierten Kandidaten häufig zu einem nur aus wenigen Mitgliedern bestehenden WA oder sogar zum gänzlichen Verzicht auf seine Bildung. Gerade deshalb empfehlen wir, bei der Auswahl der WA-Mitglieder nicht zu hohe fachliche Anforderungen zu stellen; schließlich kann jedes neue WA-Mitglied durch die Arbeit im WA und besonders durch den Besuch entsprechender Schulungen dazulernen (vgl. *BAG*-Beschluss vom 6.11.1973, Sp. Nr. 5 zu § 37 BetrVG). Der (G)BR sollte deshalb bei der Bestellung der WA-Mitglieder von folgenden Grundsätzen ausgehen:

- Die ins Auge gefassten Kandidaten sollten deutlich machen, dass ihnen an der Vertretung der Interessen der Beschäftigten gelegen ist (in der Regel erfüllen gewerkschaftlich organisierte Kollegen/innen diese Voraussetzung), da nur so eine an den Interessen der Beschäftigten orientierte WA-Politik erreicht werden wird.
- WA-Mitglieder sollten über *genügend Betriebserfahrung* verfügen, um die Zusammenhänge zwischen den wirtschaftlichen Entscheidungen und ihren Auswirkungen auf die Belegschaft erkennen zu können.
- WA-Mitglieder sollten über *Erfahrungen in der Interessenvertretungsarbeit* verfügen, um die Bedeutung der vom WA an den (G)BR weiterzugebenden Informationen für die Betriebsratsarbeit erkennen und die Beratungen mit dem Unternehmer im Sinne des (G)BR führen zu können.
- Die zu benennenden WA-Mitglieder sollten Interesse für die Materie sowie ihre *Bereitschaft zur Weiterqualifikation* erkennen lassen, um sich möglicherweise noch fehlendes Wissen anzueignen und vorhandene Kenntnisse aufzufrischen.
- Die WA-Mitglieder sollten über die notwendige *Konfliktfähigkeit und -bereitschaft* verfügen, da die Durchsetzung der Informations- und Beratungsrechte im WA erfahrungsgemäß große Hartnäckigkeit erfordert.

Gefragt sind also WA-Mitglieder, die fest in die Arbeit der Interessenvertretung eingebunden werden können. Geht der BR/GBR bei der Auswahl nach diesen Grundsätzen vor, so wird in aller Regel die nach § 107 Abs. 1 BetrVG geforderte fachliche und persönliche Eignung vorliegen.

Häufig wird auch die Forderung erhoben, vor allem kaufmännisch vorgebildete Angestellte in den WA zu entsenden. Diese Ansicht wird mit einer

Entscheidung des BAG begründet, nach der WA-Mitglieder in der Regel fähig sein sollten, den Jahresabschluss anhand der gegebenen Erläuterungen zu verstehen und gezielte Fragen stellen zu können (*BAG* vom 18. 7. 1978). Wir raten aus folgenden Gründen von einer solchen einseitig auf die kaufmännische Qualifikation ausgerichteten Auswahlentscheidung ab:

a. Die Entgegennahme des zu erläuternden Jahresabschlusses stellt nur eine von vielen Aufgaben des WA dar. Wollte man auch bezüglich der im WA zu beratenden wirtschaftlichen Angelegenheiten nach § 106 Abs. 3 BetrVG entsprechende Fachkenntnisse bei den WA-Mitgliedern voraussetzen, so würden nur noch umfassend betriebswirtschaftlich vorgebildete Kandidaten in Frage kommen.

b. Schließlich wird verkannt, dass wirtschaftliche Kenntnisse, wie sie im Rahmen einer kaufmännischen Berufs- oder Hochschulausbildung vermittelt werden, für eine an den Interessen der Beschäftigten orientierte WA-Arbeit in der Regel nicht ausreichen. Sie mögen bestenfalls dazu dienen, mit dem Unternehmer über den richtigen Bilanzansatz zu diskutieren oder sich in einer quasi »kampffreien Zone« die (angeblichen) Sachzwänge wirtschaftlicher Entscheidungen erläutern zu lassen.

Diese Überlegungen dürfen allerdings nicht so interpretiert werden, kaufmännisch vorgebildete Kollegen/innen möglichst aus dem WA fernzuhalten. Im Gegenteil können WA-Mitglieder, die nicht nur die obigen Anforderungen erfüllen, sondern zusätzlich auch über betriebswirtschaftliche Kenntnisse verfügen, für die Ausschussarbeit sehr hilfreich sein. Denn sie werden sich vom Unternehmer nicht durch dessen »BWL-Chinesisch« verwirren und durch mögliche betriebswirtschaftlich garnierte Scheinargumente hinters Licht führen lassen. Kaufmännische Vorkenntnisse können deshalb als zusätzliches Auswahlkriterium herangezogen werden, wenn es genügend Kandidaten für den WA gibt, die den obigen Anforderungen genügen.

Leider kommt es gelegentlich vor, dass Unternehmer auf die Zusammensetzung des WA Einfluss zu nehmen versuchen, indem unter Hinweis auf das genannte *BAG*-Urteil die fachliche Eignung einzelner WA-Mitglieder bezweifelt wird. Der (G)BR sollte in einer solchen Situation gegenüber dem Unternehmer (und natürlich auch gegenüber der Belegschaft) klarstellen, dass die Entscheidung über die Benennung von WA-Mitgliedern und damit auch über das Vorliegen der erforderlichen Eignung ausschließlich bei der Arbeitnehmervertretung liegt. Zugleich kann der Spieß auch umgedreht werden, indem die vom Unternehmer beanstandeten WA-Mitglieder zu einer entsprechenden Schulung angemeldet werden. Zumindest den WA-Mitgliedern, die zugleich BR-Mitglieder sind, kann eine solche Schulung nach § 37 Abs. 6 BetrVG nicht verwehrt werden (vgl. dazu auch Abschn. 3.5). Verschärft der Unternehmer eine solche Situation zusätzlich durch die Weigerung, seinen Informations- und Beratungsrechten nachzukommen – solange seinen Bedenken bezüglich der WA-Zusammensetzung nicht entsprochen wurde –, so sollte der (G)BR die in Kapitel 9 dargestellten Maßnahmen ergreifen.

3.2.3 Zahl der Wirtschaftsausschuss-Mitglieder

Nach § 107 Abs. 1 BetrVG besteht der WA aus drei bis sieben Mitgliedern. Obwohl somit die Mitgliederzahl nicht an die Größe des Unternehmens gebunden ist, hat sich gerade in kleineren Unternehmen die Praxis ergeben, die Maximalzahl von sieben Mitgliedern nicht auszuschöpfen. (Dies wird entweder mit bisherigem Brauch oder mit fehlenden qualifizierten Kandidaten begründet.) Wie schon dargestellt, liegen dem sehr oft falsche Vorstellungen über die fachlichen Anforderungen an WA-Mitglieder zugrunde. Außerdem wird durch eine geringe Mitgliederzahl die Gefahr erhöht, dass der WA zu einem exklusiven Zirkel wird, der sich von der BR-Arbeit abkoppelt.

Damit eine Arbeitsteilung im WA möglich wird und sich die WA-Mitglieder bei Auseinandersetzungen mit dem Unternehmer besser unterstützen können, sollte die Mitgliederzahl nicht an der gesetzlichen Untergrenze liegen. Zudem wird es damit oft auch erst möglich, den WA so zusammenzusetzen, dass Beschäftigte aus den verschiedenen Betrieben und/oder Abteilungen im WA vertreten sind. Wir empfehlen deshalb, den WA auch in kleineren Unternehmen mit weniger als 300 Beschäftigten mit mindestens fünf Mitgliedern zu besetzen.

In Unternehmen, die aus einem Großbetrieb bestehen oder sich aus vielen Betrieben zusammensetzen, kann es sinnvoll sein, die Zahl der der WA-Mitglieder auf mehr als sieben zu erhöhen, damit aus jeder Abteilung oder jedem Betrieb ein Mitglied im WA vertreten ist. Ist der Arbeitgeber nicht bereit, eine entsprechende freiwillige Vereinbarung zu treffen, so kann der (G)BR die Vorschrift des § 107 Abs. 3 BetrVG nutzen. Danach kann der (G)BR beschließen, die Aufgaben des WA einem Ausschuss des (G)BR zu übertragen. Die Höchstzahl der Mitglieder dieses (G)BR-Ausschusses darf die Mitgliederzahl des (Gesamt-)Betriebsausschusses zwar nicht übersteigen, jedoch können vom (G)BR in diesen Ausschuss weitere, nicht stimmberechtigte Arbeitnehmer entsandt werden. Die Zahl der nicht stimmberechtigten Ausschussmitglieder darf dabei nicht größer sein als die Zahl der stimmberechtigten Mitglieder. Damit ist es möglich, auch ohne Zustimmung des Unternehmers die Arbeit des WA von einem Ausschuss durchführen zu lassen, dessen Größe je nach Zahl der (G)BR-Mitglieder aus bis zu 22 Personen bestehen kann.

Sinnvoll kann es auch sein, Ersatzmitglieder zu benennen, um bei der Terminplanung einen größeren Spielraum zu erhalten und potenzielle Nachfolger für spätere Amtsperioden an den WA heranzuführen. Je nach Bedarf können dabei entweder Ersatzmitglieder für jedes einzelne WA-Mitglied oder für das Gremium als gesamtes benannt werden (vgl. *FKHE*, Rn. 13 zu § 107 BetrVG). Der erste Weg bietet den Vorteil, dass die Vertretung von Betrieben und Abteilungen im WA auch bei Ausfall einzelner Mitglieder gesichert ist, während der zweite Weg demgegenüber zu einer geringeren Veränderung in der personellen Zusammensetzung des WA führt.

3.2.4 Amtszeit der Wirtschaftsausschuss-Mitglieder

Grundsätzlich werden die WA-Mitglieder für die Dauer der Amtszeit des (G)BR bestellt. Wurde der WA vom BR errichtet, so ist die Amtszeit des WA an die Amtszeit des BR gekoppelt (vgl. *DKK*, Rn. 22 zu § 107 BetrVG). Endet die Amtszeit des BR, so endet automatisch auch die Amtszeit des von ihm errichteten WA, ohne dass es eines entsprechenden Beschlusses bedarf. Der neugewählte BR sollte deshalb auf seiner konstituierenden Sitzung auch die neuen WA-Mitglieder benennen, um die Kontinuität der WA-Arbeit zu sichern.

Wurde der WA vom GBR errichtet, so endet seine Amtszeit gemäß § 107 Abs. 2 BetrVG zu dem Zeitpunkt, zu dem die Amtszeit der Mehrheit der GBR-Mitglieder, die an der Errichtung des WA mitzuwirken berechtigt waren, abläuft (vgl. *DKK*, Rn. 23 zu § 107 BetrVG). Der GBR sollte deshalb möglichst auf der diesem Termin folgenden GBR-Sitzung die neuen WA-Mitglieder bestimmen.

Allerdings kann der (G)BR gemäß § 107 Abs. 2 BetrVG auch zwischenzeitlich die WA-Mitglieder abberufen und durch neue ersetzen. Außerdem kann die Amtszeit einzelner WA-Mitglieder durch Rücktritt oder Beendigung des Arbeitsverhältnisses mit dem Unternehmen vorzeitig beendet werden. Scheidet dagegen ein BR-Mitglied aus dem (G)BR aus, so endet damit nicht automatisch seine Mitgliedschaft im WA, es sei denn, es wäre das einzige BR-Mitglied im WA.

3.2.5 ### Rechte und Pflichten von WA-Mitgliedern

Die Rechtsstellung der WA-Mitglieder ist im BetrVG nur unzureichend geregelt. Ausdrücklich anwendbar sind lediglich das Behinderungs- und Diskriminierungsverbot (§ 78 BetrVG) sowie die Verschwiegenheitspflicht (§ 79 BetrVG). WA-Arbeit ist der BR-Arbeit jedoch gleichgestellt. Für WA-Mitglieder gilt daher Folgendes:

- WA-Mitgliedschaft ist ein Ehrenamt, das während der Arbeitszeit unter ausreichender bezahlter Freistellung von der Arbeit ausgeübt wird. Über den Umfang der Freistellung entscheidet das WA-Mitglied nach pflichtgemäßem Ermessen (§ 37 Abs. 1 und 2 BetrVG). Soweit durch die Tätigkeit im WA Kosten entstehen (z. B. Reisekosten, Fachliteratur), so sind diese vom Unternehmer im notwendigen Umfang zu erstatten (§ 40 BetrVG). Dies gilt nicht nur für WA-Sitzungen mit dem Unternehmer, sondern auch für sämtliche Vor- und Nachbereitungssitzungen ohne den Unternehmer.
- WA-Mitglieder dürfen wegen ihrer WA-Tätigkeit weder begünstigt noch benachteiligt werden (§ 78 BetrVG).
- Für WA-Mitglieder, die gleichzeitig auch BR-Mitglied sind, besteht ein Schulungsanspruch bezüglich der WA-Tätigkeit aufgrund des BR-Mandats (§ 37 Abs. 6 und 7 BetrVG; *BAG* vom 6. 11. 1973 – 1 ABR 8/73, AP Nr. 5 zu § 37 BetrVG). Ob WA-Mitglieder, die nicht gleichzeitig auch BR-Mitglieder sind, einen eigenständigen Schulungsanspruch analog § 36 Abs. 6 und 7 BetrVG haben, ist rechtlich umstritten (vgl. hierzu auch Abschn. 3.5.2).
- WA-Mitglieder, die gleichzeitig auch BR-Mitglied sind, haben einen eigenständigen Kündigungsschutz (§§ 15 KSchG, 103 BetrVG). Nach herrschender Rechtsauffassung haben WA-Mitglieder, die nicht gleichzeitig auch BR-Mitglied sind, keinen eigenständigen Kündigungsschutz; allerdings kommt dem Benachteiligungsverbot in diesem Zusammenhang besondere Bedeutung zu (vgl. *DKK*, Rn. 33 zu § 107 BetrVG).
- Für WA-Mitglieder gilt ausdrücklich die Verschwiegenheitspflicht im Zusammenhang mit Betriebs- und Geschäftsgeheimnissen (vgl. hierzu ausführlich Abschn. 10.2.4).

Soweit WA-Mitglieder nicht gleichzeitig auch BR-Mitglied sind, entstehen die vorstehend genannten Rechtsansprüche, soweit sie nicht ausdrücklich auch auf WA-Mitglieder bezogen sind, in analoger Anwendung der für den BR geltenden betriebsverfassungsrechtlichen Bestimmungen (vgl. auch *BAG* vom 17. 10. 1990 – 7 ABR 69/89, AP Nr. 8 zu § 108 BetrVG).

3.3   Der Ansprechpartner des Wirtschafts-ausschusses

Gesprächspartner des WA ist gemäß §§ 106 Abs. 2, 108 Abs. 2 und 110 BetrVG der Unternehmer. Da ansonsten im BetrVG immer der Begriff des Arbeitgebers verwendet wird, soll hiermit deutlich gemacht werden, dass als Ansprechpartner des WA der Unternehmer nicht in seiner Funktion als Arbeitgeber, sondern in seiner Funktion als oberste wirtschaftliche Entscheidungsinstanz gemeint ist, in der alle Informationen zusammenlaufen und von der aus das Unternehmen gelenkt wird. Ansprechpartner des WA ist somit die Person bzw. das Organ, die bzw. das zur gesetzlichen Vertretung des Unternehmens befugt ist (vgl. Übersicht 5).

Mit dem Unternehmer hat der WA somit einen Ansprechpartner, der zwar insbesondere in Großunternehmen nicht über alle Details aus den einzelnen Betrieben und Abteilungen Bescheid weiß, der aber die für die zukünftige Entwicklung des Unternehmens – und damit auch für die Entwicklung der Belegschaft – maßgeblichen Entscheidungen trifft.

Sind mehrere Personen zur Vertretung des Unternehmers berechtigt, so wird in der Regel eine dieser Personen (z. B. der Personalvorstand oder Arbeitsdirektor einer AG) der Ansprechpartner des WA sein und an den WA-Sitzungen teilnehmen. (Allerdings steht dem Arbeitsdirektor nach dem AktG keine originäre Alleinzuständigkeit zu, den Vorstand gegenüber dem WA zu vertreten). Da zwischen den zur Vertretung berechtigten Personen meist eine Arbeitsteilung festgelegt ist (z. B. kaufmännischer Bereich, technischer Bereich, Vertrieb, Forschung & Entwicklung) sollten an den WA-Sitzungen die je nach Themenstellung fachlich zuständigen Vorstands- oder Geschäftsführungsmitglieder teilnehmen. Da in jeder WA-Sitzung über wirtschaftliche und finanzielle Themen informiert und beraten werden soll, sollte zumindest der für den kaufmännischen Bereich zuständige Vorstand oder Geschäftsführer immer an den WA-Sitzungen teilnehmen.

Allerdings hat der WA keinen Rechtsanspruch darauf, dass bestimmte Personen des Vertretungsorgans an der WA-Sitzung teilnehmen. Entsprechende Entscheidungen treffen die Mitglieder des Vertretungsorgans in eigener Verantwortung (vgl. *DKK*, Rn. 12 zu § 108 BetrVG).

Bei Terminschwierigkeiten oder in Abhängigkeit vom Beratungsgegenstand kann der Unternehmer gemäß § 108 Abs. 2 zwar auch einen Stellvertreter zu den WA-Sitzungen entsenden, allerdings muss dieser Stellvertreter aufgrund seiner Stellung in der Unternehmenshierarchie bzw. durch erteilte Generalvollmacht oder Prokura über die entsprechenden Informationen und Vertretungskompetenzen verfügen.

Übersicht 5:
Unternehmer i. S. v. § 106 ff. BetrVG in Abhängigkeit von der Rechtsform des Unternehmens

Rechtsform	Unternehmer i. S. v. § 106 ff. BetrVG
Einzelunternehmung	
Personengesellschaften	Inhaber
Offene Handelsgesellschaft (OHG)	Zur Geschäftsführung befugte Gesellschafter
Gesellschaft bürgerlichen Rechts (GbR)	Gesellschafter
Reederei	Mitreeder bzw. Korrespondentreeder
Kommanditgesellschaft (KG)	Komplementär (= persönlich haftender Gesellschafter)
Kapitalgesellschaft & Co. KG	Geschäftsführer bzw. Vorstand der Komplementär-GmbH bzw. -AG
Erbengemeinschaft	Miterben
Nicht rechtsfähiger Verein	Vereinsvorstand
Kapitalgesellschaften	
Rechtsfähiger Verein	Vorstandsmitglieder
Stiftung	Mitglieder des gesetzlichen Vertretungsorgans
Aktiengesellschaft (AG)	Vorstandsmitglieder (bei Abwicklung: die Abwickler)
Kommanditgesellschaft auf Aktien (KgaA)	Komplementäre
Gesellschaft mit beschränkter Haftung (GmbH)	Geschäftsführer (*)
Versicherungsverein	Vorstandsmitglieder (**)
Genossenschaften	Vorstandsmitglieder (**)
Juristische Personen in Insolvenz	Insolvenzverwalter
	(*) bei Abwicklung: die Liquidatoren
	(**) bei Liquidation: die Liquidatoren

Natürlich kann der Unternehmer nach eigenem Gutdünken gemäß § 108 Abs. 2 Satz 2 BetrVG weitere sachkundige Arbeitnehmer einschließlich leitender Angestellter, zu den WA-Sitzungen hinzuziehen. Der WA kann zwar entsprechende Vorschläge machen, diese aber nicht gegen den Willen des Unternehmers durchsetzen.

3.4   Ordnung ist das halbe Leben: Vorschläge zur Organisation der Wirtschaftsausschussarbeit

Der WA kann die ihm zugedachte wichtige Rolle im Rahmen einer aktiven Informationspolitik der Interessenvertretung nur dann erfolgreich wahrnehmen, wenn es ihm gelingt, seine Arbeit möglichst effektiv zu organisieren.

Nach allen bisher vorliegenden Untersuchungen und Erfahrungen sind es insbesondere gravierende Mängel in der Organisation der WA-Arbeit, die dem Unternehmer einen erheblichen Einfluss auf den WA ermöglichen. Hierzu trägt sicher auch bei, dass rund 86 % der WA keine Geschäftsordnung haben. Aber auch dort, wo eine Geschäftsordnung existiert, ist sie nach unseren Erfahrungen den einzelnen Mitgliedern inhaltlich meist nicht bekannt, und es darf vermutet werden, dass die Bestimmungen der Geschäftsordnung vielfach auch nicht praktiziert werden.

Im Folgenden werden wir eine Reihe praktischer Vorschläge für eine effiziente Organisation der WA-Arbeit vorstellen, wobei wir uns auf die nach unserer Erfahrung am häufigsten vorkommenden organisatorischen Mängel der WA-Arbeit konzentrieren. Die Ergebnisse dieses Abschnittes haben wir in einer Muster-Geschäftsordnung zusammengefasst (vgl. Anhang II, S. 337 ff.). Allerdings nutzt die beste Geschäftsordnung nichts, wenn die Bereitschaft fehlt, auch konsequent danach zu verfahren.

3.4.1   Wirtschaftsausschusssprecher: Organisator der Arbeit des Wirtschaftsausschusses und Ansprechpartner für den Unternehmer

Jeder WA benötigt, unabhängig von der Zahl seiner Mitglieder, einen Sprecher und einen Stellvertreter. Der WA-Sprecher oder – im Fall seiner Verhinderung – sein Stellvertreter haben folgende Aufgaben wahrzunehmen:

Festlegung der Termine der WA-Sitzungen
Die Terminplanung sollte in Absprache mit dem Unternehmer und dem Gewerkschaftsbeauftragten – falls dieser regelmäßig teilnehmen soll – erfolgen. Neben den Sitzungsterminen mit dem Unternehmer sind auch die entsprechenden Termine für Vor- und Nachbereitungssitzungen festzulegen (vgl. Abschn. 3.4.2).

Erstellung einer Tagesordnung

Unter Berücksichtigung der Anregungen des (G)BR sollte die Tagesordnung in Absprache mit den WA-Mitgliedern festgelegt werden. Dies kann auch im Rahmen einer Vor- oder Nachbereitungssitzung erfolgen.

Einladung zu den WA-Sitzungen

Die Einladung zu den WA-Sitzungen mit dem Unternehmer sowie zu den Vor- und Nachbereitungssitzungen sollte rechtzeitig, d.h. etwa 14 Tage vor dem Sitzungstermin, in schriftlicher Form unter Beifügung der Tagesordnung erfolgen.

Eröffnung, Leitung und Schließung der WA-Sitzungen

WA-Sitzungen sind Veranstaltungen des WA und nicht des Unternehmers. Deshalb ist es wichtig, dass der WA-Sprecher die Sitzungsleitung nicht aus der Hand gibt (vgl. Abschn. 3.4.4).

Vertretung des WA im Rahmen der gefassten Beschlüsse

Beschlüsse des WA sind u.a. in folgenden Fällen notwendig:

- Weigerung des Unternehmers trotz eindeutiger (schriftlicher) Aufforderung des WA, bestimmte Informationen zu geben. Hier bedarf es eines formellen Beschlusses des WA, den (G)BR aufzufordern, Verhandlungen mit dem Unternehmer zur Beilegung der Meinungsverschiedenheiten aufzunehmen (§ 109 BetrVG).
- Antrag auf Hinzuziehung eines externen Sachverständigen.

Entgegennahme von Anträgen und Erklärungen für den WA

Der WA-Sprecher bzw. sein Stellvertreter sind die offiziellen Ansprechpartner für (G)BR und Unternehmer. Anträge und Erklärungen gegenüber dem WA-Sprecher bzw. seinem Stellvertreter gelten als dem WA zugegangen.

Unterrichtung des (G)BR über die WA-Sitzungen

Die Unterrichtung des (G)BR erfolgt zwar am besten anhand eines Protokolls der WA-Sitzung, allerdings sollte dies durch einen mündlichen Bericht des WA-Sprechers ergänzt werden, in dem dieser notwendige Schwerpunkte setzen kann (siehe auch Abschnitt 3.4.5).

Nach unseren Untersuchungen existiert bei rund 80 % der WA ein Sprecher, während auf einen Stellvertreter weitgehend verzichtet wird. Dies führt in der Regel dazu, dass im Fall der Verhinderung des WA-Sprechers (z.B. wegen Urlaub, Schulung, Krankheit) die WA-Arbeit größtenteils brachliegt. Der Unternehmer informiert in dieser Zeit nicht, weil ihm angeblich oder tatsächlich der Ansprechpartner fehlt und niemand eine WA-Sitzung anberaumt.

In den Fällen, in denen die WA sowohl auf einen Sprecher als auch auf dessen Stellvertreter verzichten, erhöht sich wesentlich die Gefahr, dass der Unternehmer die Initiative ergreift und versucht, die WA-Sitzungen in seinem Interesse umzufunktionieren. Er tritt dann an die Stelle des WA-Sprechers, legt Sitzungstermine fest, lädt zu den Sitzungen ein, erstellt die Tagesordnung und leitet die Sitzung. Dies alles kommt natürlich auch bei WA vor, die einen Sprecher haben, wenn auch viel seltener. Vor allem: Als WA-Sprecher kann man dies – sofern man dies als Fehler erkannt hat – wieder abstellen und selbst die Initiative ergreifen. Ohne WA-Sprecher ist es sehr viel schwieriger, dem Unternehmer die Initiative bei der WA-Arbeit zu entziehen.

3.4.2 Termin- und Arbeitsplanung des Wirtschaftsausschusses

Bei der Termin- und Arbeitsplanung, die zu den Aufgaben des WA-Sprechers gehört, sind folgende Überlegungen zu berücksichtigen:

Die WA-Sitzungen sollten regelmäßig durchgeführt werden

Unsere Untersuchung hat ergeben, dass WA, die regelmäßig tagen, in der Regel über die Unternehmensentwicklung und beabsichtigte Maßnahmen des Unternehmers früher und besser informiert sind als solche, die nur unregelmäßig tagen. Regelmäßigere WA-Sitzungen haben sich inzwischen weitgehend durchgesetzt. So tagen knapp drei Viertel der von uns untersuchten WA regelmäßig.

Die Sitzungstermine sollten für das ganze Geschäftsjahr festgelegt werden

Eine langfristige Terminplanung hat den Vorteil, dass sich alle Beteiligten auf diese Termine einstellen können. Auch und gerade vom Unternehmer kann man dann erwarten, dass er diese mit ihm abgesprochenen Termine bei seiner eigenen Terminplanung berücksichtigt. Monatelanges Verzögern eines Sitzungstermins unter Hinweis auf den randvollen Terminkalender durch den Unternehmer wird durch eine langfristig abgestimmte Terminplanung zumindest wesentlich erschwert. Empfehlenswert ist eine langfristige Vorplanung, z. B. eine Terminfestlegung für mindestens 12 Monate im Voraus. Eine langfristige Sitzungsplanung bedeutet natürlich nicht, dass bei Bedarf keine – notfalls kurzfristig anberaumten – zusätzlichen Sitzungen mit dem Unternehmer durchgeführt werden können.

Die WA-Sitzungen sollten im Monatsrhythmus durchgeführt werden

Nach § 108 Abs. 1 BetrVG sollen WA-Sitzungen mit dem Unternehmer einmal im Monat stattfinden. Diese Regelung ist nicht zwingend. WA-Sitzungen können auch in kürzeren oder längeren Zeitabständen durchgeführt werden. Für regelmäßige WA-Sitzungen mit dem Unternehmer bietet sich der Monatsrhythmus aus folgendem Grund an. Die kurzfristige (taktische) Planung eines Geschäftsjahres wird meist als Monatsplanung durchgeführt. In den ersten Werktagen des Folgemonats werden die Ist-Zahlen mit den Planzahlen des abgelaufenen Monats verglichen, Abweichungen analysiert und eventuell notwendige Anpassungs- und Korrekturmaßnahmen (inklusive Plankorrekturen) beschlossen und eingeleitet, die in aller Regel auch (negative) Auswirkungen auf die Beschäftigten haben können. Sitzungen in kürzeren Zeitabständen würden deshalb nur wenig zusätzliche Informationen bringen, während der WA bei Sitzungen in längeren Zeitabständen dagegen ohne Not auf aktuelle Informationen verzichten würde.

Es ist deshalb nur schwer verständlich, dass lediglich 10 % der von uns befragten WA einen monatlichen Sitzungsrhythmus praktizieren. Über die Hälfte (55 %) bevorzugen einen vierteljährlichen Sitzungsrhythmus. Ohne den monatlichen Tagungsrhythmus zwingend vorschreiben zu wollen, sollte der WA nicht ohne Grund auf das ihm zustehende Recht der monatlichen Information und Beratung verzichten.

Lediglich in Unternehmen, in denen die WA-Mitglieder zu den WA-Sitzungen aus verschiedenen Teilen der Bundesrepublik anreisen müssen, lässt sich ein zwei- oder gar dreimonatiger Sitzungsrhythmus rechtfertigen. Dieses Zugeständnis an den Unternehmer sollte aber nur gemacht werden, wenn der Unternehmer im Gegenzug die Übermittlung monatlicher Berichte über die wirtschaftliche und finanzielle Situation des Unternehmens an die WA-Mitglieder zusagt, als Sitzungsdauer mindestens ein halber Tag wegen des gestiegenen Beratungsbedarfs vorgesehen wird und der Unternehmer seine grundsätzliche Bereitschaft zur Teilnahme an kurzfristig anberaumten zusätzlichen WA-Sitzungen aus aktuellem Anlass bekundet.

Bei einem mehrmonatigen Sitzungsrhythmus sollten zumindest zwischen den einzelnen WA-Sitzungen mit dem Unternehmer WA-Sitzungen ohne den Unternehmer durchgeführt werden, in denen die vom Unternehmer übersandten Unterlagen ausgewertet werden. Zur Minimierung des Reiseaufwandes bietet es sich an, solche Sitzungstermine unmittelbar vor entsprechende Sitzungstermine des GBR zu legen. Dann besteht auch die Möglichkeit, den GBR über die aktuelle wirtschaftliche und finanzielle Situation des Unternehmens und mögliche Gefährdungen von Arbeitnehmerinteressen zu informieren.

Die Sitzungstermine sollten so festgelegt werden, dass die Ist-Zahlen der Vorperiode für den WA verfügbar sind.
Da zu den wesentlichen Aufgaben des WA die Information über die Planerfüllung und die Beratung möglicher Korrektur- und Anpassungsmaßnahmen gehören, ist eine WA-Sitzung mit dem Unternehmer natürlich erst dann sinnvoll, wenn die Ist-Zahlen der Vorperiode vorliegen. Außerdem sollte zwischen der Zurverfügungstellung der Ist-Zahlen und der WA-Sitzung mit dem Unternehmer noch ausreichend Zeit für eine gründliche Auswertung der Daten im Rahmen einer Vorbereitungssitzung sowie zur Rückkoppelung mit dem (G)BR verbleiben.

Die einzelnen Sitzungstermine sollten für ein Jahr im Voraus auch unter inhaltlichen Gesichtspunkten geplant werden.
Bestimmte inhaltliche Fragestellungen sind regelmäßig einmal oder mehrmals im Jahr Gegenstand von WA-Sitzungen. So ist z.B. der Quartalsbericht nach § 110 BetrVG (vgl. Abschnitt 8.2.3) einmal im Vierteljahr (z.B. im Januar, April, Juli und Oktober) mit dem Unternehmer abzustimmen. Einmal im Jahr erfolgt die Erläuterung des Jahresabschlusses (vgl. Kapitel 4). Welche WA-Sitzung hierfür in Frage kommt, hängt vom Zeitpunkt der Fertigstellung des Jahresabschlusses ab. Bei größeren Kapitalgesellschaften wird dies regelmäßig im April/Mai der Fall sein. Bei anderen Unternehmen sind auch spätere Termine denkbar. Je nach der konkret betriebenen Unternehmensplanung (vgl. Kapitel 5) sind ein bis drei Sitzungstermine für die Information und Beratung über die Unternehmensplanung notwendig. Übersicht 6 zeigt eine mögliche Zuordnung von Themen zu den monatlichen WA-Sitzungen.

3.4.3   Sitzungsprotokoll: Zu wichtig, um die Erstellung dem Unternehmer zu überlassen

Über jede WA-Sitzung sollte vom Schriftführer des WA ein Ergebnisprotokoll angefertigt werden, das die Aufgabe hat, zu jedem Tagesordnungspunkt die wesentlichen Informationen des Unternehmers und die Ergebnisse der Beratung festzuhalten. Nach unserer Untersuchung werden in der Praxis sehr unterschiedliche Regelungen der Protokollführung praktiziert (vgl. Übersicht 7).

Zu kritisieren ist vor allem, dass in fast einem Fünftel der Fälle kein Protokoll geführt wird, so dass letztlich alle Informationen, die nicht in schriftlicher Form gegeben werden oder die nur in vorübergehend ausgehändigten Unterlagen enthalten sind – und das ist leider oft die überwiegende Mehrzahl der

Übersicht 6:

Beispiel für eine Jahresplanung

Tagungsordnungspunkte	Jan.	Feb.	März	April	Mai	Juni	Juli	Aug.	Sept.	Okt.	Nov.	Dez.
1. Aktuelle wirtschaftliche und finanzielle Situation des Unternehmens (Soll-Ist-Vergleich)	X	X	X	X	X	X	X	X	X	X	X	X
2. Vierteljahresbericht gemäß § 110 BetrVG	X			X			X			X		
3. Jahresüberschuss gemäß § 108 Abs. 5 BetrVG				X								
4. Unternehmensplanung für das nächste Geschäftsjahr										X	X	X
5. Stand der Investitionsvorhaben (Soll-Ist-Vergleich)	X	X	X	X	X	X	X	X	X	X	X	X
6. Personalstand (Soll-Ist-Vergleich)	X	X	X	X	X	X	X	X	X	X	X	X
7. Sonstige geplante wirtschaftliche Maßnahmen	X	X	X	X	X	X	X	X	X	X	X	X

Übersicht 7:
Regelung der Protokollführung

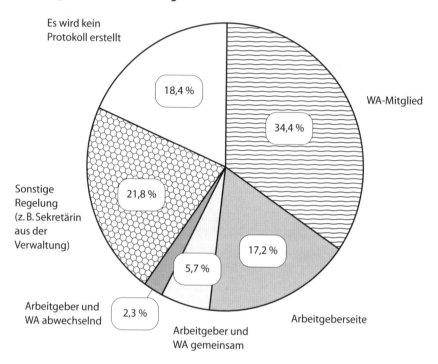

Quelle: *Neumann-Cosel, R. v./Rupp, R.,* Der Wirtschaftsausschuss in der Mitbestimmungspraxis, a. a. O., S. 92.

vom Unternehmer gegebenen Informationen – verlorengehen, wenn sich nicht einzelne WA-Mitglieder ausführliche Notizen machen. Dies erklärt zum Teil auch den schlechten Informationsstand vieler WA.

Bei der Erstellung des Protokolls sollten folgende Aspekte beachtet werden:

Bestimmung eines Schriftführers

Es ist empfehlenswert, ein WA-Mitglied als Schriftführer für einen längeren Zeitraum im Voraus zu bestimmen. Einerseits wird hierdurch die Sitzungszeit nicht durch das Problem der Protokollführung belastet, andererseits erhöht sich bei einem ständigen Schriftführer durch die sich ergebende Routine in der Protokollführung auch die Qualität der Protokolle. An der Praxis der Protokollführung ist ferner zu kritisieren, dass in knapp einem Viertel der Fälle dem

Arbeitgeber mehr oder weniger starker Einfluss auf die Protokolle zugestanden wird. Sowohl in den Fällen, in denen kein Protokoll erstellt wird, als auch in den Fällen, in denen die Protokollerstellung weitgehend oder vollständig dem Arbeitgeber überlassen wird, wird dies häufig damit begründet, dass in den eigenen Reihen kein geeigneter Protokollant gefunden werden konnte. Sollte sich kein WA-Mitglied zur Protokollführung bereit erklären, so kann auch gemäß § 40 Abs. 2 BetrVG eine Bürokraft (z. B. die Sekretärin des (G)BR) zur Protokollführung herangezogen werden. Als unzulässig hat das *BAG* dagegen verworfen, gegen den Willen des Arbeitgebers ein zusätzliches [G]BR-Mitglied als Protokollführer zu den WA-Sitzungen hinzuzuziehen (vgl. *BAG* vom 17. 10. 1990 – 7 ABR 69/89).

Gemeinsame Protokollerstellung

Um sicherzustellen, dass auch tatsächlich alle wichtigen Informationen und Beratungsergebnisse im Protokoll festgehalten sind, empfiehlt es sich, unmittelbar nach der WA-Sitzung eine Nachbereitungssitzung durchzuführen. Dort werden von allen WA-Mitgliedern die ihnen wichtig erscheinenden Informationen zusammengetragen, so dass es dem Schriftführer möglich ist, seine eigenen Mitschriften entsprechend zu ergänzen. Mit einer solchen Vorgehensweise wird der Schriftführer von der alleinigen Verantwortung für die inhaltliche Qualität des Protokolls entlastet: Das Protokoll ist dann ein Gemeinschaftsprodukt aller WA-Mitglieder. Nach unseren Erfahrungen wird durch ein solches Vorgehen auch die Qualität des Protokolls beträchtlich erhöht.

Kein Verlaufs- oder Wortprotokoll

In dem anzufertigenden Ergebnisprotokoll sind zu jedem Tagesordnungspunkt die Fragen sowie die wesentlichen Informationen, die der Unternehmer hierzu mitgeteilt hat, und die Beratungsergebnisse festzuhalten. Von einem Verlaufs- oder gar Wortprotokoll ist abzuraten. Dieses wäre – sofern es überhaupt gelänge – viel zu umfangreich und unübersichtlich. Der Zweck eines Protokolls, auch noch zu einem späteren Zeitpunkt in kürzester Zeit die wichtigsten Informationen wiederzufinden, wäre damit nicht zu erreichen. Weigert sich die Unternehmensleitung, bestimmte Fragen zu beantworten oder Unterlagen vorzulegen, so sollte dies ausdrücklich im Protokoll vermerkt werden, um Belege für ein etwaiges weiteres Vorgehen des Betriebsrats, wie z. B. Anrufung der Einigungsstelle, zu haben.

Überlassene Unterlagen und ausgefüllte Kennziffernbögen sind Bestandteile des Protokolls

Die ausgefüllten Kennziffernbögen sowie sämtliche vom Unternehmer auf der

WA-Sitzung vorgelegten schriftlichen Unterlagen sollten als Anlage beigefügt werden, soweit sie dem WA zum Verbleib überlassen wurden.

Aufbewahrung des Protokolls
Das vom WA-Sprecher und dem Schriftführer unterzeichnete Protokoll sollte in den Räumen des BR (bei Mehrbetriebsunternehmen in sämtlichen BR) aufbewahrt und für alle BR-Mitglieder jederzeit zugänglich sein. Außerdem sollten alle WA-Mitglieder eine Kopie des Protokolls erhalten.

Keine Abstimmung des Protokolls mit der Arbeitgeberseite
In etwa der Hälfte (50,7 %) der Fälle wird das Protokoll mit dem Arbeitgeber abgestimmt, und in drei Viertel (76,5 %) der Fälle erhält der Arbeitgeber auch eine Kopie des Protokolls. Im Grunde spricht nach unserer Erfahrung nichts dagegen, dem Arbeitgeber eine Kopie des WA-Protokolls zu überlassen. Eine regelrechte Abstimmung mit dem Arbeitgeber und eine eventuelle Korrektur des eigenen WA-Protokolls im Sinne des Arbeitgebers sollten es jedoch – abgesehen von ganz offensichtlichen Fehlern – nicht geben. Im Gegenteil: Immer dann, wenn der Arbeitgeber im Nachhinein bestimmte Aussagen, die im Protokoll festgehalten waren, nicht oder zumindest nicht in der protokollierten Form getroffen haben wollte, sollte dies von der Interessenvertretung zum Anlaß genommen werden, intensiv nachzuforschen. Nicht selten wird sich dann zeigen, dass die versehentlich gemachten Aussagen zutreffend waren.

3.4.4   ## Vor- und Nachbereitung: Kein Luxus, sondern Voraussetzung effektiver Wirtschaftsausschussarbeit

Jede WA-Sitzung mit dem Unternehmer muss gründlich vor- und nachbereitet werden. Nach der Rechtsprechung sind solche Vor- und Nachbereitungssitzungen, an denen der Unternehmer nicht teilnimmt, möglich und zulässig (*BAG* vom 16. 3. 1982 – 1 AZR 406/80, AP Nr. 3 zu § 108 BetrVG).

1.   **Vorbereitungssitzungen**

Vorbereitungssitzungen haben vor allem folgende Funktionen:

Auswertung der schriftlichen Vorabinformationen des Unternehmers
Grundlage der Vorbereitungssitzung sind die schriftlichen Informationen, die der WA vom Unternehmer angefordert hat. Es wird sich dabei im Wesent-

lichen um die monatlichen Kennzahlen handeln und um solche Informationen, die der WA aufgrund der Nachbereitung der letzten WA-Sitzung für notwendig erachtet hat.

Ohne solche schriftliche Vorabinformationen des Unternehmers ist keine sinnvolle Vorbereitung und erst recht keine sinnvolle WA-Sitzung mit dem Unternehmer denkbar (vgl. *BAG* vom 20. 11. 1984 – 1 ABR 64/82, AP Nr. 3 zu § 106 BetrVG). Insbesondere kann der WA ohne Vorabinformationen sein Beratungsrecht nicht vernünftig wahrnehmen. Die Mitglieder des WA müssten sonst in der Lage sein, in kürzester Zeit eine Vielzahl von Informationen über die beabsichtigten Maßnahmen des Unternehmers und über deren Auswirkungen auf die Beschäftigten, auf die Unternehmensentwicklung usw. aufzunehmen und auf ihren Qualitätsgehalt hin zu überprüfen. Sie müssten darüber hinaus in der Lage sein, spontan eventuell notwendige Alternativen zu den geplanten Maßnahmen der Unternehmerseite zu entwickeln und hierüber unmittelbar mit dem Unternehmer zu verhandeln. Damit wäre jeder überfordert! Übrigens: Auch der Unternehmer würde sich weigern, wichtige Planungssitzungen ohne schriftliche Vorabinformationen durchzuführen.

Diskussion der Auswertungsergebnisse mit BR/GBR

Der WA verfügt über keine Mitbestimmungsrechte. Deshalb kann er sein Beratungsrecht gegenüber dem Unternehmer sinnvoll nur in enger Abstimmung mit der Betriebsratsebene ausüben. Diese Abstimmung und Rückkoppelung könnte auf der Vor- oder Nachbereitungssitzung stattfinden, an der auch die (G)BR-Mitglieder, die nicht WA-Mitglieder sind, teilnehmen.

Erstellung einer detaillierten Tagesordnung

Auf der Grundlage der Diskussion mit dem (G)BR erstellt der WA die Tagesordnung, mit der die inhaltliche Struktur der Sitzung mit dem Unternehmer festgelegt wird. Dabei empfiehlt es sich, die Tagesordnung so detailliert wie möglich zu erstellen, damit der Unternehmer genau Bescheid weiß, worüber in der WA-Sitzung konkret gesprochen und beraten werden soll. Damit kann man auch verhindern, dass das Unternehmens-Management versucht, sich der Diskussion mit dem Hinweis zu entziehen, er sei auf diese Frage oder diesen Komplex nicht vorbereitet.

Nach unseren Erfahrungen ist es nicht empfehlenswert, den Katalog des § 106 Abs. 3 BetrVG einfach abzuschreiben. Dieser ist – bezogen auf ein bestimmtes Unternehmen in einer bestimmten Situation – viel zu allgemein und eröffnet dem Unternehmer nur die Chance, ebenso allgemein zu antworten. Welches WA-Mitglied kennt nicht die Situation, in der sich der Unternehmer über die weltwirtschaftlichen Probleme im allgemeinen und die volkswirtschaftlichen Probleme in der Bundesrepublik im besonderen verbreitet und dann zu den eigentlichen, den WA interessierenden betrieblichen Problemen aus Zeitgründen »leider« nicht mehr kommt!

»Rollenverteilung« unter den WA-Mitgliedern für die WA-Sitzung mit dem Unternehmer

Für eine wirkungsvolle WA-Arbeit ist es erforderlich und nützlich, jedem einzelnen WA-Mitglied jeweils ganz bestimmte Aufgaben (Rollen) für die WA-Sitzung mit dem Unternehmer zuzuweisen. Dabei ist zu unterscheiden zwischen Rollen, die sich aus bestimmten Funktionen (WA-Sprecher, Schriftführer) ergeben und deshalb in allen Sitzungen von denselben Personen wahrgenommen und solchen Rollen, die von Sitzung zu Sitzung von anderen WA-Mitgliedern ausgeübt werden sollten.

Der WA-Sprecher übt die Rolle des Sitzungsleiters aus, der die einzelnen Tagesordnungspunkte aufruft, das Wort erteilt und notfalls auch entzieht. Insbesondere muss er versuchen, abschweifende oder nebensächliche Ausführungen des Unternehmers zu unterbinden, was zugegebenermaßen nicht ganz einfach ist und meist auch erst nach mehreren Versuchen gelingt. Diese Aufgabe ist schwierig genug: Deshalb sollte sich der WA-Sprecher darauf konzentrieren und nicht auch noch – was in der Praxis allerdings der Regelfall ist – Hauptfragesteller, -diskutant und -gesprächspartner des Unternehmers in der WA-Sitzung sein.

Die Rolle des Schriftführers ist die des Protokollanten, der die wesentlichen Aussagen, Informationen und Beratungsergebnisse mitschreibt und hieraus das Sitzungsprotokoll anfertigt.

Eine sehr wichtige Rolle ist die des »Aufpassers«, dessen Aufgabe einzig und allein darin besteht, darauf zu achten, ob der Unternehmer die gestellten Fragen auch konkret beantwortet. Immer dann, wenn dies nicht der Fall ist, muss er darauf hinweisen, dass die Frage noch nicht zufriedenstellend beantwortet ist, und auf eine konkrete Antwort drängen. Dabei darf er sich nicht beirren lassen. So wichtig diese Rolle ist, so unangenehm ist sie für dasjenige WA-Mitglied, das diese Rolle übernimmt. Denn der Unternehmer wird sich gegen die für ihn unangenehme Strategie zur Wehr setzen, indem er den »Aufpasser« als »Querulant«, »Störenfried« oder »unwissende Person, die nicht versteht, worum es geht« diffamiert, in der Hoffnung, dass sich dieser einschüchtern lässt. Deshalb ist es wichtig, dass zum einen der WA-Sprecher als Sitzungsleiter dieses WA-Mitglied vor solchen Angriffen des Unternehmers schützt und dass zum anderen in jeder WA-Sitzung ein anderes WA-Mitglied diese Rolle übernimmt, damit nicht eine bestimmte Person mit einem Negativ-Image versehen werden kann.

Die übrigen WA-Mitglieder müssen im Rahmen dieser Rollenverteilung die inhaltliche Arbeit übernehmen, indem sie sich jeweils auf bestimmte Tagesordnungspunkte gezielt vorbereiten, die entsprechenden Fragen stellen und die Hauptlast der Diskussion zu diesen Punkten tragen. Die gezielte Vorbereitung einzelner WA-Mitglieder zu bestimmten Punkten der Tagesordnung bedeutet, dass diese für diese Themen eine »Expertenrolle« übernehmen. Die Verteilung von Expertenrollen führt zu einer inhaltlichen Aufgabenverteilung, deren Ziel es ist, dass einzelne Mitglieder zu bestimmten Themen oder Diskussionspunkten besonders gut Bescheid wissen. Natürlich werden die inhaltlichen Positionen gemeinsam auf der Vorbereitungssitzung erarbeitet und festgelegt. Durch diese Art der Aufgabenverteilung werden bestimmte Zuständigkeiten geschaffen, die die Wirksamkeit der Beratung mit dem Unternehmer erhöhen. Für die gemeinsame Protokollerstellung ist es ratsam, dass sich die »Experten« jeweils zu ihrem Tagesordnungspunkt kurze, stichwortartige Notizen über Inhalt und Verlauf der Diskussion, insbesondere über die Antworten des Unternehmers, anfertigen.

Festlegung taktischer Verhaltensweisen für die WA-Sitzung mit dem Unternehmer
Hierbei geht es darum, im Voraus zu überlegen, wie sich vermutlich der Unternehmer bei bestimmten Fragen, Anforderungen usw. verhalten wird und wie hierauf der WA als Gremium angemessen reagieren kann. Sollte der Unternehmer auf einer WA-Sitzung nicht bereit oder in der Lage sein, bestimmte Fragen zufriedenstellend zu beantworten, so sind verschiedene Reaktionen des WA denkbar:

- Vertagung dieser Fragen auf die nächste WA-Sitzung
- Sitzungsunterbrechung, um das weitere Vorgehen ohne den Unternehmer zu besprechen
- Sitzungsunterbrechung, bis der Unternehmer bereit ist, die strittigen Fragen zu beantworten
- Abbruch der Sitzung
- Ankündigung, in Zukunft einen Sachverständigen hinzuziehen (z. B. bei absichtlich unverständlichen Ausführungen des Unternehmers)
- Ankündigung, dass der WA dem (G)BR Vorschläge zur Reaktion machen wird, wie z. B. Durchführung einer außerordentlichen (G)BR-Sitzung, Durchführung einer Betriebsversammlung zum Herstellen der Betriebsöffentlichkeit, Einleitung von Einigungsstellen- oder Beschlussverfahren.

Es wird vom jeweiligen Sachverhalt und der betrieblichen Situation abhängen, welche Taktik am zweckmäßigsten ist.

2.   Nachbereitungssitzungen

Die Nachbereitung sollte möglichst unmittelbar nach der WA-Sitzung stattfinden und vor allem folgende Funktionen erfüllen:

Erstellung eines gemeinsamen Protokolls über die WA-Sitzung
Der Schriftführer trägt zu den einzelnen Tagesordnungspunkten die seiner
Meinung nach wesentlichen Informationen und Ergebnisse vor, die gegebenenfalls von den übrigen WA-Mitgliedern ergänzt oder korrigiert werden. Damit
übernimmt der gesamte WA die Verantwortung für den Inhalt des Protokolls.
(Eine solche Vorgehensweise fördert auch die Bereitschaft, das Amt des Protokollanten auszuüben.)

Auswertung der erhaltenen Informationen und der Beratungsergebnisse
Die Auswertung muss zielbezogen im Hinblick auf die Schutz- und Gestaltungsfunktion der Interessenvertretung erfolgen. Demzufolge stehen die Auswirkungen geplanter wirtschaftlicher Maßnahmen des Unternehmens auf die
Beschäftigten und ein sich ergebender Handlungsbedarf des (G)BR im Mittelpunkt. Außerdem ist es erforderlich, festzuhalten, welche Informationen vom
Unternehmer nicht oder nicht umfassend genug gegeben wurden und zu
welchen Problemen noch ein weitergehender Informationsbedarf besteht.

Erstellung eines schriftlichen Fragenkatalogs an den Unternehmer
Dieser Fragenkatalog dient dem Einholen der schriftlichen Vorabinformationen durch den Unternehmer, die im Rahmen der Vorbereitungssitzung zur
nächsten WA-Sitzung ausgewertet werden sollen. Zu diesem Zweck erhält der
Fragenkatalog zum einen die monatlichen Kennzahlen; zum anderen alle diejenigen Fragen, die sich bei der Auswertung der WA-Sitzung mit dem Unternehmer als offen oder nicht umfassend genug beantwortet herausgestellt haben. Der Fragenkatalog wird vom WA-Sprecher an den Unternehmer mit der
Aufforderung gesandt, diesen bis spätestens einen Tag vor der nächsten Vorbereitungssitzung schriftlich zu beantworten.

Vorbereitung des Berichts an den BR oder GBR
Der WA ist verpflichtet, den (G)BR unverzüglich über die Ergebnisse der
WA-Sitzung mit dem Unternehmer zu informieren. Die Aufforderung des
Unternehmers, Betriebs- und Geschäftsgeheimnisse oder vertrauliche Informationen nicht an den (G)BR weiterzugeben, ist unzulässig, denn der WA ist
verpflichtet, alle ihm bekannt gewordenen Informationen an den (G)BR weiterzugeben (§ 106 Abs. 1 BetrVG). Eine Verschwiegenheitspflicht zwischen

WA und (G)BR besteht ausdrücklich nicht (§ 79 BetrVG). Dieser Bericht, den der WA-Sprecher als schriftlichen Überblick geben sollte, ist ebenfalls im Rahmen der Nachbereitungssitzung gemeinsam von allen WA-Mitgliedern vorzubereiten. In diesem Bericht sollten diejenigen Informationen, die auf eine Gefährdung von Arbeitnehmerinteressen hindeuten, besonders hervorgehoben werden. Gegebenenfalls sollte er auch Empfehlungen zur Beschlussfassung oder zum notwendigen Vorgehen des (G)BR enthalten (z. B. Herstellen betrieblicher Öffentlichkeit, Einigungsstellen- oder Beschlussverfahren, Verhandlungen über Interessenausgleich usw.).

»Manöverkritik« über Vorbereitung und Ablauf der WA-Sitzung mit dem Unternehmer
Dieser Aspekt der Nachbereitungssitzung ist von besonderer Bedeutung. Man kann nicht davon ausgehen, dass die WA-Sitzungen stets so verlaufen, wie man sie vorbereitet und geplant hat. Insbesondere ist nicht damit zu rechnen, dass der Unternehmer sich ohne Weiteres die Leitung aus der Hand nehmen lassen wird. Im Rahmen der »Manöverkritik« soll festgestellt werden, was in der WA-Sitzung mit dem Unternehmer gut und was schlecht gelaufen ist. Insbesondere sind die Ursachen ausfindig zu machen, weshalb eine WA-Sitzung nicht in der geplanten Weise durchgeführt werden konnte. Kurz: Es geht darum, positive Ansätze zu verstärken und aus Fehlern für die nächste WA-Sitzung zu lernen. Damit eine solche »Manöverkritik« nicht zu Konflikten zwischen den WA-Mitgliedern führt, sind von den WA-Mitgliedern unbedingt die *Regeln solidarischer Kritik* zu beachten:
• Immer zuerst positiv und dann negativ kritisieren
• Konkrete Kritik üben, nicht pauschale Kritik
• Keine persönliche Kritik, sondern sachliche Kritik zum Ausdruck bringen
• Konkrete Verbesserungsvorschläge einbringen.
Damit können unproduktive Spannungen zwischen den WA-Mitgliedern vermieden und die ganze Kraft in die Auseinandersetzung mit dem Unternehmer gelegt werden. Sie wird gebraucht werden!

Die zentrale Bedeutung gründlicher Vor- und Nachbereitungssitzungen für die Qualität der WA-Arbeit wird auch durch unsere Untersuchung bestätigt. So sind WA, die regelmäßige Vor- und Nachbereitungssitzungen durchführen, deutlich besser informiert als jene, die nur bei Bedarf oder überhaupt keine Vor- und Nachbereitungssitzungen durchführen. Allerdings zeigen unsere Erfahrungen auch, dass regelmäßige Vor- und Nachbereitungssitzungen durchaus noch nicht zur Normalität des WA-Alltags gehören:

Übersicht 8:

Durchführung von Vor- und Nachbereitungssitzungen

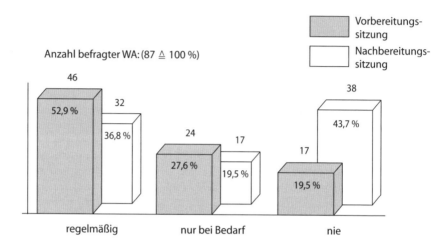

Anzahl befragter WA: (87 ≙ 100 %)

Vorbereitungs-sitzung

Nachbereitungs-sitzung

regelmäßig   nur bei Bedarf   nie

Quelle: *Neumann-Cosel, R. v./Rupp, R.,* a. a. O., S. 95.

Vorbereitungssitzungen werden offensichtlich wichtiger genommen als Nach-bereitungssitzungen. Das zeigt sich auch bei der Sitzungsdauer, die mit durch-schnittlich 2,2 Stunden für die Vorbereitungssitzung fast doppelt so lang ist wie die Nachbereitungssitzung, die nur durchschnittlich 1,3 Stunden dauert. Meis-tens dauern die Vor- und Nachbereitungssitzungen jedoch nur eine Stunde. Diese Praxis ist noch unbefriedigend und verbesserungsbedürftig.

3.4.5   ## Weitergabe von Wirtschaftsausschuss-Informationen: Wer wird wie von wem informiert?

Der WA ist gemäß § 106 Abs. 2 und § 108 Abs. 4 BetrVG verpflichtet, den BR/GBR über die WA-Sitzung mit dem Unternehmer unverzüglich und voll-ständig zu informieren. Eine Verschwiegenheitspflicht zwischen WA-Mitglie-dern und (G)BR-Mitgliedern gibt es nicht. Alles, was der WA weiß, darf und muss auch der BR wissen (vgl. Kapitel 10.2.4), allerdings muss der (G)BR auf vom Unternehmer geforderte Geheimhaltungsbedürfnisse hingewiesen wer-den.

Die Information des BR/GBR erfolgt durch den WA-Sprecher möglichst anhand eines schriftlichen Berichts (vgl. Kapitel 3.4.4), der durch die vom Unternehmer vorgelegten Unterlagen und das WA-Protokoll ergänzt und mündlich erläutert werden sollte, auf der nächsten ordentlichen (G)BR-Sitzung. Ist der zeitliche Abstand zwischen den Sitzungen zu groß (z.B. bei vierteljährlichen Sitzungen) oder liegen besonders dringende Angelegenheiten vor, sollte zur Information des (G)BR eine außerordentliche Sitzung einberufen werden.

Betreffen die im WA beratenen Angelegenheiten in einem Mehrbetriebsunternehmen nicht nur das Unternehmen als gesamtes, sondern auch einzelne Betriebe, so sollte neben der Information des GBR auch eine direkte Information der betroffenen BR durch den WA erfolgen. Dies gilt insbesondere, wenn der betroffene BR wegen der Größe des GBR dort nicht vertreten ist (vgl. *FKHE* Rn. 27 zu § 108 BetrVG).

WA-Informationen sind jedoch nicht nur für den (G)BR wichtig. Sie sind ebenso für die anderen Mitbestimmungsträger im Unternehmen (z.B. Arbeitnehmervertreter im Aufsichtsrat) notwendig, um eine einheitliche Interessenvertretungspolitik verwirklichen zu können. Häufig ist die Weiterleitung von WA-Informationen an die Arbeitnehmervertreter im Aufsichtsrat durch die Information des Betriebsrats gewährleistet, da in der Regel ein (G)BR-Mitglied (meist der Vorsitzende) auch Aufsichtsratsmitglied ist. Aber auch Arbeitnehmervertreter, die nicht gleichzeitig BR-Mitglieder sind, sollten in den Informationsfluss einbezogen werden. Ihnen gegenüber besteht nach § 79 BetrVG auch keine Geheimhaltungssperre.

Da Interessenvertretungspolitik häufig nur dann erfolgreich ist, wenn sie *mit* und nicht nur *für* die Beschäftigten erfolgt, ist auch eine umfassende Information des Vertrauenskörpers (VK) und der Belegschaft notwendig. Diese muss von den örtlichen Betriebsräten geleistet werden. Hierzu bieten sich Betriebsversammlungen (auf denen z.B. auch der WA-Sprecher einen Bericht geben kann), Sitzungen des VK, Informationsblätter/Betriebszeitungen und das »Schwarze Brett« an. Über Inhalt und Form der Informationen entscheidet allein der (G)BR. Der Unternehmer hat kein Recht zur Zensur. Er hat auch kein Recht, Vorschriften bezüglich der Informationswege zu machen.

Um die Auswirkungen der Unternehmenspolitik auf die einzelnen Regionen oder Branchen besser und auch frühzeitiger abschätzen zu können, benötigen auch die Gewerkschaften entsprechende Informationen aus den Unternehmen. Auch dies gehört u.E. zu den Aufgaben des (G)BR-Vorsitzenden.

Während nach unseren Untersuchungsergebnissen die Informationsweitergabe des WA an den (G)BR durchweg die Regel ist und auch die Informationsweitergabe an die Arbeitnehmervertreter im Aufsichtsrat – nicht zuletzt wegen der personellen Überschneidungen mit dem (G)BR – recht gut klappt, erscheint die Information der VK, der Belegschaft und der Gewerkschaft dringend verbesserungsbedürftig. Ursache hierfür dürfte gerade im Zusammenhang mit Informationen aus dem WA vor allem die Unsicherheit vieler BR-Mitglieder über den Umfang der Geheimhaltungspflicht sein, die deshalb in Kap. 10.2.4 gesondert behandelt wird.

3.4.6 Unterstützung durch Gewerkschafts- beauftragte und Sachverständige

Unabhängig davon, wie günstig der WA hinsichtlich der Qualifikation seiner Mitglieder zusammengesetzt ist, wird es immer Fälle und Probleme geben, in denen die Fachkompetenz der WA-Mitglieder zur Erfüllung ihrer Aufgaben nicht ausreicht. Zu denken ist etwa an

- die Einführung oder Erweiterung des EDV-Einsatzes,
- die Durchführung von Kostensenkungsprogrammen,
- den Einsatz neuer Technologien und Verfahren,
- grundlegende Änderungen im Produktions- und Absatzprogramm,
- grundlegende Änderungen im organisatorischen Aufbau des Unternehmens.

In solchen oder ähnlichen Fällen sollte der WA auf jeden Fall von seinem Recht Gebrauch machen, zu den Sitzungen mit dem Unternehmer sowie zu den Vor- und Nachbereitungssitzungen Gewerkschaftsbeauftragte und/oder externe Sachverständige, die das Vertrauen der Interessenvertretung besitzen, hinzuzuziehen.

Gemäß § 108 Abs. 2 BetrVG kann der WA nach näherer Vereinbarung mit dem Unternehmer einen Sachverständigen (§ 80 Abs. 3 BetrVG) zu seiner Unterstützung hinzuziehen. Über die Erforderlichkeit eines Sachverständigen und den Inhalt seiner Tätigkeit entscheidet allein der WA. Kommt es mit dem Unternehmer zu keiner Einigung, etwa weil der Unternehmer die Erforderlichkeit eines Sachverständigen bestreitet oder ihm das Sachverständigenhonorar, das er zu tragen hat, zu hoch erscheint, so entscheidet das Arbeitsgericht im Beschlussverfahren auf Antrag des (G)BR.

Bezüglich der Erfolgsaussichten im Beschlussverfahren sind zwei Fälle zu unterscheiden: Einmal der Fall, dass ein WA nach § 107 Abs. 1 BetrVG gebildet wurde; zum anderen der Fall, dass der (G)BR die Aufgaben des WA einem Ausschuss des (G)BR übertragen hat oder diese Aufgaben selbst wahrnimmt (§ 107 Abs. 3 BetrVG).

Im ersten Fall ist nach herrschender Rechtsprechung ein Sachverständiger nur dann notwendig, wenn der WA einzelne seiner gesetzlichen Aufgaben ohne sachverständige Beratung nicht ordnungsgemäß erfüllen kann. Hierbei ist jedoch davon auszugehen, dass die WA-Mitglieder bereits über diejenigen Kenntnisse verfügen, die im Regelfall zur ordnungsgemäßen Wahrnehmung ihrer Aufgaben erforderlich sind (*BAG* vom 18. 7. 1978 – 1 ABR 34/75, AP Nr. 1 zu § 108 BetrVG). Das heißt, zur Unterstützung der laufenden WA-Arbeit (z. B. Erläuterung des Jahresabschlusses, Abstimmung des Quartalsberichts, Erläuterung der Personalplanung) wird man einen Sachverständigen im Regelfall nicht gerichtlich durchsetzen können, es sei denn, der WA weist im Einzelnen nach, dass Besonderheiten auftreten (z. B. Auflösung offener Rücklagen und Ausschüttung an die Gesellschafter, Umstellung der Personalplanung auf ein EDV-gestütztes System), für deren Beurteilung die Kompetenz der WA-Mitglieder nicht ausreicht.

Im zweiten Fall (WA als Ausschuss des BR) ist die Rechtslage anders: Hier kann diese geforderte besondere Sachkunde nicht erwartet werden, so dass es wesentlich einfacher ist, einen Sachverständigen gerichtlich durchzusetzen.

In beiden Fällen sollen nach der Entscheidung des *BAG* vom 4. 6. 1987 (6 ABR 63/85, AP Nr. 30 zu § 80 BetrVG) zuvor die betriebsinternen Informationsquellen ausgeschöpft sein. Widerspricht der Unternehmer der Hinzuziehung eines (externen) Sachverständigen, so kann dieser Anspruch gerichtlich, bei Eilbedürftigkeit notfalls auch im Wege der einstweiligen Verfügung (*LAG Baden-Württemberg* vom 18. 7. 1978 – 1 ABR 34/75) durchgesetzt werden.

Statt eines Sachverständigen kann natürlich auch ein Gewerkschaftsbeauftragter hinzugezogen werden. Die inzwischen auch vom *BAG* akzeptierte Hinzuziehung von Gewerkschaftsbeauftragten zu WA-Sitzungen (*BAG* vom 18. 11. 1980 – 1 ABR 31/78, AP Nr. 2 zu § 108 BetrVG) hat gegenüber der Hinzuziehung von Sachverständigen den Vorteil, dass sie keiner Vereinbarung mit dem Unternehmer bedarf.

Die Hinzuziehung von Gewerkschaftsbeauftragten kann zum einen dem Ziel dienen, entsprechenden Branchen-Sachverstand in die WA-Beratungen einzubringen. Zum anderen kann mit der Teilnahme eines Gewerkschaftsbeauftragten auch versucht werden, die Informationsbereitschaft des Unternehmers durch Hinweis auf die in anderen Unternehmen übliche Informationspolitik zu erhöhen.

Da es im Zusammenhang mit der Hinzuziehung von Gewerkschaftsbeauftragten zu WA-Sitzungen eine Reihe von ungeklärten Rechtsfragen gibt, sollte – insbesondere wenn mit dem Widerstand des Unternehmers gegen die Teilnahme eines Gewerkschaftsbeauftragten zu rechnen ist – folgende Vorgehensweise gewählt werden, um der Arbeitgeberseite keinen formalen Vorwand gegen dessen Teilnahme zu liefern:

- Der (G)BR sollte einen Beschluss fassen, mit dem er den WA grundsätzlich ermächtigt, über die Hinzuziehung eines Gewerkschaftsbeauftragten selbst zu entscheiden, da durch das *BAG* bisher nur geklärt ist, dass der WA im Falle einer solchen Ermächtigung durch den (G)BR zur Hinzuziehung eines Gewerkschaftsbeauftragten berechtigt ist (vgl. *BAG* vom 18.11.1980).
- Der WA sollte vor der jeweiligen WA-Sitzung (z.B. auf der Vorbereitungssitzung) die Hinzuziehung des Gewerkschaftsbeauftragten für die entsprechende WA-Sitzung unter Angabe von Gründen beschließen, da das *BAG* in seiner kritisierten Entscheidung vom 25.6.1987 die Zulässigkeit einer generellen Einladung abgelehnt und die Hinzuziehung nur bei fehlender fachlicher Eignung der WA-Mitglieder akzeptiert hat (vgl. *BAG* vom 25.6.1987, AP Nr. 6 zu § 108 BetrVG).

Nach unseren Untersuchungsergebnissen wird die Möglichkeit, externe Sachverständige zur Unterstützung heranzuziehen, bisher kaum genutzt. Auch die Teilnahme von Gewerkschaftsbeauftragten ist eher die Ausnahme als die Regel.

3.5 Qualifikation tut Not – Zur Fort- und Weiterbildung der Wirtschaftsausschuss-Mitglieder

3.5.1 Neue Anforderungen an den Wirtschaftsausschuss

Wie die Überlegungen zur Auswahl der WA-Mitglieder (Kapitel 3.2) gezeigt haben, wird es nur in Ausnahmefällen möglich sein, für alle im WA anzusprechenden Themenbereiche fachlich qualifizierte Kandidaten zu finden. Da zudem Wissen in immer kürzeren Zeitabständen veraltet, ist eine *ständige Fort- und Weiterbildung* der WA-Mitglieder dringend erforderlich. Deshalb sollte auch der Bereitschaft zur Weiterqualifikation bei der Auswahl der WA-Mitglieder ein besonders hoher Stellenwert eingeräumt werden.

Mag die Qualifikation der WA-Mitglieder in den so genannten Schönwetterperioden der bundesdeutschen Wirtschaftsentwicklung für eine erfolgreiche Interessenvertretung noch von untergeordneter Bedeutung gewesen sein, so sind die Anforderungen an BR- und WA-Mitglieder spätestens seit Auftreten der ökonomischen Krisentendenzen seit 1974/75 bzw. 1980/82 mit ihren unmittelbar negativen Folgen der Massenarbeitslosigkeit und des Sozialabbaus wesentlich größer geworden. In den Unternehmen haben außerdem in den vergangenen Jahren folgende in diesem Zusammenhang wichtige Entwicklungen stattgefunden:

- Ausbau von Unternehmensplanung und Unternehmensorganisation (zunehmend auch durch externe Beratung)
- Internationalisierung der Unternehmensverflechtungen
- Entwicklung eines an Kapitalinteressen orientierten Informationsmanagements
- zunehmende Durchdringung aller Unternehmensbereiche mit EDV.

Diese Entwicklungen waren häufig verbunden mit einem Strategiewechsel des Unternehmers gegenüber (G)BR und WA. So sehen sich die Interessenvertreter zunehmend mit folgenden Strategien konfrontiert:

- *Sachzwangargumentation* mit Hilfe unternehmerischer Kennzahlen
- *Integrationsstrategien* mit Ausbau von Teamkonzepten, Qualitätszirkeln etc.

BR und WA sehen sich immer stärker gezwungen, sich über zuvor unbekannte Bereiche und Einzelfragen Wissen anzueignen und sich um mögliche Antworten und Alternativen zu kümmern. Wollen sie sich tatsächlich zu Instrumenten der Kontrolle unternehmerischer Entscheidungen entwickeln und gegen die ständigen Versuche der Unternehmer wehren, den Arbeitnehmervertretern die »einzelwirtschaftliche Rentabilitätsbrille« aufzusetzen, sie einzuweben in ein Netz von Sachnotwendigkeiten und stattdessen mit Hilfe der Kennziffern Alternativen im Beschäftigteninteresse entwickeln, ist heute und zukünftig Fort- und Weiterbildung von immer größerer Bedeutung.

3.5.2 Eigenständiger Schulungsanspruch?

Trotz dieser eindeutigen Notwendigkeit zur Weiterbildung von WA-Mitgliedern hat das *BAG* in Urteilen vom 6. 11. 1973 (AP Nr. 5 zu § 37 BetrVG) und 28. 4. 1988 (NZA 1989, 221) entschieden, dass WA-Mitgliedern, die nicht zugleich BR-Mitglieder sind, kein eigenständiger Rechtsanspruch auf bezahlte Freistellung zur Teilnahme an Schulungs- und Weiterbildungsveranstaltungen zusteht. Nach der letzten Entscheidung des *BAG* wird auch die Teilnahme von Ersatzmitgliedern des BR nur in gut begründeten Ausnahmefällen möglich sein. Begründet wurde das mit § 107 Abs. 1 BetrVG, nach dem die Mitglieder des WA über die für ihre Tätigkeit notwendige fachliche Eignung – zumindest über ein Grundlagenwissen – verfügen sollen.

Diese Rechtsauffassung des *BAG*, die in den Kommentaren zum BetrVG überwiegend abgelehnt wird, ist recht weltfremd und wenig verständlich, da vor dem Hintergrund der immer schneller verlaufenden Wissensentwicklung Weiterbildung gerade auch für WA-Mitglieder unerlässlich ist. Die Unternehmer haben dagegen die Notwendigkeit ständiger Fort- und Weiterbildungs-maßnahmen für das Management längst erkannt und wenden inzwischen erhebliche Mittel für dessen laufende Qualifizierung auf.

Der (G)BR hat deshalb gute Argumente, auch Nicht-BR-Mitglieder aus dem WA für Schulungsveranstaltungen vorzuschlagen. Allerdings sollte die Not-wendigkeit der Schulungsteilnahme wegen der unbefriedigenden Rechtspre-chung besonders gut begründet werden. Erfolgsaussichten bestehen insbeson-dere dann, wenn es sich um Schulungsveranstaltungen zu Spezialthemen (z. B. Unternehmensaufspaltungen, Fusionen, strategische Unternehmensplanung) handelt und diese Themen für die WA-Arbeit von Bedeutung sind oder in absehbarer Zeit sein können. Bei konstanter Weigerung des Unternehmers sollte deshalb auch ein mögliches Arbeitsgerichtsverfahren nur nach Rück-sprache mit der zuständigen Gewerkschaft angestrengt werden.

Für WA-Mitglieder, die zugleich Betriebsräte sind, hat das *BAG* dagegen die bezahlte Freistellung zur Teilnahme an Schulungs- und Bildungsveranstaltun-gen gemäß § 37 Abs. 6 und 7 in ihrer Eigenschaft als BR-Mitglieder ausdrück-lich bejaht (*BAG* vom 6.11.1973). Hat der BR einen Beschluss zur Teilnahme von BR-Mitgliedern an einer Schulungs- und Bildungsveranstaltung gemäß § 37 Abs. 6 BetrVG gefasst und verweigert der Arbeitgeber die Freistellung dieser Mitglieder von der Arbeit bei Fortzahlung des Entgelts und die Über-nahme der Seminarkosten, dann kann in dringlichen Fällen der BR im Wege der einstweiligen Verfügung beantragen, dass dem Arbeitgeber aufgegeben wird, die zur Schulung vorgesehenen Mitglieder von der Arbeit freizustellen (*ArbG Berlin*, Beschluss vom 5.9.1988 – 27 BVGA 3/88).

Vor diesem Hintergrund ist es erstaunlich, dass nach unserer Untersuchung in Berliner Metallunternehmen nur rund 50 % der WA-Mitglieder an Schu-lungsmaßnahmen teilgenommen haben, die auf die WA-Arbeit bezogen sind, obwohl gut 90 % der WA-Mitglieder zugleich auch BR-Mitglieder sind. Die WA sollten sich deshalb die Weiterbildung ihrer Mitglieder zur ständigen Aufgabe machen.

3.5.3   Auch Weiterbildung will geplant sein

Wegen der Bedeutung der Qualifizierung für eine erfolgreiche WA-Arbeit sollte man die Teilnahme an Schulungs- und Weiterbildungsveranstaltungen nicht dem Zufall oder allein der Lust und Laune der einzelnen WA-Mitglieder überlassen. Stattdessen sollte auch für den WA eine Weiterbildungsplanung vorgenommen werden. In Einbetriebsunternehmen wird man dies sinnvoller-weise mit der Weiterbildungsplanung des BR verbinden. In Mehrbetriebsunternehmen dagegen sollte der WA eine eigene Planung betreiben, wobei die Beschlüsse zur Teilnahme an Schulungsveranstaltungen von den jeweiligen BR zu treffen sind. Die Weiterbildungsplanung sollte dabei in folgenden Schritten ablaufen:

1. Erstellung einer Übersicht über die bisherige Schulungsteilnahme der einzelnen WA-Mitglieder.
2. Ermittlung des Weiterbildungsbedarfs anhand der Übersicht aus Schritt 1. Dabei sollte berücksichtigt werden, dass auch eine Auffrischung von Kenntnissen in bestimmten Zeitabständen sinnvoll ist.
3. Ermittlung des aktuellen, auf die WA-Arbeit bezogenen Schulungsangebots. Dazu muss auf die jährlich erscheinenden Schulungsübersichten des DGB und der zuständigen Einzelgewerkschaften zurückgegriffen werden. Außerdem gibt es in einigen Städten Kooperationsvereinbarungern zwischen DGB und Hochschulen, in deren Rahmen ebenfalls Weiterbildungsmaßnahmen angeboten werden.
4. Entscheidung über die Teilnahme einzelner WA-Mitglieder an den verschiedenen angebotenen Seminaren und Weiterleitung an die BR zur Beschlussfassung.

Nach den bisherigen Erfahrungen mit überregionalen Seminaren ist es für die Teilnehmer oft schwer, den vermittelten Stoff auf die eigenen konkreten Problemstellungen anzuwenden. Insbesondere hat der Aufbau eines unternehmensbezogenen Informationssystems des WA zu Schwierigkeiten geführt. Die Ursachen dafür sind zum einen im Widerstand des Unternehmers, zum anderen aber auch in internen Widerständen innerhalb der Interessenvertretung zu suchen. Zur Überwindung dieser Widerstände haben wir gute Erfahrungen mit zusätzlichen örtlichen Arbeitskreisen auf DGB- oder Einzelgewerkschaftsebene und mit unternehmens- bzw. konzernbezogenen Schulungen gemacht. Im Rahmen der Weiterbildungsplanung kann es deshalb sinnvoll sein, folgende weitere Schritte durchzuführen:

5. Entscheidung über die regelmäßige Teilnahme einzelner WA-Mitglieder an örtlichen Arbeitskreisen zur Förderung des überbetrieblichen Erfahrungsaustauschs. Falls solche Arbeitskreise nicht existieren, kann auch ihre Anregung bei einer Gewerkschaft oder beim DGB überlegt werden.
6. Entscheidung über die Durchführung unternehmensbezogener Seminare, an denen alle WA-Mitglieder (u.U. auch GBR-Mitglieder) teilnehmen können, zur Behandlung konkreter, auf das Unternehmen und dessen aktuelle Situation bezogener Fragen und zur (Weiter-)Entwicklung des unternehmensbezogenen Informationssystems des WA. Die Durchführung solcher Seminare sollte mit der zuständigen Einzelgewerkschaft abgesprochen werden, die dazu auch geeignete Referenten stellen oder vermitteln kann.

Vertiefende und weiterführende Literatur:

Bösche, B., Die Informationsrechte der Wirtschaftsausschuß-Mitglieder. Ein Beitrag aus rechtlicher Sicht, in: Brehm, H./Pohl, G. (Hg.): Interessenvertretung durch Information. Handbuch für Arbeitnehmervertreter, Köln 1978, S. 154–181.

Däubler, W./Peter, G., Schulung und Fortbildung von betrieblichen Interessenvertretern, 4. Aufl., Köln 1995

Fricke, W./Grimberg, H./Wolter, W., Der Wirtschaftsausschuß – sinnvoll genutzt! Die kleine Betriebsrats-Bibliothek, Bd. 5, Köln 1985.

Grauvogel, M./Hase, D./Röhricht, D., Wirtschaftsausschuß und Betriebsrat, Neuwied 1996

Kraft, F. W., Der Wirtschaftsausschuß. Errichtung – Rechte – Zuständigkeit – Durchsetzung von Rechten, 5. Aufl., Arbeitsheft 1980 der IG Metall, Frankfurt 1982.

Weiss, M., Rationelle Betriebsratsarbeit. Organisationsformen, Geschäftsführung, Interessenvertretung, 2. Aufl., Neuwied und Darmstadt 1981.

Pflüger, N., Die Hinzuziehung eines Sachverständigen gem. § 80 III BetrVG, in: NZA Heft 2/1988, S. 45 ff.

Wagner, J., Hinzuziehung eines Sachverständigen durch den Betriebsrat, in: AiB 6/92, S. 316 ff.

4. »Wir schreiben schon wieder rote Zahlen« – Der Jahresabschluss in Einzelunternehmen und Konzernen

Inhaltsübersicht

4.1 Warum muss sich der Wirtschaftsausschuss mit dem Jahresabschluss befassen?

Der Jahresabschluss ist einer der Problembereiche, der erfahrungsgemäß den WA- und (G)BR-Mitgliedern, insbesondere wenn sie über keine kaufmännische Vorbildung verfügen, große Verständnisschwierigkeiten bereitet. Etwas kundigere Kolleginnen und Kollegen wissen zudem, dass der Jahresabschluss alles andere als die tatsächliche wirtschaftliche und finanzielle Lage eines Unternehmens offen legt. Nicht zu Unrecht wird deshalb auch vom Jahresabschluss als »Zahlenmärchen« gesprochen, das mehr verschleiert als offen legt.

Dem Jahresabschluss haften insbesondere folgende Mängel an:
- Der handelsrechtliche Jahresabschluss dient den Informations- und Ausschüttungsinteressen der Gesellschafter, der Gläubiger und des Staates (Fiskus). Es wird überhaupt *kein Bezug zu den Beschäftigten* hergestellt.
- Die im handelsrechtlichen Jahresabschluss enthaltenen Informationen sind aufgrund der bilanzpolitischen Spielräume und der Stichtagsbezogenheit *weder klar noch zuverlässig.*
- Der handelsrechtliche Jahresabschluss ist *vergangenheitsorientiert.* Frühestens im April/Mai des Folgejahres wird über das abgelaufene Geschäftsjahr informiert. In der Zwischenzeit kann sich die wirtschaftliche und finanzielle Lage des Unternehmens schon wesentlich verändert haben. Es gibt eine Reihe spektakulärer Firmenzusammenbrüche, bei denen die Tinte des Wirtschaftsprüfers unter den Bestätigungsvermerk noch nicht trocken war, als der Unternehmer Insolvenz anmelden musste.
- Der handelsrechtliche Jahresabschluss ist auf das Unternehmen und den Konzern bezogen. Diese Informationen sind für die Interessenvertretung *zu pauschal.* Insbesondere können negative Entwicklungen in einzelnen Betrieben oder Bereichen des Unternehmens durch positive Entwicklungen in anderen Betrieben oder Bereichen ausgeglichen oder überkompensiert werden, so dass sich aus negativen Entwicklungen ergebende Gefährdungen der Arbeitnehmerinteressen für die Interessenvertretung gar nicht erkennbar sind.

Wenn das so ist, weshalb beschäftigen wir uns dennoch damit? Eine Befassung mit dem Jahresabschluss ist aus folgenden Gründen geboten:
- Der Unternehmer hat dem WA unter Beteiligung des (G)BR den Jahresabschluss zu erläutern (§ 108 Abs. 5 BetrVG). Es ist für ein WA- bzw. (G)BR-Mitglied absolut unbefriedigend und frustrierend, an einer Sitzung teilzunehmen, bei der man von vornherein weiß, dass man nichts von dem, was da erklärt und besprochen wird, versteht – zumal man in einer solchen

Situation auch nicht einschätzen kann, ob das Gesagte richtig ist oder nicht.

- Der Unternehmer argumentiert in der Auseinandersetzung mit der betrieblichen Interessenvertretung häufig mit Bilanzzahlen. Hinweise auf »rote Zahlen«, ungenügende Gewinne oder geringe Eigenkapitalausstattung werden vom Unternehmer genutzt, um Forderungen der Interessenvertretung, die den Unternehmer etwas kosten würden, von vornherein abzublocken oder soziale Errungenschaften, z. B. Betriebsrenten, wieder abzubauen. Deshalb ist es für die Interessenvertretung wichtig zu wissen, was an solchen »Argumenten« dran ist.

- In vielen kleineren und mittleren Unternehmen ist der Jahresabschluss häufig für die Interessenvertretung die wichtigste, weil einzige Informationsquelle über die wirtschaftliche und finanzielle Lage des Unternehmens. Dieser Zustand ist zwar äußerst unbefriedigend und bedarf dringend einer Änderung (z. B. durch die Einführung eines Kennziffernsystems durch WA und BR), solange diese Änderung aber nicht bewerkstelligt ist, muss zumindest diese Informationsquelle genutzt werden.

- Viele Unternehmen sind heute eingebunden in Konzernstrukturen, sei es als Konzernobergesellschaft (Mutter) oder als abhängiges Konzernunternehmen (Tochter). Für den WA der Mutter ist der Jahresabschluss des Konzerns (Konzernabschluss) bedeutsamer und aussagefähiger als der Einzelabschluss. Für den WA einer Tochter sind insbesondere die vielfältigen Beziehungen zu anderen Konzernunternehmen von Interesse.

Es geht uns nicht darum, WA- oder BR-Mitglieder zu Bilanzexperten auszubilden. Abgesehen davon, dass dies in dem hier zur Verfügung stehenden Raum gar nicht zu leisten wäre, ist es gewerkschaftspolitisch auch gar nicht sinnvoll und zweckmäßig, da dies zu einer völlig falschen Schwerpunktsetzung der betrieblichen Interessenvertretungsarbeit führen würde (vgl. auch Kapitel 3.2).

Unser Anliegen ist es vielmehr, den WA- und BR-Mitgliedern zu vermitteln, wie der Jahresabschluss im Einzelunternehmen und Konzern einzuschätzen ist, welche Bedeutung ihm zukommt, welche Aussagekraft er besitzt und was davon für die Interessenvertretung von Nutzen ist – nicht mehr, aber auch nicht weniger!

4.2   Der Einzelabschluss

4.2.1   Bestandteile des Jahresabschlusses

Der Jahresabschluss setzt sich – in Abhängigkeit von der Rechtsform – aus mehreren Bestandteilen zusammen.

Bei *Personengesellschaften* (Einzelunternehmen, OHG, KG) besteht der Jahresabschluss aus der Jahresbilanz und der Gewinn- und Verlustrechnung.

Bei *Kapitalgesellschaften* (AG, KGaA, GmbH) und *bei Personengesellschaften, bei denen keine natürliche Person persönlich haftender Gesellschafter ist* (GmbH & Co, AG & Co, KGaA & Co) setzt sich der Jahresabschluss aus der Jahresbilanz, der Gewinn- und Verlustrechnung sowie dem Anhang zusammen. Zusätzlich müssen Kapitalgesellschaften auch noch einen Lagebericht und eine Gewinnverwendungsrechnung erstellen und – mit Ausnahme der kleinen Kapitalgesellschaft – auch veröffentlichen (vgl. Übersicht 18).

Sofern ein Unternehmen verpflichtet ist, seinen Jahresabschluss prüfen zu lassen (vgl. Übersicht 18), gibt es auch einen Prüfungsbericht des Wirtschaftsprüfers oder vereidigten Buchprüfers. Während diese Prüfungsberichte dem Aufsichtsrat eines Unternehmens vorgelegt werden müssen, ist dies für WA und BR/GBR umstritten. Lehnt der Unternehmer die Vorlage des Prüfungsberichtes ab, dann sollte der WA bzw. (G)BR sich nicht scheuen, deswegen die Einigungsstelle gemäß § 109 BetrVG anzurufen (vgl. Abschn. 10.2.3), die für die Klärung dieser Frage zuständig ist (vgl. *BAG*, 8.8.1989 – 1 ABR 61/88). Nach unseren eigenen Erfahrungen sind die Chancen, dass die Einigungsstelle den Prüfungsbericht (oder zumindest wesentliche Teile davon) zu den vorzulegenden Unterlagen im Rahmen der Erläuterung des Jahresabschlusses gemäß § 108 Abs. 5 BetrVG rechnet, außerordentlich hoch.

Zunächst wollen wir kurz erläutern, welche Informationen Jahresbilanz, Gewinn- und Verlustrechnung sowie Anhang und Prüfungsbericht enthalten.

4.2.1.1   Die Jahresbilanz

Ganz allgemein ist die Jahresbilanz eine Gegenüberstellung von Vermögen (Aktiv-Seite) und Kapital (Passiv-Seite) zu einem Stichtag, dem letzten Tag des Geschäftsjahres. Anders ausgedrückt zeigt die Passiv-Seite die Mittelherkunft (von wem stammt das Geld?) und die Aktiv-Seite die Mittelverwendung (was wurde mit dem Geld gemacht?). Dementsprechend ist die Bilanz in Kontoform nach dem in *Übersicht 9* ersichtlichen Gliederungsschema aufgebaut.

Dieses Gliederungsschema ist nur für große und mittlere Kapitalgesellschaften und sehr große Personengesellschaften verbindlich. Kleine Kapitalgesellschaften brauchen nur eine verkürzte Bilanz aufzustellen, in die nur die mit Buchstaben und römischen Ziffern bezeichneten Bilanzposten gesondert und in der vorgeschriebenen Reihenfolge aufgenommen werden.

Für Personengesellschaften, die nicht unter das Publizitätsgesetz fallen, ist kein Gliederungsschema festgeschrieben. Allerdings orientieren sich die meisten Personengesellschaften je nach Unternehmensgröße an einer der beiden Schemata für Kapitalgesellschaften.

Die Vermögensgegenstände auf der Aktivseite der Bilanz sind im Wesentlichen nach der Fristigkeit der Kapitalbindung im Unternehmen gegliedert. Dementsprechend unterscheidet man das längerfristig im Unternehmen gebundene Anlagevermögen und das kurzfristig gebundene Umlaufvermögen.

Zum Anlagevermögen zählen die entgeltlich erworbenen, immateriellen (nicht gegenständlichen) Vermögenswerte, wie Konzessionen, gewerbliche Schutzrechte u.ä. (z. B. Software, Patente, Lizenzen) und der so genannte Geschäfts- oder Firmenwert (Differenz zwischen Kaufpreis und Reinvermögen zum Zeitpunkt des Kaufs des Unternehmens). Außerdem gehören zum Anlagevermögen die Sachanlagen, das sind diejenigen Vermögensgegenstände, die die Grundlage für die Produktionsbereitschaft bzw. Leistungserstellung darstellen (z. B. Grundstücke, Gebäude, Maschinen, Fuhrpark, Betriebs- und Geschäftsausstattung). Schließlich rechnen zum Anlagevermögen noch die Finanzanlagen (z. B. längerfristige bzw. auf Dauer angelegte Geldanlagen, wie Kapitalbeteiligungen an anderen Unternehmen, Wertpapiere usw.).

Die wichtigsten Positionen des Umlaufvermögens sind die Vorräte (z. B. Roh-, Hilfs- und Betriebsstoffe, Halbfertig- und Fertigfabrikate, bezogene Waren und geleistete Anzahlungen auf diese Positionen), Forderungen (aus noch nicht bezahlten Rechnungen) gegenüber Kunden, verbundenen Unternehmen und Unternehmensbeteiligungen, Wertpapiere (als verzinslich gehaltene Liquiditätsreserve) und flüssige Mittel (Bestand an Bargeld, Schecks und Bankguthaben).

Auf der Passivseite unterscheidet man nach der Rechtsstellung der Geldgeber zwischen Eigen- und Fremdkapital. Das Eigenkapital stammt von den wirtschaftlichen Eigentümern. Es bildet das Haftungskapital und verbrieft dafür Eigentumsrechte (Stimmrecht, Recht auf Anteil am Gewinn, Recht auf Anteil am Liquidationserlös) am Unternehmen. Das Fremdkapital stammt von Gläubigern (v.a. Banken, Lieferanten) und verbrieft das Recht auf termingerechte Rückzahlung des meist befristet zur Verfügung gestellten Kapitals und eine eventuell vereinbarte Verzinsung.

Die Gliederung des Eigenkapitals gibt Aufschluss über die Form der Bildung des Eigenkapitals: Das gezeichnete Kapital ist der Nennbetrag der ausgegebenen Gesellschaftsanteile (Aktien, GmbH-Anteile) und bildet zusammen mit der Kapitalrücklage (Differenz zwischen Ausgabepreis und Nennwert der Gesellschaftsanteile) denjenigen Betrag, den die Gesellschafter (Eigentümer) aus eigenen Mitteln dem Unternehmen von außen zugeführt haben. Demgegenüber wird die Gewinnrücklage aus dem Unternehmen selbst aus einbehaltenen, versteuerten Gewinnen gebildet, indem die Gesellschafter auf eine entsprechende Ausschüttung verzichtet haben bzw. vom Gesetzgeber dazu verpflichtet wurden (Ausschüttungssperre). Ebenfalls aus dem Unternehmen selbst stammen der kumulierte Gewinn- bzw. Verlustvortrag der vorangegangenen Geschäftsjahre und der Jahresüberschuss bzw. -fehlbetrag aus dem laufenden Geschäftsjahr.

Die Sonderposten mit Rücklageanteil werden vorübergehend zum Zwecke der Steuerersparnis (genauer: der Steuerstundung) gebildet. Dies kann auf zwei Arten geschehen: Zum einen durch die Bildung sog. steuerfreier Rücklagen (vgl. Übersicht 10). Zum anderen besteht die Wahlmöglichkeit, ausschließlich steuerlich zulässige Sonderabschreibungen nicht direkt bei den entsprechenden Vermögensgegenständen auf der Aktivseite zu kürzen, sondern den Differenzbetrag zwischen der Normal- und der Sonderabschreibung als Korrekturposten auf der Passivseite unter den Sonderposten mit Rücklageanteil auszuweisen. Sonderposten mit Rücklageanteil werden aus dem unversteuerten Gewinn gebildet und werden aufgrund steuerlicher Vorschriften erst bei ihrer schrittweisen Auflösung versteuert. In Höhe der gestundeten Steuern sind die Sonderposten mit Rücklageanteil Fremdkapital; der darüber hinausgehende Teil ist Eigenkapital. Im Rahmen der Bilanzanalyse rechnet man deshalb pauschal 50 % dem Eigen- und 50 % dem Fremdkapital zu.

Rückstellungen und Verbindlichkeiten gehören juristisch zum Fremdkapital. Rückstellungen sind ungewisse Verbindlichkeiten, deren Höhe und/oder Fälligkeitszeitpunkt noch nicht genau feststeht (z. B. Prozesskosten, Garantieleistungen, Pensionszahlungen, Sozialplanabfindungen, rückständiger Urlaub).

Sind Höhe und Fälligkeitszeitpunkt genau bestimmt, dann spricht man von Verbindlichkeiten. Sie werden untergliedert nach der Art ihrer Entstehung (z. B. Anleihen, Bankkredite, Verbindlichkeiten gegenüber verbundenen Unternehmen) und der Fristigkeit (kurzfristig: Restlaufzeit bis zu einem Jahr; mittelfristig: ein bis fünf Jahre; langfristig: über fünf Jahre). Angaben zur Fristigkeit finden sich im Allgemeinen im Anhang.

Alle Kapitalgesellschaften müssen in der *Bilanz oder im Anhang* darstellen, wie sich die einzelnen Posten des Anlagevermögens entwickelt haben. Dabei sind, ausgehend von den gesamten Anschaffungs- und Herstellungskosten, die Zugänge, Abgänge, Umbuchungen und Zuschreibungen des Geschäftsjahres sowie die Abschreibungen in ihrer gesamten Höhe gesondert aufzuführen.

Übersicht 9

Grundschema der Bilanzgliederung für große und mittlere Kapitalgesellschaften (§ 266 Abs. 2 und 3 HGB)

Aktivseite	Passivseite
A. Ausstehende Einlagen 　– davon eingefordert: **B. Aufwendungen für die Ingangsetzung und Erweiterung des Geschäftsbetriebs** **C. Anlagevermögen** 　I. Immaterielle Vermögensgegenstände 　　1. Konzessionen, gewerbliche Schutzrechte und ähnliche Rechte und Werte sowie Lizenzen an solchen Rechten und Werten 　　2. Geschäfts- und Firmenwert 　　3. geleistete Anzahlungen 　II. Sachanlagen 　　1. Grundstücke, grundstücksgleiche Rechte und Bauten auf fremden Grundstücken 　　2. technische Anlagen und Maschinen 　　3. andere Anlagen, Betriebs- und Geschäftsausstattung 　　4. geleistete Anzahlungen und Anlagen im Bau 　III. Finanzanlagen 　　1. Anteile an verbundenen Unternehmen 　　2. Ausleihungen an verbundene Unternehmen 　　3. Beteiligungen 　　4. Ausleihungen an Unternehmen, mit denen ein Beteiligungsverhältnis besteht 　　5. Wertpapiere des Anlagevermögens 　　6. sonstige Ausleihungen **D. Umlaufvermögen** 　I. Vorräte 　　1. Roh-, Hilfs- und Betriebsstoffe 　　2. unfertige Erzeugnisse, unfertige Leistungen 　　3. fertige Erzeugnisse und Waren 　　4. geleistete Anzahlungen 　II. Forderungen und sonstige Vermögensgegenstände 　　1. Forderungen aus Lieferungen und Leistungen 　　　– davon Restlaufzeit mehr als 1 Jahr: 　　2. Forderungen gegen verbundene Unternehmen 　　　– davon Restlaufzeit mehr als 1 Jahr: 　　3. Forderungen gegen Unternehmen, mit denen ein Beteiligungsverhältnis besteht 　　　– davon Restlaufzeit mehr als 1 Jahr: 　　4. sonstige Vermögensgegenstände 　　　– davon Restlaufzeit mehr als 1 Jahr: 　III. Wertpapiere 　　1. Anteile an verbundenen Unternehmen 　　2. eigene Anteile 　　3. sonstige Wertpapiere 　IV. Schecks, Kassenbestand, Bundesbank- und Postgiroguthaben, Guthaben bei Kreditinstituten **E. Rechnungsabgrenzungsposten** 　I. Abgrenzungsposten für latente Steuern 　II. Sonstige Rechnungsabgrenzungsposten	**A. Eigenkapital** 　I. Gezeichnetes Kapital 　II. Kapitalrücklage 　III. Gewinnrücklagen 　　1. gesetzliche Rücklage 　　2. Rücklage für eigene Anteile 　　3. satzungsmäßige Rücklagen 　　4. andere Gewinnrücklagen 　IV. Gewinnvortrag/Verlustvortrag 　V. Jahresüberschuss/Jahresfehlbetrag **B. Sonderposten mit Rücklageanteil** **C. Rückstellungen** 　　1. Rückstellungen für Pensionen und ähnliche Verpflichtungen 　　2. Steuerrückstellungen 　　3. sonstige Rückstellungen **D. Verbindlichkeiten** 　　1. Anleihen 　　　– davon konvertibel: 　　　– davon Restlaufzeit bis zu 1 Jahr: 　　2. Verbindlichkeiten gegenüber Kreditinstituten 　　　– davon Restlaufzeit bis zu 1 Jahr: 　　3. erhaltene Anzahlungen auf Bestellungen 　　　– davon Restlaufzeit bis zu 1 Jahr: 　　4. Verbindlichkeiten aus Lieferungen und Leistungen 　　　– davon Restlaufzeit bis zu 1 Jahr: 　　5. Verbindlichkeiten aus der Annahme gezogener Wechsel und der Ausstellung eigener Wechsel 　　　– davon Restlaufzeit bis zu 1 Jahr: 　　6. Verbindlichkeiten gegenüber verbundenen Unternehmen 　　　– davon Restlaufzeit bis zu 1 Jahr: 　　7. Verbindlichkeiten gegenüber Unternehmen, mit denen ein Beteiligungsverhältnis besteht 　　　– davon Restlaufzeit bis zu 1 Jahr: 　　8. sonstige Verbindlichkeiten 　　　– davon aus Steuern: 　　　– davon im Rahmen der sozialen Sicherheit: 　　　– davon Restlaufzeit bis zu 1 Jahr: **E. Rechnungsabgrenzungsposten**

Übersicht 10

Steuerfreie Rücklagen als Sonderposten mit Rücklageanteil

	Rechtsgrundlage:	Betrifft:
1.	§ 6b EStG	Gewinne aus der Veräußerung bestimmter Anlagegüter
2.	§ 52 Abs. 5 EStG[1]	Differenzbetrag aus der Erhöhung des Rechnungszinsfußes bei den Pensionsrückstellungen
3.	R 35 EStR	Rücklage für Ersatzbeschaffung
4.	R 34 Abs. 4 EStR	Anschaffung oder Herstellung von Anlagen mit Zuschüssen aus öffentlichen oder privaten Mitteln
5.	§ 74 EStDV[1]	Preissteigerungsrücklage
6.	§ 80 EStDV[1]	Importwarenrücklage
7.	§ 82a EStDV[1]	Rücklage für Erhaltungsaufwand
8.	§ 82d EStDV[1]	Sonderabschreibungen auf Wirtschaftsgüter, die der Forschung und Entwicklung dienen
9.	§ 1 Auslandsinvestitionsgesetz	Gewinne bei der Überführung bestimmter Wirtschaftsgüter ins Ausland
10.	§ 3 Auslandsinvestitionsgesetz	Verluste ausländischer Tochtergesellschaften in der Rechtsform der Kapitalgesellschaft
11.	§ 4 Auslandsinvestitionsgesetz	Gewinne aus der Veräußerung von Anteilen an Kapitalgesellschaften
12.	§ 1 Entwicklungsländer-Steuergesetz[1]	Kapitalanlagen in Entwicklungsländern
13.	§ 2 Entwicklungsländer-Steuergesetz[1]	Beteiligung an Kapitalgesellschaften in Entwicklungsländern, die von der Entwicklungsgesellschaft erworben werden
14.	§ 4 Entwicklungsländer-Steuergesetz[1]	Gewinne aus Umwandlungen und Veräußerungen in Entwicklungsländern
15.	§ 4 FördergebietsG[1]	Sonderabschreibung
16.	§ 3 Zonenrandförderungsgesetz	Investitionen im Zonenrandgebiet
17.	§ 82 Städtebauförderungsgesetz	Veräußerungsgewinne bei Sanierungs- und Entwicklungsmaßnahmen
18.	§ 8 UmwStG	Bestimmte Gewinne bei Umwandlungsvorgängen
19.	Diverse	Förderung bestimmter Wirtschaftszweige (Steinkohlenbergbau und Kernreaktorversicherungen)

1 Eine Neubildung ist nicht mehr möglich
Quelle: Nach Pfleper, G., Die neue Praxis der Bilanzpolitik. Gestaltungsmöglichkeiten in der Handels- und Steuerbilanz nach der Bilanzreform, Freiburg 1986, S. 380.

Zusätzlich sind die Abschreibungen des Geschäftsjahres anzugeben (§ 268 Abs. 2 HGB). Eine solche Aufstellung bezeichnet man als *Anlagespiegel oder Anlagegitter. Sie muss folgende Mindestangaben enthalten:*
Beim Anlagespiegel (Anlagegitter) muss von den *historischen Anschaffungs- und Herstellungskosten* ausgegangen werden. In der Darstellung erscheinen somit die Bruttobeträge nicht nur der Anschaffungs- und Herstellungskosten, sondern auch die Gesamtsumme der bisher vorgenommenen Abschreibungen. Diese Darstellungspflicht gilt für jeden einzelnen Posten des Anlagevermögens und für den Posten»Aufwendungen für die Ingangsetzung und Erweiterung des Geschäftsbetriebs«.

Die Anlagespiegel (Anlagegitter) können von den Unternehmen in unterschiedlicher Form erstellt werden, eine besondere Formvorschrift existiert nicht. Eine gebräuchliche Darstellungsform ist in Übersicht 12 wiedergegeben.

Übersicht 11

Mindestangaben im Anlagespiegel (Anlagegitter) in der Bilanz oder im Anhang

	Anschaffungs- oder Herstellungskosten	Zu-gänge	Ab-gänge	Umbu-chungen	Zuschrei-bungen des Geschäfts-jahres	Kumulierte Abschrei-bungen	Abschrei-bungen des Geschäfts-jahres	Schluss-bestand (Buch-wert)
		(+)	(./.)	(+./.)	(+)	(./.)		
Posten des Anlage-vermögens								

Abschreibungen stellen die Wertminderung des Anlagegutes dar. Sie werden durch eine Verteilung der Anschaffungs- oder Herstellungskosten auf die Jahre der Nutzungsdauer des Anlagegutes gebildet. Überhöhte Abschreibungen (z. B. aufgrund der Annahme einer kürzeren Nutzungsdauer oder durch steuerliche Sonderabschreibungen) führen zu einer Unterbewertung des Anlagevermögens (man spricht in diesem Zusammenhang auch von sog. »stillen« Reserven).

Die gebräuchlichsten Abschreibungsverfahren sind die lineare und die degressive Abschreibung. Häufig wird auch eine Kombination beider Verfahren angewandt, wobei von der degressiven auf die lineare Abschreibung übergegangen wird, sobald der degressive Abschreibungsbetrag kleiner ist als der lineare Abschreibungsbetrag, der sich aus einer gleichmäßigen Verteilung des Restbuchwerts auf die Restnutzungsdauer ergibt. Im Beispiel in Übersicht 13 ist dies im 8. Jahr der Fall.

Übersicht 12

Beispiel für eine gebräuchliche Darstellungsform des Anlagespiegels (Anlagegitters)

	Anschaffungs- oder Herstellungskosten Bruttowerte				Abschreibungen oder Wertberichtigungen				Bilanzwerte (Nettowerte)	
	1.1.99	Zugänge[1]	Abgänge[2]	31.12.99	1.1.99	Zugänge[3]	Abgänge[4]	31.12.99	31.12.99	31.12.99
Immaterielle Vermögensgegenstände										
Gewerbliche Schutzrechte		250		250		50		50		200
Sachanlagen										
Grundstücke und Bauten	10 000	5 000		15 000	2 000	500		2 500	8 000	12 500
Technische Anlagen und Maschinen	30 000	10 000	5 000	35 000	15 000	3 000	4 000	14 000	15 000	21 000
Summe Sachanlagen	40 000	15 000	5 000	50 000	17 000	3 500	4 000	16 500	23 000	33 500
Finanzanlagen										
Anteile an verbundenen Unternehmen	20 000	8 000	4 000	24 000	5 000	1 000	2 000	4 000	15 000	20 000
Summe Anlagevermögen	60 000	23 250	9 000	74 250	22 000	4 550	6 000	20 550	38 000	53 700

1 Investitionen
2 Desinvestitionen
3 Abschreibungen des Geschäftsjahres
4 historische Abschreibungen der im Geschäftsjahr abgegangenen Anlagegüter

Übersicht 13

Darstellung der verschiedenen Abschreibungsverfahren an einem Beispiel

Maschine XY: Anschaffungskosten 10 000 DM
steuerliche anerkannte Nutzungsdauer 10 Jahre
Abschreibungssatz 25 %

Ende des ...ten Jahres	Linear			Degressiv			Übergang von degressiven zur linearen Abschreibung		
	Abschreibungen		Rest-buchwert	Abschreibungen		Rest-buchwert	Abschreibungen		Rest-buchwert
	Jahres-Betrag	Summe		Jahres-Betrag	Summe		Jahres-Betrag	Summe	
1.	1 000	1 000	9 000	2 500	2 500	7 500	–	–	–
2.	1 000	2 000	8 000	1 875	4 375	5 625	–	–	–
3.	1 000	3 000	7 000	1 406	5 781	4 219	–	–	–
4.	1 000	4 000	6 000	1 055	6 836	3 164	–	–	–
5.	1 000	5 000	5 000	791	7 627	2 373	–	–	–
6.	1 000	6 000	4 000	593	8 220	1 780	–	–	–
7.	1 000	7 000	3 000	445	8 665	1 335	445	8 665	1 335
8.	1 000	8 000	2 000	334	8 999	1 001	445	9 110	890
9.	1 000	9 000	1 000	250	9 249	751	445	9 555	445
10.	1 000	10 000	0	188	9 437	563	445	10 000	0

Einmal kann im Verlauf der Abschreibungsperiode vom degressiven auf das lineare Verfahren gewechselt werden. Im 8. Jahr erfolgt der Übergang von der degresiven zur linearen Abschreibung, weil ab diesem Zeitpunkt eine gleichmäßige Verteilung des Restbuchwerts auf die Restnutzungsdauer zu höheren Abschreibungen als der Verbleib bei der degressiven Methode führt.

Berechnungsbeispiel

Lineare Abschreibung $= \dfrac{\text{Anschaffungskosten}}{\text{Nutzungsdauer}} = \dfrac{10\,000\ \text{DM}}{10\ \text{Jahre}} = 1\,000\ \text{DM pro Jahr}$

Degressive Abschreibung = 25 % vom jeweiligen Restbuchwert (Anschaffungskosten – Abschreibungen)

1. Jahr = 25 % von 10 000 = 2 500 DM

2. Jahr = 25 % von 7 500 DM usw.

Übergang von der degressiven zur linearen Abschreibung $= \dfrac{\text{Restbuchwert}}{\text{Restnutzungsdauer}} =$ z. B. im 8. Jahr $= \dfrac{1\,335\ \text{DM}}{3\ \text{Jahre}} = 445$

Zwar können bei allen Abschreibungsverfahren über die Nutzungsdauer nur maximal die Anschaffungs- oder Herstellungskosten abgeschrieben werden; allerdings fällt die Verteilung der Abschreibungsbeträge über die Nutzungsdauer sehr unterschiedlich aus. Die Kombination degressive/lineare Abschreibung sichert die höchsten Abschreibungsbeträge zum frühesten Zeitpunkt, so dass bei Wahl dieser Kombination in den ersten Jahren der Nutzung die so abgeschriebenen Anlagegegenstände unterbewertet sind, d.h. stille Reserven beinhalten. Stellt ein WA fest, dass im Unternehmen nur linear abgeschrieben wird, so sollte er nach der Begründung fragen. Häufig liegt die Begründung darin, dass es dem Unternehmen wirtschaftlich nicht besonders gut geht und man keinen (zufriedenstellenden) Gewinn erzielt hat, den man über erhöhte Abschreibungsbeträge nicht noch weiter verringern will.

4.2.1.2 Die Gewinn- und Verlustrechnung

Ziel der Gewinn- und Verlustrechnung ist die Darstellung des Unternehmenserfolgs durch Gegenüberstellung der Aufwendungen und Erträge eines Geschäftsjahres. Während die Gewinn- und Verlustrechnung bisher nur nach dem so genannten Gesamtkostenverfahren erstellt werden durfte, ist nach neuem Recht nun auch das so genannte Umsatzkostenverfahren nach § 275 HGB erlaubt (vgl. Übersicht 14).

Die Zulassung des Umsatzkostenverfahrens ist eine wesentliche Verschlechterung im Vergleich zum bisherigen Recht. Zum einen sind Unternehmen, die verschiedene Verfahren der G+V-Rechnung anwenden, nicht mehr vergleichbar. Zum anderen ist das Umsatzkostenverfahren auch im Vergleich zum Gesamtkostenverfahren weniger aussagefähig: Die Gesamtleistung ist nicht erkennbar, Bestandsveränderungen, Material-, Personal-, Abschreibungs- und andere Aufwendungen und Erträge werden nicht gesondert ausgewiesen.

Bei kleinen und mittelgroßen Kapitalgesellschaften (vgl. Übersicht 18) wird die Aussagefähigkeit der G+V-Rechnung noch dadurch beeinträchtigt, dass bestimmte Positionen des G+V-Gliederungsschemas der großen Kapitalgesellschaft zu einer einzigen Position, dem sog. *Rohergebnis*, zusammengefasst werden dürfen. Je nachdem, ob das Gesamtkosten- oder das Umsatzkostenverfahren angewendet wird, können die in Übersicht 15 gezeigten Positionen zum Rohergebnis zusammengefasst werden. Dementsprechend sieht bei kleinen und mittelgroßen Kapitalgesellschaften die Gliederung der G+V-Rechnung wie in Übersicht 16 dargestellt aus.

Übersicht 14

Gliederungsschema der G + V-Rechnung nach dem Gesamtkosten- und dem Umsatzkostenverfahren für große Kapitalgesellschaften (§ 275 Abs. 2 und 3 HGB)

Gesamtkostenverfahren	Umsatzkostenverfahren
1. Umsatzerlöse	1. Umsatzerlöse
2. Erhöhung oder Verminderung des Bestands an fertigen und unfertigen Erzeugnissen	2. Herstellungskosten der zur Erzielung der Umsatzerlöse erbrachten Leistungen
3. andere aktivierte Eigenleistungen	3. Bruttoergebnis vom Umsatz
4. sonstige betriebliche Erträge	4. Vertriebskosten
5. Materialaufwand:	5. allgemeine Verwaltungskosten
a) Aufwendungen für Roh-, Hilfs- und Betriebsstoffe und für bezogene Waren	6. sonstige betriebliche Erträge
b) Aufwendungen für bezogene Leistungen	7. sonstige betriebliche Aufwendungen
6. Personalaufwand:	8. Erträge aus Beteiligungen
a) Löhne und Gehälter	– davon aus verbundenen Unternehmen
b) soziale Abgaben und Aufwendungen für Altersversorgung und für Unterstützung	9. Erträge aus anderen Wertpapieren und Ausleihungen des Finanzanlagevermögens
– davon für Altersversorgung	– davon aus verbundenen Unternehmen
7. Abschreibungen:	10. sonstige Zinsen und ähnliche Erträge
a) auf immaterielle Vermögensgegenstände des Anlagevermögens und Sachanlagen sowie auf aktivierte Aufwendungen für die Ingangsetzung und Erweiterung des Geschäftsbetriebs	– davon aus verbundenen Unternehmen
	11. Abschreibungen auf Finanzanlagen und auf Wertpapiere des Umlaufvermögens
b) auf Vermögensgegenstände des Umlaufvermögens, soweit diese die in der Kapitalgesellschaft üblichen Abschreibungen überschreiten	12. Zinsen und ähnliche Aufwendungen
	– davon an verbundene Unternehmen
8. sonstige betriebliche Aufwendungen	13. Ergebnis der gewöhnlichen Geschäftstätigkeit
9. Erträge aus Beteiligungen	14. außerordentliche Erträge
– davon aus verbundenen Unternehmen	15. außerordentliche Aufwendungen
10. Erträge aus anderen Wertpapieren und Ausleihungen des Finanzanlagevermögens	16. außerordentliches Ergebnis
– davon aus verbundenen Unternehmen	17. Steuern vom Einkommen und vom Ertrag
11. sonstige Zinsen und ähnliche Erträge	18. sonstige Steuern
– davon aus verbundenen Unternehmen	19. Jahresüberschuss/Jahresfehlbetrag
12. Abschreibungen auf Finanzanlagen und auf Wertpapiere des Umlaufvermögens	
13. Zinsen und ähnliche Aufwendungen	
– davon an verbundene Unternehmen	
14. Ergebnis der gewöhnlichen Geschäftstätigkeit	
15. außerordentliche Erträge	
16. außerordentliche Aufwendungen	
17. außerordentliches Ergebnis	
18. Steuern vom Einkommen und vom Ertrag	
19. sonstige Steuern	
20. Jahresüberschuss/Jahresfehlbetrag	

Übersicht 15

Zusammenfassung von G + V-Positionen zum Rohergebnis
(§ 276 HGB)

Gesamtkostenverfahren	Umsatzkostenverfahren
Umsatzerlöse	Umsatzerlöse
+/- Erhöhung oder Verminderung des Bestandes an fertigen und unfertigen Erzeugnissen	− Herstellungskosten der zur Erzielung der Umsatzerlöse erbrachten Leistungen
+ andere aktivierte Eigenleistungen	Bruttoergebnis vom Umsatz
+ sonstige betriebliche Erträge	sonstige betriebliche Erträge
− Materialaufwand	= Rohergebnis
= Rohergebnis	

Bei der Erläuterung der G+V-Rechnung durch den Unternehmer sollte man sich eine Aufgliederung des Rohergebnisses entsprechend den Positionen in Übersicht 15 geben lassen!

Ausgangspunkt beim Gesamtkostenverfahren ist die Gesamtleistung, die sich aus den Umsatzerlösen (Position 1), den Lagerbestandsveränderungen (Position 2) und den anderen aktivierten Eigenleistungen (Position 3) zusammensetzt. Allerdings wird die Gesamtleistung nicht als Zwischensumme im Gliederungsschema der GuV-Rechnung ausgewiesen.

Bei den Umsatzerlösen handelt es sich um die Nettoerlöse (d.h. abzüglich Umsatzsteuer und Erlösschmälerungen) aus dem Verkauf der Produkte, Waren, Dienstleistungen usw., die den Unternehmenszweck ausmachen. Bei den Lagerbestandsveränderungen geht es um die Erhöhung (wird zum Umsatz hinzugerechnet) oder Verminderung (wird vom Umsatz abgezogen) des Bestandes an fertigen und unfertigen Erzeugnissen (Produkte; erbrachte, aber noch nicht abgerechnete [Dienst-]Leistungen). Die Höhe der Bestandsveränderungen ergibt sich aus der Differenz der Wertansätze in der Bilanz zu Beginn und am Ende des Geschäftsjahres. Bei den anderen aktivierten Eigenleistungen handelt es sich im Wesentlichen um selbsterstellte Anlagen, mit eigenen Arbeitskräften durchgeführte Großreparaturen sowie aktivierte Aufwendungen für die Ingangsetzung und Erweiterung des Geschäftsbetriebs.

Die Position 4 (»sonstige betriebliche Erträge«) ist ein Sammelposten für alle nicht unter andere Ertragsposten fallende Erträge aus der gewöhnlichen Geschäftstätigkeit. In ihr sind im Wesentlichen folgende Erträge zusammengefasst:

- Erlöse aus betriebsleistungsfremden Umsätzen
- Zahlungseingänge auf als uneinbringlich ausgebuchten Forderungen
- Buchgewinne aus dem Verkauf von Wertpapieren des Umlaufvermögens
- Währungsgewinne
- Schuldnachlässe
- Kostenerstattungen, Rückvergütungen, periodenfremde Gutschriften
- Schadensersatzleistungen
- Patent- und Lizenzgebühren
- Steuererstattungen für Körperschaftssteuer
- Erträge aus dem Abgang von Gegenständen des Anlagevermögens und Zuschreibungen auf Gegenstände des Anlagevermögens
- Erträge aus der Auflösung von Rückstellungen und Sonderposten mit Rücklageanteil

Der Materialaufwand (Position 5) umfasst die Aufwendungen für Roh-, Hilfs- und Betriebsstoffe, für bezogene Waren und bezogene (Fremd-)Leistungen.

Der Personalaufwand (Position 6) umfasst die Bruttobezüge aller Löhne und Gehälter einschließlich der Arbeitgeberbeiträge zur Sozialversicherung, die laufenden Renten- und Unterstützungszahlungen (abzüglich der Auflösung diesbezüglicher Rückstellungen) sowie die jährlichen zusätzlichen Einstellungen in die Pensionsrückstellungen sowie Zuführungen an Unterstützungskassen. Im Personalaufwand sind auch die Bezüge der Geschäftsführung einschließlich der laufenden Pensionszahlungen an ehemalige Geschäftsführer oder deren Angehörige sowie die Bildung von Pensionsrückstellungen für die derzeitige Geschäftsführung enthalten.

Die Abschreibungen (Position 7) dienen der Verteilung der Anschaffungs- oder Herstellungskosten auf die Jahre der Nutzungsdauer des Anlagegutes (Maschine, Betriebs- und Geschäftsausstattung, Gebäude). Überhöhte Abschreibungen (z. B. aufgrund der Annahme einer kürzeren Nutzungsdauer oder durch steuerliche Sonderabschreibungen) führen zu einer Unterbewertung des Anlage- und ggf. des Umlaufvermögens (man spricht in diesem Zusammenhang auch von sog. »stillen«, d.h. nicht sichtbaren Reserven) und damit zu einer Verringerung des Jahresüberschusses (oder zu einer Erhöhung des Jahresfehlbetrages).

Die Position 8 (»sonstige betriebliche Aufwendungen«) ist eine Sammelposition, der betriebliche Aufwendungen im Rahmen der gewöhnlichen Geschäftstätigkeit zuzuordnen sind, die nicht bereits unter den anderen Aufwandspositionen ausgewiesen sind, wie z. B.

- Werbeaufwendungen,
- Büromaterial,

Übersicht 16

Verkürztes Gliederungsschema der G + V-Rechnung bei kleinen und mittelgroßen Kapitalgesellschaften nach dem Gesamtkosten- und dem Umsatzkostenverfahren (§ 276 HGB)

Gesamtkostenverfahren	Umsatzkostenverfahren
1. Rohergebnis	1. Rohergebnis
2. Personalaufwand:	2. Vertriebskosten
a) Löhne und Gehälter	3. allgemeine Verwaltungskosten
b) soziale Abgaben und Aufwendungen für	4. sonstige betriebliche Aufwendungen
Altersversorgung und für Unterstützung	5. Erträge aus Beteiligungen
– davon für Altersversorgung	– davon aus verbundenen Unternehmen
3. Abschreibungen:	6. Erträge aus anderen Wertpapieren und Auslei-
a) auf immaterielle Vermögensgegenstände	hungen des Finanzanlagevermögens
des Anlagevermögens und Sachanlagen	– davon aus verbundenen Unternehmen
sowie auf aktivierte Aufwendungen für die	7. Sonstige Zinsen und ähnliche Erträge
Ingangsetzung und Erweiterung des	– davon aus verbundenen Unternehmen
Geschäftsbetriebs	8. Abschreibungen auf Finanzanlagen und auf
b) auf Vermögensgegenstände des Umlaufver-	Wertpapiere des Umlaufvermögens
mögens, soweit diese die in dem Unterneh-	9. Zinsen und ähnliche Aufwendungen
men üblichen Abschreibungen überschrei-	– davon an verbundene Unternehmen
ten	10. Ergebnis der gewöhnlichen Geschäftstätigkeit
4. sonstige betriebliche Aufwendungen	11. außerordentliche Erträge
5. Erträge aus Beteiligungen	12. außerordentliche Aufwendungen
– davon aus verbundenen Unternehmen	13. außerordentliches Ergebnis
6. Erträge aus anderen Wertpapieren und Auslei-	14. Steuern von Einkommen und vom Ertrag
hungen des Finanzanlagevermögens	15. sonstige Steuern
– davon aus verbundenen Unternehmen	16. Jahresüberschuss/Jahresfehlbetrag
7. sonstige Zinsen und ähnliche Erträge	
– davon aus verbundenen Unternehmen	
8. Abschreibungen auf Finanzanlagen und auf	
Wertpapiere des Umlaufvermögens	
9. Zinsen und ähnliche Aufwendungen	
– davon an verbundene Unternehmen	
10. Ergebnis der gewöhnlichen Geschäftstätigkeit	
11. außerordentliche Erträge	
12. außerordentliche Aufwendungen	
13. außerordentliches Ergebnis	
14. Steuern vom Einkommen und vom Ertrag	
15. sonstige Steuern	
16. Jahresüberschuss/Jahresfehlbetrag	

- Frachtkosten,
- Reisespesen,
- Lizenzgebühren,
- Telefon- und Portokosten,
- Versicherungsprämien,
- Kosten für Unternehmensberater,

- Mieten und Pachten,
- Bewirtungs- und Betreuungskosten,
- Spenden,
- Schmiergelder,
- Aufwendungen für Aufsichtsrat und Hauptversammlung,
- Schadensersatzleistungen,
- Abschreibungen auf Forderungen,
- Verluste aus Wertminderungen oder Abgängen von Gegenständen des Anlage- und Umlaufvermögens (außer Vorräten),
- Einstellung in die Sonderposten mit Rücklageanteil.

Die Positionen 1–8 kann man zum sog. Betriebsergebnis zusammenfassen. Davon zu unterscheiden ist das sog. Finanzergebnis (Positionen 9–13). Das Betriebs- und Finanzergebnis ist nicht als Zwischensumme im Gliederungsschema ausgewiesen. Im Finanzergebnis werden den Finanzerträgen (Erträge aus Beteiligungen, Zinserträge aus Finanzanlagen und Wertpapieren des Umlaufvermögens) die Finanzaufwendungen (Abschreibungen auf Finanzanlagen und Wertpapiere des Umlaufvermögens, Fremdkapitalzinsen) gegenübergestellt.

Betriebs- und Finanzergebnis ergeben zusammen das »Ergebnis der gewöhnlichen Geschäftstätigkeit« (Position 14). Diese Zwischensumme zeigt den sog. Bruttoerfolg des Unternehmens im Rahmen seiner gewöhnlichen Geschäftstätigkeit vor Abzug von Steuern.

Unter der Position 15 (»außerordentliche Erträge«) und Position 16 (»außerordentliche Aufwendungen«) werden alle Erfolgs- und Misserfolgskomponenten zusammengefasst, die außerhalb der gewöhnlichen Geschäftstätigkeit angefallen sind. Sie werden unter der Position 17 (»außerordentliches Ergebnis«) als Zwischensumme festgehalten.

Das »Ergebnis aus gewöhnlicher Geschäftstätigkeit«, korrigiert um das »außerordentliche Ergebnis« und die Ertragssteuern (Position 18) und Vermögenssteuern und sonstige Steuern (Position 19) ergeben den Jahresüberschuss bzw. -fehlbetrag (Position 20). Aufgrund unterschiedlicher Bilanzierung in der Handels- und Steuerbilanz korrespondiert der in der handelsrechtlichen Gewinn- und Verlustrechnung ausgewiesene Ertragssteueraufwand (Körperschafts- und Gewerbeertragssteuer), der ja auf der Grundlage der Steuerbilanz ermittelt wurde, nicht notwendigerweise mit dem im handelsrechtlichen Abschluss ausgewiesenen Ergebnis (Jahresüberschuss bzw. -fehlbetrag). Die Differenz zwischen der tatsächlichen Steuerschuld (aufgrund der Steuerbilanz) und der fiktiven Steuerschuld, die sich ergäbe, wenn man das Ergebnis der Handelsbilanz zur Bemessungsgrundlage nehmen würde, nennt man **latente Steuer**. Ist die Differenz positiv (Handelsbilanzergebnis ist besser als Steuerbilanzergebnis), dann ist auf der Passivseite der Bilanz eine entsprechende Rückstellung für latente Steuern zu bilden. Ist die Differenz negativ (Handelsbilanzergebnis ist schlechter als Steuerbilanzergebnis), dann ist ein entsprechender Ausgleichsposten für latente Steuern auf der Aktivseite der Bilanz zu bilden.

Bei Aktiengesellschaften ist das Gliederungsschema der GuV-Rechnung gemäß § 275 HGB (vgl. Übersicht 14) nach dem Posten »Jahresüberschuss/Jahresfehlbetrag« in Fortführung der jeweiligen Nummerierung nach dem Umsatz- bzw. Gesamtkostenverfahren um die folgenden **Pflichtangaben** zu ergänzen (vgl. § 158 Abs. 1 AktG) bzw. sind **entsprechende Angaben im Anhang** zu machen (vgl. § 158 Abs. 2 AktG):

1. Gewinnvortrag (+)/Verlustvortrag (−) aus dem Vorjahr
2. Entnahmen (+) aus der Kapitalrücklage
3. Entnahmen (+) aus Gewinnrücklagen
   a. aus der gesetzlichen Rücklage
   b. aus der Rücklage für eigene Aktien
   c. aus satzungsmäßigen Rücklagen
   d. aus anderen Gewinnrücklagen
4. Einstellung (−) in Gewinnrücklagen
   a. aus der gesetzlichen Rücklage
   b. aus der Rücklage für eigene Aktien
   c. aus satzungsmäßigen Rücklagen
   d. aus anderen Gewinnrücklagen
5. Bilanzgewinn/Bilanzverlust des Geschäftsjahres

Der **Gewinn- oder Verlustvortrag** aus dem Vorjahr beeinflusst den Bilanzgewinn folgendermaßen:

Wurde ein Teil des Bilanzgewinns des Vorjahres nicht ausgeschüttet (§ 174 AktG), so entsteht ein Gewinnvortrag, der sich auf den Bilanzgewinn des Geschäftsjahres gewinnerhöhend auswirkt. Schloss das Vorjahr dagegen mit einem Bilanzverlust ab, so entsteht ein Verlustvortrag, der sich bilanzgewinnmindernd auswirkt.

Entnahmen aus der **Kapital- und Gewinnrücklage** dürfen im Wesentlichen nur zum **Ausgleich eines Jahresfehlbetrages bzw. eines Verlustvortrages** aus dem Vorjahr verwendet werden, wobei die in § 150 Abs. 3 und Abs. 4 AktG genannten Bedingungen zu beachten sind.

Bei den **Einstellungen** aus dem Jahresüberschuss in die **Gewinnrücklagen** ist zwischen der gesetzlichen Rücklage (**Pflichtzuführung** gemäß § 150 Abs. 2 AktG) und den übrigen Zuführungsgründen zu unterscheiden.

Zur Ausschüttung an die Aktionäre in Form einer Dividende darf nur der **Bilanzgewinn** verwendet werden; ein **Bilanzverlust** ist auf neue Rechnung vorzutragen.

4.2.1.3   Der Anhang

Alle Kapitalgesellschaften und Genossenschaften haben unabhängig von der Unternehmensgröße zusätzlich zur Bilanz und Gewinn- und Verlustrechnung einen *Anhang* zu erstellen, der je nach Rechtsform zwischen 50 und 70 verschiedene Informationssachverhalte mit z. T. weitreichenden Einzelangaben enthält, die über Bilanz und G + V-Rechnung deutlich hinausgehen. Der Anhang enthält vor allem Informationen über:

Pflichtangaben aus Bilanz und G + V, die in Ausübung eines Wahlrechts dort unterblieben sind

Angaben zur Gliederung der Bilanz und G + V
Dazu zählen unter anderem:
- Erläuterungen zu nicht mit dem Vorjahr vergleichbaren Beträgen von Jahresabschlusspositionen in Bilanz und G + V;
- der gesonderte Ausweis (Aufgliederung) von zusammengefassten Jahresabschlusspositionen;
- Angabe und Begründung, wenn wegen mehrerer Geschäftszweige verschiedene Gliederungsvorschriften zu beachten waren.

Ansatz- und Bewertungsvorschriften
Dazu zählen unter anderem:
- Angabe und Begründung der im Geschäftsjahr nach steuerlichen Vorschriften vorgenommenen Abschreibungen im Anlage- und Umlaufvermögen, soweit sich diese Beiträge nicht aus der Bilanz und der G + V ergeben;
- Angabe der auf die Posten der Bilanz und der G + V angewandten Bilanzierungs- und Bewertungsmethoden;
- Angabe und Begründung von Änderungen der Bilanzierungs- und Bewertungsmethoden sowie eine gesonderte Darstellung über deren Einfluss auf die Vermögens-, Finanz- und Ertragslage;
- Angaben über die Einbeziehung von Fremdkapitalzinsen in die Herstellungskosten.

Erläuterungen zu einzelnen Positionen der Bilanz und G + V
Dazu zählen unter anderem:
- Der Anlagespiegel, also die Darstellung der Entwicklung der einzelnen Posten des Anlagevermögens und der Aufwendungen für die Ingangsetzung und Erweiterung des Geschäftsbetriebes;
- Angabe der Abschreibungen des Geschäftsjahres für alle Einzelpositionen des Anlagevermögens;

- Vorschriften, nach denen Sonderposten mit Rücklageanteil gebildet werden;
- eine Erläuterung der sonstigen Rückstellungen;
- Angabe des Gesamtbetrages der Verbindlichkeiten mit einer Restlaufzeit von mehr als fünf Jahren, sowie Umfang und Art der Absicherung durch Pfandrechte oder ähnliche Rechte;
- Gesamtbetrag der sonstigen finanziellen Verpflichtungen, die nicht in der Bilanz erscheinen;
- Erläuterung der a.o. Erträge und a.o. Aufwendungen;
- Aufgliederung der Umsatzerlöse nach Tätigkeitsbereichen sowie nach geographisch bestimmten Märkten;
- Angabe des Materialaufwandes und des Personalaufwandes des Geschäftsjahres, wenn für die G+V das Umsatzkostenverfahren angewendet wird.

Sonstige Angaben wie z. B.:
- Aufgliederung der durchschnittlich während des Geschäftsjahres beschäftigten Arbeitnehmer nach Gruppen;
- Bezüge tätiger Organmitglieder (Vorstand, Geschäftsführung, Aufsichtsrat) (dies kann unterbleiben, wenn sich anhand der Angaben die Bezüge eines einzelnen Organmitglieds feststellen lassen);
- Namen aller Organmitglieder sowie bei börsennotierten Aktiengesellschaften auch deren Mitgliedschaften in Aufsichtsräten;
- bei Tochtergesellschaften: Angaben zum Mutterunternehmen;
- Angaben zu den Kapitalgesellschaften, an denen das Unternehmen mindestens 20 % (bei börsennotierten Aktiengesellschaften auch mehr als 5 % an großen Kapitalgesellschaften) der Anteile besitzt (Name, Sitz, Eigenkapital, Anteil am Eigenkapital, Ergebnis des letzten Geschäftsjahres), sowie zu den Personengesellschaften, bei denen das Unternehmen unbeschränkt haftender Gesellschafter ist.

4.2.2   ## Der Lagebericht

Der Lagebericht hat die Aufgabe, den Jahresabschluss durch zusätzliche Informationen allgemeiner Art zu ergänzen. Im Lagebericht *müssen* der Geschäftsverlauf und die Entwicklungsperspektiven der Gesellschaft aufgezeigt werden, dabei ist auch auf die Risiken der künftigen Entwicklung einzugehen. Es *soll* berichtet werden über besondere Vorgänge nach dem Stichtag sowie über die Bereiche Forschung und Entwicklung.

Bei großen Kapitalgesellschaften muss der Lagebericht im Bundesanzeiger veröffentlicht werden, während mittelgroße Kapitalgesellschaften ihn lediglich zum Handelsregister des Sitzes der Kapitalgesellschaft einreichen müssen. Kleine Kapitalgesellschaften brauchen den Lagebericht überhaupt nicht offen legen.

Der Lagebericht ist zwar nicht Bestandteil des Jahresabschlusses, er gehört jedoch zu den gemäß § 106 Abs. 2 BetrVG im Zusammenhang mit der Erläuterung des Jahresabschlusses vorzulegenden erforderlichen Unterlagen (vgl. *FKHE* Rn. 29 zu § 108 BetrVG).

Da das Gesetz offen lässt, was im Einzelnen unter Geschäftsverlauf und Lage der Gesellschaft zu verstehen ist, ist zu befürchten, dass die Lageberichte bei einer Reihe von Unternehmen auch in Zukunft nur geringe Aussagekraft besitzen werden.

4.2.3 Der Prüfungsbericht

Die Prüfungspflicht des Jahresabschlusses durch einen Wirtschaftsprüfer erstreckt sich auf mittlere und große Kapitalgesellschaften, mittlere und große Kapitalgesellschaften & Co. sowie alle sehr großen unter das Publizitätsgesetz fallenden Unternehmen (vgl. Übersicht 18).

Der Prüfungsbericht ist allerdings nicht Bestandteil des Jahresabschlusses.

Der Prüfungsbericht sollte nach der Empfehlung des Instituts der Wirtschaftsprüfer (IDW PS 450) folgenden Aufbau haben:

1.	Prüfungsauftrag
2.	Grundsätzliche Feststellungen
2.1	Lage des Unternehmens
2.1.1	Stellungnahme zur Beurteilung durch die gesetzlichen Vertreter
2.1.2	Entwicklungsbeeinträchtigende oder bestandsgefährdende Tatsachen
2.2	Unrichtigkeiten und Verstöße gegen gesetzliche Vorschriften und Regelungen des Gesellschaftsvertrags bzw. Satzung
2.2.1	Vorschriften zur Rechnungslegung
2.2.2	Sonstige gesetzliche und gesellschaftsvertragliche bzw. satzungsmäßige Regelungen
3.	Gegenstand, Art und Umfang der Prüfung
4.	Feststellung und Erläuterungen zur Rechnungslegung
4.1	Buchführung und weitere geprüfte Unterlagen
4.2	Jahresabschluss
4.2.1	Ordnungsmäßigkeit
4.2.2	Gesamtaussage
4.2.3	Aufgliederung und Erläuterung der Posten
4.3	Lagebericht

5. Feststellungen zum Risikofrüherkennungssystem (nur bei börsennotierten Kapitalgesellschaften)
6. Feststellungen zu Erweiterungen des Prüfungsauftrags
7. Wiedergabe des Bestätigungsvermerks
8. Anlagen zum Prüfungsbericht

Für die Interessenvertretung sind vor allem folgende Punkte des Prüfungsberichts von Bedeutung:

Grundsätzliche Feststellungen

Hier finden sich zum einen Hinweise auf eine möglicherweise abweichende Einschätzung der Lage des Unternehmens durch die Wirtschaftsprüfer gegenüber dem Vorstand, sowie Hinweise auf Tatsachen, die die zukünftige Entwicklung des Unternehmens beeinträchtigen oder sogar gefährden können, die sich in dieser Form aus dem Jahresabschluss möglicherweise nicht erkennen lassen. Zum anderen sind hier festgestellte Verstöße der Unternehmensleitung gegen gesetzliche oder satzungsmäßige Regelungen festgehalten.

Feststellung und Erläuterungen zur Rechnungslegung

Hier interessiert vor allem die detaillierte Aufschlüsselung und Erläuterung der einzelnen Posten der Bilanz und der G+V-Rechnung, soweit dies nicht schon aus dem Anhang ersichtlich ist.

Feststellung zum Risikofrüherkennungssystem

Dieser Teil findet sich nur bei börsennotierten Kapitalgesellschaften. Hat der WA eines solchen Unternehmens noch keine Kenntnisse über das Risikomanagementsystem des Unternehmens, so findet er hier einige Hinweise, die als Grundlage für weitere Nachfragen im WA genutzt werden können. Außerdem werden hier Mängel des Risikomanagementsystems aufgezeigt, auf deren Beseitigung auch die Interessenvertretung zur Vermeidung von Unternehmenskrisen drängen sollte.

Bestätigungsvermerk

Gibt es im Rahmen der Prüfung keinen Grund zu Beanstandungen, so erteilt der Prüfer einen (uneingeschränkten) Bestätigungsvermerk, in dem erklärt wird, dass die Prüfung zu keinen Einwänden geführt hat und dass der Jahresabschluss unter Beachtung der Grundsätze ordnungsgemäßer Buchführung einen den tatsächlichen Verhältnissen entsprechendes Bild der Vermögens-, Ertrags- und Finanzlage des Unternehmens vermittelt. Sind Einwendungen zu erheben, z. B. weil gegen gesetzliche Bestimmungen verstoßen wurde, so ist der

Bestätigungsvermerk unter Angabe von Gründen einzuschränken oder zu versagen (HGB § 322, vgl. auch Übersicht 17).

Der Bestätigungsvermerk muss zusätzlich eine Angabe enthalten, ob der Lagebericht eine zutreffende Vorstellung von der Lage der Gesellschaft vermittelt und ob Risiken der zukünftigen Entwicklung im Lagebericht zutreffend dargestellt sind. Außerdem ist im Bestätigungsvermerk auf Risiken, die den Fortbestand des Unternehmens gefährden, gesondert einzugehen.

Die Bedeutung eines uneingeschränkten oder eingeschränkten Bestätigungsvermerks sollte zwar nicht unterschätzt werden, da er eine weitgehende Gewähr bietet, dass die gesetzlichen und satzungsmäßigen Vorschriften eingehalten wurden. Allerdings sollte er trotz der Änderungen des KonTraG aus folgenden Gründen auch nicht überschätzt werden:

- Da die Bestätigung einer zutreffenden Darstellung der Vermögens-, Finanz- und Ertragslage unter der Einschränkung der Grundsätze ordnungsgemäßer Bilanzierung erfolgt. Damit ist auch zukünftig ein Jahresabschluss, der durch steuerlich oder bilanzpolitisch motivierte Ausübungen der umfangreichen Bilanzierungs- und Bewertungswahlrechte des HGB erheblich gestaltet wurde, vom Wirtschaftsprüfer als etwas zu bewerten, dass einen zutreffenden Eindruck von der Lage des Unternehmens bietet, obwohl die tatsächliche Lage des Unternehmens auch vom geschulten Bilanzanalytiker nur mit Hilfe unternehmensinterner Informationen zu erkennen ist.

- Natürlich stellt ein Bestätigungsvermerk auch keine Garantie für den Bestand des Unternehmens dar. Ob die durch das KonTraG eingeführten Änderungen (zutreffende Darstellung zukünftiger Risiken, Hinweis auf bestandsgefährdende Risiken) besser als bisher zum Hinweis auf Gefährdungen des Unternehmens genutzt werden, kann erst die Zukunft zeigen.

Verweigert der Unternehmer die Aushändigung oder Einsichtnahme in den Wirtschaftsprüferbericht zur Vorbereitung der Wirtschaftsausschuss-Sitzung, auf der der Jahresabschluss erläutert werden soll, ist zur Klärung dieser Frage die Einigungsstelle nach § 109 BetrVG zuständig. Nach einem Beschluss des *BAG* vom 8.8.1989 (1 ABR 61/88, AP Nr. zu § 106 BetrVG) kann der Arbeitgeber verpflichtet sein, dem Wirtschaftsausschuss den Wirtschaftsprüferbericht vorzulegen. In zwei uns bekannten Einigungsstellenverfahren wurde der Wirtschaftsprüfungsbericht jeweils als erforderliche Unterlage im Sinne des § 106 Abs. 2 S. 1 BetrVG angesehen und durch Spruch entschieden, dass der WP-Bericht dem Wirtschaftsausschuss zeitweise zu überlassen ist (vgl. hierzu auch AiB 1988, S. 45 und 1988, S. 314 f.). Nach unseren Erfahrungen bestehen bei entsprechender Vorbereitung der Interessenvertretung und Hinzuziehung geeigneter Beisitzer gute Chancen, den Wirtschaftsprüfungsbericht über die Einigungsstelle zu erhalten.

4.2.4 Wer muss in welcher Form einen Jahresabschluss erstellen? – Rechnungslegungs-, Prüfungs- und Veröffentlichungsvorschriften beim Einzelabschluss

Die Rechnungslegungs-, Prüfungs- und Veröffentlichungspflichten sind abhängig von der
- Branche
- Rechtsform
- Größe

der betroffenen Unternehmen. Auf branchenabhängige Besonderheiten (z. B. bei Kreditinstituten, Versicherungen) wird hier nicht näher eingegangen. Die rechtsform- und größenabhängigen Vorschriften sind in Übersicht 18 zusammengefasst dargestellt.

Die Erläuterung des Jahresabschlusses durch den Unternehmer im WA ist allerdings völlig unabhängig davon, ob und in welchem Umfang der Jahresabschluss eines Unternehmens veröffentlicht werden muss. Auch der Zeitpunkt der Erläuterung des Jahresabschlusses im WA hängt nicht vom Veröffentlichungszeitpunkt ab.

Die Erläuterung des Jahresabschlusses hat nach der gesetzlichen Prüfung aber *vor* der Feststellung durch die maßgebenden Organe (Vorstand, Aufsichtsrat, Hauptversammlung oder Gesellschafterversammlung) zu erfolgen. In den meisten Unternehmen wird diese Reihenfolge nicht beachtet und von WA und (G)BR auch kaum moniert. Eine Kritik z. B. an der vorgesehenen Gewinnverwendung kann – wenn überhaupt – jedoch nur dann Konsequenzen haben, wenn die entsprechenden Beschlüsse der maßgebenden Organe noch nicht gefasst sind.

Der WA sollte gegenüber dem Unternehmer auf die Aushändigung des Jahresabschlusses, des Lageberichts und des Prüfungsberichtes bestehen.

In Unternehmen, die ihrer Veröffentlichungspflicht nachkommen, wird die Aushändigung des Jahresabschlusses und des Lageberichts an den WA nur selten verweigert. Auch stellen die zu veröffentlichenden Informationen nach erfolgter Veröffentlichung keine Betriebs- und Geschäftsgeheimnisse mehr dar. Kommt ein Unternehmer seiner Veröffentlichungspflicht nicht nach, so kann jedermann, also auch z. B. der (G)BR beim Registergericht (Amtsgericht) beantragen, die gesetzlichen Vertreter einer Kapitalgesellschaft zur Erfüllung ihrer Veröffentlichungspflicht durch Verhängung eines Zwangsgeldes in Höhe von 2 500 bis 25 000 Euro anzuhalten (§ 335 Satz 2 HGB).

Nach unserer Auffassung gehört der Jahresabschluss und der Lagebericht

Übersicht 17

Prüfung von Kapitalgesellschaften und Kapitalgesellschaften & Co

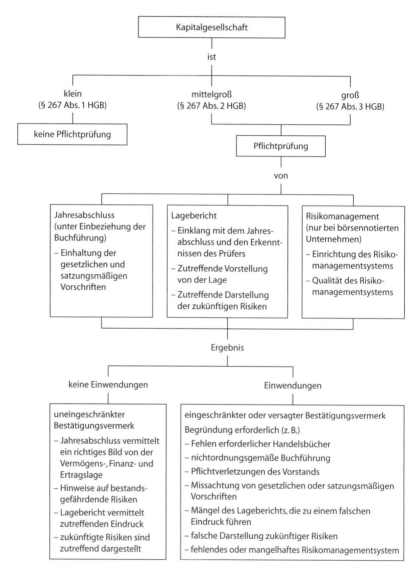

Übersicht 18

Rechnungslegungs-, Prüfungs- und Veröffentlichungspflicht von Unternehmen in Abhängigkeit von Rechtsform und Größe

	Kapitalbesellschaften (AG, KGaA, GmbH) + Kapitalgesellschaften & Co.[1]			Personen-gesellschaften (Einzelkaufmann, OHG, KG)		Sonstige[2]	
	Größenklassen[3] (HGB)			Größenklassen[3] (PublG)		Größenklassen[3] (PublG)	
	klein	mittel	groß	klein/groß	sehr groß	klein-groß	sehr groß
Größengrenzen. Umsatz (Mio.-DM) Bilanzsumme (Mio.-DM) Beschäftigte	bis 13,44 bis 6,72 bis 50	bis 53,78 bis 26,89 bis 250	über 53,78 über 26,89 über 250	bis 250 bis 125 bis 5 000	über 250 über 125 bis 5 000	bis 250 bis 125 bis 5 000	über 250 über 125 über 5 000
Bilanz Erstellung Veröffentlichung	ja HR	ja HR	ja BA	ja nein	ja BA	ja nein	ja BA
G + V-Rechung: Erstellung Veröffentlichung	ja[4] nein	ja[4] nein	ja BA	ja nein	ja nein	ja nein	ja BA
Anhang: Erstellung Veröffentlichung	ja HR	ja HR	ja BA	nein nein	nein nein	nein nein	ja BA
Lagebericht: Erstellung Veröffentlichung	ja nein	ja HR	ja BA	nein nein	nein nein	nein nein	ja BA
Gewinnverwendungs-rechung[5] Erstellung Veröffentlichung	ja HR	ja HR	ja BA	nein nein	nein nein	nein nein	ja BA
Pflichtprüfung	nein	ja	ja	nein	ja	nein	ja
Aufstellungspflicht	6 Mon.	3 Mon.	3 Mon.	keine Frist	3 Mon.	keine Frist	3 Mon.
Veröffentlichungsfrist	12 Mon.	12 Mon.	12 Mon.	–	12 Mon.	–	12 Mon.

1 = für alle ab 1. Januar 2000 beginnende Geschäftsjahre
2 = Abgesehen von Sonderregelungen für Kreditinstitute un Versicherungen, für die auch andere Größenkriterien gelten, und für Genossenschaften, für deren Jahresabschluss die meisten Regeln wie für Kapitalgesellschaften gelten, für deren Konzernabschluss aber nur das PublG gilt.
3 = Die Zuordnung zu den Größenklassen erfolgt, wenn zwei der drei aufgeführten Größenmerkmale zutreffen.
4 = in verkürzter Form ohne Umsatzausweis
5 = soweit sie sich nicht aus dem Jahresüberschuss ergibt
HR = Handelsregister einschließlich Hinweisveröffentlichung im Bundesanzeiger
BA = Bundesanzeiger

sowie der Prüfungsbericht zu den Unterlagen, die so umfangreich sind, dass deren (zumindest zeitweise) Aushändigung geboten erscheint (vgl. *BAG* vom 20.11.1984, DB 1985, S. 924 ff.). Die Durchsetzung des Anspruchs auf Aushändigung der geforderten Unterlagen über die Einigungsstelle gemäß § 109 BetrVG halten wir für sehr aussichtsreich.

4.2.5 Bilanzpolitik im Einzelabschluss

4.2.5.1 Begriff und Zielsetzung

Als Bilanzpolitik bezeichnet man die bewusste und im Hinblick auf die Unternehmensziele zweckorientierte Beeinflussung des Jahresabschlusses im Rahmen des rechtlich Zulässigen.

Der Bilanzpolitik können die verschiedensten, zum Teil miteinander konkurrierenden Zielsetzungen zugrunde liegen:

- **Verringerung der Steuerbelastung** des Unternehmens und seiner Eigentümer. Dies kann durch Steueraufschub und Steuervermeidung erreicht werden. Steueraufschub (bei den ertragsabhängigen Steuern) bedeutet, dass Erträge in die Zukunft verlagert und Aufwendungen in die Gegenwart vorgezogen werden. Die dadurch bewirkte Verschiebung von Ertragssteuern in die Zukunft entspricht in seiner Wirkung einem zinslosen Kredit des Staates an das Unternehmen. Ein typisches Beispiel ist das Bilden von Sonderposten mit Rücklageanteil. In dem Maße, wie im Zuge der Auflösung dieses Sonderpostens gleichzeitig wieder neue Sonderposten gebildet werden können, verlängert sich der Steueraufschub u.U. bis zum »Sankt Nimmerleinstag«, spätestens jedoch bis zur Auflösung des Unternehmens. Steuervermeidung kann erreicht werden durch das Ausnutzen von Verlustvorträgen, die Verlagerung von Gewinnen in Länder mit niedrigerer Besteuerung, die Verringerung von substanzabhängigen Steuern durch niedrigeren Vermögensausweis und die Glättung von Progressionsspitzen bei der Einkommensteuer durch verstetigte Gewinnausschüttung.

- **Beeinflussung der Bilanzadressaten** zugunsten des Unternehmens. Durch niedrigen Ergebnisausweis sollen Ansprüche Dritter (z. B. der Arbeitnehmer im Hinblick auf verbesserte Arbeits- und Entlohnungsbedingungen; der Gesellschafter an einer hohen Ausschüttung, der Öffentlichkeit an Umweltschutzinvestitionen) abgewehrt werden. Durch einen hohen Ergebnisausweis soll ein möglichst solventes Unternehmen präsentiert werden (z. B. um die Gesellschafter zur Teilnahme an einer Kapitalerhöhung, die Banken zu höheren und/oder günstigeren Krediten oder einen Käufer zu einem möglichst hohen Kaufpreis zu bewegen).

4.2.5.2 Zulässige bilanzpolitische Handlungsspielräume

Die Verfolgung von z. T. sehr gegensätzlichen Zielen durch Bilanzpolitik führt zur Frage nach den rechtlichen Grenzen für bilanzpolitische Maßnahmen. Wie wir nun sehen werden, bietet der Gesetzgeber den Unternehmen einen recht weiten Spielraum für Bilanzpolitik in die eine oder andere Richtung.

Grundsätzlich ist es dem Unternehmer möglich, in Abhängigkeit von seinen Zielsetzungen eine gewinnerhöhende oder eine gewinnmindernde Bilanzpolitik zu betreiben. Ein höherer Gewinn (genauer: Jahresüberschuss) wird erreicht, indem man die Vermögenswerte auf der Aktivseite der Bilanz möglichst hoch bewertet und/oder die Schulden auf der Passivseite der Bilanz niedrig ansetzt (s. Übersicht 20). Ein niedriger Gewinn wird erreicht, indem man gerade umgekehrt verfährt (s. Übersicht 19).

Erreicht werden diese bilanzpolitisch gewollten Ergebnisse durch das Ausüben von **Wahlrechten** (Aktivierungs- und Passivierungswahlrechte; Wertansatzwahlrechte), dem Ausnutzen von **Spielräumen** bei der Bilanzierung und Bewertung und von **Sachverhaltsgestaltungen** im Rahmen der vom Gesetzgeber (weit) gesteckten Grenzen. *Aktivierungswahlrechte* ermöglichen es, eine getätigte Ausgabe entweder zunächst erfolgsneutral (d.h. ohne Auswirkung auf den Gewinn) oder sofort als Aufwand gewinnmindernd zu erfassen (z. B. Aufwendungen für die Ingangsetzung und Erweiterung des Geschäftsbetriebes, Disagio, derivativer Geschäfts- oder Firmenwert). *Passivierungswahlrechte* erlauben, bestimmte künftige Ausgaben zum Bilanzstichtag noch unberücksichtigt zu lassen oder bereits aufwandserhöhend den Rückstellungen zuzuführen (z. B. Sonderposten mit Rücklageanteil, Wertaufholungsrücklage, Aufwandsrückstellungen für Großreparaturen). *Wertansatzwahlrechte* ermöglichen dem Unternehmer, einzelne Vermögens- oder Schuldpositionen unterschiedlich hoch zu bewerten (z. B. Wahl der Abschreibungsmethode, außerplanmäßige Abschreibung bei nicht dauerhafter Wertminderung, Einbeziehung nur der Einzelkosten in die Herstellungskosten, Wahl der Höhe des Zinssatzes bei zinsabhängigen Posten, Höhe einzelner Rückstellungen). Mit *Sachverhaltsgestaltungen* werden Maßnahmen bezeichnet, die gegebene Sachverhalte verändern, um damit bestimmte Auswirkungen auf den Jahresabschluss überhaupt erst zu ermöglichen (z. B. Leasing statt Kauf; Sales and lease back; Factoring; Abschluss eines Ergebnisabführungsvertrages; Ausgliederung und rechtliche Verselbständigung von Forschungsaktivitäten zur legalen Umgehung des Aktivierungsverbots für selbsterstellte immaterielle Anlagewerte).

Grundsätzlich gilt, dass in der Handelsbilanz für den Unternehmer die Wahlrechte zahlreicher und die Bewertungsspielräume größer sind als in der Steuerbilanz. Dies führt in der Regel dazu, dass der Gewinn in der Steuerbilanz höher ist als in der Handelsbilanz.

Übersicht 19

Möglichkeiten der Verminderung des Jahresüberschusses

Unterbewertung der Aktiv-Seite	Überbewertung der Passiv-Seite
– Steuerliche Sonderabschreibungen auf das Anlagevermögen – Festsetzung kürzerer Nutzungsdauern für Maschinen und damit Erhöhung der jährlichen Abschreibungen – Vollabschreibung geringwertiger Wirtschaftsgüter – Verzicht auf die Aktivierung aktivierungsfähiger Aufwendungen (z. B. bei der Ermittlung der Herstellungskosten selbsterstellter Anlagen) – Bewertung der Vorräte unter den Anschaffungs- oder Herstellungskosten – hohe Pauschalwertberichtigung auf Forderungen – Verzicht auf Wertaufholung (Zuschreibung)	– Bildung von steuerlich zulässigen Sonderposten mit Rücklageanteil – Bildung von Rückstellungen für drohende Verluste aus schwebenden Geschäften (z. B. Gewährleistungsansprüche)

Übersicht 20

Möglichkeiten der Erhöhung des Jahresüberschusses

Überbewertung der Aktiv-Seite	Unterbewertung der Passiv-Seite
– Verzicht auf steuerliche Sonderabschreibungen auf das Anlagevermögen – Festsetzung längerer Nutzungsdauern für Maschinen – Aktivierung aller aktivierungsfähigen Aufwendungen – Aktivierung geringwertiger Wirtschaftsgüter – Verwendung von Bewertungsverfahren beim Vorratsvermögen, die eine Höherbewertung ermöglichen – Verzicht auf Pauschalwertberichtigung auf Forderungen (möglich bei Abschluss einer entsprechenden Kreditversicherung) – Vermeidung von Abschreibungen auf Wertpapiere des Umlaufvermögens durch Umbuchung ins Anlagevermögen	– Verzicht auf die Bildung von steuerlich zulässigen Sonderposten mit Rücklageanteil – Auflösung bzw. Verzicht auf die Bildung von Rückstellungen

4.3 Der Konzernabschluss

4.3.1 Konzernbegriff

Ein Konzern ist ein Zusammenschluss von mindestens zwei rechtlich selbständig bleibenden Unternehmen unter einheitlicher Leitung (§ 18 AktG). Durch die ausgeübte einheitliche Leitung verlieren die rechtlich selbständigen Unternehmen ihre wirtschaftliche Unabhängigkeit; sie sind wirtschaftlich wie Betriebsstätten des Einheitsunternehmens Konzern zu betrachten (Einheitstheorie).

Die Beibehaltung der rechtlichen Selbständigkeit führt dazu, dass der Konzern selbst keine rechtliche Einheit darstellt. Dies hat u. a. zur Folge, dass der Konzern nicht über eigene Organe wie z. B. Hauptversammlung, Aufsichtsrat und Vorstand verfügt, keine Anteilseigner hat, keine Gewinnverwendung vornimmt und nicht als selbständiges Steuerobjekt der Besteuerung unterliegt. Auch verfügt der Konzern nicht über eine eigene Konzern-Buchführung. Vielmehr wird der Konzernabschluss aus den Einzelabschlüssen der Konzernunternehmen abgeleitet.

4.3.2 Pflicht zur Aufstellung eines Konzernabschlusses

Die Pflicht zur Konzernrechnungslegung ist nach § 290 HGB auf Kapitalgesellschaften (AG, GmbH, KGaA) beschränkt. Darüber hinaus regelt das PublG in den §§ 11–13 rechtsformunabhängig die Pflicht zur Konzernrechnungslegung für Konzernobergesellschaften (Mutterunternehmen), soweit sie bestimmte Größenkriterien erfüllen (vgl. Übersicht 21).

Gemäß § 290 Abs. 1 HGB besteht eine Pflicht zur Erstellung eines Konzernabschlusses, wenn Unternehmen (Tochterunternehmen) unter der einheitlichen Leitung einer Konzernobergesellschaft (Mutterunternehmen) im Inland stehen und dem Mutterunternehmen eine direkte oder indirekte mindestens 20 %ige Beteiligung (§ 271 Abs. 1 HGB) an den Tochterunternehmen gehört. Die einheitliche Leitung kann auf einem Beherrschungsvertrag zwischen den Konzernunternehmen (Vertragskonzern) oder auf einer kapitalmäßigen Mehrheitsbeteiligung der Konzernobergesellschaft an den beherrschten Unternehmen (faktischer Konzern) beruhen. Im letzteren Fall gilt die gesetzliche Konzernvermutung (§ 17 Abs. 2 AktG i.V.m. § 18 Abs. 1 AktG), die von der Konzernobergesellschaft allerdings widerlegt werden kann.

Darüber hinaus sind Kapitalgesellschaften dann zur Erstellung eines Konzernabschlusses verpflichtet, wenn eine der in § 290 Abs. 2 HGB formulierten Voraussetzungen erfüllt ist:

- Konzernmutter besitzt Mehrheit der Stimmrechte bei Konzerntochter;
- Konzernmutter steht das Recht zu, die Mehrheit der Mitglieder des Vorstandes bzw. der Geschäftsführung oder des Aufsichtsrates bei der Tochterunternehmung zu bestellen oder abzuberufen;
- Konzernmutter steht das Recht zu, einen beherrschenden Einfluss auf Grund eines mit dem Tochterunternehmen abgeschlossenen Beherrschungsvertrages oder auf Grund einer Satzungsbestimmung des Tochterunternehmens auszuüben.

Von der grundsätzlichen Pflicht zur Aufstellung eines Konzernabschlusses gibt es zwei Befreiungstatbestände.

Gemäß § 291 Abs. 1 HGB ist ein Mutterunternehmen, das zugleich Tochterunternehmen eines Mutterunternehmens mit Sitz in einem Mitgliedsstaat der EG ist (mehrstufiger europäischer Konzern), von der Pflicht zur Aufstellung eines Teilkonzernabschlusses befreit, wenn das zu befreiende Mutterunternehmen und seine Tochterunternehmen in den Konzernabschluss des übergeordneten Mutterunternehmens einbezogen werden.

Gemäß § 293 Abs. 1 HGB ist ein Mutterunternehmen von der Pflicht eines Konzernabschlusses befreit, wenn an zwei aufeinander folgenden Bilanzstichtagen mindestens zwei der drei Größenmerkmale Bilanzsumme, Umsatzerlöse und Zahl der Arbeitnehmer unterschritten wird (s. Übersicht 21). Für Kreditinstitute und Versicherungen gelten Sonderbestimmungen (§ 293 Abs. 2 und 3 HGB).

4.3.3 In den Konzernabschluss einzubeziehende Tochterunternehmen – Der Konsolidierungskreis

Bei der Frage, welche Tochterunternehmen in den Konzernabschluss einzubeziehen sind, unterscheidet man zwischen dem Konsolidierungsgebot, dem Konsolidierungsverbot und Konsolidierungswahlrechten.

Gemäß dem Konsolidierungsgebot des § 294 Abs. 1 HGB sind grundsätzlich alle inländischen und ausländischen Tochterunternehmen in den Konzernabschluss des Mutterunternehmens einzubeziehen (Weltabschlussprinzip).

Ein Konsolidierungsverbot besteht für Tochterunternehmen, deren Tätigkeit sich von der Tätigkeit der anderen einbezogenen Tochtergesellschaften und der Muttergesellschaft derart unterscheidet, dass die Einbeziehung dieses Tochter-

Übersicht 21

Rechnungslegungs-, Prüfungs- und Veröffentlichungspflicht von Konzernen in Abhängigkeit von der Rechtsform

	Kapitalgesellschaften (AG, KGaA, GmbH)	Personengesellschaften (Einzelkaufmann, OHG, KG)	Sonstige[1]
Größengrenzen[2]:	kons./unkons.		
Umsatz (Mio.-DM)	über 53,78/64,54	über 250	über 250
Bilanzsumme (Mio.-DM)	über 26,89/32,27	über 155	über 125
Beschäftigte	über 250	über 5000	über 5000
Bilanz:			
Erstellung	ja	ja	ja
Veröffentlichung	BA	BA	BA
G + V-Rechung:			
Erstellung	ja	ja	ja
Veröffentlichung	BA	nein	nein
Anhang:			
Erstellung	ja	nein	nein
Veröffentlichung	BA	nein	nein
Lagebericht:			
Erstellung	ja	nein	nein
Veröffentlichung	BA	nein	nein
Kapitalflussrechung:			
Erstellung	ja[3]	nein	nein
Veröffentlichung	BA[3]	nein	nein
Segmentberichterstattung			
Erstellung	ja[3]	nein	nein
Veröffentlichung	BA[3]	nein	nein
Pflichtprüfung	ja	ja	ja
Aufstellungspflicht	5 Mon.	5 Mon.	5 Mon.
Veröffentlichungsfrist	12 Mon.	12 Mon.	12 Mon.

1 = Abgesehen von Sonderregelungen für Kreditinstitute und Versicherungen, für die auch andere Größenkriterien gelten, und für Genossenschaften, für deren Jahresabschluss die meisten Regeln wie für Kapitalgesellschaften gelten, für deren Konzernabschluss aber nur das PublG gilt.
2 = Pflicht zur Erstellung eines Konzernabschlusses nur, wenn zwei der drei Größengrenzen überschritten werden.
3 = nur bei börsennotierten Mutterunternehmen
HR = Handelsregister einschließlich Hinweisveröffentlichung im Bundesanzeiger
BA = Bundesanzeiger

unternehmens in den Konzernabschluss mit der Verpflichtung, ein den tatsächlichen Verhältnissen entsprechendes Bild der Vermögens-, Finanz- und Ertragslage des Konzerns zu vermitteln, unvereinbar ist. Beispiel: Ein Industrieunternehmen ist an einer Bank oder Versicherung beteiligt. Die Anwendung des Konsolidierungsverbotes muss im Konzernanhang angegeben und begründet werden (§ 295 Abs. 1 HGB).

Ein Wahlrecht bezüglich der Einbeziehung von Tochterunternehmen in den Konzernabschluss des Mutterunternehmens (Konsolidierungswahlrecht) besteht gemäß § 296 HGB in folgenden vier Fällen.

Ein Tochterunternehmen braucht in den Konzernabschluss des Mutterunternehmens nicht einbezogen zu werden, wenn

- erhebliche und andauernde Beschränkungen die Ausübung der Rechte des Mutterunternehmens in Bezug auf das Vermögen oder die Geschäftsführung des Tochterunternehmens nachhaltig beeinträchtigen (z. B. bei gemeinnützigen Tochtergesellschaften, wenn deren Vermögen satzungsmäßig gebunden ist);
- die für die Aufstellung des Konzernabschlusses erforderlichen Angaben nur mit unverhältnismäßig hohen Kosten oder Verzögerungen zu erhalten sind;
- das Mutterunternehmen die Anteile am Tochterunternehmen ausschließlich zum Zwecke der Weiterveräußerung hält;
- das Tochterunternehmen nur von untergeordneter Bedeutung für die Beurteilung der Vermögens-, Finanz- und Ertragslage des Konzerns ist. Sind mehrere Tochterunternehmen jeweils von untergeordneter Bedeutung, so müssen sie dennoch in den Konzernabschluss einbezogen werden, wenn sie zusammen nicht von untergeordneter Bedeutung sind.

Die Anwendung des Konsolidierungswahlrechts ist in jedem Einzelfall im Konzernanhang zu begründen (§ 296 Abs. 1 HGB).

4.3.4 Vorgehensweise bei der Erstellung eines Konzernabschlusses – Die einzelnen Konsolidierungsschritte

Die Erstellung des Konzernabschlusses erfolgt im Prinzip in drei Schritten:

Erster Schritt: Vereinheitlichung der Einzelabschlüsse

Grundlage für die Erstellung des Konzernabschlusses sind die einzelnen Jahresabschlüsse der einzubeziehenden Konzernunternehmen. In einem ersten Schritt müssen die Einzelabschlüsse vereinheitlicht werden. Dies ist erforderlich, da die Bilanzierungswahlrechte des HGB in den einzelnen inländischen Konzernunternehmen möglicherweise unterschiedlich ausgenutzt wurden, im Konzernabschluss aber eine einheitliche Ausübung dieser Wahlrechte erforderlich ist. Bei Einzelabschlüssen ausländischer Konzernunternehmen, die in der Regel sowieso nicht nach deutschem Recht erstellt wurden, sind außerdem noch Währungsumrechnungen erforderlich, wenn sie nicht schon in Euro aufgestellt wurden. Es wird deshalb jeder Einzelabschluss (um Verwechslungen zu vermeiden, wird er »Handelsbilanz I« oder »HB I« genannt) nach konzerneinheitlichen Vorschriften in einen konsolidierungsfähigen Abschluss (die sog. »Handelsbilanz II« oder »HB II«) umgerechnet.

Bei der Festlegung der konzerneinheitlichen Bilanzierungswahlrechte müssen nicht die im Einzelabschluss des Mutterunternehmens gewählten Rechte Anwendung finden, sondern die Wahlrechte können in einer Art ausgeübt werden, die von den Einzelabschlüssen der Mutter und/oder Tochterunternehmen abweichen (§§ 300 Abs. 2 und 308 HGB). Damit eröffnet sich der Konzernleitung ein erheblicher Bilanzierungsspielraum, von dem die deutschen Konzerne zumeist auch ausgiebig Gebrauch machen.

Zweiter Schritt: Erstellung einer Summenbilanz
Nach der Vereinheitlichung der Einzelabschlüsse werden nun in einem zweiten Schritt die Handelsbilanzen II der Mutter- und Tochtergesellschaften zu einer sog. Summenbilanz zusammengefasst, indem die Werte gleichnamiger Positionen der Bilanz und der Gewinn- und Verlustrechnung addiert werden. Durch diese einfache Zusammenfassung werden jedoch auch die Beziehungen zwischen den Konzernunternehmen (z. B. gegenseitig gewährte Kredite oder untereinander getätigte Umsätze) miterfasst. Dies ist nicht zulässig, da nach § 297 Abs. 3 HGB im Konzernabschluss die wirtschaftliche Lage der Konzernunternehmen so dargestellt werden soll, als ob die Konzernunternehmen insgesamt nur ein einziges Unternehmen wären (Einheitstheorie).

Dritter Schritt: Konsolidierung
Es müssen deshalb in einem dritten Schritt, der sog. Konsolidierung, die Werte der Summenbilanz um die konzerninternen Beziehungen korrigiert werden. Die Konsolidierung erstreckt sich dabei auf die

- **Kapitalkonsolidierung** (Verrechnung der Position »Beteiligung« aus dem Mutterabschluss mit der Position »Eigenkapital« aus den Tochterabschlüssen)
- **Schuldenkonsolidierung** (Verrechnung der gegenseitigen Forderungen und Verbindlichkeiten)
- **Zwischenergebniseliminierung** (Entfernung von Gewinnen und Verlusten, die aus Konzernsicht noch nicht realisiert sind)
- **Aufwands- und Ertragskonsolidierung** (Aufrechnung von konzerninternen Lieferungen und Leistungen, die in dem einen Konzernunternehmen zu Ertrag und in dem anderen Unternehmen zu einem entsprechenden Aufwand geführt haben).

Vierter Schritt: Steuerabgrenzung
Da durch die Vereinheitlichung der Einzelabschlüsse und durch die Konsolidierungsschritte der ausgewiesene Konzerngewinn von der Summe der in den HBI der einzelnen Konzernunternehmen ausgewiesenen Gewinne abweichen kann, ist im letzten Schritt eine Steuerabgrenzung vorzunehmen.

4.3.4.1   Die Kapitalkonsolidierung

Aufgabe der Kapitalkonsolidierung ist es, aus der Aktivposition »Beteiligungen« die Beteiligungen an Konzernunternehmen herauszurechnen, da der Konzern aus der Sicht der Einheitstheorie keine Anteile an sich selber halten kann. Ebenso muss bei der Passivposition »Eigenkapital« das Eigenkapital der Tochterunternehmen (einschließlich der Rücklagen und des Bilanzergebnisses) abgezogen werden. Zu dem gleichen Ergebnis kommt man, wenn man aus dem Einzelabschluss des Mutterunternehmens die Beteiligung am Tochterunternehmen durch sämtliche Aktivpositionen und alle Schulden des Tochterunternehmens ersetzt.

Bei der Kapitalkonsolidierung kommen folgende Verfahren zum Einsatz:
- **Vollkonsolidierung** (bei Tochterunternehmen im Sinne von § 290 Abs. 1 und 2 HGB) **mit der Buchwert- oder Neubewertungsmethode**
- **Interessenzusammenführung** (bei Tochterunternehmen, die durch Anteilstausch erworben wurden) **mit der Buchwert- oder Neubewertungsmethode**
- **Quotenkonsolidierung** (bei Gemeinschaftsunternehmen, d. h. bei 50 : 50 Beteiligungen) **mit der Buchwert- oder Neubewertungsmethode**
- **Equity-Methode** (bei assoziierten Unternehmen im Sinne von § 311 HGB, d. h. bei Unternehmen, auf die der Konzern lediglich einen maßgeblichen Einfluss ausübt)

4.3.4.1.1   Vollkonsolidierung

Bei der Vollkonsolidierung nach § 301 HGB, die in der überwiegenden Zahl der Fälle Anwendung findet, werden die Beteiligungsbuchwerte des Mutterunternehmens gegen das anteilige Eigenkapital des Tochterunternehmens (einschließlich der Rücklagen und des Bilanzergebnisses) aufgerechnet. Hält der Konzern 100 % der Anteile des Tochterunternehmens, so wird das gesamte Eigenkapital des Tochterunternehmens mit der Beteiligung verrechnet (siehe Beispiel 1). Hält das Mutterunternehmen nicht 100 % der Anteile des Tochterunternehmens, so erfolgt die Aufrechnung nur gegen den auf die Muttergesellschaft entfallenden Teil des Eigenkapitals (siehe Beispiel 2).

Bei der Aufrechnung der Beteiligung gegen das anteilige Eigenkapital der Tochter können jedoch grundsätzlich drei Fälle auftreten:
- Im einfachsten – aber unwahrscheinlichsten – Fall entsprechen sich der Beteiligungsbuchwert aus dem Mutterabschluss und das anteilige Eigenkapital aus dem Abschluss der Tochter (dies wurde in Beispiel 1 und 2 unterstellt). Die beiden Beträge können von den Positionen der Summenbilanz abgezogen werden und die Kapitalkonsolidierung ist damit beendet.

Beispiel 1: **Vollkonsolidierung einer 100 %-Beteiligung nach der Buchwertmethode**
(Beteiligungsbuchwert = Eigenkapital)
Das Mutterunternehmen erwirbt am 31. 12. 2000 eine 100 %ige Beteiligung am Tochterunternehmen zum Preis von 3 000 TDM. Das buchmäßige Eigenkapital der Tochter beträgt ebenfalls 3 000 TDM:

	Mutter HB II	Tochter HB II	Summen-bilanz	Korrektu-ren	Konzern-bilanz
Aktiva					
Sachanlagevermögen	17 000	6 000	23 000		23 000
Beteiligungen	3 000		3 000	– 3 000	0
Umlaufvermögen	10 000	4 000	14 000		14 000
Summe Aktiva	30 000	10 000	40 000	– 3 000	37 000
Passiva					
Eigenkapital	5 000	3 000	8 000	– 3 000	5 000
Verbindlichkeiten	25 000	7 000	32 000		32 000
Summe Passiva	30 000	10 000	40 000	– 3 000	37 000

- Der Beteiligungsbuchwert bei der Mutter übersteigt das ausgewiesene anteilige Eigenkapital der Tochter. Dies kann z. B. der Fall sein, weil der Kaufpreis für das Tochterunternehmen höher lag als das ausgewiesene Eigenkapital der Tochter, da im Vermögen der Tochter stille Reserven enthalten waren oder die Hoffnung auf zukünftige (überdurchschnittliche) Gewinne bestand, die sich in einem sog. Goodwill ausdrücken ließen. Die positive Differenz zwischen Beteiligungsbuchwert und anteiligem Eigenkapital wird in diesem Fall nach § 301 Abs. 1 HGB den Bilanzpositionen zugerechnet, in denen die stillen Reserven enthalten sind.

Die auf diese Weise aufgedeckten stillen Reserven werden in den Folgejahren zusammen mit den Vermögensgegenständen, denen sie zugeordnet sind, abgeschrieben, soweit es sich um abnutzbare Vermögensgegenstände handelt. Dadurch können in den Folgejahren die Konzernabschreibungen größer sein als die Summe der Abschreibungen der Einzelabschlüsse.

Sind die stillen Reserven der Tochter insgesamt niedriger als die zu verrechnende Differenz aus Beteiligungsbuchwert und anteiligem Eigenkapital der Tochter, so wird der Restbetrag, der den Goodwill darstellt, nach § 301 Abs. 3 HGB als Firmenwert in die Konzernbilanz übernommen. Dieser Firmenwert ist entweder in den Folgejahren um jeweils ein Viertel oder auch über einen längeren Zeitraum planmäßig abzuschreiben. Statt der erfolgswirksamen Abschreibung kann jedoch auch eine erfolgsneutrale so-

Beispiel 2: **Vollkonsolidierung einer 70 %-Beteiligung nach der Buchwertmethode**
(Beteiligungsbuchwert = anteiliges Eigenkapital)
Das Mutterunternehmen erwirbt am 31. 12. 2000 nur eine 70 %ige Beteiligung am Tochterunternehmen zum Preis von 2 100 TDM. Das buchmäßige Eigenkapital der Tochter beträgt weiterhin 3 000 TDM. (Unter der Annahme, dass der Kauf in beiden Beispielen durch Fremdfinanzierung erfolgte, wurden die Verbindlichkeiten der Mutter mit 900 TDM niedriger angesetzt als im Beispiel 1.):

	Mutter HB II	Tochter HB II	Summen-bilanz	Korrektu-ren	Konzern-bilanz
Aktiva					
Sachanlagevermögen	17 000	6 000	23 000		23 000
Beteiligungen	2 100		2 100	– 2 100	0
Umlaufvermögen	10 000	4 000	14 000		14 000
Summe Aktiva	29 100	10 000	39 100	– 2 100	37 000
Passiva					
Eigenkapital	5 000	3 000	8 000	– 3 000	5 000
Anteile im Fremdbesitz				+ 900	900
Verbindlichkeiten	24 100	7 000	31 100		31 100
Summe Passiva	29 100	10 000	39 100	– 2 100	37 000

Da das Mutterunternehmen nur eine anteilige Beteiligung von 70 % erworben hat, sind ihm auch nur 70 % des Eigenkapitals der Tochter – also 2 100 TDM – zuzurechnen, während für die restlichen 900 TDM des Eigenkapitals der Tochter auf der Passivseite der Konzernbilanz ein Ausgleichsposten für »Anteile im Fremdbesitz« gebildet wurde.

fortige oder planmäßige offene Verrechnung des Firmenwerts mit den Konzernrücklagen erfolgen (§ 309 Abs. 1 HGB). Die Erstkonsolidierung für einen solchen Fall ist in den Beispielen 3 und 4 dargestellt. Die Aktivierung des Firmenwerts hat aus Konzernsicht den Vorteil, dass das Konzerneigenkapital zunächst höher als bei Verrechnung mit den Rücklagen dargestellt wird. Dagegen wird bei einer Abschreibung in den Folgejahren der Konzerngewinn niedriger ausfallen. Ist der Firmenwert vollständig abgeschrieben, so ergeben sich für beide Behandlungsmöglichkeiten des Goodwill wieder gleiche Konzernbilanzen.

Beispiel 3: **Vollkonsolidierung einer 100 %-Beteiligung
nach der Buchwertmethode**
(Beteiligungsbuchwert › Eigenkapital)
Das Mutterunternehmen erwirbt am 31. 12. 2000 eine 100%ige Beteiligung am
Tochterunternehmen. Im Unterschied zu Beispiel 1 beträgt der Preis jedoch
4 000 TDM. Es wird unterstellt, dass die zusätzlichen 1 000 TDM durch Aufnahme
zusätzlichen Fremdkapitals finanziert wurden. Deshalb sind die Verbindlichkeiten
der Mutter zum 31. 12. 2000 um 1 000 TDM höher als in Beispiel 1. Das buchmäßige
Eigenkapital der Tochter beträgt unverändert 3 000 TDM. In der Position »Grundstücke und Gebäude« der Tochter bestehen stille Reserven in Höhe von 800 TDM:

	Mutter HB II	Tochter HB II	Summen-bilanz	Korrektu-ren	Konzern-bilanz
Aktiva					
Firmenwert	0	0	0	+ 200	200
Sachanlagevermögen	17 000	6 000	23 000	+ 800	23 000
Beteiligungen	4 000		4 000	– 4 000	0
Umlaufvermögen	10 000	4 000	14 000		14 000
Summe Aktiva	31 000	10 000	41 000	– 3 000	38 000
Passiva					
Eigenkapital	5 000	3 000	8 000	– 3 000	5 000
Verbindlichkeiten	26 000	7 000	33 000		33 000
Summe Passiva	31 000	10 000	41 000	– 3 000	38 000

Wie am Einzelabschluss der Mutter zu erkennen ist, wurde die Beteiligung im
Mutterunternehmen zum Anschaffungswert von 4 000 TDM aktiviert, während sich
beim Tochterunternehmen das Eigenkapital durch den Verkauf natürlich nicht
verändert hat. Würde man nun bei der Erstellung der Konzernbilanz lediglich die
Aktiv- und Passivpositionen unter Weglassung der Beteiligung der Mutter und des
Eigenkapitals der Tochter zusammenfassen, so wäre die Aktivseite der Konzernbilanz um 1 000 TDM kleiner als die Passivseite. Um dies zu verhindern, wird der
Unterschiedsbetrag von 1 000 TDM in der Konzernbilanz auf die einzelnen Positionen des Vermögens der Tochter aufgeteilt, soweit die Zeitwerte dieser Positionen
höher sind als die Buchwerte. Dies ist in unserem Fall laut Annahme im Umfang von
800 TDM gegeben. Die restlichen 200 TDM sind als Firmenwert in die Konzernbilanz
aufgenommen worden. Statt des offenen Ausweises des Firmenwertes hätte dieser
auch auf der Passivseite der Konzernbilanz mit Rücklagen des Konzerns offen
verrechnet werden können. In den Folgejahren verschwinden die auf diese Weise
aufgedeckten stillen Reserven von 800 TDM zumindest zum Teil wieder aus der
Konzernbilanz, da bei der Aufstellung der Konzernbilanz in den Folgejahren (Folge-
konsolidierung) bei den abnutzbaren Vermögensgegenständen, denen die stillen
Reserven zugerechnet wurden höhere Abschreibungen als im Einzelabschluss angesetzt werden. Ebenso vermindert sich der aktivierte Firmenwert von 200 TDM, da

er in den Folgejahren entweder mit mindestens 25 % oder planmäig über einen längeren Zeitraum abzuschreiben ist oder da er auch in den Folgejahren noch mit den offenen Konzernrücklagen verrechnet werden kann.

Beispiel 4: **Vollkonsolidierung einer 70 %-Beteiligung nach der Buchwertmethode**
(Beteiligungsbuchwert › anteiliges Eigenkapital)
Das Mutterunternehmen erwirbt am 31. 12. 2000 eine 70%ige Beteiligung am Tochterunternehmen. Im Unterschied zu Beispiel 2 beträgt der Preis jedoch 2 800 TDM. Es wird unterstellt, dass die zusätzlichen 700 TDM durch Aufnahme zusätzlichen Fremdkapitals finanziert wurden. Deshalb sind die Verbindlichkeiten der Mutter zum 31. 12. 2000 um 700 TDM höher als in Beispiel 2. Das buchmäßige Eigenkapital der Tochter beträgt unverändert 3 000 TDM. In der Position »Grundstücke und Gebäude« der Tochter bestehen wie in Beispiel 3 stille Reserven in Höhe von 800 TDM.:

	Mutter HB II	Tochter HB II	Summen-bilanz	Korrektu-ren	Konzern-bilanz
Aktiva					
Firmenwert	0	0	0	+ 140	140
Sachanlagevermögen	17 000	6 000	23 000	+ 560	23 560
Beteiligungen	2 800		2 800	− 2 800	0
Umlaufvermögen	10 000	4 000	14 000		14 000
Summe Aktiva	29 800	10 000	39 800	− 2 100	37 700
Passiva					
Eigenkapital	5 000	3 000	8 000	− 3 000	5 000
Anteile im Fremdbesitz				+ 900	900
Verbindlichkeiten	24 800	7 000	31 800		31 800
Summe Passiva	29 800	10 000	39 800	− 2 100	37 700

Wie in Beispiel 2 beträgt das der Mutter zurechenbare anteilige Eigenkapital 2 100 TDM. Da die Mutter jedoch 2 800 TDM dafür bezahlt hat, entsteht auf der Aktivseite ein Unterschiedsbetrag von 700 TDM. Dieser Unterschiedsbetrag ist nun wie in Beispiel 3 soweit möglich auf die Vermögensgegenstände der Tochter aufzuteilen, wobei jedoch die dort vorhandenen stillen Reserven nur entsprechend dem Kapitalanteil des Mutterunternehmens an der Tochter – also zu 70 % – aufgedeckt werden dürfen. Da die stillen Reserven laut Annahme 800 TDM betragen dürfen davon nur 70 %, also 560 TDM aufgedeckt werden. Der Rest des aktiven Unterschiedsbetrags in Höhe von 140 TDM wird deshalb als Firmenwert in der Konzernbilanz gezeigt.

- Der Beteiligungsbuchwert aus dem Mutterabschluss ist niedriger als das ausgewiesene anteilige Eigenkapital der Tochter. Dies kann der Fall sein, weil die Mutter beim Kauf der Tochter ein »Schnäppchen« gemacht hat oder weil zukünftig mit Verlusten der Tochter, einem sog. Badwill, zu rechnen ist. Die negative Differenz wird in diesem Fall als passivischer Unterschiedsbetrag aus der »Kapitalkonsolidierung« in die Konzernbilanz aufgenommen. Dieser Posten darf in den Folgejahren nur unter ganz bestimmten Voraussetzungen (§ 309 Abs. 2 HGB) aufgelöst werden.

Neben der Buchwertmethode, die in den bisherigen Beispielen angewandt wurde, kann zur Vollkonsolidierung auch die Neubewertungsmethode verwendet werden. Dabei werden vor der Bildung der Summenbilanz die HB II der Tochterunternehmen zunächst in Zeitwerte, die sog. HB III umgerechnet, die stillen Reserven werden also aufgedeckt. Damit wird in der HB III nicht nur das Vermögen, sondern auch das Eigenkapital der Tochter höher ausgewiesen (vgl. Beispiel 5). Eine Aufdeckung stiller Reserven ist dabei jedoch nur in einem solchen Umfang erlaubt, dass das neubewertete anteilige Eigenkapital der Tochter in der HB III nicht den Beteiligungsbuchwert in der HB II der Mutter übersteigt.

Die Neubewertungsmethode führt bei Tochtergesellschaften, an denen der Konzern 100 % der Anteile hält, zum gleichen Ergebnis wie die Buchwertmethode. Bei einem Anteilsbesitz unter 100 % und vorhandenen stillen Reserven werden diese jedoch vollständig bis zur Höhe des Unterschiedsbetrags zwischen Beteiligungsbuchwert und anteiligem Eigenkapital der Tochter aufgedeckt. Da es jedoch bei dem Ausweis des Firmenwertes in gleicher Höhe wie bei der Buchwertmethode bleibt, wird der dabei entstehende höhere Ausweis des Vermögens in der Konzernbilanz durch einen um die auf die fremden Gesellschafter entfallenden stillen Reserven höheren Betrag der Passivposition »Anteile anderer Gesellschafter« kompensiert (siehe Beispiel 5).

4.3.4.1.2 **Interessenzusammenführung**

Falls ein Unternehmen nicht durch Kauf, sondern durch Tausch gegen neu ausgegebene Anteile eines bisherigen Konzernunternehmens erworben wurde, der Anteil an dem neu erworbenen Unternehmen mindestens 90 % beträgt und eine mögliche beim Erwerb geleistete Zuzahlung nicht 10 % des Nennwerts der neu ausgegebenen Anteile übersteigt, darf die Konsolidierung nach § 302 HGB auch nach der Interessenzusammenführungs-Methode durchgeführt werden. Bei dieser Methode werden zunächst wie bei der Vollkonsolidierung die Aktiva und Passiva von Mutter und Tochtergesellschaft in die Summenbilanz über-

Beispiel 5: **Vollkonsolidierung einer 70 %-Beteiligung nach der Neubewertungsmethode**
(Beteiligungsbuchwert › anteiliges Eigenkapital)
Annahmen wie in Beispiel 4.

	Mutter HB II	Tochter HB II	Tochter HB III Zeitwerte	Summen- bilanz	Korrektu- ren	Konzern- bilanz
Aktiva						
Firmenwert	0	0	0	0	+ 140	140
Sachanlage- vermögen	17 000	6 000	6 800	23 800		23 800
Beteiligungen	2 800			2 800	– 2 800	0
Umlauf- vermögen	10 000	4 000	4 000	14 000		14 000
Summe Aktiva	29 800	10 000	10 800	40 600	– 2 660	37 940
Passiva						
Eigenkapital	5 000	3 000	3 800	8 800	– 3 800	5 000
Anteile im Fremdbesitz					+ 1 140	1 140
Verbindlich- keiten	24 800	7 000	7 000	31 800		31 800
Summe Passiva	29 800	10 000	10 800	40 600	– 2 660	37 940

Zunächst wird aus der HB II der Tochter eine Zeitwertbilanz erstellt. In dieser sog. HB III sind somit die stillen Reserven vollständig aufgedeckt, deshalb ist das Eigenkapital der Tochter um 800 TDM höher ausgewiesen als in der HB II. Nun wird aus der HB II der Mutter und der HB III der Tochter die Summenbilanz erstellt. Da der Mutter nur 70 % der Anteile gehören, sind der Mutter nur 70 % des neubewerteten Eigenkapitals der Tochter, also 2 660 TDM zuzurechnen. Da der Beteiligungsbuchwert mit 2 800 TDM aber um 140 TDM höher ist als dieses anteilige neubewertete Eigenkapital muss (wie bei der Buchwertmethode) ein Firmenwert von 140 TDM ausgewiesen werden. Auf der Passivseite der Konzernbilanz wird für die Anteile anderer Gesellschafter am neubewerteten Eigenkapital in Höhe von 1 140 TDM (30 % von 3 800 TDM) die Position »Anteile im Fremdbesitz« in die Konzernbilanz aufgenommen. Gegenüber Beispiel 4 ist dieser Betrag um 240 TDM höher. Dies entspricht genau der Differenz im Ausweis der Sachanlagen, die die gegenüber der Buchwertmethode stärker aufgedeckten stillen Reserven darstellt.

nommen. Sodann wird der Beteiligungsbuchwert der Muttergesellschaft mit dem (anteiligen) gezeichneten Eigenkapital der Tochtergesellschaft verrechnet. Ist der Beteiligungsbuchwert (das ist der Nennwert der beim Erwerb neu ausgegebenen Anteile des bisherigen Konzernunternehmens) höher als das anteilige gezeichnete Kapital der Tochtergesellschaft, so wird der Differenzbetrag von den Konzernrücklagen abgezogen. Ist der Beteiligungsbuchwert niedriger, so wird die Differenz den Konzernrücklagen zugerechnet.

Der Erwerb von Unternehmen durch die Hingabe von eigenen Aktien hat für das Mutterunternehmen den Vorteil, dass für den Erwerb keine finanziellen Mittel erforderlich sind. Allerdings verändert sich dadurch die Struktur der Anteilseigner des Mutterunternehmens. Außerdem bietet der Anteilstausch im Gegensatz zum Kauf die Möglichkeit im Einzelabschluss der Mutter stille Rücklagen zu legen, da der Nennwert der hingegebenen Anteile in der Regel niedriger sein dürfte als der Wert des erworbenen Tochterunternehmens. Durch die Anwendung der Interessenzusammenführung wird zusätzlich die Möglichkeit geschaffen, in der Konzernbilanz die Aufdeckung stiller Reserven bzw. den Ausweis eines Firmenwertes zu vermeiden, die bei der Vollkonsolidierung erforderlich werden können, wenn der Nennwert der hingegebenen Anteile höher ist als das Eigenkapital der erworbenen Tochter (siehe Beispiel 6).

Beispiel 6: Interessenzusammenführung einer 100%igen Beteiligung
Beteiligungsbuchwert › Eigenkapital der Tochter
Das Mutterunternehmen erwirbt ein Tochterunternehmen zu 100 % durch Hingabe von Anteilen der Mutter an die bisherigen Anteilseigner der Tochter im Nennwert von 500 TDM. Die Mutter weist nach der Ausgabe der neuen Anteile ein gezeichnetes Eigenkapital in Höhe von 3 000 TDM und offene Rücklagen in Höhe von 2 000 TDM aus. Bei der Tochter beträgt das gezeichnete Eigenkapital 300 TDM, offene Rücklagen sind nicht vorhanden. Im Anlagevermögen der Tochter stecken stille Reserven in Höhe von 150 TDM.

	Mutter HB II	Tochter HB II	Summen- bilanz	Korrektu- ren	Konzern- bilanz
Aktiva					
Sachanlagevermögen	17 000	600	17 600		17 600
Beteiligungen	500		500	– 500	0
Umlaufvermögen	10 000	400	10 400		14 400
Summe Aktiva	27 500	1 000	28 500	– 500	28 000
Passiva					
Gezeichnetes Eigenkapital	3 000	300	3 300	– 300	3 000
Offene Rücklagen	22 500		23 200	– 200	1 800
Verbindlichkeiten	2 000	700	2 000		23 200
Summe Passiva	– 27 500	1 000	28 500	– 500	28 000

> Bei Anwendung der Vollkonsolidierung hätten demgegenüber stille Reserven in Höhe von 150 TDM aufgedeckt und ein Firmenwert von 50 TDM aufgedeckt und das Konzerneigenkapital (inklusive offener Rücklagen) um 200 TDM höher ausgewiesen werden müssen.

4.3.4.1.3   Quotenkonsolidierung

Handelt es sich bei dem in den Konzernabschluss einzubeziehenden Unternehmen um ein Gemeinschaftsunternehmen, das von einem Konzernunternehmen gemeinsam mit einem oder mehreren anderen nicht zum Konzern gehörigen Unternehmen geführt wird, so darf nach § 310 HGB statt der Vollkonsolidierung eine anteilsmäßige Konsolidierung erfolgen. Bei dieser sog. Quotenkonsolidierung werden die Aktiv- und Passivpositionen der Tochter nicht in voller Höhe, sondern nur entsprechend dem Anteil des Konzerns am Gemeinschaftsunternehmen (in der Regel 50 %) einbezogen. Bei der Konsolidierung entfällt somit die Notwendigkeit, auf der Passivseite der Konzernbilanz einen Ausgleichsposten für die Anteile anderer Gesellschafter zu bilden. Stimmen Beteiligungsbuchwert und anteiliges Eigenkapital der Tochter nicht überein, so ist mit dem Unterschiedsbetrag wie bei der Vollkonsolidierung zu verfahren.

4.3.4.1.4   Equity-Methode

Für assoziierte Unternehmen – das sind nach § 311 Abs. 1 HGB Unternehmen, auf die ein Konzernunternehmen zwar keinen beherrschenden, aber doch einen maßgeblichen Einfluss ausübt – ist eine Einbeziehung in den Konzernabschluss nach der Equity-Methode vorgeschrieben. Bei der Equity-Methode werden im Gegensatz zu den bisher besprochenen Konsolidierungsverfahren die Aktiv- und Passivpositionen des assoziierten Unternehmens bei der Erstkonsolidierung nicht in die Konzernbilanz übernommen, sondern die Beteiligung ist in der Konzernbilanz lediglich in einer eigenen Bilanzposition als »Anteile an assoziierten Unternehmen« auszuweisen. In den Folgejahren ist diese Position den Veränderungen des Eigenkapitals des assoziierten Unternehmens anzupassen.

Damit ist die Equity-Methode im Prinzip keine Konsolidierungsmethode, da die typischen Konsolidierungsschritte unterbleiben. Allerdings darf nach § 312 Abs. 1 HGB als Wertansatz für das assoziierte Unternehmen entweder der bei der Mutter geführte Buchwert oder das anteilige Eigenkapital des assoziierten Unternehmens verwendet werden, wobei jedoch höchstens die Anschaffungskosten für die Anteile am assoziierten Unternehmen angesetzt werden dürfen. Wird der Buchwert als Wertansatz verwendet, so ist der Unterschiedsbetrag zum anteiligen Eigenkapital bei der Erstkonsolidierung zumindest jedoch in der

Konzernbilanz oder im Konzernanhang zu vermerken. Wird das anteilige Eigenkapital als Wertansatz für das assoziierte Unternehmen verwendet, so ist der Unterschiedsbetrag bei der Erstkonsolidierung in der Konzernbilanz gesondert auszuweisen oder im Konzernanhang anzugeben. In den Folgejahren ist der Unterschiedsbetrag wie bei der Vollkonsolidierung fortzuführen oder abzuschreiben.

4.3.4.2   Die Schuldenkonsolidierung

Ausgehend von der für die Konzernbilanz geltenden Vorstellung des Konzerns als rechtlicher Einheit, dürfen in der Konzernbilanz keine Forderungen und Verbindlichkeiten ausgewiesen werden, die zwischen Konzernunternehmen bestehen. Diese sind deshalb nach § 303 Abs. 1 HGB im Rahmen der Schuldenkonsolidierung vollständig zu eliminieren. Ebenso darf eine Rückstellung, die im Einzelabschluss eines Konzernunternehmens gegenüber einem anderen Konzernunternehmen gebildet wurde, nicht in den Konzernabschluss übernommen werden. Eine Schuldenkonsolidierung kann allenfalls unterbleiben, wenn die wegzulassenden Beträge für die Beurteilung der Konzernlage von untergeordneter Bedeutung sind.

Kommt es ausnahmsweise zu Aufrechnungsdifferenzen, weil die Forderungen des einen Konzernunternehmens nicht mit den Verbindlichkeiten oder Rückstellungen des anderen Konzernunternehmens übereinstimmen (die Forderungen wurden beispielsweise bei der Mutter teilweise abgeschrieben, während die entsprechende Verbindlichkeit bei der Tochter weiterhin zum Rückzahlungsbetrag passiviert sind), so sind die Aufrechnungsdifferenzen in der Konzerngewinn- und -verlustrechnung ergebniswirksam zu berücksichtigen; sind die konzerninternen Verbindlichkeiten und Rückstellungen höher als die konzerninternen Forderungen, so ergibt sich ein Ertrag, andernfalls ein Aufwand.

4.3.4.3   Aufwands- und Ertragskonsolidierung und Zwischenergebniseliminierung

Während die Kapital- und die Schuldenkonsolidierung die Zusammenfassung der Einzelbilanzen zur Konzernbilanz beinhaltet, geht es bei der Aufwands- und Ertragskonsolidierung sowie der Zwischenergebniseliminierung um die Zusammenfassung der einzelnen Gewinn- und Verlustrechnungen zur Konzern-G+V. Würde man einfach alle Erträge und Aufwendungen aus den Einzelabschlüssen in die Konzern-G+V übernehmen, so würden die Erträge und Aufwendungen des Konzerns aus der Sicht der Einheitstheorie um die Beträge

zu hoch ausgewiesen, die auf Lieferungs- und Leistungsbeziehungen zwischen den Konzernunternehmen beruhen. Diese müssen deshalb nach §§ 303 und 304 HGB aus der Konzern-G+V heraus gerechnet werden.
Es handelt sich hierbei um zwei Fallgruppen:

1. Fallgruppe

- Umsatzerlöse oder andere Erlöse aus Lieferungen und Leistungen zwischen den Konzernunternehmen, denen im empfangenden Konzernunternehmen entsprechende Aufwendungen gegenüber stehen.
- Zinserträge und Zinsaufwendungen aus konzerninternen Forderungen und Verbindlichkeiten.
- Erträge und Aufwendungen aus Ergebnisabführungsverträgen zwischen Konzernunternehmen.

2. Fallgruppe

- Umsatzerlöse oder andere Erlöse aus konzerninternen Lieferungen und Leistungen, denen im empfangenden Unternehmen keine entsprechenden Aufwendungen gegenüberstehen, weil der entsprechende Vermögensgegenstand beim empfangenden Unternehmen noch nicht verbraucht ist und deshalb aktiviert wurde.

Bei der ersten Fallgruppe werden die entsprechenden Erträge und Aufwendungen aus der Summen-G+V aus den jeweiligen G+V-Positionen heraus gerechnet (Aufwands- und Ertragskonsolidierung nach § 305 HGB). Da somit Aufwendungen und Erträge in gleicher Höhe abgezogen werden, wird der Konzerngewinn durch diesen Konsolidierungsschritt nicht verändert.

Bei der zweiten Fallgruppe würde dagegen die einfache Zusammenfassung der einzelnen Gewinn- und Verlustrechnungen nicht nur zu hohe Erträge und Aufwendungen ergeben, sondern es würde je nach Verrechnungspreis der zwischen den Konzernunternehmen ausgetauschten Lieferungen und Leistungen auch ein Gewinn oder Verlust gezeigt, der aus Sicht der Einheitstheorie noch nicht entstanden ist. Deshalb ist bei dieser Fallgruppe nicht nur eine Verminderung der Erträge bei der Konsolidierung der G+V vorzunehmen, sondern zugleich sind nach § 304 HGB (Eliminierung der Zwischengewinne) auch Änderungen in der konsolidierten Bilanz notwendig, da die aktivierten Vermögensgegenstände zu Verrechnungspreisen aktiviert wurden, die von den Herstellungskosten, die aus Sicht der Einheitstheorie anzusetzen sind, in der Regel abweichen. Die Konsolidierung erfolgt hier, indem zunächst die Erträge aus solchen Lieferungen und Leistungen aus der Summen-G+V gestrichen und im Gegenzug die entsprechenden Beträge aus den entsprechenden Vermögenspositionen entfernt werden. Sodann werden die Vermögenspositionen wieder um die Beträge erhöht, die nach den konzerneinheitlich anzusetzenden Herstellungskosten zulässig sind. In gleicher Höhe wird zugleich die G+V-Position »Erhöhung des Bestands an fertigen und unfertigen Erzeugnissen« oder »aktivierte Eigenleistungen« erhöht.

Durch die Eliminierung der Zwischengewinne wird somit das ausgewiesene Konzernergebnis in der Regel vermindert. Da die Vorschriften für die Bestimmung der Herstellungskosten jedoch große Spielräume lassen, kann hier durch geschickte Ausübung der Wahlrechte der ausgewiesene Konzernerfolg erheblich gestaltet werden.

4.3.4.4 Steuerabgrenzung

Durch die Vereinheitlichung der Einzelabschlüsse und durch die Konsolidierungsschritte wird der bis zu diesem Schritt sich ergebende Konzerngewinn von der Summe der in den HBI der einzelnen Konzernunternehmen ausgewiesenen Gewinne mehr oder weniger abweichen. Da die Konzern-G+V-Position »Steuern vom Einkommen und vom Ertrag« jedoch bis zu diesem Schritt aus der Addition der entsprechenden Positionen der HB II der Konzernunternehmen entstanden ist, wäre der ausgewiesene Steueraufwand im Verhältnis zum Konzerngewinn zu hoch oder zu niedrig.

Ist davon auszugehen, dass sich diese Differenz im Laufe der nächsten Jahre ausgleichen wird, so muss ein im Verhältnis zum Konzerngewinn zu hoher Steueraufwand durch Bildung von sog. latenten Steuerforderungen bei gleichzeitiger Verminderung des Konzernsteueraufwands um diesen Betrag verringert werden. Durch diesen Vorgang wird natürlich auch der ausgewiesene Konzerngewinn entsprechend erhöht.

Ist der Steueraufwand im Verhältnis zum Konzerngewinn zu niedrig und ist davon auszugehen, dass sich diese Differenz im Laufe der nächsten Jahre ausgleichen wird, so muss der Steueraufwand durch Bildung einer Rückstellung für latente Steuern erhöht werden. Dies vermindert den Konzerngewinn, so dass nun Steueraufwand und Gewinn der Konzernbilanz wieder im richtigen Verhältnis stehen.

4.3.5 Konzernanhang

Der Konzernanhang (§§ 313, 314 HGB) kann eigenständig erstellt oder aber mit dem Anhang des Mutterunternehmens zusammengefasst werden (§ 298 Abs. 3 HGB). Von der Möglichkeit der Zusammenfassung von Konzernanhang und Anhang der Muttergesellschaft wird überwiegend Gebrauch gemacht.

Der Konzernanhang muss folgende Informationen enthalten:

I. Abgrenzung des Konsolidierungskreises
 1. Konzern- und Beteiligungsunternehmen (Name, Sitz und Kapitalanteil)
 2. Änderung des Konsolidierungskreises
 3. Begründung für die Nichteinbeziehung
II. Konsolidierungsgrundsätze
 1. Allgemeine Angaben
 2. Einheitlichkeit der Bewertung
 3. Verfahren der Kapitalkonsolidierung
 4. Zwischenergebniseliminierung
III. Erläuterungen zur Konzernbilanz und Konzern-Gewinn- und Verlustrechnung
IV. Sonstige Angaben
 1. Zusatzangaben zu den Konzernverbindlichkeiten und sonstigen finanziellen Verpflichtungen
 2. Aufgliederung der Umsatzerlöse nach Tätigkeitsbereichen und Regionen
 3. Belegschaftsstärke und -struktur sowie Personalaufwand
 4. Inanspruchnahme steuerlicher Vergünstigungen
 5. Gesamtbezüge der Organmitglieder des Mutterunternehmens
 6. von Konzernunternehmen gehaltenen Anteile des Mutterunternehmens
 7. Ausnutzung von Ausnahmeregeln
VII. Sonderangaben bei börsennotierten Mutterunternehmen
 5. Kapitalflussrechnung
 6. Segmentberichterstattung

4.3.6 Konzernlagebericht

Der Konzernlagebericht *muss* gemäß § 315 Abs. 1 HGB folgenden Mindestinhalt haben:
- Darstellung des Geschäftsverlaufs und der Lage des Konzerns mit dem Ziel, ein den tatsächlichen Verhältnissen entsprechendes Bild zu vermitteln, dabei ist auch auf die Risiken künftiger Entwicklungen einzugehen.

Außerdem *soll* der Konzernlagebericht nach § 315 Abs. 2 HGB auch folgende Punkte enthalten:
- Darstellung und Erläuterung von Vorgängen mit besonderer Bedeutung, die nach dem Schluss des Konzerngeschäftsjahres eingetreten sind;
- Darstellung der voraussichtlichen Entwicklung des Konzerns;
- Bereich Forschung und Entwicklung im Konzern.

Mängel des Konzernlageberichts, die zu einem falschen Gesamteindruck führen, können je Schwere zu einer Einschränkung oder gar einem Versagen des Bestätigungsvermerks durch den Wirtschaftsprüfer führen.

4.3.7   Konzernprüfungsbericht

Der Konzernabschluss und der Konzernlagebericht von Kapitalgesellschaften sind durch einen Abschlussprüfer zu prüfen (§ 316 Abs. 2 HGB). Für den Prüfungsumfang und den Prüfungsbericht gelten die gleichen Vorschriften wie für den Einzelabschluss (vgl. Abschn. 4.2.3). Zusätzlich hat der Abschlussprüfer auch die im Konzernabschluss zusammengefassten Einzelabschlüsse darauf zu überprüfen, ob sie den Grundsätzen ordnungsmäßiger Buchführung entsprechen und ob die für die Übernahme in den Konzernabschluss maßgeblichen Vorschriften beachtet sind, soweit die Einzelabschlüsse nicht schon gemäß den Bestimmungen des HGB geprüft wurden.

Die Aussagen zum Prüfungsbericht beim Einzelabschluss (vgl. Abschn. 4.2.3) gelten in vollem Umfang auch für den Konzernprüfungsbericht.

4.3.8   Eigenständige Bilanzpolitik im Konzern

Der Konzernabschluss kann, wie die vorhergehenden Abschnitte gezeigt haben, durch die Ausübung der vielfältigen Bilanzierungs- und Bewertungswahlrechte erheblich beeinflusst werden. Die Möglichkeiten der Bilanzpolitik im Konzern liegen dabei vor allem auf folgenden Gebieten:
- Wahl der konzerneinheitlichen Bilanzierungsmethoden (Übergang von der HB I zur HB II) hier sind von besonderer Bedeutung:
- Definition der Herstellungskosten
- Bildung latenter Steuerforderungen
- Bildung von Sonderposten mit Rücklageanteil
- Zuordnung eines Unterschiedsbetrags aus der Kapitalkonsolidierung zu abnutzbaren oder nicht abnutzbaren Vermögensgegenständen
- Wahl zwischen erfolgswirksamen oder erfolgsneutralen Behandlung des Goodwill bei der Kapitalkonsolidierung
- Wahl zwischen Buchwert und Neubewertungsmethode bei der Kapitalkonsolidierung
- Wahlmöglichkeit zwischen Vollkonsolidierung und Interessenzusammenführung
- Wahl zwischen Quotenkonsolidierung und Equity-Methode bei der Konsolidierung von Gemeinschaftsunternehmen.

Zwar dürfen diese Wahlrechte nicht von Jahr zu Jahr beliebig neu ausgeübt werden, dies würde gegen das Prinzip der Bilanzstetigkeit verstoßen, allerdings lassen sich einzelne Änderungen relativ leicht begründen. Damit sind auch für den geübten Bilanzanalytiker die wahren Verhältnisse im Konzern nicht immer erkennbar.

4.4 Möglichkeiten der Gewinnmanipulation in (multinationalen) Konzernen

Konzerne, insbesondere solche mit Unternehmen in verschiedenen Ländern mit unterschiedlichen Unternehmenssteuern, haben vielfältige Möglichkeiten der Gewinnverschiebung in Länder mit einer niedrigen Besteuerung von Unternehmensgewinnen. Die wichtigsten sind in der Übersicht 26 zusammengefasst.

Die Kontrolle der Finanzämter bei grenzüberschreitenden Lieferungen und Leistungen zwischen Konzernunternehmen beschränkt sich auf die Angemessenheit und Marktüblichkeit von Leistung und Gegenleistung innerhalb einer doch beachtlichen Bandbreite. Lediglich sog. »Mondscheinpreise« werden von den Finanzämtern nicht akzeptiert.

4.5 Jahresabschluss nach internationalen Standards

4.5.1 Gründe für die Erstellung von Jahresabschlüssen nach internationalen Standards

Wirtschaftsausschüsse und Arbeitnehmervertreter in Aufsichtsräten werden seit einiger Zeit zunehmend mit Einzel- oder Konzernabschlüssen konfrontiert, die nicht nach den Vorschriften des HGB, sondern nach internationalen Bilanzierungsstandards erstellt wurden. Dies hat seine Ursachen darin, dass der internationale Kapitalmarkt, aber auch der nationale Kapitalmarkt den Informationswert von Jahresabschlüssen, die nach den Vorschriften des HGB erstellt wurden, zunehmend anzweifelt. Diese Zweifel sind sicherlich berechtigt, weil die Ausnutzung steuerlicher Vorteile über die Umkehrung des Maßgeblichkeitsprinzips voll auf die Einzelabschlüsse durchschlägt und weil die Ausübung der sonstigen Bilanzierungs- und Bewertungswahlrechte sowohl im Einzelabschluss als auch im Konzernabschluss das Management in die Lage versetzt, Abschlüsse aufzustellen, die die tatsächliche wirtschaftliche und finanzielle Lage des Unternehmens bzw. Konzerns nicht richtig wiedergeben.

Im Einzelnen lassen sich folgende Gründe für die zunehmende Erstellung von Einzel- und Konzernabschlüssen nach internationalen Standards nennen:

- Die internationalen Kapitalmärkte erlangen für deutsche Unternehmen eine zunehmende Bedeutung, da der deutsche Kapitalmarkt für die Aufnahme von Eigen- und Fremdkapital zu eng wird:
  - Bei Emission und Handel von Aktien an ausländischen Börsen fordern die Börsenaufsichtsbehörden Abschlüsse nach internationalen Rechnungslegungsstandards.
  - Ausländische institutionelle Anleger fordern Informationen auf der Basis internationaler Rechnungslegungsstandards.
  - Internationale Rating-Agenturen, die die Bonität von Unternehmen bewerten, drohen mit Abschlägen bei der Bewertung, wenn nur Jahresabschlüsse nach HGB vorgelegt werden, dies verteuert auch die Aufnahmen von Fremdkapital.
- Der inländische Kapitalmarkt fordert zunehmend eine Rechnungslegung und Informationspolitik nach internationalen Standards.
  - Bei der Berechnung des bereinigte Ergebnis nach DVFA/SG werden zunehmend international übliche Überlegungen berücksichtigt.
  - Unternehmen, die am Neuen Markt gehandelt werden wollen, müssen nach den Vorschriften der deutschen Börsenaufsicht Abschlüssen nach internationalen Standards vorlegen.
- Das Management deutscher Konzerne orientiert sich zunehmend an den Interessen der Eigentümer (Orientierung am Sharholder Value).
  - Große Einkommensbestandteile des Managements werden von der Aktienkursentwicklung abhängig gemacht (z. B.: Aktienoptionsprogramme).
  - Nach internationalen Standards aufgestellte Jahresabschlüsse von Tochterunternehmen eignen sich eher zur Steuerung durch den Konzernvorstand als HGB-Abschlüsse.
  - Die Konzernunternehmen lassen sich besser mit internationalen Wettbewerbern vergleichen.
  - Es besteht die Hoffnung, die in Deutschland übliche strikte Trennung von internem und externem Rechnungswesen zumindest teilweise aufzuheben.

Natürlich müssen deutsche Unternehmen, die einen Einzelabschluss nach internationalen Regeln erstellen, daneben auch einen Einzelabschluss nach HGB aufstellen. Allerdings ist es seit 1998 für Unternehmen, die den organisierten Kapitalmarkt in Anspruch nehmen (dies sind vor allem börsennotierte Aktiengesellschaften), zulässig, den Konzernabschluss und den Konzernlagebericht statt nach HGB-Vorschriften auch nach internationalen Standards aufzustellen (§ 292 a HGB), sofern dieser Abschluss in deutscher Sprache und in DM bzw. Euro offengelegt wird. Diese Erleichterung hat zu einem deutlichen Anstieg der nach internationalen Standards erstellten Konzernabschlüsse geführt, und es ist anzunehmen, dass diese Tendenz weiter anhalten wird.

4.5.2 Internationale Standards

Zur Zeit kommen zwei verschiedene internationale Standards zur Anwendung:
1. Die International Accounting Standards (IAS)
2. Die US-Genarally Accepted Accounting Principels (US-GAAP)

4.5.2.1 IAS

Das International Accounting Standards Committee (IASC) ist eine Vereinigung von zurzeit (1999) 143 nationalen Wirtschaftsprüferverbänden aus 104 Ländern. Das IASC hat bisher 39 International Accounting Standards (IAS) und ein Rahmenkonzept (Framework) veröffentlicht. Außerdem wurden vom IASC bisher 15 Stellungnahmen zur Interpretation und Anwendung bestehender IAS abgegeben. Die Gesamtheit dieser Regelungen werden im Folgenden als IAS bezeichnet.

Die IAS bieten zwar insgesamt weniger Spielraum für Bilanzpolitik, allerdings beinhalten sie immer noch viele Wahlrechte. Bei entsprechender Ausnutzung dieser Wahlrechte kann es deutschen Unternehmen deshalb gelingen, einen sog. dualen Einzelabschluss aufzustellen, der sowohl den gesetzliche Vorschriften des HGB als auch den IAS genügt. Ein nach den IAS erstellter Konzernabschluss erfüllt die in § 292 a HGB genannten Bedingungen, so dass börsennotierte Unternehmen, die einen IAS-Konzernabschluss erstellen, nicht zusätzlich noch einen HGB-Konzernabschluss liefern müssen, auch wenn die angewandten IAS-Vorschriften nicht den HGB-Vorschriften für den Einzelabschluss entsprechen.

Das IASC strebt zur Zeit an, dass die IAS von den nationalen Börsenaufsichtsbehörden als Rechnungslegungsverfahren anerkannt werden, so dass die Aktien der Unternehmen, die die IAS erfüllen, an den entsprechenden Börsen gehandelt werden können. Dazu versucht das IASC, die internationalen Vereinigung der Börsenaufsichtsbehörden (IOSCO) zu einer entsprechenden Empfehlung an die nationalen Börsenaufsichtsbehörden zu bewegen. Zu einer solchen Empfehlung ist es bis heute jedoch nicht gekommen, da insbesondere die US-amerikanischen Mitglieder in der IOSCO dies ablehnen, weil ihnen die Bilanzierungsspielräume der IAS noch zu weit gehen. Da die deutschen Konzerne, die nach internationalen Standards bilanzieren, zumeist den Zugang zum US-amerikanischen Kapitalmarkt suchen, werden die IAS im Verhältnis zu den US-GAAP von deutschen Unternehmen nur selten verwendet.

4.5.2.2   US-GAAP

Die US-Generally Accepted Accounting Principles (US-GAAP) stellen die Rechnungslegungsvorschriften dar, die börsennotierte Gesellschaften in den USA zu beachten haben. Sie werden im Wesentlichen von der US-amerikanischen Börsenaufsichtsbehörde, der Securities and Exchange Commission (SEC), sowie dem von der SEC dazu autorisierten Financial Accounting Standards Booard (FASB) bzw. dessen Vorgängern festgelegt.

Die US-GAAP sind sehr detailliert und beinhalten nur wenige Wahlrechte. Da der vorherrschende Grundsatz, anders als im HGB, nicht der Gläubigerschutz, sondern die wahrheitsgemäße und faire Darstellung ist, kann ein nach US-GAAP aufgestellter Einzelabschluss nur in Ausnahmefällen den Vorschriften des HGB entsprechen. Deshalb muss ein deutsches Unternehmen, dass einen Einzelabschluss nach US-GAAP erstellt, daneben auch noch einen HGB-Abschluss erstellen. Ein nach US-GAAP erstellter Konzernabschluss erfüllt jedoch die Bedingungen des § 292 a HGB, so dass Kapitalgesellschaften, die den organisierten Kapitalmarkt in Anspruch nehmen (vor allem börsennotierte Aktiengesellschaften), bei Aufstellung eines US-GAAP-Konzernabschlusses keinen zusätzlichen HGB-Konzernabschluss erstellen müssen.

4.5.3   Wichtige Unterschiede zwischen US-GAAP und HGB

4.5.3.1   Grundsätzliche Unterschiede

Die US-GAAP sind an den Interessen der Börsenteilnehmer, also der Aktionäre und der potentiellen Investoren ausgerichtet. Deshalb gilt als oberster Grundsatz das *Prinzip der wahrheitsgemäßen und fairen Präsentation*, um den Anlegern relevante Informationen für ihre Investitions- bzw. Desinvestitionsentscheidungen zu liefern. Das im HGB vorherrschende Gläubigerschutzprinzip« kennen die US-GAAP nicht, weshalb auch das Vorsichtsprinzip in den US-GAAP nicht so stark ausgeprägt ist wie im HGB.

Außerdem kennen die US-GAAP nicht das Maßgeblichkeitsprinzip und seine Umkehrung. Nach deutschem Steuerrecht muss ein Unternehmen, dass steuerliche Vorteile ausnutzen will, die daraus in der Steuerbilanz resultierenden Bewertungen auch in die Handelsbilanz übernehmen. Deshalb wird der HGB-Einzelabschluss sehr stark von steuerlichen Überlegungen geprägt. Diese Rücksichtnahme auf steuerliche Überlegungen ist bei einem US-GAAP-Abschluss nicht erforderlich und auch nicht zulässig.

Insgesamt beinhalten die US-GAAP sehr wenig Wahlrechte, so dass – anders als im HGB – nur geringe Spielräume zur Legung bzw. Auflösung stiller Reserven bestehen.

Die Bilanz wird nach US-GAAP üblicherweise in Staffelform, d. h. Aktiva und Passiva nicht neben- sondern untereinander) aufgestellt, wobei die Aktiva nach Liquiditätsgesichtspunkten sortiert, beginnend mit den liquidesten Mitteln, sortiert und bei den Passiva zunächst die Verbindlichkeiten und erst dann das Eigenkapital aufgeführt werden. Allerdings dürfen Nicht-US-Firmen die Bilanz auch nach den im Heimatland üblichen Vorschriften gliedern. Für die Gewinn- und Verlustrechnung kennen die US-GAAP nur das Umsatzkostenverfahren, während nach HGB alternativ auch das Gesamtkostenverfahren einsetzbar ist.

Nach den US-GAAP sind eine *Kapitalflussrechnung* und eine *Segmentberichterstattung* zwingender Besandteil des Jahresabschlusses. Dies ist für den Konzernabschluss börsennotierter Muttergesellschaften nach § 297 Abs. 1 HGB ebenfalls erforderlich. Da die vom Deutsche Standardisierungsrat inzwischen erlassenen Gliederungsvorschriften für diesen beiden Berichte weitgehend mit den Vorgaben der US-GAAP übereinstimmen, sind hier keine wesentlichen Unterschiede mehr gegeben. Nach den US-GAAP muss der Abschluss außerdem eine *Eigenkapitalveränderungsrechnung* und eine *Darstellung des Gewinns pro Anteil* enthalten. Entsprechende Angaben sind nach HGB nicht erforderlich.

4.5.3.2 Unterschiede bei einzelnen Bilanzpositionen

In Übersicht 27 sind die Ansatz- und Bewertungsunterschiede zwischen den US-GAAP und dem HGB für die einzelnen Bilanzpositionen zusammengefasst. Außerdem sind in der letzten Spalte jeweils die tendenziellen Auswirkungen auf den Ausweis von Vermögen, Schulden, Eigenkapital und Gewinn dargestellt.

Übersicht 22:

Wichtige Unterschiede in den Rechnungslegungsvorschriften nach HGB und US-GAAP

Gegenstand	HGB	US-GAAP	Auswirkung im US-Abschluss
AKTIVA			
selbst erstellte immaterielle Anlagegüter	Aktivierungsverbot (§ 248 Abs. 2 HGB)	Aktiverungswahlrecht der Kosten ab der technologischen Verwertbarkeit	Vermögen ↑ Eigenkapital ↑ Gewinn zunächst ↑ Gewinn später ↓
planmäßige Abschreibungen eines derivativen Firmenwerts	Wahlrecht: Abschreibung über vier Jahre oder längere Nutzungsdauer (§ 255 Abs. 4 HGB)	Abschreibung über die Nutzungsdauer (max. 40 Jahre)	Vermögen ↑ Eigenkapital ↑ Gewinn zunächst ↑ Gewinn später ↓
planmäßige Abschreibungen abnutzbarer Vermögensgegenstände	Wahlrecht zwischen linearer und degressiver Abschreibung, in der Regel Ansatz der Nutzungsdauern laut steuerlichen AfA-Tabellen	üblicherweise lineare Abschreibung über die wirtschaftliche Nutzungsdauer, die meist länger ist als in den AfA-Tabellen vorgegeben	Vermögen ↑ Eigenkapital ↑ Gewinn zunächst ↑ Gewinn später ↓
außerplanmäßige Abschreibungen	Abschreibungen aus rein stererrechtlichen Gründen sind zulässig (§§ 254, 279 HGB)	steuerlich motivierte Abschreibungen sind unzulässig (keine Maßgeblichkeit der Handelsbilanz für die Steuerbilanz)	Vermögen ↑ Eigenkapital ↑ Gewinn zunächst ↑ Gewinn später ↓
Wertaufholungen im Anlagevermögen	Zuschreibungen im Anlagevermögen möglich	Wertaufholungsverbot	Vermögen ↓ Eigenkapital ↓ Gewinn zunächst ↓ Gewinn später ↑
Herstellungskosten selbsterstellter Güter	Pflichtbestandteile: Einzelkosten Wahlbestandteile: variable Gemeinkosten fixe Gemeinkosten Verwaltungskosten Ansatzverbot: Vertriebskosten (§ 255 Abs. 2 HGB)	Pflichtbestandteile: Einzelkosten variable Gemeinkosten fixe Gemeinkosten Wahlbestandteile: Verwaltungskosten Ansatzverbot: Vertriebskosten	Vermögen ↑ Eigenkapital ↑ Gewinn zunächst ↑ Gewinn später ↓

Gegenstand	HGB	US-GAAP	Auswirkung im US-Abschluss
Fremdkapitalzinsen bei langfristigen Herstellungs- oder Anschaffungsvorgängen	Anschaffung: Aktivierungsverbot Herstellung: Aktivierungswahlrecht (§ 255 Abs. 3 HGB)	Aktivierungspflicht	Vermögen ↑ Eigenkapital ↑ Gewinn zunächst ↑ Gewinn später ↓
Bewertung langfristig gefertigter Produkte	Herstellungskosten, Aktivierungswahlrecht für Teilgewinne nur, wenn abrechnungsfähige Teilleistungen vorliegen und der gesamte Auftrag sicher gewinnbringend sein wird.	Aktivierungspflicht für erwartete Gewinne entsprechend dem Grad der Fertigstellung bei zuverlässiger Schätzung der Gesamtkosten und des Fertigstellungsgrads	Vermögen ↑ Eigenkapital ↑ Gewinn zunächst ↑ Gewinn später ↓
Finanzierungsleasing (capital lease)	Aktivierung des Gegenstands beim Leasingnehmer mit (fiktiven) Anschaffungskosten. Gleichzeitig Passivierung einer Verbindlichkeit in gleicher Höhe	Aktivierung des Gegenstands beim Leasingnehmer (tendenziell öfter als nach HGB) mit dem Barwert der noch zu leistenden Leasingraten. Gleichzeitig Passivierung einer Verbindlichkeit in gleicher Höhe.	tendenziell: Vermögen ↑ Schulden ↑ Eigenkapitalquote ↓
sale-lease-back-Geschäfte	Gewinn aus dem Sale-Teil (Verkaufspreis › Herstellungskosten) werden sofort realisiert	Gewinn aus dem Sale-Teil (Verkaufspreis › Herstellungskosten) ist durch Bildung eines passiven RAP auf die Laufzeit des Leasingvertrages zu verteilen	Schulden zunächst ↑ Eigenkapital zunächst ↓ Gewinn zunächst ↓ Gewinn später ↑
Wertpapiere, die bis zur Fälligkeit gehalten werden	i.d.R. Aktivierung im Anlagevermögen. Vorübergehende Wertminderungen können berücksichtigt werden (gemildertes Niederstwertprinzip) Realisierung eines Buchgewinns (Rückzahlungsbetrag › Buchwert) erst bei Fälligkeit	i.d.R. Aktivierung im Anlagevermögen. Vorübergehende Wertminderungen bleiben unberücksichtigt Verteilung eines Buchgewinns (Rückzahlungsbetrag › Buchwert) durch Bildung eines passiven RAP auf die Zeit bis zur Fälligkeit	Vermögen ↑ Eigenkapital ↑ Gewinn zunächst ↑ Gewinn später ↓

Gegenstand	HGB	US-GAAP	Auswirkung im US-Abschluss
Wertpapiere, die verkauft werden können	Höchstwert: Anschaffungspreis, bei Aktivierung im Umlaufvermögen strenges Niederstwertprinzip	Börsen- oder Marktpreis vorübergehende Wertsteigerungen oder -minderungen werden ergebnisneutral (ohne »Umweg« über die G+V) in einen Eigenkapitalposten eingestellt	Wenn Marktpreis › Anschaffungspreis: Vermögen ↑ Eigenkapital ↑
Wertpapiere, die zum Handel bestimmt sind	Ansatz des niedrigeren der beiden Werte »Anschaffungswert« oder »Marktpreis« (strenges Niederstwertprinzip nach § 253 Abs. 3 HGB)	Börsen- oder Marktpreis Wertsteigerungen oder -minderungen werden über die G+V berücksichtigt	Wenn Marktpreis › Anschaffungspreis: Vermögen ↑ Eigenkapital ↑ Gewinn zunächst ↑ Gewinn später ↓
Bewertung von Forderungen	Pauschalwertberichtigungen sind zulässig (§ 253 Abs. 4 HGB)	Pauschalwertberichtigungen sind unzulässig	Vermögen ↑ Eigenkapital ↑ Gewinn zunächst ↑ Gewinn später ↓
Bewertung von Fremdwährungsforderungen	Bewertung zum Kurs des Einbuchungstages oder zum niedrigeren Stichtagskurs (strenges Niederstwertprinzip) d. h.: Verluste aus Währungsschwankungen weden antizipiert, während entsprechende Gewinne unberücksichtigt bleiben	Bewertung zum Stichtagskurs d. h.: Gewinne und Verluste aus Währungsschwankungen werden berücksichtigt	Wenn Stichtagskurs › Einbuchungskurs: Vermögen ↑ Eigenkapital ↑ Gewinn zunächst ↑ Gewinn später ↓
Zusammenfassung von Vorräten	unzulässig (§ 252 Abs. 1Ziff. 3 HGB)	zulässig	offen
Ansatz von Festwerten für Vorräte	zulässig bei nachrangiger Bedeutung für den Gesamtwert des Unternehmens	unzulässig	offen

Gegenstand	HGB	US-GAAP	Auswirkung im US-Abschluss
aktive latente Steuern	Ansatzwahlrecht (§ 274 Abs. 2 HGB) keine Anpassung an Steuersatz-änderungen Verbot des Ansatzes latenter Steuern aus Verlustvorträgen	Ansatzpflicht Anpassung an Steuersatz-änderungen Ansatzpflicht	Vermögen ↑ Eigenkapital ↑ Gewinn zunächst ↑ Gewinn später ↓
PASSIVA			
Sonderposten mit Rücklageanteil	Ansatzwahlrecht (§§ 247 Abs. 3, 273 HGB)	unbekannt, da keine Maßgeblichkeit der Handels- für die Steuerbilanz	Schulden ↓ Eigenkapital ↑ Gewinn zunächst ↑ Gewinn später ↓
Rückstellungen allgemein	Ansatzpflicht für drohende Verluste und ungewisse Verbindlichkeiten (§ 249 Abs. 1 HGB)	strengere Wahrscheinlichkeits- und Quantifizierungsvoraussetzungen	Schulden ↓ Eigenkapital ↑ Gewinn zunächst ↑ Gewinn später ↓
Aufwandsrückstellungen	Wahlrecht (§ 249 Abs. 2 HGB)	unzulässig	Schulden ↓ Eigenkapital ↑ Gewinn zunächst ↑ Gewinn später ↓
Pensionsrückstellungen	Berechnung nach dem Anwartschaftsdeckungsverfahren (keine Berücksichtigung von Einkommens- und Rententrends, Abzinsungszinssatz 6 % (§ 6 a EStG)	Berechnung nach dem Anwartschaftsbarwertverfahren (Berücksichtigung von Einkommens- und Rententrends, Abzinsungssatz: langfristiger Kapitalmarktzinssatz	bei gleichem Abzinsungszinssatz: Schulden ↑ Eigenkapital ↓ Gewinn zunächst ↓ Gewinn später ↑
langfristige Verbindlichkeiten	Ansatz zum Rückzahlungsbetrag (§ 253 Abs. 1 HGB)	Abzinsung auf heutigen Wert mit dem vereinbarten Zinssatz oder dem Marktzinssatz	Schulden ↓ Eigenkapital ↑ Gewinn zunächst ↑ Gewinn später ↓

Gegenstand	HGB	US-GAAP	Auswirkung im US-Abschluss
Fremdwährungsverbindlichkeiten	Ansatz zum Kurswert am Einbuchungstag oder zum höheren Stichtagswert (§ 252 Abs. 1 Ziff. 4 HGB) d. h.: Umrechnungsverluste sind sofort zu berücksichtigen, Umrechnungsgewinne dürfen erst bei Realisation berücksichtigt werden	Ansatz zum Stichtagswert d. h.: Umrechnungsgewinne und -verluste werden sofort berücksichtigt	bei Abwertung der Fremdwährung: Schulden ↓ Eigenkapital ↑ Gewinn zunächst ↑ Gewinn später ↓
Erhaltene Anzahlungen auf Vorräte	Dürfen von den Vorräten direkt abgezogen werden	Müssen als Verbindlichkeiten gezeigt werden	Schulden ↑ Vermögen ↑

4.5.3.3 Unterschiede bei der Erstellung des Konzernabschlusses

Neben den Unterschieden bei den einzelnen Positionen der Bilanz, die sich sowohl im Einzel- als auch im Konzernabschluss wiederfinden, gibt es noch eine Reihe von Unterschieden, die erst bei der Erstellung eines Konzernabschlusses Bedeutung erlangen. Diese Unterschiede und ihre Auswirkungen auf Bilanz und G+V sind in Übersicht 23 zusammengestellt.

Übersicht 23:
Wichtige Unterschiede bei der Erstellung von Konzernabschlüssen zwischen HGB und US-GAAP

Gegenstand	HGB	US-GAAP	Auswirkungen im US-Abschluss
Konsolidierungskreis			
Einbeziehungswahlrechte	Ausnahmetatbestände gemäß § 296 Abs. 1 HGB	keine § 296 Abs. 1 HGB entsprechenden Ausnahmetatbestände	Konsolidierungskreis weiter
Beherrschung ohne Beteiligung	Einbeziehung gemäß § 290 Abs. 2 Ziff. 3 HGB	Keine Einbeziehung	Konsolidierungskreis enger

Gegenstand	HGB	US-GAAP	Auswirkungen im US-Abschluss
Verkauf von Unternehmen	Entkonsolidierung im Jahr des Verkaufs	Entkonsolidierung erst nach tatsächlichem Austausch von Leistung und Gegenleistung	Konsolidierungskreis vorübergehend weiter

Konsolidierungsmethode

Gegenstand	HGB	US-GAAP	Auswirkungen im US-Abschluss
Interessenzusammenführung	zulässig	unzulässig	Vermögen ↑ Eigenkapital ↑
Konsolidierung von Gemeinschaftsunternehmen	Wahlrecht zwischen Quotenkonsolidierung und Equity-Methode	Nur Equity-Methode	offen
Zwischenergebniseliminierung	Vollständig erforderlich	Eliminierung nur soweit die Zwischenergebnisse nicht Minderheitsgesellschaftern zugeordnet werden können	offen
Aktivischer Unterschiedsbetrag aus der Kapitalkonsolidierung	1. Wahlrecht: Aktivierung oder offene Verrechnung mit den Rücklagen 2. Wahlrecht bei Aktivierung Abschreibung über vier Jahre oder über Nutzungsdauer	Aktivierungspflicht Abschreibung über Nutzungsdauer	bei Verrechnung mit den Rücklagen: Vermögen ↑ Eigenkapital ↑ bei Abschreibung über vier Jahre Vermögen ↑ Eigenkapital ↑ Gewinn ↑
Vereinheitlichung der Bilanzierungs- und Bewertungsmethoden	Einheitliche Bewertungs- und Bilanzierungsmethoden sind Pflicht (§§ 300, 308 HGB), wobei ein Abweichen von den Methoden der Tochter- und/oder Mutterunternehmen zulässig ist	Zusammenfassung der Einzelabschlüsse ohne Änderung anlässlich der Konsolidierung, da weniger Wahlrechte bestehen, ist trotzdem weitgehende Einheitlichkeit gegeben	offen

4.5.3.4 **Zusammenfassung**

Insgesamt ist anzunehmen, dass ein US-GAAP-Abschluss die wahren Verhältnisse deutlich besser wiedergibt als ein entsprechender HGB-Abschluss, da dem Management die vielfältigen Möglichkeiten des HGB zur Legung stiller Reserven genommen sind. Beim erstmaligen Übergang von HGB auf US-GAAP wird deshalb in der Regel das Vermögen deutlich höher ausgewiesen, als dies bei weiterer Anwendung des HGB der Fall wäre. Dabei muss jedoch nicht automatisch des Eigenkapital entsprechend steigen, so dass die ausgewiesene Eigenkapitalquote gleichbleiben, steigen oder auch sinken kann.

Soweit die deutschen Unternehmen bei der Erstellung der Konzernabschlüsse von den Möglichkeiten zur Legung und Auflösung stiller Reserven in der Vergangenheit Gebrauch gemacht haben, hat dies über mehrere Jahre betrachtet zu einer Glättung der ausgewiesenen Konzerngewinne- bzw. Verluste geführt. Eine nachträgliche Erstellung von US-GAAP-Konzernbilanzen für den gleichen Zeitraum würde deshalb stärkere Schwankungen des Konzernergebnisses zeigen. Deshalb kann man davon ausgehen, dass bei Übergang auf US-GAAP die Ergebnisse tendenziell stärker schwanken werden als bisher.

Ob diese Tendenz für die Arbeitnehmerseite mehr Vor- oder Nachteile mit sich bringt, ist schwer zu entscheiden:

- Einerseits besteht die Gefahr, dass die in guten Phasen nicht mehr zu versteckenden Gewinne an die Aktionäre ausgeschüttet werden und damit nicht als Polster für künftige schlechte Zeiten gebildet werden. Zwar hat der Konzernabschluss für Ausschüttungsentscheidungen keine rechtliche Bedeutung – diese kommt nur dem weiterhin nach HGB zu erstellenden Einzelabschluss des Mutterunternehmens zu – allerdings wachsen natürlich die Begehrlichkeiten der Aktionäre, wenn ein gutes Konzernergebnis gezeigt wird. Insgesamt steigt damit das Risiko, dass in schlechten Zeiten nicht genügend Reserven vorhanden sind, um einschneidende, für die Arbeitnehmer negative Maßnahmen wenn schon nicht zu verhindern, so doch jedenfalls zeitlich zu strecken.
- Andererseits lässt sich in guten Zeiten auch die Finanzierbarkeit von Arbeitnehmerforderungen aus den nicht mehr versteckbaren Gewinnen besser begründen. Und außerdem sinkt die Gefahr, dass negative Entwicklungen durch Bilanztricks zu lange verdeckt werden. Damit lässt sich möglicherweise noch rechtzeitig reagieren, wobei die negativen Auswirkungen auf die Arbeitnehmer geringer gehalten werden können als bei verspäteter Reaktion.

4.5.4 Wichtige Unterschiede zwischen IAS und HGB

4.5.4.1 Grundsätzliche Unterschiede

Auch die IAS haben vornehmlich den (potenziellen) Investor im Blick, dem mit dem Jahresabschluss Informationen für seine Entscheidungen gegeben werden sollen. Auch die IAS kennen das Maßgeblichkeitsprinzip und seine Umkehrung nicht. Deshalb sind rein steuerlich motivierte Wertansätze in der Bilanz nicht erlaubt. Insgesamt beinhalten die IAS zwar nicht so viele Wahlrechte wie das HGB, aber doch deutlich mehr als die US-GAAP. Damit ist der Spielraum zur Legung bzw. Auflösung stiller Reserven zwar geringer als nach dem HGB, aber doch deutlich größer als nach den US-GAAP.

Die Gewinn- und Verlustrechnung darf nach den IAS auch nach dem in Deutschland überwiegend angewandten Gesamtkostenverfahren aufgestellt werden, üblich ist jedoch das Umsatzkostenverfahren.

Nach den IAS müssen börsennotierte Gesellschaften auch eine *Kapitalflussrechnung* und eine *Segmentberichterstattung* erstellen. Diese Berichte müssen nach dem HGB auch im Konzernanhang enthalten sein. Die Kapitalflussrechnung nach IAS dürfte weitgehend mit der Kapitalflussrechnung nach HGB übereinstimmen, dagegen ist die Segmentberichterstattung ausführlicher, da nach IAS noch eine Untergliederung der primären Segmente in weitere Untersegmente erforderlich ist. Außerdem muss der Abschluss nach den IAS eine *Eigenkapitalveränderungsrechnung* und eine *Darstellung des Gewinns pro Anteil* enthalten. Entsprechende Angaben sind nach HGB nicht erforderlich.

4.5.4.2 Unterschiede bei einzelnen Bilanzpositionen

In Übersicht 24 sind die Ansatz- und Bewertungsunterschiede zwischen den IAS und dem HGB für die einzelnen Bilanzpositionen zusammengefasst. Außerdem sind in der letzten Spalte jeweils die tendenziellen Auswirkungen auf den Ausweis von Vermögen, Schulden, Eigenkapital und Gewinn dargestellt.

Übersicht 24

Wichtige Unterschiede in den Rechnungslegungsvorschriften nach HGB und IAS

Gegenstand	HGB	IAS	Auswirkung im IAS-Abschluss
AKTIVA			
selbsterstellte immaterielle Anlagegüter	Aktivierungsverbot (§ 248 Abs. 2 HGB)	Aktiverungspflicht wenn: mit zukünftigen Gewinnen verbunden und Herstellungskosten bestimmbar	Vermögen ↑ Eigenkapital ↑ Gewinn zunächst ↑ Gewinn später ↓
planmäßige Abschreibungen eines derivativen Firmenwerts	Wahlrecht: Abschreibung über vier Jahre oder längere Nutzungsdauer (§ 255 Abs. 4 HGB)	Abschreibung über die Nutzungsdauer (max. 20 Jahre)	Vermögen ↑ Eigenkapital ↑ Gewinn zunächst ↑ Gewinn später ↓
planmäßige Abschreibungen abnutzbarer Vermögensgegenstände	Wahlrecht zwischen linearer und degressiver Abschreibung, in der Regel Ansatz der Nutzungsdauern laut steuerlichen AfA-Tabellen	Wahlrecht bei der Abschreibungsmethode, Abschreibung über die wirtschaftliche Nutzungsdauer, die meist länger ist als in den AfA-Tabellen vorgegeben	Vermögen ↑ Eigenkapital ↑ Gewinn zunächst ↑ Gewinn später ↓
außerplanmäßige Abschreibungen	Abschreibungen aus rein stererrechtlichen Gründen sind zulässig (§§ 254, 279 HGB)	steuerlich motivierte Abschreibungen sind unzulässig (keine Maßgeblichkeit der Handelsbilanz für die Steuerbilanz)	Vermögen ↑ Eigenkapital ↑ Gewinn zunächst ↑ Gewinn später ↓
Wertaufholungen im Anlagevermögen	Wahlrecht, Zuschreibungen unterbleiben jedoch meist	Wertaufholungsgebot bis zu den ursprünglichen Anschaffungs- oder Herstellungskosten	Vermögen ↑ Eigenkapital ↑ Gewinn zunächst ↑ Gewinn später ↓
Neubewertung von Sachanlagen	Wahlrecht, Zuschreibungen unterbleiben jedoch meist	Neubewertung mit Bildung entsprechender Rücklagen zulässig	Vermögen ↑ Eigenkapital ↑

Gegenstand	HGB	IAS	Auswirkung im IAS-Abschluss
Herstellungskosten selbsterstellter Güter	Pflichtbestandteile: Einzelkosten Wahlbestandteile: variable Gemeinkosten fixe Gemeinkosten Verwaltungskosten Ansatzverbot: Vertriebskosten (§ 255 Abs. 2 HGB)	Pflichtbestandteile: Einzelkosten variable Gemeinkosten fixe Gemeinkosten Wahlbestandteile: Verwaltungskosten Ansatzverbot: Vertriebskosten	Vermögen ↑ Eigenkapital ↑ Gewinn zunächst ↑ Gewinn später ↓
Wertaufholungen im Vorratsvermögen	Wertaufholungsverbot wegen strengem Niederstwertprinzip	Wertaufholungsgebot bis zu den ursprünglichen Anschaffungs- oder Herstellungskosten	Vermögen ↑ Eigenkapital ↑ Gewinn zunächst ↑ Gewinn später ↓
Fremdkapitalzinsen bei langfristigen Herstellungs- oder Anschaffungsvorgängen	Anschaffung: Aktivierungsverbot Herstellung: Aktivierungswahlrecht (§ 255 Abs. 3 HGB)	Aktivierungspflicht	Vermögen ↑ Eigenkapital ↑ Gewinn zunächst ↑ Gewinn später ↓
Bewertung langfristig gefertigter Produkte	Herstellungskosten, Aktivierungswahlrecht für Teilgewinne nur, wenn abrechnungsfähige Teilleistungen vorliegen und der gesamte Auftrag sicher gewinnbringend sein wird.	Aktivierungspflicht für erwartete Gewinne entsprechend dem Grad der Fertigstellung	Vermögen ↑ Eigenkapital ↑ Gewinn zunächst ↑ Gewinn später ↓
Finanzierungsleasing (finance leasing)	Aktivierung des Gegenstands beim Leasingnehmer mit (fiktiven) Anschaffungskosten. Gleichzeitig Passivierung einer Verbindlichkeit in gleicher Höhe	Aktivierung des Gegenstands beim Leasingnehmer (tendenziell öfter als nach HGB) mit dem Verkehrswert oder mit dem Barwert der noch zu leistenden Leasingraten, wenn diese niedriger sind. Gleichzeitig Passivierung einer Verbindlichkeit in gleicher Höhe.	tendenziell: Vermögen ↑ Schulden ↑ Eigenkapitalquote ↓

Gegenstand	HGB	IAS	Auswirkung im IAS-Abschluss
sale-lease-back-Geschäfte	Gewinn aus dem Sale-Teil (Verkaufspreis › Herstellungskosten) werden sofort realisiert	Gewinn aus dem Sale-Teil (Verkaufspreis › Herstellungskosten) ist durch Bildung eines passiven RAP auf die Laufzeit des Leasing-vertrages zu verteilen	Schulden zunächst ↑ Eigenkapital zunächst ↓ Gewinn zunächst ↓ Gewinn später ↑
Wertpapiere des Anlagevermögens	Höchstgrenze: Anschaffungskosten; Vorübergehende Wertminderungen können berücksichtigt werden (gemildertes Niederstwertprinzip) Realisierung eines Buchgewinns (Rückzahlungsbetrag › Buchwert) erst bei Fälligkeit	Bewertung zu Anschaffungskosten oder Neubewertung innerhalb einer Gruppe von Wertpapieren, unrealisierte Gewinne oder Verluste werden ergebnisneutral in eine Neubewertungsrücklage eingestellt	Vermögen ↑ Eigenkapital ↑
Wertpapiere des Umlaufvermögens	Ansatz des niedrigeren der beiden Werte »Anschaffungswert« oder »Marktpreis« (strenges Niederstwertprinzip nach § 253 Abs. 3 HGB); Wertaufholungsverbot	Bewertungswahlrecht zwischen Anschaffungskosten und Marktwert; in der Regel ergebniswirksame Verrechnung unrealisierter Gewinne, Wertaufholungsgebot	tendenziell Vermögen ↑ Eigenkapital ↑ Gewinn zunächst ↑ Gewinn später ↓
Zusammenfassung von Vorräten	unzulässig (§ 252 Abs. 1 Ziff. 3 HGB)	zulässig	offen
Ansatz von Festwerten für Vorräte	zulässig bei nachrangiger Bedeutung für den Gesamtwert des Unternehmens	unzulässig	offen

Gegenstand	HGB	IAS	Auswirkung im IAS-Abschluss
aktive latente Steuern	Ansatzwahlrecht (§ 274 Abs. 2 HGB) keine Anpassung an Steuersatzänderungen Verbot des Ansatzes latenter Steuern aus Verlustvorträgen Saldierungsmöglichkeit mit Rückstellungen für latente Steuern	Ansatzpflicht Anpassung an Steuersatzänderungen Ansatzpflicht zu erwartender Steuerersparnisse aus Verlustvorträgen; Verbot der Saldierung mit Rückstellungen für latente Steuern	Vermögen ↑ Eigenkapital ↑ Gewinn zunächst ↑ Gewinn später ↓
PASSIVA			
Sonderposten mit Rücklageanteil	Ansatzwahlrecht (§§ 247 Abs. 3, 273 HGB)	unbekannt, da keine Maßgeblichkeit der Handels- für die Steuerbilanz	Schulden ↓ Eigenkapital ↑ Gewinn zunächst ↑ Gewinn später ↓
Aufwandsrückstellungen	Passivierungspflicht (§ 249 Abs. 1 HGB) oder Passivierungswahlrecht (§ 249 Abs. 2 HGB)	Unzulässig	Schulden ↓ Eigenkapital ↑ Gewinn zunächst ↑ Gewinn später ↓
Pensionsrückstellungen	Berechnung nach dem Anwartschaftsdeckungsverfahren (keine Berücksichtigung von Einkommens- und Rententrends, Abzinsungszinssatz 6 % (§ 6a EStG)	Berechnung nach dem Anwartschaftsbarwertverfahren (Berücksichtigung von Einkommens- und Rententrends, Abzinsungssatz: langfristiger Kapitalmarktzinssatz	bei gleichem Abzinsungszinssatz: Schulden ↑ Eigenkapital ↓ Gewinn zunächst ↓ Gewinn später ↑
Fremdwährungsverbindlichkeiten	Ansatz zum Kurswert am Einbuchungstag oder zum höheren Stichtagswert (§ 252 Abs. 1 Ziff. 4 HGB) d.h.: Umrechnungsverluste sind sofort zu berücksichtigen, Umrechnungsgewinne dürfen erst bei Realisation berücksichtigt werden	Ansatz zum Stichtagswert d.h.: Umrechnungsgewinne und -verluste werden sofort erfolgswirksam berücksichtigt; Ausnahmen hiervon sind möglich	bei Abwertung der Fremdwährung: Schulden ↓ Eigenkapital ↑ Gewinn zunächst ↑ Gewinn später ↓

4.5.4.3 Unterschiede bei der Erstellung des Konzernabschlusses

Neben den Unterschieden bei den einzelnen Positionen der Bilanz, die sich sowohl im Einzel- als auch im Konzernabschluss wiederfinden, gibt es noch eine Reihe von Unterschieden, die erst bei der Erstellung eines Konzernabschlusses Bedeutung erlangen. Diese Unterschiede und ihre Auswirkungen auf Bilanz und G+V sind in Übersicht 25 zusammengestellt.

Übersicht 25:
Wichtige Unterschiede bei der Erstellung von Konzernabschlüssen zwischen HGB und IAS

Gegenstand	HGB	IAS	Auswirkung im IAS-Abschluss
Konsolidierungskreis			
Einbziehungswahl-rechte	Ausnahmetatbestände gemäß § 296 Abs. 1 HGB	keine § 296 Abs. 1 HGB entsprechenden Aus-nahmetatbestände	Konsolidierungskreis weiter
Beherrschung ohne Beteiligung	Einbeziehung gemäß § 290 Abs. 2 Ziff. 3 HGB	Keine Einbeziehung	Konsolidierungskreis enger
Konsolidierungsverfahren			
Interesenzusammen-führung	zulässig	unzulässig	Vermögen ↑ Eigenkapital ↑
Konsolidierung von Gemeinschaftsunter-nehmen	Wahlrecht zwischen Quotenkonsolidierung und Equity-Methode	Nur Equity-Methode	offen
Zwischenergebnis-eliminierung	Vollständig erforderlich	Eliminierung nur so-weit die Zwischener-gebnisse nicht Minder-heitsgesellschaftern zugeordnet werden können	offen
Aktivischer Unter-schiedsbetrag aus der Kapitalkonsolidierung	1. Wahlrecht: Aktivierung oder offe-ne Verrechnung mit den Rücklagen 2. Wahlrecht bei Aktivierung Abschreibung über vier Jahre oder über Nut-zungsdauer	Aktivierungspflicht Abschreibung über Nutzungsdauer	bei Verrechnung mit den Rücklagen: Vermögen ↑ Eigenkapital ↑ bei Abschreibung über vier Jahre Vermögen ↑ Eigenkaptal ↑ Gewinn ↑

Gegenstand	HGB	IAS	Auswirkung im IAS-Abschluss
Vereinheitlichung der Bilanzierungs- und Bewertungsmethoden	Einheitliche Bewertungs- und Bilanzierungsmethoden sind Pflicht (§§ 300, 308 HGB), wobei ein Abweichen von den Methoden der Tochter- und/oder Mutterunternehmen zulässig ist	Zusammenfassung der Einzelabschlüsse ohne Änderung anlässlich der Konsolidierung, da weniger Wahlrechte bestehen ist trotzdem weitgehende Einheitlichkeit gegeben	offen

4.5.4.4   Zusammenfassung

Insgesamt ist anzunehmen, dass ein IAS-Abschluss die wahren Verhältnisse besser wiedergibt als ein entsprechender HGB-Abschluss, da dem Management ein Teil der Möglichkeiten des HGB zur Legung stiller Reserven genommen sind. Die Auwirkungen einer Umstellung des Konzernabschlusses auf die IAS werden in abgeschwächter Form zu ähnlichen Ergebnissen wie eine Umstellung auf die US-GAAP führen. Es sei deshalb auf die dortigen Überlegungen (Abschnitt 4.5.2.3) verwiesen.

4.6   Bilanzanalyse

Bei der Bilanzanalyse geht es um die Darstellung und Beurteilung der gegenwärtigen und vergangenen (nicht der zukünftigen) Vermögens-, Finanz- und Ertragslage eines Unternehmens oder Konzerns durch
- die Auswertung der in den Jahresabschlüssen enthaltenen Daten (eventuell unter Berücksichtigung weiterer zur Verfügung stehender Informationen),
- die Aufbereitung und Bereinigung der Jahresabschlüsse und
- die Bildung von Kennzahlen.

Als Analyseinstrumente kommen für den WA vor allem in Betracht:
- Vergleichsreihen (Zeitvergleich, Unternehmensvergleich, Branchenvergleich)
- Verhältniskennzahlen (Gliederungskennzahlen, z. B. Eigenkapitalquote; Beziehungskennzahlen, z. B. Verhältnis von Anlagevermögen zu Eigenkapital [Anlagedeckungsgrad])
- Sonstige Kennzahlen (z. B. Cashflow, Wertschöpfungsquote).

Wichtige Erkenntnisse zur Beurteilung der wirtschaftlichen und finanziellen

Situation des eigenen Unternehmens bieten insbesondere Vergleiche mit anderen Unternehmen derselben Branche (Konkurrenten) oder mit Branchendurchschnittswerten. Letztere kann man aus den entsprechenden Veröffentlichungen des Statistischen Bundesamtes, von Arbeitgeberverbänden und z.T. auch von den Wirtschaftsabteilungen der zuständigen Einzelgewerkschaft erhalten. Auch die Unternehmer nutzen für ihre Analysezwecke solche Vergleichszahlen. Soweit Unternehmer über solche Vergleichszahlen verfügen, sind sie dem WA auf Verlangen vorzulegen.

Die Bilanzanalyse kann sich sowohl auf den Abschluss einzelner (Konzern-)Unternehmen als auch auf den Konzernabschluss erstrecken. Grundsätzlich ist die Analyse des Konzernabschlusses wichtiger als die des Einzelabschlusses, da diese Auskunft über die Vermögens-, Finanz- und Ertragslage des gesamten Konzerns gibt, während die Analyse des Einzelabschlusses von Konzernunternehmen nur Auskunft über einen Teil des Konzerns gibt.

Übersicht 26

Gewinnverschiebungen bei multinationalen Konzernen

Arten der Beziehungen zwischen Konzernunternehmen	Technik der Gewinnverschiebung	Auswirkungen auf den Erfolg (Posten der Gewinn- und Verlustrechnung)	Häufigkeit der Verschiebungen im Allgemeinen
Lieferbeziehungen:			
Bezug von Stoffen und Fertigteilen	Verrechnungspreise für Bezug liegen über den Marktpreisen	höherer Stoffaufwands, niedriger Jahresgewinn	regelmäßig
Lieferung von Erzeugnissen und Waren	Verrechnungspreise für die Lieferung liegen unter den Marktpreisen	niedrigere Umsatzerlöse, niedrigerer Jahresgewinn	
Kapitalbeziehungen:			
Hingabe von Kapital	Zinslose Hingabe, Einräumung von Zinskonditionen	niedrigere Zinsertrag, niedriger Jahresgewinn	
Aufnahme von Kapital	Aufnahme zu überhöhten Zinskonditionen	höherer Zinsaufwand, niedriger Jahresgewinn	regelmäßig

Arten der Beziehungen zwischen Konzernunternehmen	Technik der Gewinnverschiebung	Auswirkungen auf den Erfolg (Posten der Gewinn- und Verlustrechnung)	Häufigkeit der Verschiebungen im Allgemeinen
Pachtverträge, Betriebsüberlassungsverträge Überlassung von Know-how Zentrale Forschung, Entwicklung, Beratung, Werbung	Einräumung von günstigen Bedingungen und Hinnahme von ungünstigen Bedingungen bei Konzernumlagen aufgrund von Verträgen im Konzern	i. d. R. überhöhte sonstige Aufwendungen und zu niedrige sonstige Erträge niedrigerer Jahresgewinn	regelmäßig
Übertragung von Wirtschaftsgütern des Anlagevermögens (Grundstücke, Maschinen u. ä.)	Übertragungswerte unter Buchwerten Übernahmewerte über Buchwerten	Verluste aus Anlageabgang, hohe Ausgangswerte für Abschreibungen, niedrigerer Jahresgewinn	meist einmalig

Quelle: WSI-Projektgruppe, Mitbestimmung ..., a. a. O., S. 571.

Die nachfolgend beschriebenen Analysemöglichkeiten können sowohl beim Einzel- als auch beim Konzernabschluss angewendet werden.

4.6.1 Analyse der Vermögenssituation

Ziel der Analyse ist es, Informationen über die Verwendung der dem Unternehmen zur Verfügung stehenden Mittel, insbesondere über die Art und Dauer der Vermögensbindung, zu geben.

Sachanlageintensität
Die Kennzahl Sachanlageintensität

Sachanlagen (Buchwert)/Bilanzsumme * 100

gibt Auskunft, welchen Anteil das Sachanlagevermögen am Gesamtvermögen hat.

Ein relativ niedriger Wert der Sachanlageintensität im Vergleich zu früheren Jahren bzw. zu anderen Unternehmen oder der Branche kann folgende sehr unterschiedlich zu bewertende Ursachen haben:

- großzügige Abschreibungspolitik (stille Reserven)
- relativ veraltetes Sachanlagevermögen
- verstärktes Anlage-Leasing
- Betriebsaufspaltung in Besitz- und Betriebsgesellschaft
- geringe Fertigungstiefe und geringer Automatisierungsgrad
- hohe Kapazitätsauslastung (Mehrschichtbetrieb)

Finanzanlageintensität

Die Kennzahl Finanzanlageintensität

Finanzanlagen (Buchwert)/Bilanzsumme × 100

gibt Auskunft über den Anteil der Finanzanlagen am Gesamtvermögen.

Eine Zunahme dieser Kennzahl im Zeitvergleich kann folgende Ursachen haben:

- es ist für den Unternehmer rentabler, außerhalb des Unternehmens zu investieren als in dem Unternehmen selbst (insbesondere bei gleichzeitigem Rückgang der Kennzahl Sachanlagenintensität)
- liquide Mittel können nicht sinnvoll im Unternehmen investiert werden
- Unternehmensteile wurden auf Tochtergesellschaften ausgegliedert (Outsourcing)

Abschreibungsgrad

Die Kennzahl Abschreibungsgrad

$$\frac{\text{kumulierte Abschreibungen auf Sachanlagevermögen}}{\text{Sachanlagevermögen zu Anschaffungs- o. Herstellungskosten}} \times 100$$

gibt bedingt Auskunft über die Altersstruktur und den Abnutzungsgrad des Sachanlagevermögens und damit auch auf den Reinvestitionsbedarf.

Ein hoher Abschreibungsgrad kann folgende Ursachen haben:

- hohes Alter und hoher Abnutzungsgrad und damit hoher Reinvestitionsbedarf
- großzügige Abschreibungspolitik und damit beträchtliche stille Reserven

Umsatzrelation

Die Kennzahl Umsatzrelation

Sachanlagevermögen (Buchwert)/Umsatzerlöse

besagt, dass × DM Sachanlagevermögen die Voraussetzung zur Erzielung von 1 DM Umsatz waren.

Eine Erhöhung dieser Kennzahl im Zeitvergleich deutet auf eine schlechte Kapazitätsauslastung. Umgekehrt lässt ein Rückgang der Kennzahl eine bessere Kapazitätsauslastung vermuten.

Eine hohe Kennzahl im Unternehmens- bzw. Branchenvergleich deutet auf Überkapazitäten oder nicht betriebsnotwendiges Anlagevermögen hin.

Netto-Umlaufvermögen (working capital)

Das Netto-Umlaufvermögen wird üblicherweise folgendermaßen berechnet:

```
Umlaufvermögen
– kurzfristiges Fremdkapital
= Netto-Umlaufvermögen
```

Beim Netto-Umlaufvermögen handelt es sich somit um das zur Durchführung des laufenden Geschäfts eingesetzte Umlaufvermögen soweit es nicht durch kurzfristiges Fremdkapital gegenfinanziert ist.

Eine andere Definition lautet:

```
Vorräte
+ Forderungen aus Lieferungen und Leistungen
– erhaltene Anzahlungen
– Verbindlichkeiten aus Lieferungen und Leistungen
= working capital
```

Das working capital wird in der Regel mit steigendem Umsatz zunehmen und mit sinkendem Umsatz abnehmen. Gelingt es dem Management das working capital bei gleichbleibendem Umsatz zu vermindern, so ist weniger Kapital im Unternehmen gebunden. Da bei einem Anlagendeckung ersten Grades von unter 100 % das working capital mit Fremdkapital finanziert wird, kann eine Verminderung des working capital zu einer Absenkung des benötigten Fremdkapitals und damit zu einer Verminderung der Zinsaufwendungen genutzt werden.

capital employed

```
Anlagevermögen
+ working capital
= capital employed
```

Das capital employed (eingesetztes Kaptal) zeigt das zur Durchführung des operativen Geschäfts eingesetzte Kapital. Die Höhe des capital employed ist stark branchen- und umsatzabhängig.

Je geringer das capital employed bei konstantem Umsatz und konstantem Eigenkapitaleinsatz ist, desto niedriger kann die Inanspruchnahme von Fremdkapital ausfallen. Damit kann sich zugleich der Gewinn vor Steuern und die Eigenkapitalrendite erhöhen, da durch die verminderten Fremdkapitalzinsen das Zinsergebnis verbessert wird.

4.6.2   Analyse der Kapitalstruktur

Die Analyse der Kapitalstruktur gibt Auskunft über die Zusammensetzung des Kapitals nach Art und Fristigkeit und über die Finanzierungsrisiken.

Eigenkapitalquote
Die Kennzahl Eigenkapitalquote

Eigenkapital/Gesamtkapital

gibt Auskunft über den Anteil des nominellen Eigenkapitals am Gesamtkapital.

Wegen der Möglichkeit der Bildung stiller Reserven in Anlage- und Umlaufvermögen wird die Eigenkapitalquote in deutschen Bilanzen im Vergleich zu ausländischen Bilanzen meist zu niedrig ausgewiesen.

Eine Beurteilung der Eigenkapitalquote ist am ehesten durch Unternehmens-, besser noch durch einen Branchenvergleich möglich.

Unter Finanzierungsgesichtspunkten ist insbesondere die Kennzahl wirtschaftliche Eigenkapitalquote bedeutsam:

(Eigenkapital + eigenkapitalähnliche Mittel)/Gesamtkapital

Eigenkapitalähnliche Mittel sind die Pensionsrückstellungen, weil sie dem Unternehmen langfristig zur Verfügung stehen und 50 % der Sonderposten mit Rücklageanteil (die anderen 50 % sind vom Fiskus gestundete Steuern und damit Fremdkapital).

Anlagendeckungsgrad
Die Kennzahlen zum Anlagendeckungsgrad geben Auskunft über die Finanzierung des Anlagevermögens. Grundsätzlich gilt, dass das langfristig gebundene Anlagevermögen auch durch langfristiges Kapital finanziert sein soll (Fristenkongruenz).

Dementsprechend gibt die Kennzahl Anlagendeckung ersten Grades

Eigenkapital/Anlagevermögen × 100

Auskunft darüber, zu wie viel Prozent das Anlagevermögen durch Eigenkapital finanziert ist.

Die Kennzahl Anlagendeckung zweiten Grades

$$\frac{(\text{Wirtschaftliches Eigenkapital} + \text{Langfr. Verbindlichkeiten}) \times 100}{\text{Anlagevermögen}}$$

gibt Auskunft darüber, zu wie viel Prozent das Anlagevermögen durch langfristiges Kapital finanziert ist.
Ein Unternehmen ist um so solider finanziert, je höher der Anlagendeckungsgrad ist. Die Anlagendeckung zweiten Grades sollte mindestens 100 % betragen. Ein niedrigerer Wert deutet auf eine nicht fristengerechte Finanzierung hin, die zu Zahlungsschwierigkeiten führen kann.

4.6.3 Liquiditätsanalyse

Die Analyse der Liquidität gibt Auskunft über die Möglichkeit des Unternehmens, kurz- und mittelfristig fällig werdende Verbindlichkeiten fristgemäß begleichen zu können (Zahlungsfähigkeit des Unternehmens).

Liquiditätsgrad
Üblicherweise werden folgende Kennzahlen verwendet:
• Liquidität ersten Grades (Barliquidität)

$$\frac{(\text{flüssige Mittel} + \text{leicht veräußerbare Wertpapiere})}{\text{kurzfristiges Fremdkapital}}$$

• Liquidität zweiten Grades (Liquidität auf kurze Sicht)

$$\frac{(\text{flüssige Mittel} + \text{leicht veräußerbare Wertpapiere} + \text{Forderungen aus Lieferungen und Leistungen}}{\text{kurzfristiges Fremdkapital}}$$

• Liquidität dritten Grades (Liquidität auf mittlere Sicht)

$$\frac{(\text{flüssige Mittel} + \text{leicht veräußerbare Wertpapiere} + \text{Forderungen aus Lieferungen und Leistungen} + \text{Vorräte})}{\text{kurzfristiges Fremdkapital}}$$

Von diesen drei Kennzahlen gibt die Liquidität dritten Grades den größten Aufschluss über die Zahlungsfähigkeit und den Finanzierungsspielraum des Unternehmens. Je höher die Kennzahl über eins liegt, desto mehr ist sichergestellt, dass die Liquidität des Unternehmens nicht durch Forderungsverluste, schwer verkäufliche Waren oder außerordentliche Ereignisse gefährdet werden kann.

Je höher der Anteil der Vorräte und je geringer die Umschlagshäufigkeit der Forderungen und der Vorräte ist, desto höher sollte die Kennzahl gegenüber dem Branchendurchschnitt nach oben abweichen und umgekehrt.

4.6.4 Erfolgs- und Rentabilitätsanalyse

Ziel der Erfolgs- und Rentabilitätsanalyse ist es, Aussagen über die Ertragskraft des Unternehmens und die Verzinsung des eingesetzten Kapitals (Rentabilität) zu gewinnen.

Gewinn vor Steuern (EBT = Earnings Before Tax)
Der Gewinn vor Steuern lässt sich auf zweierlei Weise errechnen:

Jahresüberschuss
+ Steuern vom Einkommen und Ertrag
+ sonstige Steuern
= Gewinn vor Steuern

Ergebnis der gewöhnlichen Geschäftstätigkeit
+ außerordentliches Ergebnis
= Gewinn vor Steuern

Der Gewinn vor Steuern zeigt das Ergebnis des Unternehmens besser als der Gewinn nach Steuern (Jahresüberschuss), da er von steuerlichen Besonderheiten, Ausschüttungsentscheidungen, Steuersatzänderungen und Verlustvor- oder -rückträgen unabhängig ist und somit einen besseren Vergleich der Ertragssituation über die Zeit und insbesondere im internationalen Branchenvergleich ermöglicht.

Betriebsergebnis = Gewinn vor Steuern und Zinsen (EBIT = Earnings Before Tax and Interest)

Diese Gewinngröße lässt sich entweder als Zwischenergebnis aus der G+V durch Zusammenfassung der G+V-Positionen 1 bis 8 (beim Gesamtkostenverfahren) oder 1 bis 7 (beim Umsatzkostenverfahren) oder rückwärts nach folgender Formel ermitteln:

Gewinn vor Steuern
– Finanzergebnis
= Betriebsergebnis

Dabei ist das **Finanzergebnis** wie folgt definiert:

Erträge aus Beteiligungen
+ Erträge aus anderen Wertpapieren und Ausleihungen des Finanzanlagever-
mögens
+ sonstige Zinsen und ähnliche Erträge
− Abschreibungen auf Finanzanlagen und auf Wertpapiere des Umlaufvermögens
− Zinsen und ähnliche Aufwendungen
= Finanzergebnis

Das Betriebsergebnis ist eine Gewinngröße, die nicht nur von den jeweiligen Steuereinflüssen sondern auch von der Finanzierung des Unternehmens mit Fremd- und Eigenkapital unabhängig ist. Das Betriebsergebnis, das oft auch als »operatives Ergebnis« bezeichnet wird, eignet sich somit für die Kapitalgeber als Vergleichsmaßstab für die Qualität des Managements im operativen Geschäft.

Wertschöpfungsquote

Als Wertschöpfung bezeichnet man den Produktionszuwachs bzw. den Wertzuwachs, den ein Unternehmen über den Wert der Zulieferungen und Vorleistungen von anderen Unternehmen hinaus erwirtschaftet hat.

Grundlage der Ermittlung der Wertschöpfung eines Unternehmens ist die Gewinn- und Verlustrechnung. Die Wertschöpfung (auf der Basis des Gesamtkostenverfahrens) lässt sich nach folgendem Berechnungsschema ermitteln:

Umsatzerlöse
+ Erhöhung oder (−) Verminderung des Bestandes an fertigen und unfertigen
Erzeugnissen
+ andere aktivierte Leistungen
+ sonstige betriebl. Erträge (abzügl. Erträge aus der Auflösung von Sonderposten
mit Rücklageanteil)
− Aufwendungen für Roh-, Hilfs- u. Betriebsstoffe
− Aufwendungen für bezogene Leistungen
− sonstige betriebl. Aufwendungen (abzügl. Einstellung in die Sonderposten mit
Rücklageanteil)
− Abschreibungen

Wertschöpfung

Die Kennzahl Wertschöpfungsquote

$$\frac{\text{Wertschöpfung}}{\text{Gesamtleistung}}$$

gibt den Anteil der Wertschöpfung an der Gesamtleistung des Unternehmens an. Wichtige Erkenntnisse liefern insbesondere ein Zeitvergleich sowie ein Unternehmens- bzw. Branchenvergleich.

Arbeitsproduktivität

Die Kennzahl Arbeitsproduktivität

$$\frac{\text{Wertschöpfung}}{\text{Anzahl der Arbeitnehmer (umgerechnet auf Vollzeitbasis)}}$$

gibt die pro Vollzeitbeschäftigter erbrachte Wertschöpfung an. Diese Kennziffer eignet sich auch gut für Unternehmens- und Branchenvergleiche.

Hat der WA Kenntnis von den im Geschäftsjahr geleisteten Arbeitsstunden, dann sollten diese anstelle der Beschäftigtenzahl genommen werden, weil damit auch Mehrarbeits- und Kurzarbeitsphasen berücksichtigt werden und sich so ein genaueres Bild von der Arbeitsproduktivität ergibt:

$$\frac{\text{Wertschöpfung}}{\text{geleistete Arbeitsstunden im Geschäftsjahr}}$$

Diese Kennziffer eignet sich nur für Zeitvergleiche, da die Information über die geleisteten Arbeitsstunden für andere Unternehmen bzw. die Branche in der Regel nicht zur Verfügung stehen.

Personalaufwandsquote

Diese Kennziffer

$$\frac{\text{Personalaufwand}}{\text{Gesamtleistung}}$$

gibt den Anteil des gesamten Personalaufwandes (Arbeitgeberbrutto) an der Gesamtleistung an. Diese Kennziffer eignet sich für Zeit-, Unternehmens- und Branchenvergleiche.

Materialaufwandsquote
Diese Kennziffer

$$\frac{\text{Aufwendungen für Roh-, Hilfs- u. Betriebsstoffe sowie bezogene Waren}}{\text{Gesamtleistung}}$$

gibt den Anteil des Materialaufwandes an der Gesamtleistung wieder. Diese Kennziffer eignet sich für Zeit-, Unternehmens- und Branchenvergleiche.

Abschreibungsquote
Diese Kennziffer

$$\frac{\text{Abschreibungen}}{\text{Gesamtleistung}}$$

gibt den Anteil der Abschreibungen an der Gesamtleistung wieder. Diese Kennziffer eignet sich für Zeit-, Unternehmens- und Branchenvergleiche.

Eigenkapitalrentabilität
Diese Kennziffer

$$\frac{\text{Ergebnis der gewöhnlichen Geschäftstätigkeit + außerordentliches Ergebnis}}{\text{durchschnittliches Eigenkapital}}$$

gibt die Verzinsung des durchschnittlich im Geschäftsjahr eingesetzten Eigenkapitals ([Eigenkapital am Jahresanfang + Eigenkapital am Jahresende]/2) vor Steuern an. Damit eignet sich diese Kennzahl vor allem für Zeit- und Unternehmensvergleiche. Eine Betrachtung der Eigenkapitalrentabilität vor Steuern ist aus Sicht der Kapitalanleger sinnvoll, da alternative Kapitalanlagen zumeist auch vor Steuern betrachtet werden.

Gesamtkapitalrentabilität (Return on Investment = ROI)
Diese Kennzahl

$$\frac{\text{Ergebnis der gewöhnlichen Geschäftstätigkeit + außerordentliches Ergebnis + Fremdkapitalzinsen}}{\text{durchschnittliches Eigen- + Fremdkapital}}$$

berücksichtigt unterschiedliche Kapitalstrukturen und eignet sich daher besser für Branchen- und Unternehmensvergleiche und für einen Vergleich mit der Kapitalmarktrendite für langfristige Anleihen.

Ein Vergleich zwischen Eigen- und Gesamtkapitalrentabilität gibt dem Unternehmer Hinweise, ob es für ihn günstiger ist, Investitionen mit zusätzlichem

Eigen- oder Fremdkapital zu finanzieren. Ist die Gesamtkapitalrentabilität höher als die Eigenkapitalrentabilität, so ist es für den Unternehmer günstiger, zusätzliches Fremdkapital aufzunehmen, statt Eigenmittel einzusetzen (Leverage-Effekt).

ROCE (Return on captal employed) vor Steuern

$$\frac{\text{Betriebsergebnis}}{\text{Capital employed}}$$

Der ROCE zeigt ähnlich wie die Gesamtkapitalrentabilität eine von den steuerlichen Verhältnissen und von der Finanzierung des eingesetzten Kapitals durch Fremd- oder Eigenmittel unabhängige Verzinsung des eingesetzten Kapitals an. Die Kennziffer ermöglicht einen Vergleich des operativen Gewinns des betrachteten Unternehmens im Zeitablauf oder im Vergleich mit anderen Unternehmen auch bei unterschiedlicher Höhe des eingesetzten Kapitals.

Wird für den ROCE eine Zielgröße vorgegeben, so setzt sich diese Zielgröße oft als gewichteter Mittelwert aus der gewünschten Eigenkapitalverzinsung und dem Erfahrungssatz für die Fremdkapitalverzinsung zusammen. Als Gewicht für die gewünschte Eigenkapitalverzinsung wird dabei der Anteil des Eigenkapitals am capital employed und als Gewicht für die Fremdkapitalverzinsung der Anteil des Fremdkapitals am capital employed verwendet.

Umsatzrentabilität
Die Kennziffer

$$\frac{\text{Ergebnis der gewöhnlichen Geschäftstätigkeit + außerordentliches Ergebnis}}{\text{Umsatzerlöse}}$$

gibt an, wieviel »Gewinn vor Steuern« mit einer DM Umsatz erwirtschaftet wurde. Diese Kennziffer eignet sich für Zeit-, Unternehmens- und Branchenvergleiche.

Cashflow (Umsatzüberschuss)
Der Cashflow ist eine von Bilanzmanipulationen weitgehend befreite »Gewinngröße«. Die Kennzahl Cashflow findet sich regelmäßig in den veröffentlichten Geschäftsberichten. Allerdings wird sie in den einzelnen Unternehmen sehr unterschiedlich berechnet. Eine einfache und sehr häufig verwandte Berechnungsmethode des Cashflow ist die Folgende:

> Jahresüberschuss/-fehlbetrag
> (+) Abschreibungen (–) Zuschreibungen
> (+) Erhöhung (–) Verringerung der Rückstellungen
> (+) Erhöhung (–) Verringerung der Sonderposten mit Rücklageanteil
>
> = Cashflow

Durch das Ausschalten aller Aufwendungen (Abschreibungen, Erhöhung der Rückstellungen und Sonderposten mit Rücklageanteil) und Erträgen (Verringerung der Rückstellungen und Sonderposten mit Rücklageanteil), die nicht zahlungswirksam waren, gibt der Cashflow den Überschuss der Einnahmen über die Ausgaben des Geschäftsjahres an. Er ist deshalb insbesondere ein Maß für den »Innenfinanzierungsspielraum« eines Unternehmens, d.h., Mittel in Höhe des Cashflow standen dem Unternehmen zur Finanzierung besonderer Ausgaben, wie z.B. Tilgung von Schulden, Finanzierung von Investitionen, Gewinnausschüttung, zur Verfügung.

Die Kennzahl Cashflow als absolute Größe eignet sich nur für Zeitvergleiche. Für Unternehmens- und Branchenvergleiche ist es notwendig, den Cashflow als prozentualer Anteil am Umsatz zu ermitteln:

> Cashflow/Umsatz

Bei Unternehmens- und Branchenvergleichen ist darauf zu achten, dass eine einheitliche Cashflow-Berechnung vorgenommen wird, da sonst die Ergebnisse nicht vergleichbar sind.

> Beispiel:
> **Durchsetzungsstrategie**
> Der BR der Fa. X-GmbH wurde Mitte September 1986 von der Geschäftsleitung über einen drastischen Absatzrückgang bei einem ihrer Produkte unterrichtet und um Zustimmung zu Kurzarbeit gebeten. Anderenfalls seien Massenentlassungen unvermeidbar. Nachdem sich der BR mit Unterstützung des zuständigen Gewerkschaftssekretärs und eines externen Sachverständigen anhand von Unterlagen überzeugt hatte, dass Kurzarbeit tatsächlich nicht zu vermeiden war, wurden Verhandlungen mit der Geschäftsleitung über den Abschluss einer entsprechenden Betriebsvereinbarung aufgenommen. Hauptziel war dabei, für die von Kurzarbeit Betroffenen Einkommenseinbußen zu vermeiden. Wie zu erwarten war, lehnte die Geschäftsleitung die Forderung nach entsprechenden Ausgleichszahlungen unter Hinweis auf die schlechte finanzielle Lage und die seit Jahren anfallenden Bilanzverluste in Millionenhöhe rundweg ab.
> Eine Analyse der Bilanzen und der Wirtschaftsprüferberichte der letzten Jahre durch den externen Sachverständigen ergab, dass diese Verluste nur dadurch entstanden waren, dass vorweg jährlich zwischen 30 und 40 Mio. DM für Vergütung, Instand-

haltung, Miete, Pacht, Darlehenszinsen, Bürgschaftsprovisionen usw. an die Muttergesellschaft oder andere Tochterunternehmen des Konzerns geflossen waren. Nach diesem Analyseergebnis wurde die Behauptung, die Ausgleichszahlung für die Kurzarbeit sei nicht finanzierbar, nicht länger aufrechterhalten. Jetzt drehten sich die Verhandlungen um das Argument der Geschäftsleitung, es sei personalpolitisch nicht verantwortbar, denen, die nicht oder weniger arbeiten, genauso viel zu zahlen wie denjenigen, die voll arbeiten. Dem wurde von Seiten des BR entgegengehalten, dass der Bäcker, Vermieter usw. auch nicht für die Kurzarbeitenden den Brotpreis, die Miete usw. senken würden und dass es im Übrigen der Unternehmer sei, der den Betroffenen die Arbeit wegnähme. Schließlich einigte man sich u.a. auf einen verlängerten Kündigungsschutz und auf Ausgleichszahlungen, die den Betroffenen 89 % des Nettoverdienstes garantierten.

Vertiefende und weiterführende Literatur

Bierbaum, H., Der Jahresabschluss, in: *Bierbaum, H./Kröger, H. J./Neumann, H.* (Hrsg.): Unternehmenspolitik und Interessenvertretung. Handbuch für gewerkschaftliche Betriebspolitik, Hamburg 1988, S. 44–69.

Bösche, B./Grimberg, H., Vorlage des Wirtschaftsprüferberichts im Wirtschaftsausschuss, in: ArbuR, 1987, S. 133–139.

Engel-Bock, J., Bilanzanalyse leicht gemacht. Eine Arbeitshilfe für Betriebsräte, Wirtschaftsausschussmitglieder und Arbeitnehmervertreter in Aufsichtsräten, Köln 1990 (Reihe: Handbücher für den Betriebsrat, Band 9).

Pfleger, G., Die neue Praxis der Bilanzpolitik. Strategien und Gestaltungsmöglichkeiten im Handels- und steuerrechtlichen Jahresabschluss, 4. Aufl. Freiburg 1991.

Prangenberg, A., Konzernabschluss International: Grundlagen und Einführung in die Bilanzierung nach HGB, IAS und US-GAAP, Stuttgart 2000

Volkmann, G., Bilanzanalyse und Interessenvertretung der Arbeitnehmer im Unternehmen, in: Interessenvertretung durch Information. Handbuch für Arbeitnehmervertreter, hg. von H. Brehm und G. Pohl, Köln 1978, S. 224–261.

WSI-Projektgruppe, Mitbestimmung in Unternehmen und Betrieb, Köln 1981, S. 301–342 und S. 541–586.

5. »Geplant wird bei uns ganz anders!« – Unternehmensplanung und ihre Auswirkungen auf die Beschäftigten

Inhaltsübersicht

5.1 Warum muss der Wirtschaftsausschuss über die Unternehmensplanung Bescheid wissen?

Bevor wir diese Frage beantworten können, müssen wir erst festhalten, was Planung ist und welche Bedeutung sie für den Unternehmer hat.

Jeder Unternehmer, zumindest jeder rational handelnde Unternehmer, setzt sich Ziele und überlegt, mit welchen Maßnahmen er diese Ziele am Besten erreichen kann. Strebt der Unternehmer z. B. eine Erhöhung seines Gewinns um 10 % an, dann überlegt er im nächsten Schritt, ob dieses Ziel besser durch eine Ausweitung des Umsatzes oder durch Senkung der Produktionskosten oder beides erreicht werden kann. Für welche dieser Maßnahmen sich der Unternehmer entscheidet, hängt u.a. davon ab, wie die Absatzchancen beurteilt werden und welche Rationalisierungspotenziale vorhanden sind. Diesen Prozess des Überlegens, d.h. der gedanklichen Vorbereitung auf die Zukunft, nennt man *Planung.* Am Ende eines jeden Planungsprozesses steht als Ergebnis ein bestimmter Plan. In diesem Plan sind die angestrebten Ziele und die jeweils durchzuführenden Maßnahmen für alle Entscheidungsträger des Unternehmens verbindlich festgelegt. Mit dieser Festlegung der zukünftigen Unternehmensentwicklung sind gleichzeitig auch die Auswirkungen auf die Beschäftigten mitgeplant.

Grundsätzlich kann man sagen, dass es keine Unternehmungen und keine Betriebe gibt, die nicht planen. Planung betreibt z. B. der Handwerksmeister, wenn er überlegt, welcher Geselle wann in welchem Haushalt eine Reparatur vornehmen soll (letztlich ist dies bereits eine Form der Personalplanung). Planung betreibt der Einzelhändler, wenn er überlegt, welche Produkte in welcher Menge zu welchem Zeitpunkt angeboten werden sollen (dies ist eine Form von Beschäftigungs- und Absatzplanung). Und Planung betreibt auch die Konzernspitze, wenn sie überlegt, ob Investitionen unter welchen Voraussetzungen in welchen Unternehmen getätigt oder unterlassen werden sollen, ob Beteiligungsinvestitionen durchgeführt werden oder mehr Geld in Forschung und Entwicklung gesteckt oder die Produktions-Struktur verändert werden soll usw.

Planung ist aus folgenden Gründen für einen Unternehmer unverzichtbar:
- Planung dient dazu, das Risiko von Fehlentscheidungen zu mindern und die Erfolgswahrscheinlichkeit, das Gewinnziel zu erreichen, zu erhöhen.
- Planung dient dazu, Risiken und Erfolgschancen aufzudecken und kalkulierbar zu machen.
- Planung dient dazu, Voraussetzungen für künftiges Handeln zu schaffen. Maßnahmen, Mittel und Wege zur zukünftigen Gewinnverwirklichung sollen festgelegt werden.
- Planung dient dazu, eine rasche Anpassung an veränderte Bedingungen zu sichern. Dies ist häufig nur möglich, wenn durch die Planung das Ziel und die Maßnahmen bestimmt wurden. Nur dann kann ein Vergleich von Soll-Vorstellungen und Ist-Zustand zu unternehmerischen Handlungskonsequenzen führen.

Der unternehmerische Planungsprozess vollzieht sich in mehreren logisch aufeinander aufbauenden Stufen. Im Folgenden ist das 6-Stufen-Schema der Systemgestaltung aus dem REFA-Standardprogramm wiedergegeben, das auch dem Betriebsverfassungsgesetz-Kommentar von FKHE zugrunde liegt (vgl. Übersicht 27).

In der Praxis werden diese Stufen nicht nur einmal durchlaufen, sondern es finden Rücksprünge statt, so dass einzelne Planungsstufen auch mehrmals durchlaufen werden. Dabei konkretisieren sich zugleich auch zunehmend die Alternativen.

Übersicht 27
Der Planungsprozess (6-Stufen-Schema des REFA-Standardprogramms)

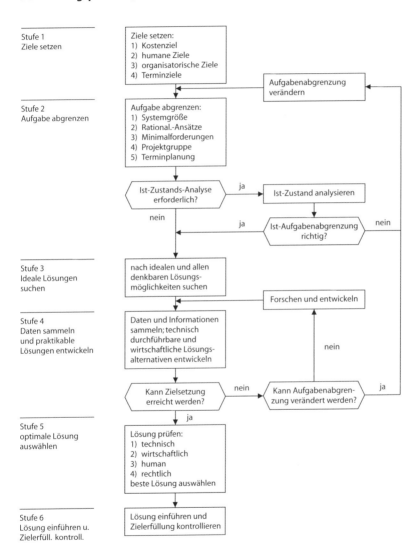

Stufe 1
Ziele setzen

Ziele setzen:
1) Kostenziel
2) humane Ziele
3) organisatorische Ziele
4) Terminziele

Aufgabenabgrenzung
verändern

Stufe 2
Aufgabe abgrenzen

Aufgabe abgrenzen:
1) Systemgröße
2) Rational.-Ansätze
3) Minimalforderungen
4) Projektgruppe
5) Terminplanung

Ist-Zustands-Analyse
erforderlich?

ja

Ist-Zustand analysieren

nein

ja

Ist-Aufgabenabgrenzung
richtig?

nein

Stufe 3
Ideale Lösungen
suchen

nach idealen und allen
denkbaren Lösungs-
möglichkeiten suchen

Forschen und entwickeln

Stufe 4
Daten sammeln
und praktikable
Lösungen entwickeln

Daten und Informationen
sammeln; technisch
durchführbare und
wirtschaftliche Lösungs-
alternativen entwickeln

nein

Kann Zielsetzung
erreicht werden?

nein

Kann Aufgabenabgren-
zung verändert werden?

ja

Stufe 5
optimale Lösung
auswählen

ja

Lösung prüfen:
1) technisch
2) wirtschaftlich
3) human
4) rechtlich
beste Lösung auswählen

Stufe 6
Lösung einführen u.
Zielerfüll. kontroll.

Lösung einführen und
Zielerfüllung kontrollieren

Am Ende des Planungsprozesses steht die Entscheidung darüber, welche wirtschaftlichen Maßnahmen wann durchgeführt werden sollen. Da diese Maßnahmen in der Regel (häufig negative) Auswirkungen auf die Beschäftigten haben, ergibt sich für die Interessenvertretung folgende Situation: Der Unternehmer ist in seinen wirtschaftlichen Entscheidungen autonom, d.h., die Interessenvertretung hat keine (erzwingbaren) Mitbestimmungsrechte in wirtschaftlichen Angelegenheiten. Bei den Auswirkungen wirtschaftlicher Entscheidungen im personellen und sozialen Bereich hingegen verfügt die Interessenvertretung über eine ganze Reihe erzwingbarer Mitbestimmungsrechte. Wenn die Interessenvertretung z. B. frühzeitig weiß, welche Gefahren den Beschäftigten bei der Durchführung der geplanten wirtschaftlichen Maßnahmen drohen, ist sie besser in der Lage, ihre Mitbestimmungsrechte im personellen und sozialen Bereich wirksam wahrzunehmen. Im günstigsten Fall kann dies sogar dazu führen, dass der Unternehmer in Kenntnis der Art und Weise, wie die Interessenvertretung ihre Mitbestimmungsrechte im personellen und sozialen Bereich wahrnehmen wird, seine Planung im Sinne einer besseren Berücksichtigung der Beschäftigteninteressen ändert.

Eine realistische Chance der Einflussnahme der Interessenvertretung auf die Unternehmensplanung im Interesse der Beschäftigten besteht im Wesentlichen unter folgenden Voraussetzungen:

- Die Interessenvertretung muss glaubwürdig Widerstand gegen die Durchführung von geplanten Maßnahmen, die zu einer Gefährdung von Arbeitnehmerinteressen führen, ankündigen (z. B. Entfaltung von Gegenmacht durch betriebliche Öffentlichkeitsarbeit, Dienst nach Vorschrift usw.; Ausschöpfung aller zur Verfügung stehenden Mitbestimmungsrechte im personellen und sozialen Bereich).
- Es muss für den Unternehmer zumindest *eine* Alternative zur geplanten Maßnahme geben, die zwar vermutlich weniger profitabel, dafür aber für die Beschäftigten eher akzeptabel ist.

Für die Interessenvertretung ist es wichtig zu wissen, dass der Unternehmer im Rahmen des Planungsprozesses in aller Regel aus mehreren Alternativen diejenige auswählt, die für ihn am *rentabelsten* ist. Auswahlkriterium ist für den Unternehmer die einzelwirtschaftliche (betriebswirtschaftliche) Rentabilität, die wesentlich von der Kostenseite beeinflusst wird. Häufig erwiesen sich deshalb solche Alternativen am rentabelsten, die mit wenig Personal auskommen und damit nur geringe Personalkosten verursachen. Aus gesamtwirtschaftlicher (volkswirtschaftlicher) Sicht und aus der Sicht der Beschäftigten wären hingegen Alternativen vorzuziehen, die sich positiv auf die Beschäftigung auswirken. Der Unternehmer hat jedoch ein Interesse daran, die für ihn rentabelste Alternative als die einzig mögliche darzustellen. Damit muss und kann sich die Interessenvertretung jedoch nicht zufriedengeben. Sie hat ein Recht darauf, dass ihr alle in Erwägung gezogenen Alternativen dargestellt werden (vgl. DKK, § 106 Rn. 44).

Die Chance, dass der Unternehmer die aus seiner Sicht zunächst weniger rentable Alternative wählt, ist um so größer, je geringer die damit verbundene Profiteinbuße (im Vergleich zur rentabelsten Alternative) ist und je höher er die Kosten einschätzt, die ihm entstehen können, wenn er versucht, seine ursprünglich favorisierte Alternative gegen den Widerstand der Belegschaft und des Betriebsrates durchzusetzen. Unter Berücksichtigung dieser Durchsetzungskosten (z. B. Kosten eines Sozialplans, Kosten der Durchführung von außerordentlichen Betriebs- und Abteilungsversammlungen usw.) kann es vorkommen, dass die Verteuerung der ursprünglich rentabelsten Alternative dazu führt, dass sich nunmehr eine Alternative aus etwas geringerer Rentabilität, aber höherer *Akzeptanz* bei den Beschäftigten auch als die betriebswirtschaftlich günstigste erweist.

Dem WA mit seinen umfassenden Informations- und Beratungsrechten in wirtschaftlichen Angelegenheiten kommt hier besondere Bedeutung zu. Denn der Unternehmer ist verpflichtet, dem WA schon so frühzeitig über seine in Aussicht genommenen Maßnahmen und die daraus resultierenden Auswirkungen auf alle Beschäftigten zu informieren, dass der WA sein Beratungsrecht auch tatsächlich ausüben kann (vgl. Anhang IV/5). Das setzt voraus, dass das Management zum Zeitpunkt der Information des WA noch keine endgültige Entscheidung über die Unternehmensplanung getroffen hat. Nach FKHE hat die Information im Rahmen der Stufe 4 des REFA-Standardprogramms zu erfolgen – zu einem Zeitpunkt also, zu dem noch mehrere Planungsalternativen zur Verfügung stehen.

Allerdings wäre es ausgesprochen naiv anzunehmen, der Unternehmer würde seiner gesetzlichen Verpflichtung zur unaufgeforderten, rechtzeitigen und umfassenden Information des WA ohne weiteres nachkommen. Die Praxis zeigt, dass der Unternehmer relativ unbehelligt von der Interessenvertretung seine Informationspflichten verletzen kann (vgl. Abschn. 10.1). Es kommt deshalb darauf an, dass die Interessenvertretung den Unternehmer zwingt, seinen gesetzlichen Verpflichtungen nachzukommen und seine Planungen frühzeitig offenzulegen und mit dem WA zu beraten.

Jeder, der dies schon einmal versucht hat, weiß, dass dies ein hartes Stück Arbeit ist. Als Gegenargumente bekommt man dann zu hören:

»Sie wissen doch, wir haben eine auftragsorientierte Fertigung, da kann man gar nicht planen.«

»In unserer Branche ist die wirtschaftliche Entwicklung so unübersichtlich und unsicher, da kann man doch gar nicht planen.«

»Planung? – Das ist doch nur etwas für Großunternehmen mit entsprechenden Expertenstäben!«

»So, wie Sie sich das vorstellen, geht das bei uns nicht. Geplant wird bei uns ganz anders!«

Mit solchen oder ähnlichen Antworten müssen vor allem WA-Mitglieder kleinerer und mittlerer Unternehmen rechnen, wenn sie den Unternehmer nach der Unternehmensplanung für die nächsten Jahre fragen. Man muss sich jedoch damit nicht abfinden: Handelt es sich doch durchweg um Schutzbehauptungen des Unternehmers, damit er seine Planungen gegenüber dem WA nicht offenlegen muss. Denn natürlich wird auch bei auftragsorientierter Fertigung geplant. Wie sonst könnte der Unternehmer z. B. eine neue Maschine mit einer ganz bestimmten Kapazität bestellen, wo er doch angeblich gar nicht weiß, ob er sie auch auslasten kann? Diese Behauptung ist meist schon vom Tisch, wenn die Interessenvertretung darlegen kann, dass in der Vergangenheit noch in jedem Monat ein bestimmtes Niveau des Auftragsbestandes erreicht wurde, und sie den Unternehmer auffordert, doch einmal plausibel die Gründe darzulegen, die zu einer völlig anderen Beurteilung der zukünftigen Auftragslage zwingen. Je unübersichtlicher und unsicherer die wirtschaftliche Entwicklung einer Branche ist, desto unverzichtbarer ist Planung. Ohne Planung wäre eine rasche Anpassung an veränderte Bedingungen gar nicht möglich! Planung ist nicht nur etwas für Großunternehmen. Im Unterschied zu kleinen Unternehmen planen Großunternehmen in der Regel anders, nämlich formalisierter, umfassender und langfristiger (vgl. hierzu die Übersichten 29 und 30). Das könnte auch mit der Behauptung, »geplant wird bei uns ganz anders«, gemeint sein. In einem solchen Fall sollte die Interessenvertretung ganz einfach höflich, aber bestimmt darauf bestehen, dass ihr das Planungssystem des Unternehmens erläutert wird (vgl. hierzu die Fragen in Übersicht 57). Dabei wird sich sehr schnell herausstellen, dass die praktizierte Planung so viel »anders« gar nicht ist.

5.2   Wie planen Unternehmer?

5.2.1   Der Planungsprozess

So unbestritten es ist, dass jedes Unternehmen plant, so unbestritten ist auch, dass keine zwei Unternehmen völlig gleichartig planen. Bei allen unternehmensspezifischen Unterschieden lässt sich die vorherrschende Planungspraxis bundesdeutscher Unternehmen jedoch auf *drei Grundmuster* reduzieren. Sie unterscheiden sich im Wesentlichen durch die Anzahl der Planungsstufen und die zeitliche Reichweite der Planung (Planungshorizont). Welche Unternehmen welches Grundmuster der Unternehmensplanung bevorzugt anwenden, hängt vor allem von der Unternehmensgröße, der Organisationsstruktur des Unternehmens und der Zugehörigkeit zu einem Konzernverbund ab.

In der folgenden Übersicht sind die drei Grundmuster der Unternehmensplanung in Abhängigkeit von Unternehmensgröße, Organisationsstruktur und/oder Konzernzugehörigkeit dargestellt:

Übersicht 28

Grundmuster der Unternehmensplanung

Unternehmenstyp	typisches Planungssystem
Großunternehmen mit Geschäftsbereichsorganisation (Spartenorganisation, Profit-Center)	dreistufiges, hierarchisches Planungssystem: – strategische Planung – operative Planung – taktische Planung
Großunternehmen mit traditioneller, nach Funktionen gegliederter Organisationsstruktur/mittlere Unternehmen	zweistufiges, hierarchisches Planungssystem: – 5-Jahres-Planung – 1-Jahres-Planung
mittlere und kleinere Unternehmen	einstufiges Planungssystem: – 1-Jahres-Planung

Übersicht 29

Verbreitung schriftlicher Unternehmenspläne im produzierenden Gewerbe (Unternehmensanteile in %)

	Beschäftigtengrößenklassen					
	20–49	50–99	100 bis 199	200 bis 499	500 bis 999	1000+	insgesamt
Basis (N =)							
ungewichtet	197	199	270	333	174	187	1 360
[gewichtet]	[678]	[324]	[180]	[117]	[35]	[28]	[1362]
Investitionsplanung	35,1	49,1	63,7	81,0	89,7	92,7	48,5
Produktionsplanung	26,4	38,4	57,5	75,0	80,3	87,7	40,0
Absatzplanung	34,1	35,7	56,3	68,8	77,3	84,7	42,5
Forschungsplanung	10,7	10,5	25,1	40,7	51,8	69,4	17,4
Personalplanung	16,9	27,2	45,4	63,1	76,8	87,3	29,9
davon differenziert nach:							
Beschäftigtengruppen	55,7	58,9	66,9	70,4	62,0	74,2	62,8
Zeiträumen	33,9	14,9	16,9	19,3	23,6	39,1	23,5

Quelle: Semlinger 1989; aus: Bosch, G. u.a. (Hrsg.): Handbuch der Personalplanung, Bund-Verlag Köln 1995, S. 37.

Übersicht 30

Unternehmen mit reglmäßiger Erstellung eines Gesamtplanes

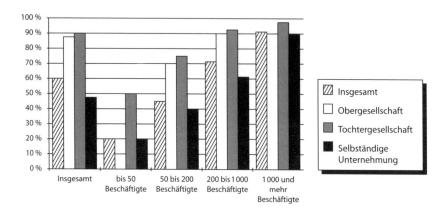

In der Mehrzahl der Großunternehmen mit Geschäftsbereichsorganisation (Spartenorganisation, Profit-Center) und in Tochterunternehmen insbesondere internationaler Konzerne hat sich heute weitgehend das dreistufige, hierarchische Planungssystem durchgesetzt (vgl. Übersicht 31).

In der Mehrzahl der mittleren Unternehmen und in den meisten Großunternehmen mit traditioneller, nach Funktionen gegliederter Organisationsstruktur besteht das unternehmerische Planungssystem aus zwei Stufen: der langfristigen 5-Jahres-Planung (Planungsperiode: 1 Jahr) und der kurzfristigen Jahresplanung (Planungsperiode: 1 Monat). In Expertenkreisen gilt diese Strukturierung der Unternehmensplanung als überholt. Kritik wird hauptsächlich an der 5-Jahres-Planung geübt. Sie ist ein Zwittergebilde, das keine der beiden ihr zugedachten Funktionen hinreichend erfüllen kann: Für eine Ausrichtung des Unternehmens auf die künftigen Marktbedingungen (strategischer Aspekt) sind 5 Jahre zu wenig, für eine detaillierte, mengen- und wertmäßige Planung der einzelnen Geschäftsjahre im Voraus (operativer Aspekt) sind 5 Jahre wiederum zu viel. Aus diesem Grund wird empfohlen, anstelle einer 5-Jahres-Planung eine Aufteilung in eine strategische und eine operative Planung vorzunehmen.

Kleinere Unternehmen planen in der Regel lediglich das kommende Geschäftsjahr. Diese Planung entspricht im Wesentlichen der taktischen Planung.

Der Prozess der konkreten Planerstellung vollzieht sich in einer Reihe von Einzelschritten, wobei sich in der Praxis weitgehend das so genannte »Gegenstromverfahren« (top down/bottom up-Verfahren) durchgesetzt hat: Die Un-

Übersciht 31

Kurzbeschreibung der Planungsstufen eines dreistufigen, hierarchischen Planungssystems

Planungsstufe	Planungsinstanz (Wer plant?)	typische Planugsinhalte (Was wird geplant?)	Detaillierungsgrad der Planung (Wie genau wird geplant?)	Planungsrythmus (Wie oft wird geplant?)	Planungsreichweite (-horizont)	Planungszeiträume (-perioden)
strategische Planung	Unternehmensleitung	Unternehmensspezifische Grundsatzentscheidungen: – Festlegung des Tätigkeitsbereichs des Unternehmens – Standort – Beziehung zu Kunden, Regierungen, Beschäftigten	lediglich qualifizierte Beschreibung	nur bei Bedarf	unbegrenzt	–
		Strategische Maßnahmenplanung: – Wachstums- u. Ertragsziele – Diversifikation (neue Produkte, neue Märkte) – Aufgabe von Produkten und Maßnahmen – Forschung und Entwicklung – grundlegende Veränderung der Organisationsstuktur	sehr geringer Detaillierungsgrad, globale, auf das gesamte Unternehmen bezogene Maßnahmeplanung, Erstellung eines langfristigen Finanzplans und einer mehrjährigen Planbilanz	regelmäßige, jährliche Planungsrunde; Abschluss der Planung in der 1. Hälfte des Geschäftsjahres	5–10 Jahre	1 Jahr
operative Planung	Geschäftsbereichleiter	Rahmenplanung bezüglich: – Absatz – Produktion – Investition – Beschaffung – Personal – Forschung und Entwicklung – Finanzierung – Gewinn	Mengen- und wertmäßige Planung auf der Ebene der Geschäftsbereiche	regelmäßige, jährliche Planungsrunde; Abschluss bis zum Ende des III. Quartals des laufenden Geschäftsjahres	bis zu 3 Jahren	1 Jahr
taktische Planung	Leiter der Funktionsbereiche (Vertrieb, Produktion, Forschung u. Entwicklung, Personal ...)	Konkrete Maßnahmen bzw. Durchführungsplanung: – Umsatzplan – Produktionsplan – Investitionsplan – Personalplan – Beschaffungsplan – Finanzplan – Gewinnplan	sehr detaillierte Planung; Budgetierung erfolgt z.T. bis auf die Ebene der Kostenstellen	regelmäßige, jährliche Planungsrunde; Abschluss bis zum Ende des Geschäftsjahres; monatlicher SOLL/IST-Vergleich mit anschließender Plankorrektur	1 Jahr	Monat

ternehmensleitung legt die Ziele fest, die dann auf den darunter liegenden Leitungsebenen (Geschäfts- bzw. Funktionsbereichsleiter) in konkrete Planungsentwürfe (Maßnahmenplanung) umgesetzt (top down) und anschließend wieder zur Unternehmensleitung rückgekoppelt und von dieser genehmigt werden müssen (bottom up). Dabei ist es möglich, dass bis zur endgültigen Planverabschiedung dieses Verfahren mehrmals durchlaufen wird.

Im Folgenden soll das Gegenstromverfahren am Beispiel eines dreistufigen hierarchischen Planungssystems dargestellt werden:

Der zeitliche Verlauf des Planungsprozesses wird in den einzelnen Unternehmen insbesondere in Abhängigkeit von den beteiligten Instanzen recht unterschiedlich sein. Die Kenntnis des konkreten zeitlichen Verlaufs des gesamten Planungsprozesses im eigenen Unternehmen ist wichtig, um die rechtzeitigen Informationszeitpunkte bestimmen zu können: Im Rahmen der strategischen Planung wäre der WA jeweils vor der Genehmigung des strategischen Rahmenplans bzw. strategischen Programms zu informieren und im Hinblick auf mögliche Auswirkungen auf die Beschäftigten zu beraten; bei der operativen bzw. taktischen Planung liegt der Informationszeitpunkt vor der Genehmigung und Verabschiedung des operativen bzw. taktischen Gesamtplans. (Die jeweiligen Informationszeitpunkte sind in Übersicht 32 durch Pfeile kenntlich gemacht.)

Aus Übersicht 32 wird darüber hinaus auch deutlich, dass bei der gesamten Planerstellung eine Vielzahl von Personen beteiligt sind, so dass das von Unternehmerseite häufiger vorgebrachte Argument, Planung sei grundsätzlich geheimhaltungsbedürftig, schon aus diesem Grund fragwürdig ist.

5.2.2   Die strategische Planung

Die strategische Planung orientiert sich an folgenden Grundregeln:
- verstärke deine Stärken,
- konzentriere deine Kräfte,
- lass weg, was nicht mehr zu dir passt,
- streiche Gemeinkosten ohne positive Zukunftswirkung,
- realisiere Fixkostenvorteile.

Sie beginnt mit der Analyse der Ausgangsposition des Unternehmens/Konzerns (vgl. Übersicht 33).

Dabei erstreckt sich die Analyse auf das Unternehmensumfeld (wirtschaftliche, soziale, rechtliche und politische Situation), das Unternehmen bzw. den Konzern selbst, die Konkurrenz (Wettbewerbssituation) und die voraussichtliche Zukunftsentwicklung in diesen Bereichen.

Im Folgenden sollen beispielhaft einige der in den einzelnen Planungsphasen zum Einsatz kommenden Instrumente/Methoden kurz erläutert werden.

Zur Analyse der gegenwärtigen strategischen Situation kommen vor allem folgende Instrumente/Methoden zum Einsatz:

- Potenzialanalyse,
- Stärken-Schwächen-Analysen,
- Portfolio-Analysen,
- Imageanalysen,
- Wettbewerbsanalysen.

Potenzialanalyse

Bei der Durchführung einer Potenzialanalyse wird ein »Expertenteam« zusammengestellt, dass in einer ersten Analysephase alle denkbaren Erfolgsfaktoren eines Produktes bzw. einer Dienstleistung systematisch zu erfassen versucht. Dies können z. B. in einem Versicherungsunternehmen für einen bestimmten Vertragstypen die Prämienhöhe, das Produktimage, die Bearbeitungsschnelligkeit, die Qualität der Versicherungsleistung, die Vertriebskosten, die Kundenstruktur, der Marktanteil u.ä. Kriterien sein. In einem zweiten Schritt werden aus dieser Erfolgsfaktorenliste z. B. die wichtigsten zehn Faktoren ausgewählt und einer **Bewertung** unterzogen. Hierbei werden Punkte vergeben, z. B. zwischen − 4 und + 4 je Erfolgsfaktor, wobei die Ziffer Null bedeutet, dass das eigene Versicherungsprodukt im Vergleich zum stärksten Wettbewerber weder besser noch schlechter bewertet wird. Es ergibt sich eine Bewertungsstruktur, die bei den relevanten Erfolgsfaktoren **Potenzialvorteile** (Pluspunktbewertungen) oder **Potenzialdefizite** (Minuspunktbewertungen) gegenüber dem Hauptwettbewerber zeigt (vgl. Übersicht 34).

Strategische Überlegungen können nun darauf abzielen, Maßnahmen zu entwickeln, wie die Potenzialvorteile, z. B. durch gezielte Werbemaßnahmen, genutzt werden können. Ferner können strategische Überlegungen zur Verringerung von Potenzialnachteilen, z. B. höhere Vertriebskosten, angestellt werden.

Dieses Vorgehen ist **typisch für strategische Analysen.** Es werden eigene Stärken und Schwächen im Vergleich zum Hauptwettbewerber ermittelt, um aufgrund der sich hieraus ergebenden Erkenntnisse erfolgsverbessernde strategische Maßnahmen zu entwickeln. Kenntnisse über Potenzialvor- und -nachteile ermöglichen die Beurteilung von Strategieschwerpunkten. Insbesondere Potenzialdefizite können die Marktsituation auf Dauer beeinträchtigen und damit auch langfristig die Interessen der Beschäftigten gefährden. Eine Gefährdung von Beschäftigteninteressen kann aber durch die Beseitigung der Defizite entstehen, z. B. wenn es darum geht, die Vertriebskosten zu vermindern. WA-

Übersicht 32

Schematische Darstellung des Planungsprozesses bei einem dreistufigen, hierarchischen Planungssystem

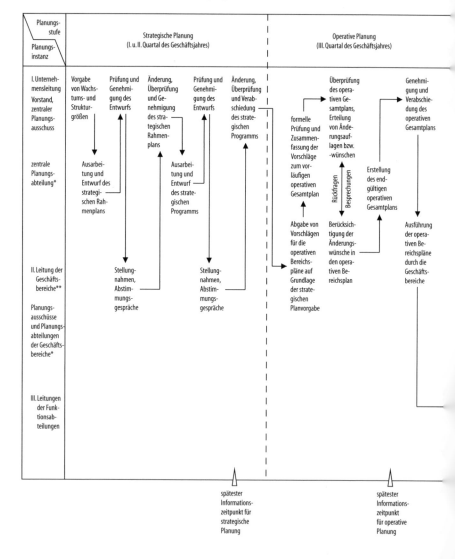

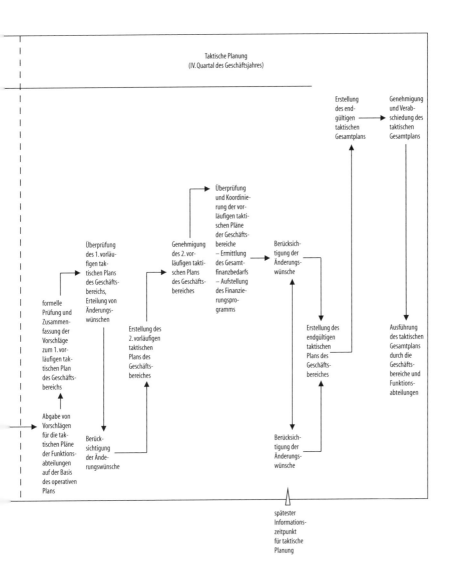

Taktische Planung
(IV. Quartal des Geschäftsjahres)

Erstellung des endgültigen taktischen Gesamtplans ⟶ Genehmigung und Verabschiedung des taktischen Gesamtplans

Überprüfung und Koordinierung der vorläufigen taktischen Pläne der Geschäftsbereiche
– Ermittlung des Gesamtfinanzbedarfs
– Aufstellung des Finanzierungsprogramms

Überprüfung des 1. vorläufigen taktischen Plans des Geschäftsbereichs, Erteilung von Änderungswünschen

Genehmigung des 2. vorläufigen taktischen Plans des Geschäftsbereiches

Berücksichtigung der Änderungswünsche

formelle Prüfung und Zusammenfassung der Vorschläge zum 1. vorläufigen taktischen Plan des Geschäftsbereichs

Erstellung des 2. vorläufigen taktischen Plans des Geschäftsbereiches

Erstellung des endgültigen taktischen Plans des Geschäftsbereiches

Ausführung des taktischen Gesamtplans durch die Geschäftsbereiche und Funktionsabteilungen

Abgabe von Vorschlägen für die taktischen Pläne der Funktionsabteilungen auf der Basis des operativen Plans

Berücksichtigung der Änderungswünsche

Berücksichtigung der Änderungswünsche

spätester Informationszeitpunkt für taktische Planung

Übersicht 33
**Das Zusammenwirken von strategischer,
operativer und taktischer Planung**

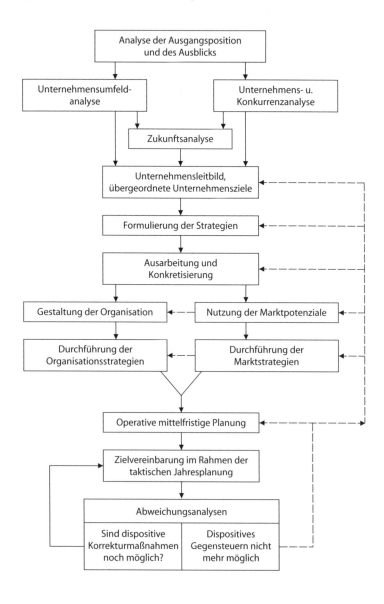

Übersicht 34
Potenzialanalyse in einem Versicherungsunternehmen

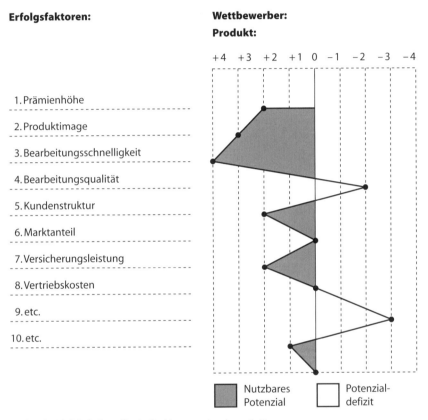

Erfolgsfaktoren:

Wettbewerber:
Produkt:

+4 +3 +2 +1 0 −1 −2 −3 −4

1. Prämienhöhe
2. Produktimage
3. Bearbeitungsschnelligkeit
4. Bearbeitungsqualität
5. Kundenstruktur
6. Marktanteil
7. Versicherungsleistung
8. Vertriebskosten
9. etc.
10. etc.

Nutzbares Potenzial   Potenzial-defizit

Quelle: HBV-Arbeitsheft: Controlling im Versicherungsunternehmen, S. 45.

Mitglieder sollten darauf achten, dass vor allem die Stärken ausgebaut und systematisch genutzt werden und dass die Strategieentwicklung sich nicht nur auf die Reduzierung strategischer Kostennachteile bezieht. Bei der Entwicklung strategischer Maßnahmen ist dann insbesondere auch auf deren Sozialverträglichkeit zu achten. Da Strategien i.d.R. langfristig angelegt sind, ergeben sich hier vor allem zeitliche Spielräume, frühzeitig die Berücksichtigung von Beschäftigteninteressen zu verlangen.

Portfolioanalyse

Ziel der Portfolio-Methode (Portfolio = optimale Vermögens- oder Geschäfts-struktur) ist es, Geschäftsfelder, Produkte bzw. Produktgruppen bzw. Dienst-leistungen oder Kundengruppen zukunftsorientiert zu bewerten. **Punktwert-systeme in Verbindung mit einer Neun-Felder-Matrix** sind das übliche Instrument.

Die beiden Grundkategorien sind die »relativen Wettbewerbsvorteile«, die ein Unternehmen am Markt geltend machen kann, und die »Attraktivität des Marktes«. Diese beiden Hauptkriterien werden durch ein differenziertes Punk-tewertsystem mit vielen Unterkriterien einer Bewertung zwischen null und 100 Punkten unterzogen. Anhand der ermittelten Bewertungssumme je Hauptkri-terium kann beispielsweise eine untersuchte Strategische Geschäftsfeldeinheit (SGE) in das Matrix-Feld positioniert werden. Man erhält dann ein **Ist-Portfolio** mit z. B. den SGEs A–I, wobei die unterschiedliche Größe der Kreise die Bedeutung der einzelnen SGEs bezüglich ihres Anteils am gesamten Umsatz-volumen oder am Unternehmensergebnis veranschaulicht (vgl. Übersicht 35).

Zu den einzelnen Positionen werden dann **strategische Empfehlungen** er-arbeitet. Folgende Basisempfehlungen gelten (vgl. auch Abb. 37): SGEs, die in den Matrixfeldern II.3, III.3, III.2 (also rechts oberhalb der Diagonalen) po-sitioniert sind, sind als »stars« zu behandeln. Sie stellen das Zukunftspotenzial dar, hier sind Stärken durch Investitionen abzusichern und auszubauen. Alle SGEs, die nach ihrer Bewertung den Matrixfeldern I.2., I.1., II.1. (links unter-halb der Diagonalen) zugeordnet werden müssen, sind auf dem »absterbenden« Ast. Zukunftspotenziale sind nicht erkennbar, Desinvestition und Aufgabe lauten die Empfehlungen. Alle SGEs auf der Diagonalen, also in den Feldern I.3, II.2, III.1, bedürfen einer differenzierten Betrachtung, um darüber zu entscheiden, ob sie gefördert und ausgebaut werden sollen oder einer Stagna-tion und Rückentwicklung preisgegeben werden. Eines der wesentlichen Hauptziele der Portfolio-Analyse ist es, die finanziellen Mittel (z. B. Werbeaus-gaben, Investitionen) auf diejenigen SGEs zu konzentrieren, die besonders zukunftsträchtig sind. Werden aus der Ist-Analyse **strategische Empfehlungen** zur Entwicklung von SGEs abgeleitet und durch Festlegung strategische Ziele für einzelne SGE konkretisiert, dann können auch **Soll-Portfolios bzw. Ziel-Portfolios** aufgestellt werden (vgl. Übersicht 36).

Diese geben dann Auskunft darüber, ob SGEs systematisch gefördert und weiterentwickelt werden sollen, z. B. (B, C, D, E), ob sie stagnieren (I) oder sich weiter verschlechtern werden (F, G) bis hin zu ihrer Aufgabe (A, H). Sie zeigen die **geplanten oder aufgrund der Marktentwicklung hingenommenen Ver-änderungen** für einzelne SGEs durch deren Verschiebung innerhalb der Neun-Felder-Matrix an.

Übersicht 35
Ist-Portfolio

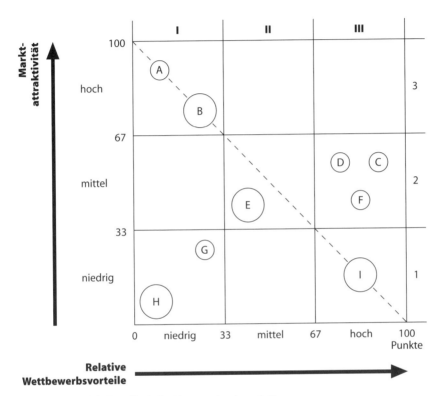

Quelle: HBV-Arbeitsheft: Controlling im Versicherungsunternehmen, S. 45

Die Grundlage solcher strategischer Entscheidungen bilden die sog. Norm-bzw. Basisstrategien für die einzelnen Felder der Portfolio-Matrix (vgl. Übersicht 37).

Zur Prognose der zukünftigen Entwicklung der strategischen Situation des Unternehmens kommen vor allem folgende Instrumente zum Einsatz:
• Strategische Lückenanalyse (Gap-Analyse),
• Langfristprognosen (z.B. Delphi-Methode, Szenariotechniken).

Übersicht 36
Soll-/Ziel-Portfolio

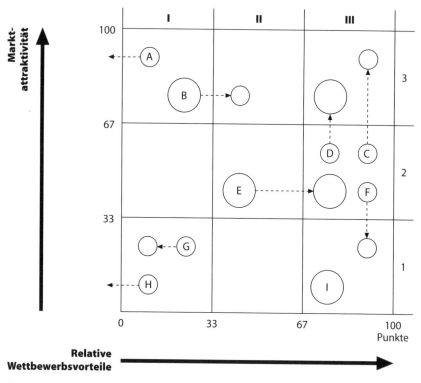

Quelle: HBV-Arbeitsheft: Controlling im Versicherungsunternehmen, S. 50

Beispiel:
Strategische Lückenanalyse
Soll nun beispielsweise die SGE B, die im Feld I.3. positioniert ist (Übersicht 34), so weiterentwickelt werden, dass sie in fünf Jahren zu den »stars« gehört, dann entspricht dies einer strategischen Zielsetzung, die durch eine andere Positionierung im Soll-Portfolio, z. B. nun im Feld II.3. (Übersicht 36) ihren Ausdruck findet. Ist der **strategische Zielpunkt** fixiert, dann kann die bestehende strategische Lücke ermittelt werden als Differenz zwischen Ist- und Zielposition.
Bei der SGE B müsste bei dieser Zielsetzung vor allem die relative Wettbewerbsposition verbessert werden (vgl. Übersicht 36). Hauptansatzpunkt hierzu wäre eine erhebliche Zunahme im Marktanteil: Strategische Zielvorstellung ist es, in fünf Jahren den Marktanteil von aktuell 5 % auf 10 % zu verdoppeln (Übersicht 38). Hierdurch ergibt sich der strategische Zielpunkt t_5. In den letzten drei Jahren ist

Übersicht 37
Norm- bzw. Basisstrategien

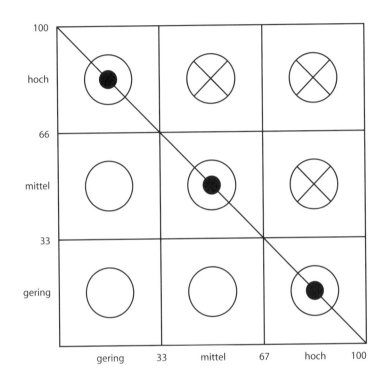

Relative Wettbewerbsvorteile (= Stärken)

⊗ Investitions- und Wachstums- sowie Erhaltungsstrategien, z. B.

● Steigerung von Marktanteilen bereits vorhandener Produkte (Rechtsverschiebung);

● Angebot neuer Leistungen an schon angesprochene Zielgruppen (Rechtsverschiebung);

● Angebot bereits vorhandener und/oder neuer Leistungen an neue Abnehmergruppen (Steigerung der Marktattraktivität);

● Erhaltung der Marktposition: d. h. ausschließliche Durchführung von »Ersatz«-Investitionen wie z. B. Erinnerungswerbung (Beibehaltung der Positionierung).

○ Abschöpfungs- oder Desinvestitionsstrategien, z. B.

● Bereinigung der Angebotspalette;

● Reduzierung der Ressourcenzuteilung

● Gesundschrumpfen lassen;

● Totale Aufgabe des Geschäftsfeldes.

Ableitung von selektiven Strategien für die auf den Diagonalfeldern positionierten Geschäftseinheiten

⊙ Selektive Strategien können sowohl Wachstums-, Erhaltungs-, Abschöpfungs- oder Desinvestitionsstrategien beinhalten.

der Marktanteil nur leicht gestiegen, wie die Ist-Entwicklung zeigt. Wird diese Ist-Entwicklung in die Zukunft verlängert (»normale« Weiterentwicklung, Status quo), dann wird er in fünf Jahren ungefähr 5,5 % betragen. Die strategische Plan-Entwicklung hingegen geht von einer wesentlich stärkeren Marktanteilszunahme aus. Zwischen dem Status-quo-Punkt im Zeitpunkt t_5 und dem strategischen Ziel-punkt im Zeitpunkt t_5 gibt es eine Marktanteilsdifferenz von ca. 4,5 %. Dies ist die **strategische Lücke** zum Planungszeitpunkt t_0, die zu schließen ist, um die Soll-Position der SGE B im Zielportfolio zu erreichen.

Nunmehr müssen die erforderlichen **strategischen Maßnahmen** konzipiert wer-den, um die strategische Lücke zu beseitigen, also um die Ist-Entwicklung entspre-chend der strategischen Absicht zu verbessern.

Dies kann z. B. geschehen durch

- Verbesserung des Produktes,
- intensivere Werbung,
- Nutzung neuer Vertriebswege.

Die voraussichtlichen positiven Wirkungen aus der Umsetzung der geplanten Stra-tegieansätze (Basisstrategien) fließen nun in die **operative Geschäftsjahrespla-nung** für die SGE B ein. D.h., dass operative Zwischenziele zur Erfüllung der lang-fristigen strategischen Ziele beitragen sollen. Hier zeigt sich, wie die operative kurzfristige Planung langfristigen strategischen Zielsetzungen zuarbeitet.

Die Kenntnis strategischer Lücken beinhaltet den Umfang des strategischen Handlungsbedarfs. Für die Interessenvertretung ist von besonderer Bedeutung zu wissen, wie hoch der strategische Handlungsbedarf ist, d.h., wie ehrgeizig (oder gar überzogen) die gesetzten Ziele sind, und wie der Handlungsbedarf in konkrete Maßnahme- und Aktionsprogramme umgesetzt wird, um die strate-gischen Lücken zu schließen. Solche Maßnahme- und Aktionsprogramme können auf Veränderungen abzielen, wie sie bereits im Zusammenhang mit der Portfolio-Analyse angesprochen wurden. Sehr wohl können sich aus den Maßnahme- und Aktionsprogrammen auch weitere Arbeitsbelastungen für die Beschäftigten ergeben. Sie können auch technische und organisatorische Ver-änderungen beinhalten, bis hin zur mitbestimmungspflichtigen Betriebsände-rung. Je eher und besser die Interessenvertretung über die Maßnahme- und Aktionsplanung informiert ist, desto besser können sie bevorstehende Ver-änderungen erkennen und deren Auswirkungen abschätzen. Auch operative Planungsansätze erschließen sich oft erst vor dem Hintergrund der länger-fristigen strategischen Vorüberlegungen. Portfolio, strategische Lücke, Maß-nahmeplanung und operative Planung stehen in einem engen Zusammenhang. Zeigt die Portfolio-Analyse, ob Veränderungen angestrebt werden, dann zeigt die strategische Lücke die Größe der angestrebten Veränderungen; die Ak-tions- und Maßnahmepläne zeigen, wie die angestrebten Veränderungen rea-

Übersicht 38
Lückenanalyse

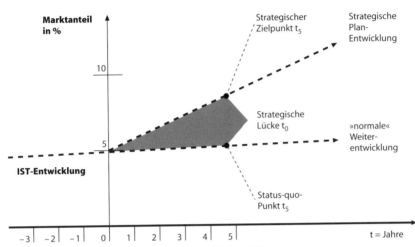

Quelle: HBV-Arbeitsheft: Controlling im Versicherungsunternehmen, S. 53

lisiert werden sollen, und die operativen Plandaten zeigen die voraussichtlichen Veränderungen und Wirkungen der Maßnahmen im nächsten oder laufenden Geschäftsjahr.

Die Bedeutung von Portfolioanalysen für die Interessenvertretung ergibt sich **aus den Handlungsempfehlungen im Zusammenhang mit der Positionierung** der einzelnen SGEs und ist offensichtlich. Auslauf- und Aufgabestrategien gefährden Arbeitsplatzsicherheit und Einkommen der Beschäftigten in besonderem Maße. Strategien zur Verbesserung der Kosten- und Rentabilitätssituation haben die selbe Wirkung. In Verbindung mit Kenntnissen über die starken SGEs können von der Interessenvertretung frühzeitig Forderungen erhoben werden, dass die strategischen Wachstumsbereiche nachteilig betroffene Beschäftigte in den schwachen Bereichen unter Wahrung ihres Besitzstandes aufnehmen. Hierzu wäre eine auf die SGEs bezogene mittelfristige oder langfristige Personalbedarfs- und Personalentwicklungsplanung anzufordern. Diesbezügliche Qualifizierungs- und Weiterbildungsmaßnahmen wären rechtzeitig zu entwickeln und einzuleiten.

Selbstverständlich sind die Berechnungen und Bewertungen, die zu einer bestimmten Positionierung geführt haben, anzufordern und zu prüfen. Selbst dann, wenn diese Unterlagen keine andere Bewertung ermöglichen, sind die **betriebswirtschaftlichen Konsequenzen** nicht unbedingt zwingend, und es

Übersicht 39

Lebenszyklen von Produkten eines Unternehmens im Markt

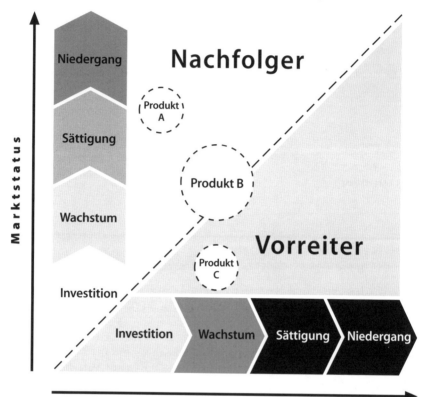

Quelle: HBV-Arbeitsheft: Controlling im Versicherungsunternehmen, S. 139

können sich aus ihnen andere Schlussfolgerungen und Bewertungen ergeben. Der häufig geltend gemachte betriebswirtschaftliche Sachzwang zur Begründung von für die Beschäftigten problematischen Veränderungen ist um so geringer, je besser auch die wirtschaftliche Gesamtsituation des Unternehmens ist, so dass schwächere Bereiche wirtschaftlich verkraftet werden können und genügend Spielraum vorhanden ist, langfristig wirkende sozialverträgliche Sanierungsmaßnahmen einzuleiten.

Unter Beachtung der übergeordneten Unternehmensziele (Unternehmensleitbilder, Unternehmensgrundsätze) erfolgt auf der Grundlage der Analyse der Ausgangssituation und der Zukunftsaussichten eine Formulierung der (lang-

Übersicht 40

Erstellung strategischer Pläne für Geschäftsbereiche

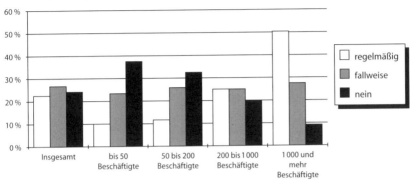

Quelle: HBV-Arbeitsheft: Controlling im Versicherungsunternehmen, S. 50

fristigen) Unternehmensstrategien. Im Mittelpunkt steht die Nutzung derzeitiger und zukünftiger Marktpotenziale durch entsprechende Marktstrategien (v.a. Geschäftsfeldplanung) und die Ausrichtung der derzeitigen und zukünftigen Unternehmensorganisation (v.a. Organisations-, Rechtsform-, Standort- und Führungssystemplanung) auf diese Strategien hin. Zum Einsatz kommen hier z. B.

• Produktlebenszyklus-Strategien,
• Marktsegmentierungsstrategien.

Produktlebenszyklus-Strategie

Der Lebenszyklus von Produkten lässt sich in die Phasen Investition, Wachstum, Sättigung und Niedergang einteilen. Ein Vergleich der Lebenszyklen von Produkten eines Unternehmens (Unternehmensstatus) mit dem Markt (Marktstatus) lässt erkennen, ob es sich bei dem Unternehmensprodukt um einen »Vorreiter« auf dem Markt oder eher um einen »Nachfolger« handelt. In dem Beispiel ist das Unternehmen nur in einem Produktbereich vorwärts weisend, in den anderen Produktbereichen hinkt es hinter der Marktentwicklung her.

Die Durchführung dieser Markt- und Organisationsstrategien münden zunächst in die operative (mittelfristige) und schließlich in die taktische (kurzfristige) Jahresplanung (vgl. Übersicht 33).

Das Verhältnis von strategischer und operativer Planung lässt sich auch folgendermaßen charakterisieren: Die strategische Planung hat die Aufgabe, das Management in die Lage zu versetzen, die richtigen Dinge zu tun (»doing the right thing«), während es Aufgabe der operativen Planung ist, das Manage-

Übersicht 41

Interesse der Arbeitnehmervertretung
an der strategischen Unternehmensplanung

Strategische Entscheidung	Auswirkungen auf die Arbeitnehmer
Aufgabe von Geschäftsfeldern	drohender Abbau von Arbeitsplätzen
	Betriebsübergang auf neuen Arbeitgeber
	Versetzungen
Erschließung neuer	Versetzungen
Geschäftsfelder	Qualifizierungsmaßnahmen
	Einstellungen
Abschöpfung	Intensivierung der Arbeit
	Änderungen in der Arbeitszeit
Wachstum	Schichtarbeit
	Intensivierung der Arbeit
	Veränderung von Arbeitsbedingungen
	veränderte Qualifikationsanforderungen
	Einstellungen
Änderung der Organisation	Versetzungen
	Entlassungen/Einstellungen
	veränderte Qualifikationsanforderungen
	Intensivierung der Arbeit
Austausch von Führungskräften	Änderung des Führungsstils
	Entwicklung neuer Unternehmensstrategien
Änderung der Gratifikation von Führungskräften	erhöhter Druck auf die Personalkosten

ment und die ausführenden Instanzen in die Lage zu versetzen, die (vereinbarten) Dinge richtig zu tun (»doing the things right«).

Über die Erstellung strategischer Pläne in Unternehmen gibt Übersicht 40 auf Seite 171 Auskunft.

Das Interesse der Interessenvertretung an der strategischen Unternehmensplanung liegt auf der Hand. Je frühzeitiger die Interessenvertretung über die zukünftige Entwicklung des Unternehmens unterrichtet ist, desto eher kann sie Gegenstrategien/Überlegungen anstellen, um möglichen Gefährdungen von Arbeitnehmerinteressen (vgl. Übersicht 41) entgegenzuwirken.

5.2.3   Die operative und taktische Planung

5.2.3.1   Überblick

Im Rahmen der operativen und taktischen Planung werden Gesamtpläne erstellt, die sich aus einer Reihe aufeinander abgestimmter Teilpläne zusammensetzen:

Dieser Systematik liegt folgende Überlegung zugrunde: Oberstes Ziel eines Unternehmens ist die Gewinnmaximierung, d.h. die optimale Verwertung des eingesetzten Kapitals. Die gesamte Unternehmensplanung ist an diesem Ziel ausgerichtet. Man kann auch sagen: Unternehmensplanung ist Gewinnplanung. Da der Gewinn definiert ist als Differenz zwischen Umsatz und Kosten ($G = U - K$), lässt sich die Gewinnplanung auflösen in eine Umsatz- und eine Kostenplanung. Entsprechend dem Ziel der Gewinnmaximierung ist der Unternehmer bestrebt, unter Berücksichtigung von Absatzprognosen usw. einen bestimmten Umsatz mit möglichst geringen Kosten zu erzielen.

Der *Umsatzplan* ist der Ausgangspunkt für die übrigen Teilpläne. Unter Berücksichtigung des *Bestandsplans* und des *Forschungs- und Entwicklungsplans* wird der *Produktionsplan* erstellt, d.h., es werden die Produktionskapazität und der Materialeinsatz in mengenmäßiger und zeitlicher Hinsicht geplant. Stellt sich heraus, dass die benötigte Kapazität (Maschinen, Personal) mit der vorhandenen Kapazität nicht übereinstimmt, so löst dies Anpassungsmaßnahmen aus (Aus- oder Abbau von Kapazitäten), die sich im *Investitions-* und *Personalplan* niederschlagen. Der *Beschaffungsplan* soll gewährleisten, dass das benötigte Vormaterial in der benötigten Menge und Qualität zum richtigen Zeitpunkt verfügbar ist.

Der *Finanzplan* schließlich ist nichts anderes als die Gegenüberstellung der geplanten Einzahlungen und Auszahlungen. Geplante Einzahlungen resultieren vor allem aus den geplanten Umsatzerlösen. Geplante Auszahlungen ergeben sich vor allem aus der Produktionsplanung (Energiekosten, Roh-, Hilfs- und Betriebsstoffe usw.), der Investitionsplanung (Anschaffungskosten der Maschinen usw.) und der Personalplanung (Löhne und Gehälter, Sozialversicherungsbeiträge usw.). Übersteigen die geplanten Einzahlungen die Auszahlungen, besteht ein Finanzüberschuss. Umgekehrt besteht ein Finanzbedarf, der durch zusätzliches Eigenkapital oder Kreditaufnahme gedeckt werden muss. Denn ein Unternehmen muss zu jedem Zeitpunkt liquide sein, d.h. seinen Zahlungsverpflichtungen nachkommen können. Zahlungsunfähigkeit (Illiquidität) ist ein Insolvenzgrund!

Die kostenmäßigen Auswirkungen der Teilpläne werden im *Kostenplan* zusammengefasst. Hier schließt sich der Kreis: Umsatzplan und Kostenplan ergeben zusammen den *Gewinnplan*.

Übersicht 42

**Zusammenhang der wichtigsten Teilpläne
der Unternehmensplanung**

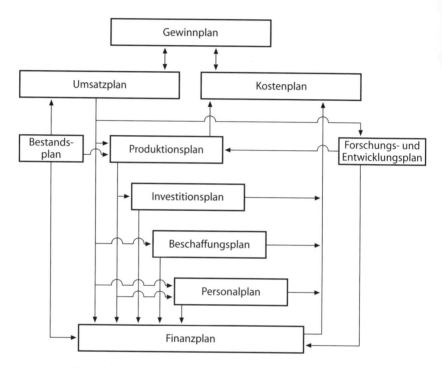

Die Entwicklung kurzfristiger (monatlicher, jährlicher) Planvorgaben für Umsätze und Kosten, die laufende Kontrolle der Planvorgaben (Soll-Ist-Vergleiche), die Analyse der Abweichungsursachen und Erarbeitung von Vorschlägen für mögliche Anpassungsmaßnahmen ist die zentrale Aufgabe des so genannten Controlling (vgl. Kapitel 6).

Im Folgenden werden die Investitions- und Personalplanung wegen ihrer besonderen Bedeutung für die Arbeit der Interessenvertretung ausführlicher beschrieben.

5.2.3.2 **Investitionsplanung**

Frühzeitige und umfassende Informationen über die Investitionsplanung sind aus folgenden Gründen für die Interessenvertretung von besonderer Bedeutung: Investitionen haben Auswirkungen auf die Arbeitsplätze, auf die Arbeitsplatzanforderungen und die damit verbundenen Qualifikationen, auf die Entgeltstruktur sowie auf die Umgebungseinflüsse. Damit berühren Investitionen in zentraler Weise Arbeitnehmerinteressen. Gleichwohl werden diese (häufig negativen) Auswirkungen auf die Beschäftigten in der Regel nur dann bei der Investitionsplanung berücksichtigt, wenn gesetzliche Auflagen oder Bestimmungen (z.B. Arbeitsschutzbestimmungen) dies erforderlich machen bzw. wenn entsprechende tarifvertragliche oder betriebsverfassungsrechtliche Vereinbarungen vorliegen. Ansonsten befasst sich das Management neben den zu erwartenden (Personal-)Kostenaspekten mit den Auswirkungen auf die Beschäftigten erst in den zeitlichen nachfolgenden Planungen wie insbesondere der Personalplanung (vgl. Kapitel 5.4.2). Dann allerdings sind aufgrund der getroffenen Investitionsentscheidungen bereits Fakten geschaffen, die nicht oder nur noch schwer veränderbar sind.

Vorherrschende Praxis unternehmerischer Informationspolitik ist es, über die Investitionsplanung – wenn überhaupt – häufig nicht rechtzeitig und nur auf wirtschaftliche und (produktions-)technische Aspekte beschränkt zu informieren. Nach einer Umfrage in Unternehmen mit mehr als 500 Beschäftigten gab jeder vierte Unternehmer zu, den BR nicht rechtzeitig zu informieren. In der Hälfte dieser Fälle war den Betriebsräten nicht einmal die Existenz einer Investitionsplanung bekannt (vgl. *Kirsch/Scholl/Paul*, Mitbestimmung in der Unternehmerpraxis. Eine empirische Bestandsaufnahme. München 1984, S. 273 und 319). Da es sich hierbei um Verstöße gegen das BetrVG handelt, ist zu vermuten, dass diese Verstöße in der Praxis weit häufiger vorkommen, als in der Befragung zugegeben wurde.

Allerdings werden solche Verstöße der Unternehmer gegen ihre Informationspflichten durch die mangelnde Kenntnis der Interessenvertretungen über die Vorbereitung von Investitionsplanungen und den Ablauf von Planungsprozessen in den Unternehmen erleichtert. Nach neueren empirischen Untersuchungen kann man davon ausgehen, dass in allen Unternehmen des verarbeitenden Gewerbes mit mehr als 500 Beschäftigten eine schriftlich fixierte Unternehmensplanung betrieben wird (vgl. *Kirsch u.a.*, a.a.O., S. 275). Deshalb sollten BR- und WA-Mitglieder der Behauptung des Unternehmers, es würde keine Investitionsplanung betrieben, sehr skeptisch gegenüberstehen (vgl. auch Kapital 10.2.2.1).

Häufig wird eine rechtzeitige Information über die Investitionsplanung auch mit dem Hinweis verweigert, dass zunächst die Gesellschafter oder der Aufsichtsrat über die Investitionsplanung zu befinden hätten. Diese Auffassung bezüglich der Reihenfolge der Information ist falsch. Der WA ist vor einer Beschlussfassung der zuständigen Unternehmensorgane (Geschäftsführung, Gesellschafterversammlung, Aufsichtsrat) zu informieren, weil sonst eine Beratung über die Investitionsplanung keinen Sinn mehr hätte, da keine Einflussnahme auf die Investitionsentscheidungen mehr möglich wäre (vgl. DKK, § 106 Rn. 41).

Um erkennen zu können, ob die Information über die Investitionsplanung rechtzeitig oder verspätet erfolgt, ist es wichtig, den genauen Planungsablauf im Unternehmen zu kennen. Grundsätzlich gilt, dass im Rahmen der strategischen Investitionsplanung im Wesentlichen die Investitionskontingente als DM-Beträge für einzelne Produktgruppen, Märkte usw. festgelegt werden. Hieraus kann die Interessenvertretung erkennen, welche Geschäftsbereiche bzw. Geschäftsfelder ausgebaut werden sollen und in welchen Bereichen der Unternehmer die Zukunftsaussichten zumindest langfristig eher skeptisch beurteilt (und dementsprechend nicht oder nur noch geringfügig investiert wird). Auch zu Beginn der operativen Investitionsplanung sind zunächst die konkreten Investitionsobjekte häufig noch nicht festgelegt, sondern Alternativlösungen möglich, die im Laufe dieser Phase allerdings zunehmend aussortiert werden. Für die taktische Investitionsplanung stehen dann meistens die optimalen Investitionsobjekte fest, wobei allenfalls in einer Feinplanungsphase noch über technische Einzelheiten entschieden wird.

Die Interessenvertretung muss darauf dringen, dass sie von der Unternehmensleitung in den einzelnen Planungsstufen (strategische, operative und taktische Planung) über die möglichen Alternativen und – soweit erkennbar – über deren jeweilige Auswirkungen auf die Beschäftigten informiert wird.

Unter wirtschaftlichen Gesichtspunkten getroffene Investitionsentscheidungen können regelmäßig folgende Auswirkungen auf die Beschäftigten haben:
- Sicherheit der Arbeitsplätze (Personalbedarf)
- Qualität der Arbeitsplätze (Personalstruktur)
- Qualifikationsanforderungen
- Einkommenssicherheit (Eingruppierung, Entlohnungsformen)
- Arbeitszeitsysteme (flexible Arbeitszeiten, Schichtsysteme)
- Arbeitsbedingungen (z. B. Arbeitsumgebungseinflüsse wie Lärm, Hitze, Schwingungen, Nässe und Monotonie)

Über die möglichen Auswirkungen muss die Interessenvertretung Bescheid wissen, damit sie ihr Beratungsrecht im Interesse der Beschäftigten sinnvoll wahrnehmen kann. Da der Arbeitgeber diese Informationen in aller Regel nicht von sich aus gibt, muss die Interessenvertretung entsprechende Fragen stellen.

Übersicht 43

Investitionsanalyse bei AUDI/NSU

Pos. Nr.	Vorhaben laut Programm	Investitionen Gesamtübersicht Ausgaben Mio. DM	Personal Mehrbedarf	Personal Minderbedarf	Betroffene Mitarbeiter durch Veränderungen der Arbeitsplatzbedingungen Mitarbeiter	Arbeitsplatzbedingungen Maßnahmenindex	Sozialeinrichtungen Mitarbeiter	Sozialeinrichtungen Maßnahmenindex	Qualifikation Mitarbeiter	Qualifikation Maßnahmenindex
1.	Technische Entwicklung	50	–	–	400	A,B,E,F,G,H	10	J	200	Q,R,S
2.	Produktinvestitionen	450	–	300	2 000	–	–	–	–	–
3.	Umstruktur in der Fertigung	350	150	700	400	A–H	3001	L,M,N,O	400	Q–T
4.	Erweiterungen	86	20	–	20	A–H	102	J	100	Q,R,S
5.	Ersatz- und Modernisierung	26	–	5	150	A,B	–	–	–	–
6.	Sozial-/Humaninvestitionen	38	70	–		A,B,D,G,H	2097	J,K,L,M,N,P	1 300	Q,R,T
	Gesamt	1 000	240	1 005	2 970	A–H	5 210	J–P	2 000	Q–T

Arbeitsplatzbedingungen

A = Arbeitssicherheit, Unfallschutz
B = Verminderung der Arbeitsschwere
C = Verbesserung der Luftverhältnisse
D = Verbesserung der klimatischen Bedingungen
E = Verbesserung der Beleuchtung
F = Lärmminderung
G = Arbeitsplatzgestaltung
H = Veränderung der Arbeitsorganisation

Sozialeinrichtungen

J = Pausen- und Sozialräume
K = Ausbildungseinrichtungen
L = Medizinische Betreuung
M = Versorgung der Belegschaft
N = Sanitärmaßnahmen
O = Parkplätze, Wege
P = Wohn- und Erholungsheime, Baudarlehen

Qualifikation

Q = Zusätzliche Informationsmaßnahmen
R = Interne Schulung
S = Externe Weiterbildungsmaßnahmen
T = Zusätzliche Ausbildungsmaßnahmen (z.B. Veränderungen von Ausbildungsberufen)

Quelle: Pitz, K.H., Investitionsanalyse: Mitbestimmung mit Inhalt füllen, in: Die Mitbestimmung, 12/1983, S. 571

Übersicht 44

Investitionsrechenverfahren

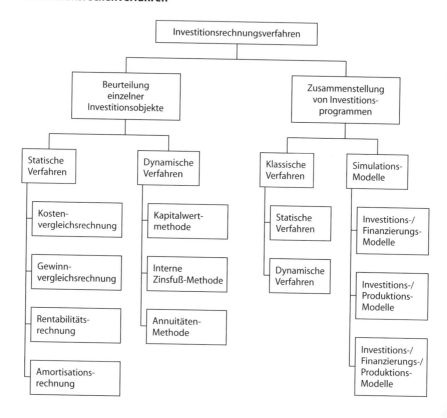

Der in Anlage VI abgebildete Fragebogen über Investitionen und deren Auswirkungen auf die Beschäftigten kann dabei als Anregung dienen.

Bei AUDI/NSU z. B. haben die betriebliche Interessenvertretung und die Arbeitnehmervertreter im Aufsichtsrat durchgesetzt, dass die Information und Beratung der Investitionsplanung zunächst im WA und anschließend auch im AR anhand einer vom Unternehmer erstellten *Investitionsanalyse* erfolgt (s. Übersicht 43).

Eine andere Möglichkeit besteht darin, mit dem Arbeitgeber eine freiwillige Betriebsvereinbarung über die regelmäßig zu erteilenden Informationen im Rahmen der Beratung über die Investitionsplanung abzuschließen (vgl. unser Vorschlag für eine umfassende Betriebsvereinbarung in Anlage V).

Übersicht 45
Teilbereiche der Personalplanung

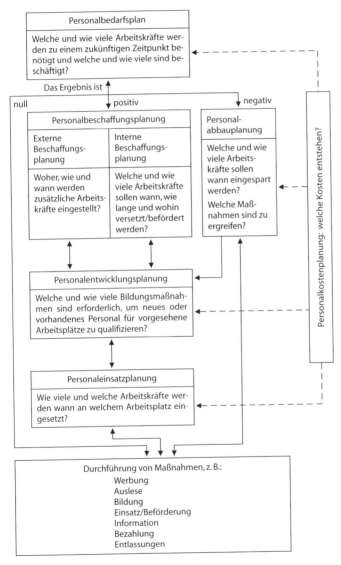

Quelle: RWK-Handbuch Praxis der Personalplanung, 1990, S. 19, RKW-Verlag

Übersicht 46

Verbreitung schriftlich fixierter Teilpläne der Personalplanung und deren Planungshorizont

Teilplan	Planungszeiträume (Durchschnittswerte) Angaben in Monaten			
	Verarbeitungsgrad	kurzfristige Planung	mittelfristige Planung	langfristige Planung
Personalbedarfsplan	94,1 %	8,6	27,9	56,4
Personalbeschaffungs- bzw. -abbauplanung	63,5 %	6,2	17,4	43,2
Personalentwicklungsplan	42,4 %	10,4	29,6	58,8
Personaleinsatzplan	38,8 %	8,7	24,8	44,4
Personalkostenplan	72,9 %	9,5	27,6	49,2

Quelle: Kirsch u.a., a.a.O., S. 360 und 365.

Investitionsentscheidungen ab einer bestimmten Investitionssumme werden aufgrund der Ergebnisse von Wirtschaftlichkeitsberechnungen getroffen. Hierzu stehen den Unternehmen eine Vielzahl von sog. Investitionsrechenverfahren zur Verfügung (vgl. Übersicht 44).

Welche Verfahren angewandt werden, hängt von der jeweiligen Problemstellung (Einzelentscheidung, Programmentscheidung) und der Unternehmensgröße bzw. der Ausbildung/Qualität der MitarbeiterInnen ab, die mit diesen Berechnungen beauftragt werden. Grundsätzlich kann man sagen, dass in Klein- und Mittelbetrieben eher die statischen Verfahren (bei Einzelentscheidungen) bzw. klassischen Verfahren (bei Programmentscheidungen) angewandt werden. Es würde den Rahmen dieses Handbuches sprengen, alle Verfahren hier ausreichend verständlich darzustellen. Einige Verfahren sind jedoch in Abschn. 6.3.2.2 kurz erläutert. Der WA sollte sich beim Arbeitgeber erkundigen, welche Verfahren dieser bei Wirtschaftlichkeitsberechnungen von Investitionsobjekten anwendet und sich diese dann erläutern lassen. Die Kenntnis der konkreten Wirtschaftlichkeitsberechnung einer Investition ist für den WA wichtig, da sich hier Hinweise auf Annahmen oder Ziele bezüglich der Zahl, Entlohnung und Qualifikation der benötigten Arbeitnehmer finden lassen. Für den WA ist außerdem wichtig, auch die Ergebnisse der Wirtschaftlichkeitsberechnungen der abgelehnten Investitionsobjekte zu erfahren, damit er einschätzen kann, ob im Rahmen der Beratung über die Investitionsplanung die Möglichkeit besteht, die Investitionsentscheidungen des Unternehmers im Sinne der Interessen der Beschäftigten zu beeinflussen. Dies wird umso eher möglich sein, wenn es Alternativen gibt, die wirtschaftlich nicht sehr viel schlechter abschneiden.

5.2.3.3 **Personalplanung**

Nach § 106 Abs. 2 BetrVG hat der Unternehmer den WA über die wirtschaftlichen Angelegenheiten zu unterrichten sowie die sich daraus ergebenden Auswirkungen auf die Personalplanung darzustellen und mit dem WA zu beraten.

Gegen diese Verpflichtung nach dem BetrVG verstoßen nach eigenen Angaben mehr als die Hälfte aller Unternehmer (vgl. *Kirsch u.a.*, a.a.O., S. 385). Während in rd. 90 % der Unternehmen mit mehr als 500 Beschäftigten eine schriftlich fixierte Personalplanung betrieben wird, wissen in 25 % der Unternehmen die Interessenvertretungen nichts von deren Existenz (ebd., S. 357). Wird über die Personalplanung informiert, dann erfolgt die Information sehr oft verspätet, d.h., nachdem die Entscheidung über den Plan getroffen ist. Solche Verstöße des Unternehmens werden häufig dadurch erleichtert, dass die Interessenvertretungen nur unzureichend über den Aufbau und die Funktionsweise einer Personalplanung informiert sind.

Dabei ist Personalplanung, wie die folgenden Übersichten verdeutlichen, im Rahmen der Unternehmensplanung mit entscheidend für die Zukunftsperspektiven der Beschäftigten. Ihr Ausbaustand und ihre Differenziertheit sind nicht zuletzt auch für die Einflussmöglichkeiten der Arbeitnehmervertretung von Interesse. Über welche wichtigen Weichenstellungen im Rahmen einer ausgebauten Personalplanung in den einzelnen Teilbereichen entschieden wird, verdeutlicht die zusammenfassende Übersicht 45.

Über die Verbreitung der schriftlich fixierten Teilpläne sowie deren jeweilige Planungszeiträume gibt Übersicht 46 Auskunft.

In aller Regel hat eine unter dem Gesichtspunkt der Kostenminimierung durchgeführte Personalplanung für die Beschäftigten die in Übersicht 47 zusammengestellten negativen Konsequenzen.

Dennoch oder gerade deswegen ist die Personalplanung für die Interessenvertretung von großer Bedeutung: Als operative und taktische Planung macht sie die mittel- und kurzfristige Personalpolitik des Unternehmens transparent und schafft so die Voraussetzungen zum möglichst frühen Ergreifen von Schutzmaßnahmen bzw. zur Organisation betrieblicher Gegenwehr zur Sicherung der Arbeitsplätze.

Personalbedarfsplanung

Ausgangspunkt und zentraler Bereich der Personalplanung ist die Personalbedarfsplanung. Sie hat die Aufgabe festzustellen, wie viele Arbeitskräfte, mit welcher Qualifikation, an welchem Ort und zu welchem Zeitpunkt benötigt werden, um ein bestimmtes Produktions- oder Dienstleistungsprogramm möglichst kostengünstig zu realisieren.

Übersicht 47

Mögliche Auswirkungen der Personalplanung auf die Beschäftigten

Personalplanungsbereiche	Gefahrenspunkte/Folgen für die Arbeitnehmer
● Personalbedarfsplanung	Mehr- oder Minderbedarf (Entlassungen bzw. Leistungsverdichtung) Variation der Belastungsgrenzen (Personaleinsparung) personelle Unterdeckung (Mehrarbeit) notwendige Anpassung von Springereinsatz/personeller Zuschlagsquote an Fehlzeitenquote (z.B. nach Arbeitszeitverkürzung, sonst Leistungssteigerung)
● Personalbeschaffungsplanung	Rekrutierung der Arbeitskräfte von innen oder von außen; interne Ausschreibung, Umsetzungen (anstelle Entlassungen); mehr oder weniger Auszubildende (in Verbindung mit Qualifikationsplanung)
● Personalabbauplanung	Entlassungen oder alternative Maßnahmen der Personalanpassung; Einsatz von Abbaureserven/Leiharbeitnehmern/vorzeitige Pensionierung/Sozialplan/Aufhebungsvertrag
● Personalentwicklungsplanung	Personalbeurteilungssysteme/Exklusivität der Beteiligung an interner oder externer Weiterbildung/Qualifikationssicherung als Voraussetzung gesicherter Einkommen/Nachwuchs- und Führungskräfteplanung
● Personalkostenplanung	Rationalisierung/Kostensenkung bei gleichzeitiger Leistungssteigerung/Abgruppierung/Dequalifizierung

Quelle: WSI-Projektgruppe, Mitbestimmung im Unternehmen und Betrieb, Köln 1981, S. 505.

Die Ermittlung des zukünftigen Personalbedarfs erfolgt in mehreren Schritten:

Im ersten Schritt geht es um die Ermittlung des Bruttobedarfs. Dazu bedarf es der Berechnung der für die Erfüllung des geplanten Dienstleistungs- oder Produktionsprogramms erforderlichen Arbeitsmenge (i.d.R. auf Stundenbasis), dem sog. Einsatzbedarf, zu dem noch der ausfallzeitbestimmte Reservebedarf hinzugerechnet werden muss. Die Praxis bedient sich bei der Berechnung des Bruttopersonalbedarfs einer Vielzahl unterschiedlicher v.a. quantitativer Methoden (vgl. Übersicht 49).

Der Reservebedarf ergibt sich aus der Summe aller Abwesenheitszeiten der Beschäftigten im Betrieb. Die Zuschlagsquoten für den Reservebedarf sind sicherlich von Betrieb zu Betrieb verschieden; allerdings dürfte in kaum einem Fall eine Zuschlagsquote zu ermitteln sein, die unter 20 % liegt (vgl. Übersicht 50).

Übersicht 48
Ermittlung des Personalbedarfs

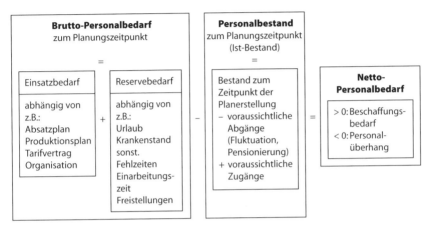

Quelle: RKW-Handbuch Praxis der Personalplanung, 1990, S. 88, RKW-Verlag

Bei der Berechnung des Bruttobedarfs ist zu beachten, dass die Reservequote nicht einfach addiert wird, sondern dass wie folgt gerechnet wird:

$$\text{Bruttopersonalbedarf} = \frac{\text{Einsatzbedarf}}{100\ \%\text{-Reservequote}} \times 100$$

Dies ist dadurch begründet, dass natürlich auch die zusätzlich als Ausgleich für den Reservebedarf eingestellten Mitarbeiter(innen) Anspruch auf Urlaub, Weiterbildung usw. haben und gleichfalls krank werden können.

Im zweiten Schritt geht es um die Ermittlung des Personalbestandes unter Berücksichtigung von voraussichtlichen Abgängen (Fluktuation, Pensionierung, Zivil- oder Wehrdienst) und Zugängen (aufgrund bereits eingegangener Verpflichtungen, Rückkehr aus Erziehungsurlaub bzw. Zivil- oder Wehrdienst, Übernahme von Auszubildenden nach erfolgreichem Abschluss).

Der dritte Schritt dient der Ermittlung des Nettopersonalbedarfs durch Gegenüberstellung von Bruttopersonalbedarf und Personalbestand. Ist der Nettopersonalbedarf positiv, dann muss Personal beschafft werden; ist er negativ, besteht ein Personalüberhang.

Im Beispiel der Übersicht 51 plant der Unternehmer im kommenden Geschäftsjahr die Einführung von Bestückungsautomaten am Montageband. Mit dieser Rationalisierungsinvestition sollen 18 Arbeitsplätze eingespart werden

Übersicht 49

Verfahren zur Prognose des Brutto-Personalbedarfs

Methode	Bezugsgrößen	Umrechnungsmethoden	Einigung

Schätzverfahren	• Unbestimmt
	  – Erfahrungen,
	    Vorhaben und
	    Maßnahmen an-
	    derer Unterneh-
	    menspläne u.a.
		• Schätzung
		• systematische
		  Schätzung
			Geeignet für kleinere
			und mittlere Betriebe
			zur kurz- und mittel-
			fristigen Bedarfsermitt-
			lung

Globale Bedarfs-
prognosen
	• Entwicklung be-
	  stimmtzer Größen in
	  der Vergangenheit
	  wie
	  – Beschäftigten-
	    zahl
	  – Umsatz u.a.
	• Ermittelte oder ver-
	  mutete Zusammen-
	  hänge zwischen
	  Größen in Form von
	  Kennzahlen
		• Trendextrapolation
		• Regressions-
		  rechung
		• Korrelations-
		  rechung
			Geeignet für Mittel-
			und Großbetriebe mit
			kontinuierlicher Ab-
			satz- und Produktions-
			entwicklung zur mittel-
			und langfristigen
			Planung

Kennzahlenmethode	• Z.B. Entwicklung der
	  Arbeitsproduktivität
	  bzw. anderer Kenn-
	  zahlen
		• Trendextrapolation
		• Regressions-
		  rechung
		• Innerbetriebliche
		  Quervergleiche
			Gut geeignet für Be-
			triebe aller Größen-
			klassen zur Ermittlung
			des Personalbedarfs für
			bestimmte Betriebstei-
			le oder Gruppen von
			Arbeitsplätzen

Analytisches
Verfahren der
Personalbemessung
	• Zeitbedarf pro
	  Arbeitseinheit
	• Arbeitseinheit
		• Schätzungen
		• Arbeitsanalysen
		• Zeitmessungen
		• Tätigkeitsvergleiche
		• Innerbetriebliche
		  Quervergleiche
			Für Betrieb geeignet, in
			denen im Rahmen der
			Arbeitsvorbereitung
			REFA bzw. MTV ange-
			wendet wird

Stellenplanmethode	• Gegenwärtige und
	  künftige Organisa-
	  tionsstruktur
			Für alle Betriebe ge-
			eignet zur kurz- und
			mittelfristigen Planung,
			wenn organisatorische
			Voraussetzungen er-
			füllt sind

Besondere Analyse
des Resevebedarfs
	• Effektive und nomi-
	  nale Arbeitszeit
		• Analyse von
		  Fehlzeiten
		• Fluktuation
		• Prognose der
		  tariflichen Arbeits-
		  zeit
			Für alle Betriebe kurz-,
			mittel- und langfristig

Quelle: RKW-Handbuch Praxis der Personalplanung, 1990, S. 97, RKW-Verlag.

Übersicht 50

Ermittlung des Reservebedarfs (Beispiel)

1. Ermittlung der jährlichen Betriebszeiten

365 Jahrestage

52 Sonntage

52 Samstage

9 Feiertage

ergibt 252 potenzielle Arbeitstage = 100 %; 1 Tag = 0,4 %

2. Ermittlung des Reservebedarfs

Tage		Prozent
30	Tarifurlaub	+ 11,9
1	unbezahlter Urlaub	+ 0,4
0,5	Sonstiger Urlaub (z. B. für Schwerbehinderte)	+ 0,2
0,5	Mutterschutzurlaub	+ 0,2
0,5	Bundeswehr	+ 0,2
1	Weiterbildung/Bildungsurlaub	+ 0,4
2,5	nicht besetzte Arbeitsplätze	+ 1,0
15	Arbeitsunfähigkeit	+ 6,0
0,5	Freistellung für Betriebsräte u. Vertrauensleute	+ 0,2
52,5	Tage durchschnittlicher Abwesenheit; Reservebedarf beträgt	+ 20,5

3. Zusätzlicher Reservebedarf bei einer Aufrechterhaltung der Wochenarbeitszeit von 40 Std. bei einer Arbeitszeitverkürzung auf 37 Std.

18 Freischichten für 37-Stunden-Woche	+ 7,2

4. Verminderter Reservebedarf durch Einführung eines vierwöchigen Betriebsurlaubs im Sommer (20 Arbeitstage) und nach Weihnachten (5 Arbeitstage)

25 Urlaubstage werden während des Betriebsurlaubs genommen	– 10

Quelle: IAT; abgedruckt in: Bosch u. a. (Hrsg.) 1995, S. 112.

Übersicht 51

Beispiel einer Personalbedarfsplanung
bei vorgesehener Rationalisierung

Abt.: Montage	Personalbedarfsplanung	Planungszeitraum: 1.1.–31.12.1996				
			Lohngruppen			Gesamt-summe
			2	3	4	5	
Sollbestand ohne Berücksichtigung der Fehlzeiten	a	38	25	23	10	96
Zusätzlicher Bedarf für Fehlzeiten (Krankheiten, Urlaub, sonstige Fehlzeiten) in % ... (15) (soweit sich Fehlzeiten nicht auf einzelne Mitarbeitergruppen beziehen lassen, ist der Prozentsatz auf die Gesamtsumme zu beziehen)	b	6	4	3	1	14
Sollbestand (a + b)	c	44	29	26	11	110
Istbestand	d	50	38	30	10	128
Geplante Veränderung (c – d) als Mehrbedarf = +	e					
als Minderbedarf = –	f	– 6	– 9	– 4	+ 1	– 18
Ersatzbedarf + zu ersetzende Pensionierungen		+ 1	+ 2	+ 1		+ 4
+ zu ersetzende Einberufungen/Zivildienstleistende			+ 2			+ 2
+ zu ersetzende Kündigungsfälle (geschätzte und bekannte Kündigungen) + zu ersetzende Versetzungsfälle + zu ersetzende Todes- u. Invalidenfälle (geschätzt) + sonstige bekannte bzw. geschätzte Abgänge		+ 4	+ 1	+ 1	+ 1	+ 7
Abgänge (gesamt)	g	+ 5	+ 5	+ 2	+ 1	+ 13
– Zugänge aufgrund vertraglicher Verpflichtungen – Rückkehr vom Wehrdienst/Zivildienst			– 1			– 1
– Versetzungen – Übernahme aus Ausbildungsverhältnis – sonstige bekannte bzw. geschätzte Zugänge			– 1			– 1
Zugänge (gesamt)	h		– 2			– 2
Beschäftigungsbedarf (e oder f) + g – h = + Freisetzungsbedarf	i				+ 2	+ 2
(e oder f) + g – h = –	k	– 1	– 6	– 2		– 9

(Zeile f). Betroffen sind hiervon insbesondere die unteren Lohngruppen. Ein Teil des geplanten Personalabbaus soll durch Ausnutzen der natürlichen Fluktuation erfolgen (Zeile g). Außerdem plant der Unternehmer im nächsten Geschäftsjahr insgesamt 9 Entlassungen und 2 Einstellungen.

In Kenntnis dieser Personalbedarfsplanung für das kommende Geschäftsjahr kann der Betriebsrat nun versuchen, seine Schutzfunktion gegenüber den von Entlassung bedrohten Beschäftigten wahrzunehmen. Ansatzpunkte hierfür sind:

- Überprüfung und Infragestellung des Sollbestandes und der zugrunde gelegten Reservequote;
- Verhandlungen mit dem Unternehmer über Umsetzungen/Versetzungen in andere Abteilungen (evtl. verbunden mit Einstellungsstopp und Umschulungsmaßnahmen);
- Verhandlungen mit dem Unternehmer über Weiterqualifizierungsmaßnahmen mit dem Ziel, den zusätzlichen Bedarf an qualifizierten Beschäftigten der Lohngruppe V (Zeile i) durch interne Lösungen (Umsetzungen/Versetzungen) abzudecken.

Auch wenn im Regelfall der Unternehmer nicht in der hier dokumentierten Detailliertheit seine Personalbedarfsplanung offen legt, so kann der WA doch versuchen, durch entsprechende Nachfragen die in Übersicht 45 enthaltenen Informationen zu bekommen. Im Übrigen ist der Betriebsrat berechtigt, Vorschläge zur Einführung einer solchen Personalplanung zu machen (§ 92 BetrVG).

Die Informationsbeschaffung und die Entwicklung von Gegenvorschlägen ist in aller Regel notwendig, da die unter der Zielsetzung der Kostenminimierung durchgeführte unternehmerische Bedarfsplanung die in Übersicht 47 dargestellten negativen Konsequenzen für die Beschäftigten hat.

Bei der Personalbeschaffungsplanung geht es um die Frage, wie ein Nettopersonalbedarf bestmöglich gedeckt werden kann. Zur Verfügung stehen sowohl der interne als auch der externe Arbeitsmarkt (vgl. Übersicht 52).

Personalbeschaffungs- oder -abbauplanung

Welche Möglichkeiten ein Unternehmen zur Bedarfsdeckung nutzt, hängt von einer Vielzahl von Faktoren ab. Soweit es möglich ist, bevorzugen viele Unternehmen interne Lösungen. Der Betriebsrat kann nach § 93 BetrVG interne Stellenausschreibungen verlangen. Kommt es zu Versetzungen, dann sind die Mitbestimmungsrechte des Betriebsrates gemäß § 99 BetrVG zu beachten. Erfolgen Einstellungen von außerhalb des Betriebes (nicht des Unternehmens), dann ist der Betriebsrat ebenfalls gemäß § 99 BetrVG zu beteiligen.

Übersicht 52

Methoden und Maßnahmen der Personalbeschaffung

Quelle: RKW-Handbuch Praxis der Personalplanung, 1990, S. 139, RKW-Verlag

Personalabbauplanung

Ergibt ein Soll-Ist-Vergleich im Rahmen der Personalbedarfsplanung einen Personalüberhang, dann muss der Unternehmer Überlegungen anstellen, wie er den Personalabbau bewerkstelligt. Übersteigt der Personalabbau eine bestimmte Größenordnung, dann greifen die Mitbestimmungsrechte des Betriebsrates gemäß §§ 111 ff. BetrVG. Der Betriebsrat kann Verhandlungen über einen Interessenausgleich und Sozialplan verlangen. Kann zwischen

Übersicht 53

Überblick über beschäftigungspolitische Reaktionsmöglichkeiten bei geplantem Personalabbau

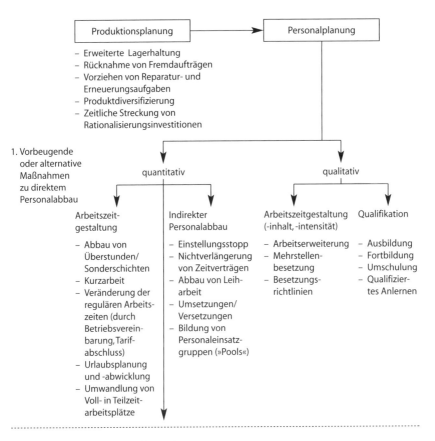

Produktionsplanung	Personalplanung

– Erweiterte Lagerhaltung
– Rücknahme von Fremdaufträgen
– Vorziehen von Reparatur- und
  Erneuerungsaufgaben
– Produktdiversifizierung
– Zeitliche Streckung von
  Rationalisierungsinvestitionen

1. Vorbeugende oder alternative Maßnahmen zu direktem Personalabbau

quantitativ

qualitativ

Arbeitszeit-gestaltung	Indirekter Personalabbau	Arbeitszeitgestaltung (-inhalt, -intensität)	Qualifikation
– Abbau von Überstunden/ Sonderschichten	– Einstellungsstopp	– Arbeitserweiterung	– Ausbildung
– Kurzarbeit	– Nichtverlängerung von Zeitverträgen	– Mehrstellen-besetzung	– Fortbildung
– Veränderung der regulären Arbeits-zeiten (durch Betriebsverein-barung, Tarif-abschluss)	– Abbau von Leih-arbeit	– Besetzungs-richtlinien	– Umschulung
– Urlaubsplanung und -abwicklung	– Umsetzungen/ Versetzungen		– Qualifizier-tes Anlernen
– Umwandlung von Voll- in Teilzeit-arbeitsplätze	– Bildung von Personaleinsatz-gruppen (»Pools«)		

2. Direkter Personalabbau

– Vorruhestand
– Frühpensionierung
– Aufhebungsverträge
– Entlassungen
  – Einzelkündigungen
  – Massenentlassungen
  – Entlassungen nach
    Betriebsänderungen
    (nach § 111 BetrVG)

Quelle: RKW-Handbuch Praxis der Personalplanung, 1990, S. 206, RKW-Verlag

Arbeitgeber und Betriebsrat in diesen Fragen kein Einvernehmen hergestellt werden, dann kann die Einigungsstelle angerufen werden, die für den Sozialplan auch verbindliche Entscheidungen treffen kann.

Unabhängig vom Vorliegen eines Mitbestimmungsrechtes des Betriebsrates ist es wichtig, Überlegungen anzustellen, um Entlassungen möglichst zu vermeiden. Übersicht 53 zeigt das weite Spektrum von Maßnahmen, dass hierfür in Frage kommt.

Personalentwicklungsplanung

Die Qualifikation der Beschäftigten erweist sich seit geraumer Zeit als bedeutsamer Faktor für die wirtschaftliche Betriebsführung insbesonders in technologisch hochentwickelten Betrieben. Aufgabe der Personalentwicklungsplanung ist es,

- Qualifikationsziele zu bestimmen,
- Qualifikationsbedarf zu ermitteln und
- Maßnahmen zur Deckung des Qualifikationsbedarfs festzulegen.

Der Ablauf der Personalentwicklungsplanung ist in Übersicht 54 dargestellt.

Personaleinsatzplanung

Aufgabe der Personaleinsatzplanung ist die optimale Zuordnung von Arbeitskräften zu Arbeitsplätzen. Die zentralen Fragen sind in der folgenden Übersicht zusammengestellt:

Im Rahmen der Personaleinsatzplanung ist zu unterscheiden zwischen dem kurzfristigen Kapazitätsaustausch zwischen Abteilungen oder Bereichen bei auftretenden Kapazitätsengpässen und der mittel- und langfristigen Anpassung des Arbeitskräftepotenzials an die Arbeitsanforderungen.

Kurzfristige Personalbedarfsschwankungen werden in der Regel ausgeglichen durch

- Veränderungen der Arbeitszeiten (Kurzarbeit, Mehrarbeit, Sonderschichten, flexible Arbeitszeit),
- Einstellung von Aushilfen, befristeten Teilzeitbeschäftigten, Personalleasing,
- Einrichtung von Springer-Arbeitsplätzen,
- Urlaubsplanung.

Die mittel- und langfristige Personaleinsatzplanung beschäftigt sich mit Fragen der optimalen Besetzung künftig frei werdender, neu zu schaffender oder veränderter Arbeitsplätze. Mittel sind sog. Stellenbesetzungspläne und Profilvergleiche.

Stellenbesetzungspläne sollten neben den Ist-Informationen

- Abteilung/Betrieb,
- Stellennummer,

Übersicht 54

Ablauf der Personalentwicklungsplanung

1. Künftige Arbeitsplatzanforderungen analysieren	Planungsrunden und begleitende Projektteams arbeitswissenschaftliche Verfahren Gruppeninterviews offen strukturierte Interviews repräsentativ ausgewählte Arbeitsplatzbeobachtungen	Projektteam aus: Organisationsabteilung/ Planungsabteilung/ Arbeitswirtschaft/ Personalabteilung/Personalentwicklung/Bildungswesen
2. Vorhandene Qualifikationen und künftige Qualifikationsanforderungen analysieren und bewerten	Stellen-/Positionsbeschreibungen Auswertung von Literatur Vergleich mit anderen Unternehmen Szenarientechniken Gruppeninterviews Expertengespräche Mitarbeitergespräche	Fachbereiche/Personalabteilung/ Personalentwicklung/ externe Experten/Vorgesetzte/ Mitarbeiter/ Betriebsrat
3. Entwicklungspotenziale analysieren und bewerten	Mitarbeitergespräche Assessment Center Fragen zur Laufbahn	Vorgesetzte/Personalentwicklung/externe Berater/Betriebsrat
4. Entwicklungsbedarf ermitteln	Analyse von Fehlzeiten, Unfallquoten, Qualitätsmängeln, Betriebsklima, Informationsfluss usw. (z.B. durch Erfa-Gruppen) Stellenbeschreibungen Gruppeninterviews Mitarbeitergespräche Fragebogen zur Laufbahn	Vorgesetzte/Fachbereiche, Personalabteilung, Personalentwicklung, Bildungsbeauftragter, Mitarbeiter/Betriebsrat
5. Planung der Entwicklungsmaßnahmen (global und individuell)	Entwicklung von Curricula Auswahl der Bildungsträger/ Trainer, evtl. Schulung der Trainer Festlegung der zeitlichen und organisatorischen Durchführungsbedingungen	Personalentwicklung/ Fachabteilung/ Vorgesetzte/ Mitarbeiter/Betriebsrat
6. Durchführung der Entwicklungsmaßnahmen	training on-the-job/off-the-job/ job rotation	Bildungswesen/externe Bildungsträger/Fachabteilungen/Betriebsrat
7. Planung der Erfolgskontrolle	z.B. Analyse von Betriebsklima, Ausschußproduktion, Qualität durch Fragebogen/ Tests/Seminarkritik Beobachtung/Leistungsbeurteilung	Vorgesetzte/ Personalentwicklung/ Mitarbeiter/Betriebsrat Fachabteilung

Quelle: RKW 1990, S. 280; abgedruckt in: Bosch, G. u.a. (Hrsg.) 1995, S. 236.

Übersicht 55

Stellengebundene Einflussfaktoren bei der Personaleinsatzplanung

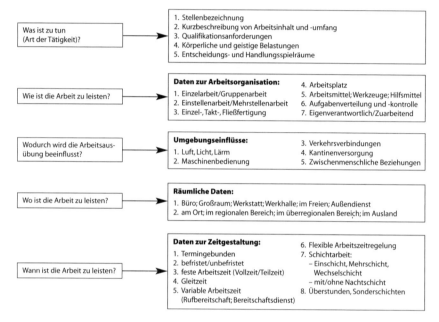

| Was ist zu tun (Art der Tätigkeit)? | 1. Stellenbezeichnung
2. Kurzbeschreibung von Arbeitsinhalt und -umfang
3. Qualifikationsanforderungen
4. Körperliche und geistige Belastungen
5. Entscheidungs- und Handlungsspielräume |

| Wie ist die Arbeit zu leisten? | **Daten zur Arbeitsorganisation:**
1. Einzelarbeit/Gruppenarbeit — 4. Arbeitsplatz
2. Einstellenarbeit/Mehrstellenarbeit — 5. Arbeitsmittel; Werkzeuge; Hilfsmittel
3. Einzel-, Takt-, Fließfertigung — 6. Aufgabenverteilung und -kontrolle
7. Eigenverantwortlich/Zuarbeitend |

| Wodurch wird die Arbeitsausübung beeinflusst? | **Umgebungseinflüsse:**
1. Luft, Licht, Lärm — 3. Verkehrsverbindungen
2. Maschinenbedienung — 4. Kantinenversorgung
5. Zwischenmenschliche Beziehungen |

| Wo ist die Arbeit zu leisten? | **Räumliche Daten:**
1. Büro; Großraum; Werkstatt; Werkhalle; im Freien; Außendienst
2. am Ort; im regionalen Bereich; im überregionalen Bereich; im Ausland |

| Wann ist die Arbeit zu leisten? | **Daten zur Zeitgestaltung:**
1. Termingebunden — 6. Flexible Arbeitszeitregelung
2. befristet/unbefristet — 7. Schichtarbeit:
3. feste Arbeitszeit (Vollzeit/Teilzeit) — – Einschicht, Mehrschicht, Wechselschicht
4. Gleitzeit — – mit/ohne Nachtschicht
5. Variable Arbeitszeit (Rufbereitschaft; Bereitschaftsdienst) — 8. Überstunden, Sonderschichten |

Quelle: Kador/Pornschlegel 1989, S. 88, RKW-Verlag.

- Stellenbezeichnung,
- Name des Stelleninhabers

auch vorausschauende, planerische Informationen enthalten, wie z. B.

- Stellenvermehrung,
- Stellenzusammenlegung oder -teilung,
- Stellenausgliederung, -umverteilung oder -zuordnungsänderung,
- Stellenverminderung.

Stellenbesetzungspläne sind zu ergänzen um Zusatzpläne bezüglich

- Schicht,
- Urlaub,
- Nachfolge usw.

Mit der Profilmethode oder dem Profilvergleich versucht man, Anforderungen des Arbeitsplatzes mit den Fähigkeiten der Stelleninhaber hinsichtlich bestimmter Kriterien, wie z. B. notwendige Kenntnisse, Geschicklichkeit, Verantwortung, Belastbarkeit, abzugleichen. Die Anforderungen des Arbeitsplatzes ergeben sich aus den Stellenbeschreibungen. Die Fähigkeiten der Arbeitnehmer aus den Personalakten, Beurteilungsgesprächen, Assessment-Center usw. Inwieweit solche Profilvergleiche überhaupt zulässig sind, unterliegt der Mitbestimmung des BR (§§ 94, 95 BetrVG; evtl. auch § 87 Abs. 1 Nr. 6 BetrVG). Außerdem sind die Bestimmungen des BDSG zu beachten.

Die Personaleinsatzplanung hat außerdem die Aufgabe, Einsatzmöglichkeiten für besondere Arbeitnehmergruppen bereitzustellen, wie z. B. für

- ältere Mitarbeiter,
- Schwerbehinderte oder gesundheitlich beeinträchtigte Mitarbeiter,
- Auszubildende und jugendliche Mitarbeiter.

Personalkostenplanung

In der Personalkostenplanung werden die kostenmäßigen Auswirkungen der Personalplanung erfasst. Eine differenzierte Planung lässt sich am besten mit Hilfe der Budgetierung auf der Basis der Stellenpläne erreichen:

Die Personalkostenplanung liefert auch die Informationsbasis für eine genauere Analyse der Personalkostenstruktur auf der Grundlage von Kennziffern, wie z. B.

- Personalkosten/Mitarbeiter,
- Personalnebenkosten/Mitarbeiter,
- Lohn/Gewerbliche Arbeitnehmer,
- Gehalt/Angestellte,
- Personalkosten/Umsatz.

5.3 Was muss der Wirtschaftsausschuss über die Planung im Unternehmen wissen?

Es kann nicht das Ziel der WA-Arbeit sein, möglichst umfassend über die strategische, operative und taktische Unternehmensplanung mitsamt ihren Einzelplänen informiert zu sein. Nicht nur, dass der WA die über ihn hereinbrechende Informationsflut gar nicht bewältigen könnte. Der weitaus überwiegende Teil dieser Information wäre für die Interessenvertretungsarbeit auch völlig bedeutungslos. Eine intensive Beschäftigung mit der am Gewinnziel orientierten Unternehmensplanung würde zudem für die Interessenvertretung die erhebliche Gefahr in sich bergen, vorschnell unternehmerischen »Sachzwängen« aufzusitzen und sich damit den eigenen Handlungsspielraum unnötig einzuengen.

Übersicht 56

Vorgehensweise bei der Budgetierung von Personalkosten

1. Erfassung der Ist-Monatslöhne bzw. -gehälter aller besetzten Planstellen auf der Basis der Normalarbeitszeit

2. Erfassung der voraussichtlichen Monatslöhne bzw. -gehälter aller im Planungszeitraum zu besetzenden Planstellen, ebenfalls auf der Basis der Normalarbeitszeit. Bei voraussichtlicher Stellenbesetzung im Laufe des Planungszeitraumes zeitanteilige Durchschnitts-Monatsbeträge ansetzen.

3. Erfassung der tarifbedingten zwangsläufigen Steigerungsbeträge (z. B. Erhöhung infolge Dienst- oder Lebensalter) als Monatsdurchschnitt für den Planungszeitraum

4. Angabe der voraussichtlichen Durchschnitts-Überstundenvergütungen pro Monat für die gesamte Kostenstelle

5. Erfassung der voraussichtlich anfallenden monatlichen Durchschnittsbeträge für verschiedene Zulagen (Umweltzulagen, Schichtzulagen usw.)

6. Schätzung der voraussichtlich anfallenden Kosten für Stellenanzeigen, Bewerbervorstellungen usw. (soweit nicht den Gemeinkosten zugeschlagen)

7. Die Nebenkosten sowohl auf Grund von Gesetz und Tarif als auch auf Grund freiwilliger Leistungen werden zweckmäßigerweise unternehmensindividuell ermittelt und als prozentualer Zuschlagsatz den Lohn- und Gehaltskosten hinzugerechnet.

8. Erhöhungsbeträge auf Grund erwarteter Tarifvereinbarungen und vorgesehener freiwilliger Zulagen sollten ebenfalls zweckmäßigerweise unternehmenseinheitlich geplant und den Budgets der einzelnen Kostenstellen zugeschlagen werden.

Quelle: Kador/Pornschlegel, 1989, S. 115, RKW-Verlag.

Der WA sollte sich deshalb auf diejenigen Planinformationen konzentrieren, die für die Interessenvertretung von Bedeutung sind. Es sind dies im Wesentlichen die Planinformationen über die *Gefährdungsbereiche* von Arbeitnehmerinteressen (vgl. Abschn. 8.2).

Diese Planinformationen kann der Unternehmer in aller Regel auch ohne großen Aufwand für den WA bereitstellen. Die Planinformationen über die Gefährdungsbereiche der Arbeitnehmerinteressen *(Beschäftigung, Einkommen, Arbeitsbedingungen, Arbeitszeit, Qualifikation)* sind vor allem dem Personalplan zu entnehmen.

Sollten bestimmte, von der Interessenvertretung geforderte (Plan-)Informationen nicht in den (Planungs-)Unterlagen des Unternehmens direkt enthalten sein, dann ist es dem Unternehmer sehr wohl zuzumuten, dass er diese speziell für die Interessenvertretung erstellt (vgl. hierzu die Ausführungen in Abschn. 10.2.2.2).

Im Übrigen sollte der BR versuchen, mit dem Unternehmer eine freiwillige Betriebsvereinbarung abzuschließen, in der festgelegt ist, in welchem Planungsstadium BR und WA welche Informationen erhalten. Eine beispielhafte

Übersicht 57

Fragenkatalog zur Organisation der Unternehmensplanung

1. Welche Planungen werden regelmäßig durchgeführt?
   (z. B. Umsatz- und Kostenplanung, Beschaffungs-, Investitions- und Personalplanung, Finanzplanung)

2. Wie lang ist der Planungshorizont für die regelmäßig aufgestellten Planungen?
   (z. B. 1 Jahr, 3 Jahre, 5–10 Jahre)

3. Wie oft werden die regelmäßigen Planungen aufgestellt/überarbeitet?
   (z. B. jährlich, quartalsweise, monatlich)

4. Wann werden die grundsätzlichen Planungen für das nächste Jahr vorgenommen?
   (z. B. taktische Jahresplanungen i. d. R. Sept.–Dez./Jan.)

5. Wer ist an der Aufstellung der Pläne maßgeblich beteiligt?
   (z. B. Stabsabteilungen Vorstand, Rechnungswesen/Controlling, Organisationsabteilung)

6. Mit wem werden aufgestellte Planungen abgestimmt und vereinbart?
   (z. B. Werksleiter, Filialleiter, Abteilungsleiter)

7. Welche Planungsformulare und -instrumente werden verwendet?
   (z. B. Personalanforderungsformular, Investitionsanforderungsformular, Budgetblätter)

8. Wie werden die Planungsergebnisse dokumentiert?
   (z. B. Soll-Stellenpläne, Soll-Deckungsbeitragsrechnungen, Budgetansätze)

9. Welche projektbezogenen einmaligen Planungen gibt es für das laufende Jahr?
   (z. B. umfangreichere Investitionsobjekte, Betriebsänderungen, Fusionen, Aufkäufe anderer Unternehmen, Einsatz von Unternehmensberatern, Marktstudien etc.)

Regelung für die Information des BR bei der Einführung neuer und Änderung bestehender Techniken sowie der Änderung der Arbeitsorganisation findet sich z. B. in dem am 2.3.1987 zwischen der IG Metall, Bezirksleitung Hannover, und der Volkswagen AG in Wolfsburg abgeschlossenen Firmentarifvertrag (siehe dazu Dokumentation im Anhang VII). Sowohl in der Grob- als auch in der Feinplanungsphase als auch in der Realisierungsphase erhält der BR folgende Informationen, die mit zunehmendem Planungsfortschritt inhaltlich zu konkretisieren sind:

- Ziel und Umfang der Planung,
- geplante Bauten oder die Veränderung von Bauten,
- geplante technische Anlagen und/oder wesentliche Veränderungen solcher Anlagen,
- geplante Veränderungen der Arbeitsinhalte und -abläufe,
- die sich aus dem Planungsvorhaben ergebenden Auswirkungen auf die Art der Arbeit und Arbeitsumgebung sowie auf den Personalbedarf einschließlich der Qualifikationsanforderungen.

Voraussetzung für eine derartige Beschäftigung mit der Unternehmensplanung ist, dass die Interessenvertretung über das Planungssystem und die Planungsabläufe im Unternehmen Bescheid weiß. Häufig ist das nicht der Fall. Deshalb empfehlen wir, dass sich der WA einen Überblick über das Planungssystem des Unternehmens verschafft. Dazu eignet sich am besten eine Sondersitzung des WA bzw. eine WA-Sitzung, die von der Tagesordnung her nicht allzu umfangreich ist. Zur Vorbereitung (auch des Unternehmers) auf eine solche Sitzung kann der Fragenkatalog in Übersicht 57 hilfreich sein.

Vertiefende und weiterführende Literatur:

Zur Unternehmensplanung allgemein

Brückner-Bozetti, P., Unternehmensberatung und Mitbestimmung, HBV-Arbeitsheft, Düsseldorf 1993.

Hase, D., Schmidt, T., Teppich H., Controlling im Versicherungsunternehmen, HBV-Arbeitsheft, Düsseldorf 1994.

Koch, H., Integrierte Unternehmensplanung, Wiesbaden 1982.

WSI-Projektgruppe, Mitbestimmung in Unternehmen und Betrieb, Köln 1982, S. 483–500.

Zur Investitionsplanung

Bosch/Kohl/Schneider (Hrsg.), Handbuch Personalplanung. Ein praktischer Ratgeber, Bund-Verlag Köln 1995.

Kador/Pornschlegel, Handlungsanleitung zur betrieblichen Personalplanung, 3. Aufl., RKW-Verlag/Verlag TÜV Rheinland 1989.

Briefs, U., Informationspolitik der Interessenvertretung bei Investitionen in: Interessenvertretung durch Information. Handbuch für Arbeitnehmervertreter, hg. v. H. Brehm und G. Pohl, Köln 1978, S. 284–301.

Koubek, N., Wann hat die Mitbestimmung bei Investitionsentscheidungen einzusetzen?, in: Die Mitbestimmung, Heft 7/1983, S. 299–303.

Pitz, K.-H., Investitionsanalyse: Mitbestimmung mit Inhalt füllen, in: Die Mitbestimmung 12/1983, S. 569–571.

Zur Personalplanung

Kohl, H., Personalplanung – Frühwarnsystem und Konfliktfeld für Arbeitnehmervertreter, in: Mitbestimmung durch Information. Handbuch für Arbeitnehmervertreter, hg. v. H. Brehm und G. Pohl, Köln 1978, S. 302–316.

Mohr, A., Personalplanung und Betriebsverfassungsgesetz, Beteiligungsmöglichkeiten des Betriebsrates, Köln 1977.

Projektgruppe im WSI, Betriebliche Beschäftigungspolitik und gewerkschaftliche Interessenvertretung, Köln 1977.

Strauss-Wieczorek, G., Personalplanung – ein Instrument zur Verhinderung von Personalabbau?, in: Kröger, H. J. (Hg.): Wirtschaftliche Kennzahlen. Handbuch für gewerkschaftliche Betriebspolitik, Hamburg 1984, S. 201–210.

6. Controlling

Inhaltsübersicht

In den Unternehmen werden zunehmend Controlling-Abteilungen eingerichtet, wobei man sich in kleinen und mittleren Unternehmen mit einem zentralen, der Unternehmensleitung direkt zugeordneten Controlling begnügt, während in Großunternehmen immer häufiger zunehmend auch dezentrale Controllingabteilungen für Sparten, Profitcenter oder Abteilungen eingerichtet werden. Doch auch wenn keine Controllingabteilungen eingerichtet werden, so werden Controlling-Instrumente in allen Unternehmen in zunehmendem Maße eingesetzt.

Da das Controlling für viele Entscheidungen der Unternehmensleitung wichtige Informationsgrundlagen liefert, ist eine Kenntnis der Controllingaufgaben, der im Unternehmen eingesetzten Controllingverfahren und -instrumente sowie des vom Controlling entwickelten Berichtswesens für die Arbeit im WA unerlässlich.

6.1 **Aufgaben des Controlling**

Unter Controlling wird die an den Unternehmenszielen ausgerichtete Steuerung des Unternehmens verstanden. Will man ein Unternehmen steuern, so muss man wissen,

- wie sich das Unternehmen entwickeln soll,
- wie es sich tatsächlich entwickelt hat und
- wie es sich vermutlich weiterentwickeln wird.

Durch einen Vergleich von geplanter, tatsächlicher und prognostizierter Entwicklung sowie der Feststellung der Ursachen für mögliche Abweichungen zwischen geplanter und tatsächlicher Entwicklung sowie zwischen geplanter und prognostizierter Entwicklung können Maßnahmen entwickelt werden, um der ursprünglich angestrebten Entwicklung möglichst nahe zu kommen. Dementsprechend nimmt das Controlling folgende Aufgaben wahr:

1. Unterstützung bei der Unternehmensplanung, teilweise übernimmt das Controlling auch die Durchführung der Planungsarbeiten;
2. laufende Erfassung und Darstellung der Ist-Entwicklung des Unternehmens;
3. Prognose der voraussichtlichen Unternehmensentwicklung auf der Basis der bisher eingetretenen Ist-Entwicklung sowie erkennbarer in der Unternehmensplanung nicht berücksichtigter Entwicklungen;
4. laufende Analyse der Abweichungen zwischen den Planwerten einerseits und den entsprechenden Istwerten sowie den prognostizierten Werten der Unternehmensentwicklung andererseits;
5. Entwicklung von Maßnahmevorschlägen, die dem Ziel dienen, die erkannten Abweichungen zukünftig zu vermeiden und zu einer Annäherung der prognostizierten Werte an die geplanten Werte beizutragen;
6. Entwicklung eines Berichtswesens, dass die Entscheidungsträger der verschiedenen Hierarchiestufen des Unternehmens mit den notwendigen Controlling-Informationen versieht.

Bisher war nur sehr allgemein von der geplanten Entwicklung des Unternehmens bzw. der Unternehmensplanung die Rede. Ist damit die langfristige Entwicklung des Unternehmens im Zeitraum der nächsten fünf bis zehn Jahre gemeint, so wird vom **strategischen Controlling** gesprochen. Ein strategisches Controlling existiert in den meisten kleinen und mittleren Unternehmen bisher nur in ersten, zumeist wenig formalisierten Ansätzen. Da auch in Großunternehmen bisher zumeist nur die strategische Planung entwickelt ist (vgl. dazu Kap. 5), soll hier auf die Darstellung des strategischen Controlling verzichtet werden.

Als **operatives Controlling** wird die Steuerung des Unternehmens mit Blick auf das nächste Geschäftsjahr (in seltenen Fällen auch mit Blick auf die nächsten drei Geschäftsjahre) verstanden. Die hierfür entwickelten Methoden und Instrumente sind zumeist weitgehend formalisiert und werden zunehmend auch in kleineren und mittleren Unternehmen eingesetzt. Die folgenden Ausführungen beschränken sich deshalb auf das operative Controlling.

6.2   Der Controlling-Zyklus

Die grundlegende Vorgehensweise des Controlling lässt sich als Controlling-Zyklus bezeichnen, der in Übersicht 58 dargestellt ist.

Übersicht 58:
Controlling-Zyklus

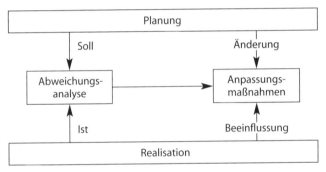

Im Rahmen des Planungsprozesses werden zunächst Sollvorgaben festgelegt. In einem zweiten Schritt wird die entsprechende Istentwicklung erfasst. Als dritter Schritt erfolgt die Feststellung und gegebenenfalls die Ursachenanalyse der Abweichung zwischen Soll und Ist. In einem vierten Schritt werden sodann Maßnahmen entwickelt, die möglichst kurzfristig zu einer Behebung der Abweichungsursachen beitragen und so für die Zukunft geringere Abweichungen erwarten lassen.

Nun wäre es für die erfolgreiche Steuerung des Unternehmens in der Regel unzureichend, wenn man erst nach Ablauf eines Jahres überprüft, ob die für dieses Jahr gesetzten Ziele erreicht wurden. Die Ergebnisse einer solchen Überprüfung ließen sich bestenfalls für die Planung des folgenden Jahres verwenden; für eine Beeinflussung des betrachteten Jahres käme man allerdings zu spät. Der beschriebene Controlling-Zyklus muss deshalb unterjährig, d.h. monatlich oder quartalsweise ablaufen. Dazu müssen einerseits die geplanten Jahresgrößen wie z. B. Absatz- und Produktionsmengen, Umsatzzahlen, Kosten und Betriebsergebnisse in Monats- oder Quartalsgrößen aufgeteilt werden. Andererseits müssen die entsprechenden Istzahlen möglichst schnell nach Ablauf der jeweiligen Monate bzw. Quartale vorliegen. Dadurch wird es möglich, Abweichungen auch schon im laufenden Jahr festzustellen und mit Hilfe der vorzuschlagenden Maßnahmen die noch bevorstehenden Monate bzw. Quartale des laufenden Jahres so zu beeinflussen, dass die in der Unternehmensplanung festgelegten Jahresziele doch noch erreicht werden.

Außerdem sollte in dem unterjährig durchgeführten Controlling-Zyklus eine **Prognose** (oft auch als **Hochrechnung** bezeichnet) der zu erwartenden Jahreswerte vorgenommen werden. In diese Prognose können dabei einfließen:

- die bisherigen Istzahlen,
- die beschlossenen Maßnahmen zur zukünftigen Vermeidung von Abweichungen,
- erkennbare Entwicklungen (z. B. auf den Absatz- und Beschaffungsmärkten), die in der ursprünglichen Jahresplanung nicht berücksichtigt wurden.

Ein Vergleich der prognostizierten mit den geplanten Werten kann nun die Notwendigkeit von Gegensteuerungsmaßnahmen deutlich werden lassen, auch wenn die bisherigen Monats-Istwerte noch nicht von den geplanten Monats-Sollwerten abweichen.

6.3   Das Controlling-Berichtswesen

Entsprechend dem Controlling-Zyklus werden vom Controlling regelmäßige – meist monatliche – Standardberichte erstellt. Daneben werden in kritischen Situationen oder vor wesentlichen Unternehmensentscheidungen Sonderberichte von der Controllingabteilung verfasst.

6.3.1   Standardberichte

Die Standardberichte sollen die Manager auf den jeweiligen Hierarchiestufen des Unternehmens in die Lage versetzen, ihre Entscheidungen so zu treffen, dass die im Rahmen der Unternehmensplanung gesetzten Ziele möglichst erreicht werden. Damit ist eine wesentliche Voraussetzung geschaffen, die zu treffenden Entscheidungen auf möglichst niedrige Hierarchiestufen zu verlagern. Diese Entscheidungsdezentralisation macht jedoch zugleich eine Standardberichterstattung erforderlich, die dem in der Unternehmenshierarchie jeweils nächsthöheren Manager eine Kontrolle der ihm unterstellten Bereiche ermöglicht, um bei einem Versagen der dezentralen Steuerung noch rechtzeitig eingreifen zu können (vgl. hierzu auch die Ausführungen zum Risikomanagementsystem in …).

Es liegt somit auf der Hand, dass die für die Unternehmensleitung vorgesehenen Standardberichte für den WA von großer Bedeutung sind, da sie

- eine weitgehend ungeschminkte Darstellung der bisherigen und zu erwartenden Unternehmensentwicklung enthalten,
- frühzeitig Schwachstellen im Unternehmen aufzeigen, an deren Behebung das Management zukünftig vermutlich verstärkt arbeiten wird,
- Belege für vom WA vermutete Managementfehler liefern können.

Der WA sollte sich deshalb vom Controlling erläutern lassen, welche Berichte der Unternehmensleitung regelmäßig vorgelegt werden, und sodann vom Unternehmer die regelmäßige Vorlage dieser Berichte im WA fordern. Als wichtigstes Beispiel der an die Unternehmensleitung gerichteten Standardberichte des Controlling soll im Folgenden die kurzfristige Erfolgsrechnung in Form der Deckungsbeitragsrechnung dargestellt werden.

Die Deckungsbeitragsrechnung ist ein Planungs-, Analyse- und Steuerungsinstrument, das dem Unternehmer helfen soll, sog. Rationalisierungsreserven bis in die kleinste Unternehmenseinheit (Arbeitsgruppe, Beschäftigter) aufzudecken und auszunutzen. Die auf der Basis der Deckungsbeitragsrechnung getroffenen Entscheidungen können deshalb zu erheblichen Auswirkungen auf die Beschäftigten führen. Zu nennen sind hier: Personalabbau, Leistungsverdichtungen, Einkommensminderungen, verminderte Kommunikationsmöglichkeiten, veränderte Arbeitsinhalte usw.

Da es für das gesamte interne Rechnungswesen der Unternehmen – und damit auch für die Deckungsbeitragsrechnung – keine verbindlichen Vorschriften gibt, unterscheiden sich die Verfahren meist von Unternehmen zu Unternehmen. Die im Folgenden verwendeten Beispiele aus dem Handelsbereich beanspruchen deshalb auch keine Allgemeingültigkeit, sondern sollen lediglich die Grundzüge der Deckungsbeitragsberechnung verdeutlichen. Wir empfehlen daher, dass sich der WA das im jeweiligen Unternehmen eingesetzte Verfahren in einer WA-Sitzung ausführlich erläutern lassen sollte.

Die Grundidee der Deckungsbeitragsberechnung besteht darin, für bestimmte Einheiten des Unternehmens (z. B. Artikel/Artikelgruppen, Abteilungen, Filialen oder Regionen) die diesen Einheiten direkt zurechenbaren Umsätze und Kosten einander gegenüberzustellen. Die Differenz zwischen Umsätzen und direkt zurechenbaren Kosten wird dabei als Deckungsbeitrag (DB) bezeichnet. Dieser Deckungsbeitrag soll zur Deckung der restlichen, der jeweiligen Unternehmenseinheit nicht direkt zurechenbaren Kosten und des geplanten Gewinns beitragen.

Werden als Einheiten die Artikel oder Artikelgruppen gewählt, so wird als

Deckungsbeitrag die Differenz zwischen Nettoumsatz und Wareneinsatzkosten definiert (DB 1 in Übersicht 59).

Soll der Erfolgsbeitrag einer Abteilung ermittelt werden, so werden von den Umsätzen der Abteilung die Wareneinsatzkosten und die Kosten für das Verkaufspersonal abgezogen (DB 2 in Übersicht 59). Zum gleichen Ergebnis kommt man, wenn die Summe aller Artikeldeckungsbeiträge der in der Abteilung verkauften Artikel um die Kosten für das Verkaufspersonal dieser Abteilung vermindert wird.

Soll der Deckungsbeitrag einer Filiale ermittelt werden, so werden von der Summe der Deckungsbeiträge aller Abteilungen alle sonstigen in dieser Filiale anfallenden Kosten abgezogen. Häufig werden die Kosten der Filiale auch schon bei der Erfolgsbetrachtung einzelner Abteilungen auf die einzelnen Abteilungen verteilt. Bei den meisten so verteilten Kosten wird jedoch ein willkürlicher Verteilungsschlüssel gewählt, so dass das Ergebnis dieser Rechnung (DB 3 in Übersicht 59) keine sinnvolle Aussage über den Erfolgsbeitrag der einzelnen Abteilungen liefert. Soweit die Kosten dieser Gruppe von den Abteilungsleitern beeinflusst werden können, wird jedoch die Einhaltung der Sollvorgaben überprüft.

Schließlich werden für die Abteilungen und Filialen Kenndaten ermittelt, bei denen die verschiedenen Deckungsbeiträge auf die Verkaufsfläche oder die Beschäftigtenzahl bezogen werden. Diese Kenndaten dienen vornehmlich zum Vergleich der Abteilungen und Filialen untereinander und zur ersten Ursachenanalyse.

Die Deckungsbeitragsrechnung ist als *Controllinginstrument* aus folgenden Gründen gut geeignet:

1. Sie zeigt dem Management, bei welchen Artikeln, Abteilungen, Filialen und Regionen Gewinne oder Verluste gemacht werden, wo also Maßnahmen zur Stabilisierung oder Verbesserung der Gewinnsituation ansetzen müssen.

2. Sie zeigt deutlich die beiden Hauptstoßrichtungen, in denen das Management versucht, die Gewinnsituation zu verbessern: Die Umsätze zu steigern und/oder die Kosten zu senken (z. B. mehr Umsatz mit weniger Personal). Beides führt zu einer Erhöhung des Deckungsbeitrags.

3. Sie zeigt durch die Gegenüberstellung der geplanten Umsätze und Kosten mit den erzielten Umsätzen und Kosten, wo die Ursachen in den einzelnen Abteilungen und Filialen für Abweichungen von den gesteckten Deckungsbeitragszielen zu suchen sind.

In den jährlichen Planungsrunden wird somit die Deckungsbeitragsberechnung zur Grundlage der Absatz- und Preisplanung auf der einen und der Kostenplanung auf der anderen Seite.

Übersicht 59:

Beispielhafte Deckungsbeitragsrechnung für eine Abteilung

Abteilung X	Ist 2/1987		Soll 2/1988		Ist 2/1988		Abw. I–S 2/88	
	TDM	%	TDM	%	TDM	%	TDM	%
Umsatz	7546	100,0	8100	100,0	8013	100,0	– 83	– 1,0
– Wareneinsatz	3985	52,8	4200	51,9	4186	52,2	– 14	– 0,3
= Bruttorohertrag	3561	47,2	3900	48,1	3827	47,8	– 73	– 1,9
– MWSt	927	12,3	995	12,3	984	12,3	– 11	– 1,1
= Nettorohertrag	2634	34,9	2905	35,9	2843	35,5	– 62	– 2,1
+ Boni, Skonto	212	2,8	227	2,8	203	2,5	– 24	– 10,6
– Lagerzinsen	96	1,3	103	1,3	101	1,3	– 2	– 1,9
= Deckungsbeitrag 1	2750	36,4	3029	37,4	2945	36,8	– 84	– 2,8
– Pers.kosten Verkauf	986	13,1	972	12,0	966	12,1	– 6	– 0,6
= Deckungsbeitrag 2	1764	23,4	2057	25,4	1979	24,7	– 78	– 3,8
– Pers.kosten NVerkauf	494	6,5	405	5,0	378	4,7	– 27	– 6,7
– Pers.-Nebenkosten	148	2,0	138	1,7	152	1,9	+ 14	+ 10,1
– Werbung	140	1,9	250	3,1	244	3,0	– 6	– 2,4
Warenabgabekosten	9	0,1	18	0,2	34	0,4	+ 16	+ 88,9
Porti, Telefon, Büro	29	0,4	30	0,4	28	0,3	– 2	– 6,7
Versicherungen	38	0,5	100	1,2	105	1,3	+ 5	+ 5,0
– Raumkosten	134	1,8	130	1,6	139	1,7	+ 9	+ 6,9
– Miete	378	5,0	370	4,6	369	4,6	– 1	– 0,3
– Abschreibungen	200	2,7	110	1,4	110	1,4	0	0,0
– sonstige Kosten	82	1,1	86	1,1	80	1,0	– 6	– 7,0
= Deckungsbeitrag 3	112	1,5	420	5,2	340	4,3	– 80	– 19,0

Kenndaten der Abteilung

		Ist 2/87	Soll 2/88	Ist 2/88
DB 1 je m²	DM	419	462	449
DB 2 je m²	DM	267	313	302
DB 1 je VB[1]	DM	16054	17682	17192
DB 2 je VG	DM	10298	12008	11553
Umsatz je m²	DM	1150	1234	1221
Umsatz je VB	DM	44051	47285	46778

Kenndaten-Vergleich Abteilung[2]

		Ist 2/87	Soll 2/88	Ist 2/88
Umsatzanteil	%	12,9	12,5	11,8
DB 1-Anteil	%	15,5	14,5	13,5
DB 2-Anteil	%	16,7	15,3	12,9
Pers.kosten-Anteil	%	14,0	14,0	14,3
Werbungs-Anteil	%	4,3	7,0	6,5

1 VB = Vollzeitbeschäftigter.
2 Die Prozentangaben beziehen sich jeweils auf die Gesamtwerte der Filiale.

Beispiele:

Absatzplanung

Optimierung der Sortimentstruktur

Es werden die Produkte/Dienstleistungen mit hohem Deckungsbeitrag gegenüber solchen mit niedrigem Deckungsbeitrag bevorzugt angeboten. Andere Produkte/ Produktgruppen werden dagegen mittelfristig kaum oder gar nicht mehr angeboten. Die Folgen für die Beschäftigten können Entlassungen, Versetzungen, Umgruppierungen und Änderung der Qualifikationsanforderungen sein.

Optimierung der Angebotsform

Im Einzelhandel ist damit z. B. die Umstellung von Bedienung auf Teilselbstbedienung oder Selbstbedienung gemeint. Die Auswirkungen für die Beschäftigten können u. a. bestehen im Abbau von Arbeitsplätzen, Flexibilisierung von Arbeitszeiten sowie der Veränderung von Arbeitsinhalten und Qualifikationsanforderungen, verbunden mit Umgruppierungen und Einkommensverlusten.

Preisplanung

Bei sinkender Nachfrage nach Produkten, die durch die gesamtwirtschaftliche Nachfrage oder Saisoneinflüsse bestimmt ist, kann die Absatzmenge durch gezielte Preispolitik (Sonderangebote, Verkaufsaktionen, Preisnachlässe) erhöht werden. Da die von der Umsatzhöhe unabhängigen Kosten dabei nicht ansteigen, kann dadurch im Ergebnis ein höherer Deckungsbeitrag für die Filiale oder das gesamte Unternehmen erzielt werden, solange die Preise über den Wareneinsatzkosten liegen. Die Auswirkungen solcher meist kurzfristig geplanten Aktionen und vermehrter Leistungsdruck, Überstunden, vermehrter Einsatz von Aushilfen usw., da bei der Personalbemessung diese Aktionen in der Regel nicht berücksichtigt wurden.

Kostenplanung

Lassen sich die Umsätze nicht steigern und/oder ist sogar mit einer Reduzierung der Deckungsspanne (DB 1 in Übersicht 59) zu rechnen, so wird das Management verstärkt versuchen, die Kosten zu senken, um so die Deckungsbeiträge der Abteilungen und Filialen zu erhöhen oder wenigstens zu stabilisieren. Da die Personalkosten nach den Wareneinsatzkosten den größten Kostenblock im Handel darstellen, richtet sich auf sie das Hauptaugenmerk.

Grundlage für die Kostenplanung liefert häufig ein Abteilungs- und/oder Filialvergleich, bei dem die Kostenvorgaben für die »schlechten« Abteilungen/Filialen an den Kosten der »guten« Abteilungen/Filialen orientiert werden. Grundsätzlich werden aber alle – also auch die »guten« Abteilungen/Filialen – auf der Grundlage der Deckungsbeitragsrechnung unter folgenden Fragestellungen analysiert:

- Sind die Personalkosten wie geplant?
- Wie hoch sind die Personalkosten im Vergleich zu vergleichbaren Unternehmensbereichen?
- Hat sich die Personalbesetzung gegenüber der Planung verändert?
- Kann Personal ohne Einschränkung der geplanten Umsätze eingespart werden? (Geschicktere Urlaubsplanung, Pausenzeiten)

- Kann der zeitliche Personaleinsatz durch Anpassung an die Kundenfrequenz geändert werden?
- Kann der Anteil der Fachkräfte verändert werden?
- Kann die Personalstruktur (Vollzeit/Teilzeit/Aushilfen) verändert werden?
- Sind Versetzungen möglich?

Es zeigt sich, dass somit schon im Rahmen der Kostenplanung wesentliche Vorentscheidungen für die Personalplanung getroffen werden.

Um die Abteilungs- und Filialleiter zu einer möglichst weitgehenden Orientierung ihres Handelns an den gesetzten Deckungsbeitragszielen zu bringen, wird zunehmend versucht, zumindest einen Teil des Einkommens der Abteilungs- und Filialleiter an die erreichten Deckungsbeiträge zu koppeln. Dazu werden neue, deckungsbeitragsbezogene Einkommensbestandteile geschaffen oder die bisherigen umsatz- bzw. nettorohertragsbezogenen Einkommensbestandteile entsprechend umgewandelt (Deckungsbeitragsprovisionen oder Prämien für das Erreichen bestimmter Deckungsbeitragsgrenzen). Solche Entlohnungssysteme sind mitbestimmungspflichtig (§ 87 Abs. 1 Nr. 11 BetrVG).

Diese Koppelung des Einkommen der Abteilungs-/Filialleiter an die erzielten Deckungsbeiträge hat folgende Konsequenzen:

- Das Wissen der Abteilungs-/Filialleiter über vorhandene organisatorische Rationalisierungsreserven kann vom Management besser genutzt werden. Die Abteilungsleiter werden dadurch zum Prellbock zwischen Geschäftsleitung und den Beschäftigten, da die Rationalisierung auch im Einkommensinteresse der Abteilungs-/Filialleiter liegt.
- Die Bereitschaft und das Interesse der Abteilungs-/Filialleiter, die Kosten und insbesondere die Personalkosten zu kontrollieren, wird erheblich gesteigert.
- Die Abteilungs-/Filialleiter tragen zumindest teilweise das unternehmerische Risiko, obwohl sie außerbetriebliche Einflüsse (örtliche Konkurrenzsituation, regionale Umsatzeinbrüche) und Entscheidungen des übergeordneten Managements nicht zu verantworten haben. Bei ungünstiger Deckungsbeitragsentwicklung erhöht sich so zwangsweise der von den Abteilungs-/Filialleitern auf die Belegschaft ausgeübte Druck.
- Abteilungs-/Filialleiter werden sich im eigenen Interesse für eine »unsoziale Auslese« in ihrer Abteilung einsetzen, um so mit einer »olympiareifen Mannschaft« möglichst hohe Umsätze bei niedrigen Kosten zu erreichen.

Die aufgeführte Analyse- und Steuerungsfunktion der Deckungsbeitragsberechnung haben unternehmenspolitische Maßnahmen zur Folge, die mittelbare, aber auch unmittelbare negative Auswirkungen auf die Beschäftigten haben. Solange die Deckungsbeiträge entscheidende Orientierungsgrößen für

Übersicht 60:

Beispielhafte Deckungsbeitragsrechnung zum Filialvergleich

	Filiale 1 (1 000 m², 22 VB		Filiale 2 (550 m², 14 VB	
	Abteilung A TDM	Abteilung B TDM	Abteilung C TDM	Abteilung D TDM
Umsatz – Wareneinsatz – MWSt + Boni, Skonto – Lagerzinsen	400 340	600 510	250 210	150 130
= Deckungsbeitrag 1	60	90	40	20
– Pers.kosten Verkauf	40	50	40	15
= Deckungsbeitrag 2	20	40	0	5
– Pers.kosten NVerkauf – Pers.-Nebenkosten – Werbung – Warenabgabekosten – Porti, Telefon, Büro – Versicherungen – Raumkosten – Miete – Abschreibungen – sostige Kosten	29		15	
= Deckungsbeitrag 3	31		– 10	
– Kosten der Zentrale	12			
= Betriebsergebnis des Unternehmens	9			
Kennzahlen der Filialen				
Umsatz je m² DM Umsatz je VB DM DB 1 je ² DM DB 1 je VB DM DB 2 je m² DM DB 2 je VB DM	1 000 45 455 150 6 818 60 2 727		800 28 571 120 4 286 10 357	

die Managemententscheidungen sind, wird sich daran auch nichts ändern. Menschen sind auch hier wieder nur Zahlen, genauer: Personalkosten.

BR und WA sollten sich deshalb nicht ohne weiteres auf die Sachzwanglogik der Deckungsbeitragsrechnung einlassen. Die Kenntnis der Deckungsbeitragsrechnung (Plan- und Istzahlen) kann jedoch auf drohende Gefahren hinweisen und so der Arbeitnehmervertretung mehr zeitlichen Spielraum für die Vorbereitung von Gegenmaßnahmen verschaffen.

Wird die Interessenvertretung unter Hinweis auf die geringen oder gar negativen Deckungsbeiträge aufgefordert, einschneidende Maßnahmen (z. B. Schließung von Abteilungen oder Filialen) zu akzeptieren oder gar mitzutragen, so kann sie sich auf folgenden Standpunkt stellen:

- Geringe oder negative Deckungsbeiträge in einigen Bereichen lassen sich durch positive Deckungsbeiträge aus anderen Bereichen möglicherweise immer noch zu einem positiven oder ausgeglichenen Ergebnis für das Gesamtunternehmen ausgleichen. Dass jede Abteilung oder Filiale einen Gewinn erzielen muss, ist kein Naturgesetz. Es reicht deshalb auf keinen Fall, sich für Rationalisierungs- oder gar Stilllegungsentscheidungen nur die Deckungsbeiträge für die betroffenen Bereiche vorlegen zu lassen. Benötigt werden die Deckungsbeitragsrechnungen (Plan und Ist) für alle Bereiche des Unternehmens.
- Wenn schon Kosten eingespart werden sollen, so sollte die Geschäftsleitung aufgefordert werden, das Augenmerk stärker auf die Kosten zu legen, die keine Personalkosten sind (z. B. Leasingkosten, Zinsen, Mieten, gewährte Boni und Skonti). Hier kann auch der Hinweis auf Managementfehler und nicht erreichte Planziele sinnvoll sein.
- Schließlich sollte versucht werden, die Stichhaltigkeit der Geschäftsargumente zu überprüfen. Für solche Überprüfung sollte man jedoch möglichst Experten der Gewerkschaften oder gewerkschaftlich empfohlene Sachverständige heranziehen.

6.3.2 Sonderberichte

Neben den Standardberichten erteilt das Controlling in unregelmäßigen Abständen und zumeist nur auf Anforderung der jeweiligen Manager zusätzliche Sonderberichte. Als Beispiele solcher Sonderberichte sollen hier die Break-Even-Analyse und Vorteilhaftigkeitsberechnungen dargestellt werden.

6.3.2.1 Break-Even-Analyse

In der Break-Even- oder auch Gewinnschwellen-Analyse wird untersucht, welche Stückzahl von einem Produkt innerhalb einer Periode produziert und verkauft werden muss, damit weder Gewinn noch Verlust entsteht. Anders ausgedrückt lautet die Frage also: Wie hoch muss die abgesetzte Stückzahl

Übersicht 61:

Break-Even-Diagramm mit fixen und variablen Kosten

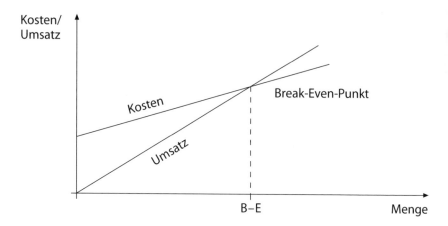

mindestens liegen, damit kein Verlust entsteht? Statt auf eine einzelne Produktart kann diese Frage auch für eine Produktgruppe, Sparte oder das gesamte Unternehmen gestellt werden.

Ausgangspunkt der Break-Even-Analyse ist die Aufspaltung der Kosten in fixe (beschäftigungsunabhängige) und variable (beschäftigungsabhängige) Bestandteile. Stellt man die zu erwartenden Kosten in Abhängigkeit von der hergestellten Menge in einem Diagramm dar, so ergibt sich eine Kurve, die wegen der fixen Kosten nicht durch den Ursprung des Diagramms verläuft. Unterstellt man weiterhin, dass die variablen Kosten pro Mengeneinheit bei jeder beliebigen Stückzahl gleich hoch sind, so kann die Kostenfunktion wie in Übersicht 61 dargestellt werden. In dieses Diagramm wird nun zusätzlich die Kurve der Umsatzerlöse eingetragen, die sich bei unterschiedlicher Zahl abgesetzter Stücke ergibt. Unterstellt man, dass der Preis des Produktes von der abgesetzten Menge unabhängig ist, so ergibt sich eine Gerade, die genau durch den Ursprung des Diagramms verläuft. Der Schnittpunkt der beiden Kurven stellt nun den sog. **Break-Even-Punkt** (die Gewinnschwelle) und die zugehörige Menge die **Break-Even-Menge** dar. Liegt die hergestellte und abgesetzte Menge unterhalb der Break-Even-Menge (im Diagramm links von der B-E-Menge), so entsteht ein Verlust, da die Kosten höher sind als die Umsatzerlöse. Liegt dagegen die hergestellte und abgesetzte Menge über der Break-Even-Menge (im Diagramm rechts von der B-E-Menge), so entsteht ein Gewinn, da nun die Umsatzerlöse größer sind als die Kosten.

Übersicht 62:

Break-Even-Diagramm auf der Basis fixer Kosten

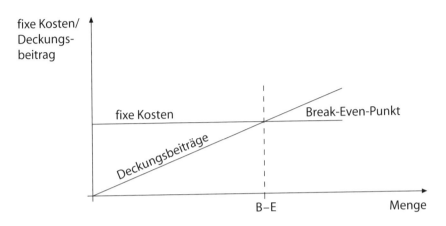

Statt der Verwendung der Kosten- und der Umsatzgeraden kann dieselbe Überlegung mit Hilfe der fixen Kosten und der Größe »Deckungsbeitrag« angestellt werden: Zunächst stellt man in einem Diagramm (vgl. Übersicht 62) die fixen Kosten in Abhängigkeit von der produzierten Menge dar. (Dies muss eine horizontale Gerade ergeben, da ansonsten die Kosten ja nicht fix wären.) In dieses Diagramm werden nun zusätzlich die bei unterschiedlichen Mengen erzielbaren Deckungsbeiträge eingetragen. Unter den obigen Annahmen (konstante variable Kosten pro Stück und konstante Preise) ergibt sich als Deckungsbeitragskurve eine Gerade, die durch den Ursprung des Diagramms verläuft. Ist der Deckungsbeitrag pro Stück positiv, so steigt die Deckungsbeitragsgerade an und wird in einem bestimmten Punkt die Fixkostengerade schneiden. Dieser Punkt ist wiederum der Break-Even-Punkt und die zugehörige Menge stellt die Break-Even-Menge dar, die der in der ersten Darstellung ermittelten Break-Even-Menge entsprechen muss.

Die Break-Even-Analyse kann vom Management zu verschiedenen Zwecken eingesetzt werden:

- Ist z. B. nach einer ersten Planungsrunde der für eine Produktart erzielbare Deckungsbeitrag noch geringer als die produktspezifischen Fixkosten, so kann relativ leicht ermittelt werden, welche zusätzliche Menge erforderlich ist, um wenigstens die produktspezifischen Fixkosten zu decken. Diese Menge wird in einer zweiten Planungsrunde dem zuständigen Entscheidungsträger als Ziel vorgegeben.

- Es kann untersucht werden, wie sich bei einer Erhöhung der fixen Kosten die Break-Even-Menge erhöht. (Im Diagramm der Übersicht 62 würde die Kostengerade parallel nach oben verschoben.)
- Es kann untersucht werden, wie sich bei einer Veränderung bestimmter variabler Kosten die Break-Even-Menge verändert. (Im Diagramm der Übersicht 62 würde die Kostengerade steiler oder flacher verlaufen.)
- Es kann versucht werden, bei welchen Kostenarten schon eine geringfügige prozentuale Änderung eine starke Verschiebung der Gewinnschwelle zur Folge hat. Diese Kostenarten sollten deshalb von den zuständigen Kostenstellenleitern besonders gut im Auge behalten werden.

Für den WA ist die Kenntnis durchgeführter Break-Even-Analysen aus folgenden Gründen von Bedeutung:

- Die Break-Even-Analyse zeigt das Risiko von Umsatzrückgängen sowie die zu erwartenden Reaktionen des Managements.
- Der WA kann besser abschätzen, welche Auswirkungen bestimmte Maßnahmevorschläge vermutlich auf den Gewinn des Unternehmens haben werden.

6.3.2.2 Vorteilhaftigkeitsberechnungen

Stehen im Unternehmen Entscheidungen über
- Investitionen,
- Stilllegungen,
- Fremdvergaben oder
- Rationalisierungen

an, so hat das Controlling die Aufgabe, Aussagen über die Vorteilhaftigkeit der erwogenen Alternativen zu machen.

Die einfachste Methode zur Beurteilung der Vorteilhaftigkeit der erwogenen Alternativen in den beschriebenen Entscheidungssituationen ist die sog. **Kostenvergleichsrechnung,** bei der die jeweiligen Gesamtkosten einer Periode oder die Kosten pro Einheit der Alternativen einander gegenübergestellt werden.

Die Kostenvergleichsrechnung ermöglicht zwar eine Aussage, welche der betrachteten Alternativen aus Kostengesichtspunkten die günstigste ist, allerdings erlaubt sie keine Aussage, ob die mit den jeweiligen Alternativen verbundenen einmaligen Ausgaben aus der Sicht der Kapitalgeber rentabel angelegt sind. Um diese Frage beantworten zu können, werden z. B. die Amortisationsdauern oder die internen Verzinsungen der Alternativen berechnet.

Bei der **Amortisationsrechnung** werden die einmaligen Aufwendungen der betrachteten Alternative durch die jährlichen Kosteneinsparungen bzw. Erlössteigerungen dieser Alternative dividiert. Als Ergebnis erhält man so die sog. **Amortisationsdauer,** die angibt, in welchem Zeitraum die notwendigen Aufwendungen durch Kosteneinsparungen bzw. zusätzliche Erlöse wieder »eingespielt« werden. Werden mehrere Alternativen zum bestehenden Zustand untersucht, so können auf diese Weise die in der Regel unterschiedlich hohen einmaligen Aufwendungen der Alternativen berücksichtigt werden. Außerdem stellt die Unternehmensleitung häufig Mindestanforderungen an die Amortisationsdauer, bei deren Überschreiten auf die Investition verzichtet wird.

Bei der Methode des **internen Zinssatzes** wird die Frage gestellt, welcher Zinssatz sich rechnerisch ergäbe, wenn man statt der Durchführung der betrachteten Alternative das dazu notwendige Kapital bei einer Bank festlegen würde und als Zinszahlungen die jährlichen Kostenvorteile bzw. Erlössteigerungen gegenüber dem bisherigen Zustand erhielte. Als Ergebnis erhält man pro Alternative einen Zinssatz, wobei die Alternative mit dem höchsten Zinssatz die vorziehungswürdigste ist. Ebenso wie bei der Amortisationsrechnung kann hier eine Mindestverzinsung vorgegeben werden, unterhalb derer keine der betrachteten Alternativen gewählt werden soll, weil es dann aus Sicht des Geldgebers sinnvoller sein kann, das Kapital tatsächlich bei einer Bank oder in anderen Bereichen anzulegen. Die Methode der internen Verzinsung ist gegenüber der Amortisationsrechnung dann von Vorteil, wenn die Kostenvorteile der betrachteten Alternativen im Laufe der Jahre stark schwanken.

Da in den beschriebenen Entscheidungssituationen aus der Sicht des Unternehmers jedoch nicht nur die Kosten sondern auch Größen wie z. B. Lieferfähigkeit, Flexibilität, Qualität und Service zu berücksichtigen sind, wird zunehmend auch versucht, mit Hilfe sog. Nutzwertanalysen allgemeinere Vergleichsbetrachtungen anzustellen, in denen die Kosten nur eines von mehreren Entscheidungskriterien darstellen (s. Übersicht 63 als Beispiel für eine qualitative Analyse einer Make-or-Buy-Entscheidung).

Doch auch wenn solche Nutzwertanalysen angestellt werden, geben die Kosten häufig den entscheidenden Ausschlag für die zu treffende Entscheidung. Deshalb ist es zumeist sinnvoll, die Kostenvergleiche kritisch zu hinterfragen. Folgende Fragen sollten dabei gestellt werden:

- Sind die Prämissen bei allen Alternativen gleich?
- Sind in den Kosten der zur Zeit bestehenden Alternative nur solche Kosten enthalten, die bei Wahl einer anderen Alternative auch tatsächlich entfallen?
- Sind in den Kosten der Alternativen zum bestehenden Zustand auch die Abbaukosten enthalten, die voraussichtlich entstehen, wenn der bestehende Zustand verändert wird?
- Wurden die kostenmäßigen Auswirkungen unterschiedlicher Entwicklungen der Leistungsmenge untersucht?

Übersicht 63:

Vorteilsvergleich für Make-or-Buy-Entscheidungen

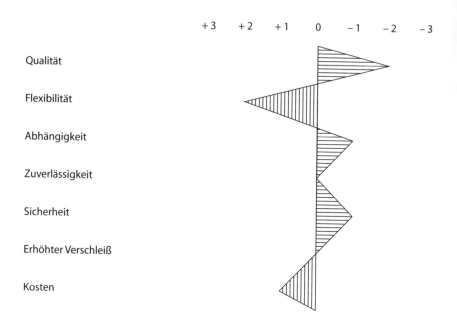

- Wurden die Auswirkungen unterschiedlicher Entwicklungen der Preise auf wichtige Kostenarten untersucht?
- Wurden die zu erwartenden Auswirkungen auf die Erlöse untersucht?

Die Kenntnis der Vorteilhaftigkeitsberechnungen kann für den WA aus folgenden Gründen wichtig sein:

- Bestreitet der Arbeitgeber genauere Kenntnisse über die voraussichtlichen Auswirkungen der geplanten Maßnahmen auf die Beschäftigten, so zeigt eine genauere Analyse der Vorteilhaftigkeitsrechnung möglicherweise, dass mit bestimmten Annahmen über die Zahl der Arbeitnehmer, deren Eingruppierung und deren Einkommensentwicklung gerechnet wurde.
- Erfolgt die Information im WA zu einem Zeitpunkt, in dem der Unternehmer die Entscheidung noch nicht getroffen hat, so lässt sich abschätzen, ob bestimmte Zugeständnisse der Arbeitnehmerseite den Arbeitgeber bewegen können, eine aus Sicht der Arbeitnehmer günstigere Alternative zu wählen.
- Handelt es sich bei der geplanten Maßnahme um eine Betriebsänderung, so kann das aus der Vorteilhaftigkeitsberechnung ersichtliche Einsparungsvolu-

men in den Sozialplanverhandlungen als ein Anhaltspunkt für die Höhe eines als wirtschaftlich vertretbar anzusehendes Sozialplanvolumen verwendet werden.

Vertiefende und weiterführende Literatur

Falk, B. R./Wolf, J., Handelsbetriebslehre, 7. Aufl., Landsberg a. L. 1986, S. 354–368 (für den Handel).

Hase, D./Schmidt, T./Teppich, H., Controlling in Versicherungsunternehmen, HBV-Arbeitsheft, Düsseldorf 1994.

Neumann-Cosel, R. v./Tödt, B., Die Kostenrechnung, in: Bierbaum, H./Kröger, H.J./Neumann, H., Unternehmenspolitik und Interessenvertretung. Handbuch für gewerkschaftliche Betriebspolitik. Hamburg 1988, S. 70–87 (für die Industrie).

7. Risikomanagement

Inhaltsübersicht

7.1 **Warum soll sich der Wirtschaftsausschuss mit dem Risikomanagement beschäftigen?**

Eine Reihe spektakulärer Unternehmenszusammenbrüche haben den Gesetzgeber veranlasst, durch das im Mai 1998 in Kraft getretene »Gesetz zur Kontrolle und Transparenz im Unternehmensbereich« (KonTraG) die Vorstände und Aufsichtsräte von börsennotierten Aktiengesellschaften zu einer professionellen Risikovorsorge zu verpflichten. Zwar gilt die Pflicht zur Errichtung eines Risikomanagementsystems nur für die Vorstände börsennotierter Aktiengesellschaften; aus der Begründung zum Regierungsentwurf zu § 91 AktG ist jedoch davon auszugehen, dass diese gesetzliche Regelung je nach Größe und Komplexität des Unternehmens auch Ausstrahlung auf den Pflichtenrahmen von Geschäftsführern von Gesellschaften mit einer anderen Rechtsform (insb. GmbH) haben wird. Wir halten es daher für ratsam, dass sich nicht nur die WA von Aktiengesellschaften, sondern auch von anderen Kapitalgesellschaften und größeren Personengesellschaften mit dem Risikomanagement des Unternehmens beschäftigen.

Zunächst wird es darum gehen, in Erfahrung zu bringen, ob überhaupt ein Risikomanagement betrieben wird, und wenn ja, wie das Risikomanagementsystem beschaffen ist. Der WA kann hier auch eigene Vorschläge einbringen. Das ergibt sich aus seiner Beratungsfunktion gem. § 106 Abs. 1 BetrVG.

Schließlich sollte das Thema Risikomanagement einmal im Jahr im Rahmen der Erläuterung und Beratung über die (strategische) Unternehmensplanung (vermutlich im letzten Quartal eines Geschäftsjahres) intensiv behandelt werden. Insbesondere die im Rahmen der Risikosteuerung vorgesehenen Maßnahmen zur Risikovermeidung, Risikobegrenzung und Risikoüberwälzung werden häufig die Interessen der Arbeitnehmer i. S. v. § 106 Abs. 3 Ziff. 10 BetrVG wesentlich berühren (vgl. Abschn. 7.4). Die frühzeitige Kenntnis drohender Risiken sowie der geplanten Maßnahmen zu deren Steuerung eröffnet der Interessenvertretung einen größeren zeitlichen Handlungsspielraum. Wenn dem BR zudem bekannt ist, auf welche Risiken sich das Unternehmen bereits eingestellt hat, dann lassen diese sich nicht mehr so leicht vom Unternehmer als Sachzwangargumente zur Begründung wirtschaftlicher Maßnahmen zum Nachteil der Beschäftigten verwenden.

In den monatlich stattfindenden routinemäßigen WA-Sitzungen sollte dann die Geschäftsführung lediglich über aktuelle Risiken informieren und über vorgesehene Maßnahmen zur Risikosteuerung und deren Auswirkungen auf die Beschäftigten mit dem WA beraten. Sofern diese Maßnahmen Beteiligungsrechte des Betriebsrates auslösen (z. B. nach § 111 ff. BetrVG), ist der Betriebsrat einzuschalten.

Außerdem hat der Gesetzgeber börsennotierte Kapitalgesellschaften verpflichtet, im Rahmen des Lageberichts (§ 289 Abs. 1 HGB) gesondert über die Risiken der zukünftigen Entwicklung des Unternehmens zu informieren. Dieser Risikobericht ist Teil des Lageberichts (vgl. Abschn. 4.2.2) und ist somit im Rahmen der Erläuterung des Jahresabschlusses gem. § 108 Abs. 5 BetrVG einmal im Jahr (voraussichtlich im 2. Quartal) dem WA im Beisein des (G)BR zu erläutern.

Damit der WA das Thema Risikomanagement im WA kompetent angehen kann, werden wir das Risikomanagementsystem (Abschn. 7.2) und den Risikomanagementprozess (Abschn. 7.3) in seinen Grundzügen erläutern und an praktischen Beispielen zu illustrieren versuchen sowie mögliche Auswirkungen des Risikomanagements auf die Beschäftigten diskutieren (Abschn. 7.4). Außerdem werden wir auch speziell auf den Inhalt des Risikoberichts im Rahmen des Lageberichts (Abschn. 7.5) und die Rolle des Abschlussprüfers im Zusammenhang mit dem Risikomanagement (Abschn. 7.6) eingehen.

7.2 Was ist ein Risikomanagementsystem?

Unter Risikomanagement versteht man die systematische Vorgehensweise eines Managements mit dem Ziel, den Bestand eines Unternehmens gefährdende Risiken erkennen, analysieren, bewerten und steuern zu können. Dieser Definition liegt ein enger Risikobegriff i. S. v. Verlust- oder Schadensgefahr zugrunde, wie er auch im »Gesetz zur Kontrolle und Transparenz im Unternehmensbereich (KonTraG)« vom 1. 5. 1998 verwendet wird, das die Unternehmensleitungen verpflichtet, »... geeignete Maßnahmen zu treffen, insbesondere ein Überwachungssystem einzurichten, damit den Fortbestand der Gesellschaft gefährdende Entwicklungen früh erkannt werden« (§ 91 Abs. 2 AktG-E).

Ein solches Risikomanagementsystem besteht zweckmäßigerweise aus folgenden Elementen:
- Internes Überwachungssystem
- Controlling
- Frühwarnsystem

7.2.1   # Internes Überwachungssystem

Das interne Überwachungssystem setzt sich zusammen aus:
- Organisatorischen Sicherungsmaßnahmen
- Interner Revision
- Kontrollen

Unter *organisatorischen Sicherungsmaßnahmen* versteht man fehlerverhindernde Maßnahmen, die der Erreichung vorgegebener Sicherheitsstandards dienen. Zu ihnen gehören:
- Funktionstrennung (z. B. Kasse und Kassenbuchhaltung)
- Arbeitsanweisungen (z. B. Zahlungsrichtlinie, Investitionsrichtlinie)
- Innerbetriebliches Belegwesen (z. B. geschlossene Nummernkreise für Rechnungen)
- EDV-Sicherungsmaßnahmen (z. B. Zugriffsbeschränkungen)

Unter *interner Revision* versteht man eine prozessunabhängige, unternehmensinterne Einrichtung, die im Auftrag der Geschäftsführung die Tätigkeit innerhalb des Unternehmens überwacht. Zu den Aufgaben der internen Revision gehören:
- Prüfungen im Bereich des Finanz- und Rechnungswesens (z. B. Ordnungsmäßigkeit der Buchführung)
- Prüfungen im Bereich der Ablauforganisation (z. B. Einhaltung von Richtlinien)
- Prüfung der Managementleistungen (z. B. im Rahmen von Leistungsbeurteilung)
- Beratung, Begutachtung und Entwicklung von Verbesserungsvorschlägen (z. B. Wirtschaftlichkeitsanalysen)

Unter *Kontrollen* versteht man prozessabhängige Überwachungsaktivitäten, die im Rahmen des Arbeitsprozesses entweder von den Beschäftigten selbst (z. B. Abstimmung von Konten) oder durch automatische Einrichtungen (z. B. Messung von Toleranzwerten) vorgenommen werden.

7.2.2   # Controlling

Unter *Controlling* versteht man die zielorientierte Koordination von Planung, Informationsversorgung, Kontrolle und Steuerung innerhalb eines Unternehmens/Konzerns (vgl. auch Kapitel 6). Kontrolle ist somit nur eine Teilaufgabe des Controlling. Sie wird vor allem im Rahmen ergebnisorientierter Kontrolle durch Soll/Ist-Vergleiche vorgenommen.

7.2.3 Frühwarnsystem

Frühwarnsysteme sind Systeme zur Informationserfassung, -verarbeitung und -weitergabe im Zusammenhang mit Risiken, die den Bestand des Unternehmens gefährden können. Sie sollen dazu dienen, Unternehmensrisiken so frühzeitig zu erkennen, dass erfolgversprechende Reaktionen der Unternehmensführung zur Abwehr dieser Risiken noch möglich sind. Das vom Gesetzgeber im KonTraG geforderte Risikomanagementsystem hat insbesondere dieses Frühwarnsystem im Blick.

7.3 Risikomanagementprozess

Der Prozess innerhalb eines Risikomanagementsystems lässt sich als Regelkreis darstellen und verläuft in folgenden Phasen (s. Übersicht 64):

Übersicht 64:

Regelkreislauf des Risikomanagementsystems

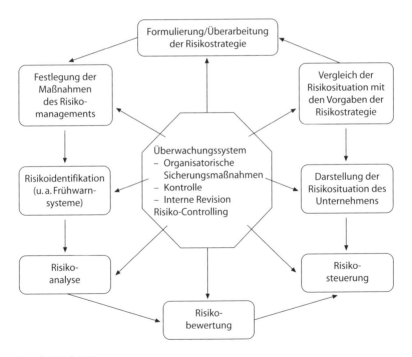

Quelle: Lück, 1998, S. 1925

7.3.1 **Formulierung einer Risikostrategie**

Hierbei geht es um die Festlegung, welche Risiken im Rahmen der Unternehmensaktivitäten eingegangen werden sollen, welches Verhältnis zwischen Chancen und Risiken eingehalten werden soll und ab welcher Schadenshöhe Maßnahmen zur Risikosteuerung eingeleitet werden müssen. Die Risikostrategie ist somit Teil der Unternehmensstrategie. Die vom Management (oder den Gesellschaftern) vorgegebene Risikostrategie ist wesentlich geprägt durch die angestrebte Balance zwischen Risiken einerseits und einer angemessenen Kontrollstruktur (i.S. eines internen Überwachungssystems) andererseits.

Hinsichtlich der Balance zwischen Risiken und Kontrolle lassen sich idealtypischerweise folgende Risikomanagementstile unterscheiden (siehe Übersicht 65):

Übersicht 65:

Risikomanagementstile

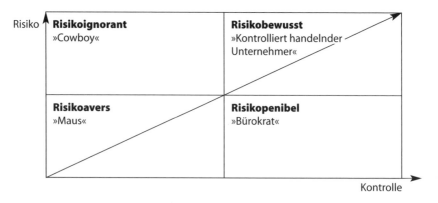

Quelle: KPMG 2000, S. 11

Wenn man davon ausgeht, dass jede unternehmerische Entscheidung Risiko und Chance beinhaltet, dann ist der risikoaverse Unternehmer (»Maus«) eigentlich gar kein Unternehmer, sondern eher ein Verwalter. Der risikopenible Unternehmer (»Bürokrat«) übertreibt die Kontrolle. Er wird vermutlich »ruhig schlafen können«, das Entwicklungspotenzial seines Unternehmens aber nicht ausschöpfen. Der risikoignorante Unternehmer (»Cowboy«) lebt mit der Gefahr, von negativen Entwicklungen überrascht zu werden, die er dann nicht mehr rechtzeitig steuern kann. Er setzt die Existenz des Unternehmens und der

Arbeitsplätze aufs Spiel. Der risikobewusste Unternehmer (»kontrolliert handelnde Unternehmer«) ist derjenige, der wegen der damit verbundenen Gewinnchancen Risiken bewusst, aber kontrolliert eingeht.

7.3.2   **Risikoidentifikation**

Hier geht es um eine möglichst vollständige Erfassung aller Gefahrenquellen, Schadenursachen und Störpotenziale eines Unternehmens (sog. Risikoinventur).

Wesentliche Unternehmensrisiken sind in der Übersicht 66 zusammengefaßt:

Marktrisiken bestehen sowohl auf dem Beschaffungs- als auch auf dem Absatzmarkt. Auf dem Beschaffungsmarkt geht es um Versorgungssicherheit, Lieferantenabhängigkeit, Beschaffungsflexibilität sowie um Preis- und Qualitätsstabilität. Auf dem Absatzmarkt können sich Risiken ergeben aus veränderten Kundenwünschen, Veränderungen in der Wettbewerbsstruktur (z. B. Konzentration) oder verändertem Verhalten von Wettbewerbern (z. B. Dumpingpreise).

Personalrisiken können sich ergeben aus der Abwanderung qualifizierter Mitarbeiter, veränderten Qualifikationsanforderungen (z. B. im Bereich der Informationstechnologie) oder einer veränderten Arbeitsmarktsituation.

Währungsrisiken ergeben sich vor allem für stark exportabhängige Unternehmen bzw. Unternehmen, die von Lieferungen aus dem (nicht europäischen) Ausland abhängig sind (z. B. bei bestimmten Rohstoffen).

Übersicht 66:
Unternehmensrisiken

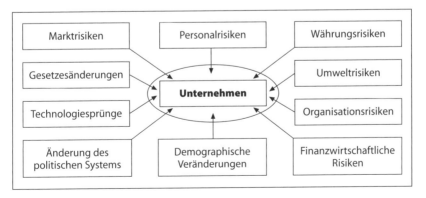

Umweltrisiken ergeben sich aus Naturgewalten (z. B. Erdbeben), aber auch aus neuen Erkenntnissen hinsichtlich der Schädlichkeit bestimmter Einsatzstoffe in der Produktion (z. B. Formaldehyd, Asbest).

Risiken im Bereich von Gesetzesänderungen betreffen die Steuergesetzgebung aber auch Änderungen im Arbeits-, Sozialversicherungs-, Wirtschafts- und Gesellschaftsrecht.

Technologische Risiken resultieren vor allem aus unvorhergesehenen oder in ihrem Entwicklungstempo unterschätzten Technologiesprüngen (z. B. Informations-, Gen- oder Biotechnologie).

Auch gravierende *Veränderungen im politischen System* insbesondere in Ländern der Dritten Welt bergen erhebliche Risiken (z. B. Beschlagnahmung von Auslandsvermögen, Enteignung, Beschränkung des Marktzutritts).

Mit *Organisationsrisiken* sind Risiken hinsichtlich der Aufbau- und Ablauforganisation, aber auch des Führungsstils, der Unternehmenskultur und der Kommunikationsstruktur gemeint.

Unter *finanzwirtschaftliche Risiken* fallen das Liquiditäts-, Zinsänderungs- und Kreditausfallrisiko, die wiederum ihre Ursache in einigen der zuvor genannten Risiken haben können.

Die *demographische Entwicklung* eines Landes birgt Risiken hinsichtlich der Zahl der Erwerbspersonen, die dem Arbeitsmarkt zur Verfügung stehen, aber auch der zukünftigen Kundenstruktur und deren Bedürfnisse (z. B. Zunahme der Zahl älterer Menschen und deren Bedürfnisse nach Sicherheit, Gesundheitsvorsorge, Freizeitverhalten usw.).

Zur Identifikation von Risiken bedient sich die Praxis folgender – häufig auch parallel angewandter – Instrumente bzw. Verfahrensweisen:

• Moderierte Workshops/Interviews mit Führungskräften unter Einsatz methodengestützter Konzepte (z. B. Computer-Simulation)
• Brainstorming mit Führungskräften
• Dokumentenanalyse
• Prüflisten
• Fragebögen
• Schadenstatistiken

Bewährt hat sich dabei eine »Top-down«-gerichtete Vorgehensweise: Zunächst wird auf der obersten Führungsebene (Vorstand, Geschäftsführung) das Hauptaugenmerk auf möglichst bestandsgefährdende Risiken und Unternehmensbereiche gelegt. In einem zweiten Schritt werden dann entlang der Wertschöpfungskette unter Einbeziehung der Führungskräfte der jeweiligen Bereiche bereichsspezifische und auch bereichsübergreifende Risiken identifiziert. In einem dritten Schritt werden dann diejenigen Prozesse und Bereiche beleuchtet, die in den ersten beiden Schritten unter Risikogesichtspunkten als irrelevant eingeschätzt wurden. So ergibt sich ein Gesamtbild von der Risikolandschaft eines Unternehmens.

Im Rahmen der Risikoidentifikation findet auch eine Risikosystematisierung statt: Die identifizierten Risiken werden nach relevanten Funktions- und Geschäftsprozessen, Risikoarten (interne, externe Risiken) und Risikofeldern (Geschäftspolitik, Berichtswesen, Aufbau- und Ablauforganisation) systematisiert, um Mehrfachnennungen erkennen und eliminieren sowie unter Beachtung der Wirkungszusammenhänge gegebenenfalls auch zusammenfassen zu können.

7.3.3   Risikoanalyse und -bewertung

Durch die Risikoanalyse und -bewertung sollen die Risikoursachen ermittelt und vor allem das Risiko bewertet werden. Die Risikoanalyse liefert somit die Informationsbasis für die weiteren Prozessschritte des Risikomanagements, insbesondere die Risikosteuerung. Eine Bewertung ist nur möglich, wenn es gelingt, die Risiken quantitativ oder qualitativ zu messen. In diesem Zusammenhang haben Szenario- und Sensitivitätsanalysen ihre Bedeutung.

Die Bewertung der Risiken erfolgt in zweierlei Hinsicht:
- Bewertung der Höhe des maximal drohenden Schadens
- Bewertung der Eintrittswahrscheinlichkeit des Schadens

In der Praxis hat sich für quantifizierbare Risiken eine Vorgehensweise bewährt, die mit Schadensummen und Eintrittswahrscheinlichkeiten operiert. Bei der Schadensumme wird zusätzlich eine Differenzierung in realistischer Höchstschaden, mittlerer Schaden und Kleinstschaden vorgenommen. Bei der Eintrittswahrscheinlichkeit wird meist zwischen unwahrscheinlich, möglich und wahrscheinlich differenziert.

Die Ergebnisse der Risikoanalyse lassen sich in einem Risikoportfolio abbilden. Im einfachsten Fall eines Risikoportfolios – vergleichbar dem Produktportfolio – können einzelne Risiken eines Geschäftsbereichs oder Betriebsprozesses anhand der Kriterien Höchstschadenswert (HSW) und Eintrittswahrscheinlichkeit (EW) abgebildet werden, wobei das Produkt aus HSW und EW den Gesamterwartungswert eines Risikos darstellt:

Übersicht 67:

Risikoportfolio

HSW ↑	Risiken in diesem Bereich beeinflussen die Ertragslage im Normalfall nicht wesentlich. In Ausnahmefällen können jedoch sehr schwerwiegende Schäden auftreten. Höchstschäden sollte besondere Beachtung zukommen.	Auf Risiken in diesem Bereich muss das Hauptaugenmerk liegen, weil sie grundsätzlich die Ertragslage wesentlich negativ beeinflussen und zudem schwerwiegende Schäden verursachen können.
	Risiken in diesem Bereich haben nur geringe Bedeutung, weil sowohl die Höchstschäden als auch ihre Eintrittswahrscheinlichkeit gering sind.	Risiken in diesem Bereich sind häufig kleinere Schäden, die zwar keine besondere Gefährdung des Unternehmens bedeuten, aber doch die Ertragslage des Unternehmens permanent belasten. Hier sollte u.a. eine Verbesserung der Routine-Prozesse angestrebt werden.

EW

7.3.4 Risikosteuerung

Auf der Grundlage der Risikostrategie, der Risikoidentifikation und Risikobewertung sind geeignete Maßnahmen festzulegen, die gewährleisten, dass sowohl das Verhältnis von Chancen und Risiken eingehalten und eine maximale Verlustgröße nicht überschritten wird. Grundsätzlich stehen folgende strategischen Maßnahmen (Risikostrategien) für die Risikosteuerung zur Verfügung:

- *Risikovermeidung* durch Verzicht auf risikobehaftete Geschäfte (z. B. Aufgabe stark risikobehafteter Geschäftsfelder)
- *Risikoverminderung* durch Reduzierung der Eintrittswahrscheinlichkeit und/oder der Schadenhöhe (z. B. durch organisatorische Sicherungsmaßnahmen und interne Kontrollen)
- *Risikoüberwälzung* auf andere Unternehmen (z. B. durch Versicherung, Factoring, Outsourcing, Vertragsgestaltung hinsichtlich des Gefahrenübergangs) bzw. den Staat (z. B. durch Hermes-Bürgschaft)

- *Risikobegrenzung* durch Vorgabe bestimmter Grenzwerte, die eingehalten werden müssen (z. B. Limitierung von Aufträgen)
- *Risikokompensation* durch Abschluss gegenläufiger Geschäfte (z. B. Warentermingeschäfte, Derivate, Devisentermingeschäfte)

Neben diesem strategischen Maßnahmenbündel kommt noch die *Risikoakzeptanz* hinzu. Dies kann aber nur für Risiken gelten, die aufgrund ihrer Schadenshöhe sowie ihrer Eintrittswahrscheinlichkeit als nicht existenzgefährdend einzustufen sind.

Voraussetzung für eine effektive Risikosteuerung ist die zeitnahe, sachgerechte Information der Entscheidungsträger durch ein entsprechendes Berichtswesen.

7.3.5   ## Risikoüberwachung

Die Risikoüberwachung ist erforderlich, um sicherzustellen, dass die tatsächliche Risikolage eines Unternehmens jederzeit auch der gewollten Risikolage entspricht. Zur Risikoüberwachung gehören

- die kontinuierliche operative Kontrolle der Wirksamkeit der Risikosteuerungsmaßnahmen und
- die Erfassung der Risikoveränderungen im Zeitablauf.

Eine kontinuierliche Erfolgskontrolle durch SOLL-IST-Vergleich soll den reibungslosen Ablauf und die Funktionstüchtigkeit des Risikomanagements gewährleisten und sicherstellen, dass bei entsprechenden Abweichungen das Management unverzüglich informiert wird, damit notwendige Maßnahmen zur Risikosteuerung eingeleitet werden können. Dazu gehört auch die kontinuierliche Auswertung von Riskoverläufen mit dem Ziel, die Reaktionsgeschwindigkeit des Managements bei riskanten Entwicklungen zu erhöhen und damit zur Schadensbegrenzung beizutragen.

Die Risikoüberwachung ist Aufgabe des Managements bzw. der Führungskräfte, an welche die Überwachungsfunktion delegiert worden ist. Unterstützt werden diese Personen durch das Controlling (vgl. Kapitel 6), das die zur Risikoüberwachung benötigten Informationen (ins. Soll-Ist-Vergleiche) bereitstellt.

7.3.6 **Risikodokumentation**

Die Risikodokumentation hat die Aufgabe, die einzelnen Phasen des Risikomanagementprozesses auch für Dritte (z.B. Aufsichtsratsmitglieder, Wirtschaftsprüfer) nachvollziehbar und überprüfbar festzuhalten. Im Einzelnen erfüllt die Risikodokumentation folgende Funktionen:

- *Rechenschaftsfunktion:* Die Unternehmensleitung kann bei Eintritt einer Unternehmenskrise durch die Risikodokumentation nachweisen, dass sie pflichtgemäß gehandelt hat.

- *Sicherungsfunktion:* Durch die Risikodokumentation kann die Einhaltung der Maßnahmen zur Risikosteuerung im Zeitablauf sichergestellt werden.

- *Prüfbarkeitsfunktion:* Die Risikodokumentation bildet die Grundlage und Voraussetzung für die Überprüfung des Überwachungssystems und des Risikomanagementsystems durch den Aufsichtsrat, die interne Revision und den Wirtschaftsprüfer.

Zur Risikodokumentation kann ein sog. Risiko-Erfassungsbogen (Risk-Map) verwendet werden, in dem für einzelne Geschäftsbereiche und Prozessabläufe die identifizierten Risiken nach folgendem Schema erfasst werden können (vgl. Übersicht 68):

In größeren Unternehmen ist die Risikodokumentation Bestandteil des sog. Risikohandbuchs. Nach den Vorschlägen des IDW sollte ein Risikohandbuch folgende Aspekte berücksichtigen:

- Risikopolitische Grundsätze
- Aussagen zur Bedeutung der Früherkennung von Unternehmensrisiken
- Definition von Risikofeldern
- Grundsätze der Risikoidentifikation und -bewertung
- Regelungen zur Berichterstattung über Risiken
- Beschreibung der Elemente der Risikokontrolle
- Zusammensetzung eines »Risiko-Komitees«

Übersicht 68:
Risikoerfassungstabelle (Risk-Map)

Risiko-bezeichnung (1)	Risiko-beschreibung (2)	Risiko-ursache (3)	Max. Schadenhöhe (4)	Eintrittswahrschein-lichkeit (5)
Finanzwirtschaftliches Risiko z.B. Liquiditätsrisiko	Gefahr der Illiquidität/ Insolvenz	a) interne Ursache: Hoher Liquiditätsbedarf wegen Erweiterung des Geschäftsbetriebes b) externe Ursache: Reduzierung der Kreditlinien, Einnahmerückgang wegen Preiskampf	Höchst-/Mittel- oder Kleinstschaden z.B. Verlust des Eigenkapitals (bei Insolvenz), Minderung des Gewinns um X TDM wegen höherer Zinsbelastung	a) wahrscheinlich b) möglich c) unwahrscheinlich oder: best. Prozentzahl
Absatzwirtschaftliche Risiken z.B. Preiskampf/Dumping	Risiko des Einnahmeausfalls/Umsatzrückgangs in Abhängigkeit von der Höhe der Preisreduzierung und dem betroffenen Sortiment	a) interne Ursache: keine b) externe Ursache: Strategie des Wettbewerbs X	Höchst-/Mittel- oder Kleinstschaden z.B. in Höhe von X TDM	a) wahrscheinlich b) möglich c) unwahrscheinlich oder: best. Prozentzahl
Personalwirtschaftliche Risiken z.B. Fachkräftemangel im IT-Bereich	Bedarf an IT-Fachkräften kann nicht gedeckt werden	a) interne Ursache: keine ausreichende Zahl an Ausbildungsplätzen b) externe Ursache: keine Fachkräfte auf dem Arbeitsmarkt verfügbar	Höchst-/Mittel- oder Kleinstschaden z.B. in Höhe von X TDM	a) wahrscheinlich b) möglich c) unwahrscheinlich oder: best. Prozentzahl

Frühwarnindikatoren (6)	Handlungsbedarf (7)	Maßnahmen zur Risikosteuerung (8)	Risikoverantwortung (9)	Handlungszeitpunkt (10)
Finanzplanung Liquiditätsstatus Liquiditätskennzahlen	Ja/nein	Verhandlungen mit Banken zur Erhöhung der Kreditlinie Festlegung einer Liqiditätsreserve Eintreiben von Forderungen Abbau von Vorratsbeständen zur Freisetzung von Kapital	Finanzvorstand	Sofort Bei Bedarf Zum Zeitpunkt X
Beobachtung der Preisentwicklung am Markt Ankündigung in Fachpresse	Ja/nein	Anpassung der eigenen Preispolitik Qualitäts- statt Preiswettbewerb	Marketing-/Vertriebsvorstand	Sofort Bei Bedarf Zum Zeitpunkt X
Beobachtung des Arbeitsmarktes	Ja/nein	Verstärkung der eigenen Ausbildungsanstrengungen Abwerbung von Fachkräften bei Konkurrenten Ausweichen auf ausländischen Arbeitsmarkt	Arbeitsdirektor/ Personalvorstand	Sofort Bei Bedarf Zum Zeitpunkt X

7.4 ## Auswirkungen von Risikomanagement auf die Beschäftigten

Risikomanagement ist in erster Linie eine Managementaufgabe. Dennoch hat die Einführung und vor allem die Anwendung von Risikomanagementsystemen auch Auswirkungen auf die Beschäftigten.

Grundsätzlich ist Risikomanagement für die Arbeitnehmer positiv zu beurteilen, weil es die Voraussetzungen schafft, existenzgefährdende Risiken frühzeitig zu erkennen und rechtzeitig geeignete Maßnahmen der Risikosteuerung zu ergreifen. Durch eine Vermeidung von existenzgefährdenden Risiken für die Unternehmen ist auch eine bessere Sicherung von Arbeitsplätzen gegeben, die sonst durch Unternehmensinsolvenzen gefährdet sein könnten. Selbstverständlich werden auch durch Risikomanagementsysteme Unternehmensinsolvenzen nicht ausgeschlossen; Ziel des Gesetzgebers ist es jedoch, die Zahl der Insolvenzen deutlich zu verringern.

Im Rahmen der Risikosteuerung ist es jedoch denkbar, dass das Management Maßnahmen ergreifen muss bzw. ergreift, die für einzelne Arbeitnehmer oder Gruppen von Arbeitnehmern nachteilige Konsequenzen haben können.

Im Rahmen der *Strategie der Risikovermeidung* kann es z. B. zur Aufgabe von stark risikobehafteten Geschäftsfeldern kommen. Ob und inwieweit daraus nachteilige Folgen entstehen, hängt wesentlich davon ab, wie diese Strategie umgesetzt wird. Wird das Geschäftsfeld eingestellt, sind die Arbeitsplätze der dort beschäftigten Arbeitnehmer in hohem Maße gefährdet. Wird hingegen das Geschäftsfeld verkauft, hängt die Sicherheit der Arbeitsplätze wesentlich davon ab, was der Erwerber für Planungen mit dem Erwerb des Geschäftsfeldes verfolgt. Ist der Erwerber lediglich an den Kunden interessiert, dann sind auch in diesem Fall die Arbeitsplätze stark gefährdet.

Bei der *Strategie der Risikoüberwälzung* kann es z. B. zum Outsourcing von Unternehmensaktivitäten kommen. Inwieweit dies zu nachteiligen Konsequenzen für Arbeitnehmer führt, hängt von verschiedenen Faktoren ab. Werden lediglich Aufgaben an andere Unternehmen (z. B. Zulieferer) vergeben, dann ist Outsourcing meist mit einem Abbau von Arbeitsplätzen in den betroffenen Bereichen verbunden. Werden hingegen Unternehmensaktivitäten ausgegliedert und rechtlich verselbständigt bzw. verkauft, dann bleiben zwar häufig die Arbeitsplätze erhalten, oft jedoch zu verschlechterten Arbeitsbedingungen, sofern der Schutz des § 613a BGB nicht greift (z. B. wenn ein schlechterer Tarifvertrag zur Anwendung kommt).

Wird im Rahmen der *Strategie der Risikokompensation*, z. B. Produktdiversifikation, betrieben, um das Unternehmen mit einem »weiteren Standbein« zu versehen, dann ist dies in aller Regel mit positiven Auswirkungen für Arbeitnehmer verbunden, weil zusätzliche Arbeitsplätze entstehen oder bestehende Arbeitsplätze gesichert werden können. Häufig ergeben sich bei der Sicherung bestehender Arbeitsplätze veränderte Arbeitsanforderungen (z. B. Qualifikationsbedarf), auf welche die Arbeitnehmer möglichst frühzeitig vorbereitet werden müssen (z. B. durch Personalentwicklung).

7.5 **Risikobericht als Teil des Lageberichts**

Gem. § 264 Abs. 1 HGB haben mittelgroße und große Kapitalgesellschaften (AG, GmbH, KGaA) neben dem Jahresabschluss auch einen gesonderten Lagebericht aufzustellen. Nach § 289 Abs. 1 HGB ist (erstmals für das Geschäftsjahr 1999) der Lagebericht um einen sog. Risikobericht zu ergänzen.

Im Risikobericht ist auf Risiken einzugehen, die aus der zukünftigen Entwicklung resultieren. Insofern hat der Risikobericht Prognosecharakter. Es wird empfohlen, im Risikobericht auf folgende Risikobereiche einzugehen:
- Investitionsplanung
- Finanzplanung
- Beschaffungsplanung
- Produktions- und Sortimentsplanung
- Umsatzplanung
- Forschungs- und Entwicklungsplanung
- Personalplanung
- Planung bezüglich Organisations- und Unternehmensstruktur/Rechtsform
- Planung im Zusammenhang mit Umweltschutzmaßnahmen
- Ergebnisplanung und Ausschüttungspolitik

Dabei ist zumindest auf solche Risiken einzugehen, welche die Vermögens-, Finanz- und Ertragslage spürbar nachhaltig beeinflussen könnten sowie auf bestandsgefährdende Risiken (Insolvenzgefahr). Den Unternehmen steht es selbstverständlich offen, über diese Pflichtangaben hinaus weitergehende Angaben zur Risikosituation des Unternehmens zu machen. Im Sinne der Klarheit des Lageberichts sind die Pflichtangaben allerdings deutlich von den freiwilligen Angaben zu unterscheiden. Sollten keine wesentlichen Risiken identifiziert werden können, dann ist im Lagebericht ausdrücklich darauf hinzuweisen (sog. Fehlbericht).

7.6 Risikomanagement und Abschlussprüfer

Bei prüfungspflichtigen Unternehmen (vgl. Abschn. 4.2.3) kann der WA im Rahmen der Erläuterungen des Jahresabschlusses gem. § 108 Abs. 5 BetrVG auch auf die Prüfungsergebnisse des Abschlussprüfers zurückgreifen. Die Neufassung der §§ 317 ff. HGB führt nicht nur zu einer Ausweitung des Prüfungsumfangs, sondern auch zu einer umfassenderen Berichterstattungspflicht des Abschlussprüfers. Der Abschlussprüfer hat bei der Prüfung des Lageberichts auch zu prüfen, ob Risiken der zukünftigen Entwicklung zutreffend dargestellt sind (§ 317 Abs. 2 Satz 2 HGB). Bei börsennotierten Aktiengesellschaften hat der Abschlussprüfer außerdem zu prüfen, ob der Vorstand ein den Vorschriften des § 91 Abs. 2 AktG entsprechendes Risikomanagementsystem eingerichtet hat. Er hat darüber hinaus zu beurteilen, ob das Risikomanagementsystem die ihm zugedachte Funktion der Risikofrüherkennung auch erfüllen kann (§ 317 Abs. 4 HGB). Schließlich ist auch die kontinuierliche Einhaltung von Maßnahmen der Risikosteuerung und deren Wirksamkeit Gegenstand der Prüfung (vgl. IDW PS 340).

Vertiefende und weiterführende Literatur:

Baetge/Schulze 1998: Möglichkeiten der Objektivierung der Lageberichterstattung über »Risiken der künftigen Entwicklung«, in: Der Betrieb, Heft 19 v. 8.5.1998, S. 937 ff.

Bitz 2000: Risikomanagement nach KonTraG, Stuttgart 2000

Füser/Gleißner 1999: Risikomanagement (KonTraG) – Erfahrungen aus der Praxis, in: Der Betrieb, Heft 15 v. 16.4.1999, S. 753 ff.

IDW PS 340: Die Prüfung des Risikofrüherkennungssystems nach § 317 Abs. 4 HGB (Stand: 25.6.1999)

KPMG 1999: Integriertes Risikomanagement, 3. Aufl. 1999, o. O.

Kromschröder/Lück 1998: Grundsätze risikoorientierter Unternehmensüberwachung, in: Der Betrieb, Heft 32 v. 7.8.1998, S. 1573 ff.

Ludewig 2000: KonTraG – Aufsichtsrat und Abschlussprüfer, in: Der Betrieb, Heft 13 v. 31.3.2000, S. 634 ff.

Lück 1998: Elemente eines Risikomanagementsystems, in: Der Betrieb, Heft 1/2 v. 9.1.1998, S. 8 ff.

Lück 1998a: Der Umgang mit unternehmerischen Risiken durch ein Risikomanagementsystem und durch ein Überwachungssystem, in: Der Betrieb, Heft 39 v. 25.9.1998, S. 1925 ff.

Vogler/Gundert 1998: Einführung von Risikomanagementsystemen, in: Der Betrieb, Heft 48 v. 27.11.1998, S. 2377 ff.

8. Das Kennziffern-Informationssystem – eine Möglichkeit der systematischen, handlungsorientierten Informationsbeschaffung und -verarbeitung durch den Wirtschaftsausschuss

Inhaltsübersicht

Worum geht es beim Kennziffern-Konzept?

In Kapitel 2 wurde die Bedeutung von Informationen für die Interessenvertretungsarbeit herausgearbeitet. Dabei wurde deutlich, dass die zu beschaffenden und zu verarbeitenden Informationen folgenden Anforderungen genügen müssen:

- Sie müssen direkte Aussagen über die gegenwärtigen und zukünftigen Interessenlagen der Beschäftigten enthalten bzw. im Hinblick darauf auswertbar sein und
- sie müssen geeignet sein, gegenüber der Belegschaft und potentiellen Mitstreitern zu begründen, dass die Forderungen der Interessenvertretung für das Unternehmen (evtl. auch für den Konzern) wirtschaftlich vertretbar sind.

Die wesentlichste Informationsquelle für den WA ist der Unternehmer (vgl. Abschn. 2.4). Ihm gegenüber besteht der Informationsanspruch des WA. Die Informationen des Unternehmers stammen im Wesentlichen aus dessen Informationssystem, das in den Kapiteln 4–7 in seinen Grundzügen beschrieben wurde. Dieses Informationssystem ist allerdings auf die Interessenlage des Unternehmers, Gewinn zu erzielen, ausgerichtet (vgl. Übersicht 69). Die Interessenlagen der Beschäftigten werden nur insoweit berücksichtigt, als sie sich erfolgsmäßig auswirken.

Mit dem Kennziffernkonzept sollen Unternehmer und Management gezwungen werden, sich mehr Gedanken darüber zu machen, was mit Arbeitnehmern geschieht, wenn sie »unternehmen«, also über die personalen und sozialen Auswirkungen ihrer ökonomischen bzw. technologischen Entscheidungen. Dass ihnen das nicht schon früher systematisch abverlangt wurde, ist im Zweifelsfall zunächst der bisherigen Informationspolitik der Interessenvertretung selbst anzulasten.

Das Kennziffern-Konzept stellt auf den Zusammenhang zwischen unternehmerischer Entscheidung und Auswirkungen für die Beschäftigten ab. Kennziffern geben Auskunft über die einzelnen Interessenbereiche und über die wirtschaftliche Situation des Unternehmens. Sie

- zeigen die Auswirkungen von unternehmerischen Maßnahmen für die Beschäftigten auf,
- weisen auf Ansatzpunkte für die Forderungspolitik der Interessenvertretung hin,
- machen Ergebnisse und Erfolge der Interessenvertretungsarbeit überprüfbar.

Unter diesen Gesichtspunkten liefern sie zahlenmäßige Grundlagen für

- Diskussionen zwischen der Belegschaft und ihrer Interessenvertretung,
- Klärungen und Vereinbarungen in den Interessenvertretungsorganen,
- Auseinandersetzungen mit dem Unternehmer.

Übersicht 69:
Unterschiedliche Informationsinteressen von Betriebsrat und Unternehmen

Unternehmens-
interesse:
Gewinne!

Informationsinteresse
der Unternehmensleitung

Auswirkungen!

Arbeitnehmer-
interessen

Beschäftigung
Einkommen
Arbeitszeit
Arbeitsbedingungen
Qualifikation
Mitbestimmung

Informationsinteresse
der Interessenvertretung

Quelle: *Briefs, U. u. a.*, Gewerkschaftliche Betriebspolitik und Information, Köln 1983, S. 21.

Wesentlicher Gedanke des Kennziffernkonzeptes ist, dass *zweckbezogene* Informationen sich nicht so sehr auf die Unternehmenspolitik, sondern zunächst einmal auf die jeweiligen Folgen für die Beschäftigten beziehen. Die *personellen und sozialen Auswirkungen* der Unternehmenspolitik sollen mit Kennziffern systematisch abgebildet werden. Sie bilden die konkreten Ansatzpunkte und Zielgrößen der *gewerkschaftlichen Betriebspolitik*. Missstände und Gefährdungen werden so deutlicher und früher erkannt, eine gemeinsame Problemsicht ist in der Belegschaft und den Interessenvertretungsorganen leichter herzustellen,

Übersicht 70:

Unterschiedliche Sichtweise von Betriebsrat und Unternehmen

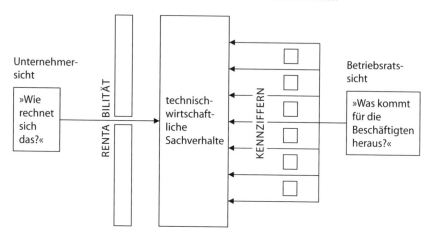

Zielrichtungen und Gestaltungsnotwendigkeiten werden klarer, Prioritäten können gesetzt werden. Die Entwicklung von Forderungen durch den Betriebsrat ist betriebspolitisch besser begründet und verankert.

Betriebsräte sollen gegenüber den technisch-wirtschaftlichen Sachverhalten, die der Unternehmer an sie heranträgt, eine eigene Sichtweise einnehmen. Was für die Unternehmer die Frage nach der Rentabilität einer Maßnahme ist, muss für sie die Frage nach den personellen und sozialen Auswirkungen sein (s. Übersicht 70). Die Kennziffern der einzelnen Interessenbereiche (vgl. Abschn. 8.2) präzisieren diese Frage.

Den Unternehmer interessiert an technisch-wirtschaftlichen Sachverhalten die Rentabilität. Betriebsräte wollen bessere Verhältnisse für die Beschäftigten und können mit Kennziffern den entsprechenden Informationsbedarf präzisieren. Kennziffern sollen helfen, sich auf die Angelegenheiten zu konzentrieren, die im Interesse der Arbeitnehmer sind. Mit dem Kennziffernbogen als *Checkliste für Arbeitnehmerinteressen* wird so schnell nichts vergessen, die Zusammenhänge zwischen den Interessenbereichen bleiben im Blick.

Eine Forderung nach besseren Bedingungen für die Beschäftigten sollte nicht nur aus Missständen heraus begründet werden. Die Durchsetzungschancen steigen, wenn die Interessenvertretung die Maßnahmen kritisch begleiten kann, die der Unternehmer vornimmt. Ihr Rückhalt bei den Beschäftigten und deren Engagement wachsen, wenn es nicht nur berechtigte Forderungen sind, sondern auch nachweislich finanzierbare. Es sind also auch Informationen erforderlich, um Forderungen wirtschaftlich begründen zu können.

Es geht beim Kennziffernkonzept im Wesentlichen darum, im Sinne von § 2 BetrVG das »Wohl der Arbeitnehmer und des Betriebes« mit präzisen Informationen zu vergleichen, um die im § 76 Abs. 5 BetrVG geforderte »angemessene Berücksichtigung der Belange des Betriebes und der betroffenen Arbeitnehmer« überhaupt leisten zu können. Das Betriebsverfassungsgesetz ist erst auf der Grundlage solcher Informationen über den Zustand beider Interessen ausfüllbar. Informationsrechte der Interessenvertretung sind deshalb auch an verschiedenen Stellen der Betriebsverfassung vorgesehen, so die Unterrichtung des Betriebsrats nach § 80 Abs. 2 und § 90 sowie des Wirtschaftsausschusses nach § 106 BetrVG.

8.2 Die Grundstruktur des Kennziffern-Informationssystems: Arbeitnehmerinteressen stehen im Vordergrund

Unsere zunächst eher grundsätzlichen Überlegungen sind für die praktische Informationsarbeit des Betriebsrates genauer auszuführen.

8.2.1 Notwendige Informationen, um Forderungen stellen zu können

Um Forderungen stellen zu können, sind Informationen über die konkreten Arbeitnehmerbelange erforderlich, die beeinflusst werden sollen. Es geht also um ein möglichst genaues Abbild der Lage der Beschäftigten im Betrieb. Wie ist die Situation, welche Veränderungen zeichnen sich ab, welcher (neue) Zustand soll erreicht werden? Welche Informationsarten sind dazu geeignet?

Die Informationsarbeit muss sich an den angesprochenen Interessenbereichen der Beschäftigten orientieren:

1. Beschäftigung
2. Einkommen
3. Arbeitsbedingungen
4. Arbeitszeit
5. Qualifikation

6. Sozialeinrichtungen
7. Umwelt

Diese Interessenbereiche bilden das Grundschema für den Informationsbedarf des Betriebsrates. Sie sind mit den Zielbereichen seiner Aufgaben identisch. Für ein handhabbares Informationskonzept ist es weiter auszubauen.

Der erste Schritt besteht darin, für jeden Interessenbereich Unterpunkte (eine Aufgliederung) zu finden, die die betrieblichen Verhältnisse genauer kennzeichnen. Es soll sichtbar werden, was in dem jeweiligen Interessenbereich »los ist«, insbesondere, welche Probleme und Mißstände bestehen. Diese Unterpunkte müssen so präzise bestimmt werden, dass sie in *Zahlen* ausgedrückt werden können.

Das hat mehrere Vorteile:
1. Zahlen sind in sich eindeutig, leichter zu interpretieren, weniger strittig, man kann den Unternehmer besser »festlegen«.
2. Sie erlauben Vergleiche
   - über Zeiträume, deren Entwicklungen und ggf. Trends;
   - zwischen Bereichen (Betrieben, Abteilungen, Gruppen usw.).
3. Sie erleichtern die Informationsweitergabe und u.U. eine öffentlichkeitswirksame Argumentation.

Für ein Konzept der laufenden Informationsarbeit des Betriebsrates ist die *Quantifizierung* des jeweiligen Informationsbedürfnisses unbedingt anzustreben. Nicht so leicht in Zahlen ausdrückbare Arbeitnehmer-Interessen sollen damit nicht abgewertet werden. Sie können aber nicht in einem Kennziffernsystem erfasst werden, sondern verlangen ergänzende Formen der Informationsverarbeitung.

Wie ist das Informationskonzept des Betriebsrates nun im Einzelnen aufzubauen?

Im Interessenbereich »*Beschäftigung*« soll zahlenmäßig erfasst werden, wie die Beschäftigtenstruktur im Unternehmen aussieht und sich entwickelt, z.B. nach Gehalts-/Lohngruppen. Welche Beschäftigtengruppen gibt es, die die besondere Aufmerksamkeit des Betriebsrates verdienen (z.B. Frauen, Auszubildende, Behinderte, ältere Arbeitnehmer)? Welche personalpolitischen Strategien fährt der Unternehmer (z.B. Leiharbeitnehmer, geringfügige Beschäftigung unter 630 DM, Teilzeitkräfte, befristete Arbeitsverhältnisse, Versetzungen, Kündigungen usw.)?

Die dazu denkbare Kennziffernzusammenstellung sollte neben dem *Ist-Zustand* auch die *Vergangenheit* und die *Zukunft* erfassen. In unserer Aufstellung wird als Beispiel eine 3-Jahres-Übersicht gewählt:

	1. Beschäftigung	1999	2000 (IST)	2001 (PLAN)
Interesse an Beschäftigungs-sicherung	Personalbestand (Anzahl) Teilzeitbeschäftigte (Anzahl) Befristete Arbeitsverhältnisse (Anzahl) Arbeiter (Anzahl) Tarifangestellte (Anzahl) AT-Angestellte (Anzahl) Leitende Angestellte (Anzahl) Ausbildungsquote (%) Einstellungen (Anzahl) Entlassungen (Anzahl) Versetzungen (Anzahl) Fluktuation (%)			

Im Bereich »*Einkommen*« geht es darum, die Differenzierungen innerhalb der Beschäftigten transparent zu machen, insbesondere auch die Unterschiede zwischen tarifvertraglich gesicherten und lediglich betrieblich/einzelvertraglich vereinbarten Einkommensbestandteilen. Betriebsräte können dann besser über die Einhaltung von Tarifverträgen wachen, Eingruppierungen kontrollieren, die Qualifikationsentwicklung verfolgen und sich um die Schere zwischen Tarif- und Effektivverdienst kümmern.

Folgende Kennziffern können diesen Informationsbedarf abdecken:

	2. Beschäftigung	1999	2000 (IST)	2001 (PLAN)
Interesse an Einkommens-sicherung und -steigerung	Lohn je Arbeiter (DM) (Haupt- und Nebenbezüge) davon tariflich (%) Gehalt je Tarifangestellten (DM) davon tariflich (%) Gehalt je AT-Angestellten (DM) Gehalt je Leitender Angestellter (DM) Höhergruppierungen (Anzahl) Abgruppierungen (Anzahl)			

Der Komplex »*Arbeitsbedingungen*« erfordert eine eingehendere Analyse der konkreten Arbeitsplätze im Betrieb: Wie können sie »qualitativ« unter den Gesichtspunkten Belastung und Arbeitsinhalte erfasst werden (z. B. Lärmarbeitsplätze, Staubanfall, monotone Arbeitsplätze)? Auch die ergriffenen Maßnahmen des Unternehmers zum Arbeitsschutz (z. B. Aufwand für Humanisierung, Sicherheitsbeauftragte, Betriebsarzt) können helfen, diesen Interessenbereich auszuleuchten und Hinweise auf unterlassene Maßnahmen zu geben. Solche Informationen zeigen konkreten Handlungsbedarf »vor Ort« auf und sind nahe an den Bedürfnissen der Kollegen hinsichtlich ihrer Arbeitsgestaltung. Die folgende Aufstellung ist auf die spezifischen betrieblichen Verhältnisse abzustimmen:

3. Arbeitsbedingungen		1999	2000 (IST)	2001 (PLAN)
Interesse an Verbesserung der Arbeits- bedingungen	Lärmarbeitsplätze (Anzahl) Arbeitsplätze mit gefährlichen Stoffen (Anzahl) Monotone Tätigkeiten (Anzahl) Krankenstand (%) Arbeitsunfälle (Anzahl) Sicherheitsbeauftragte (Arbeitsstunden) Sonstige Fachkräfte (z. B. für Ergonomie) Erholzeiten (Std.) Arbeitsplätze mit mehr Arbeitsinhalten (Anzahl) Aufwand für menschen- gerechte Technologie, Abschirmungen und individuellen Schutz (TDM) Abschirmungen von Staub, Erschütterungen usw. an der Entstehungsquelle (Anzahl der Arbeitsplätze) Aufwand dafür (DM)			

In dem Feld »*Arbeitszeit*« soll einerseits die Arbeitszeitsituation der Beschäftigten aufgenommen werden (z. B. tatsächliche Wochenarbeitszeit, Urlaubsansprüche, Gleitzeit), aber auch die Arbeitszeitpolitik des Unternehmers (z. B. Überstunden, Ausfallzeiten, Schichtarbeit, Sonn- und Feiertagsarbeit).

Diese Fragen spielen stark in den Interessenbereich »Beschäftigung« hinein. Überhaupt müssen laufend Querverbindungen zwischen allen Kennziffern bei ihrer Auswertung und betriebspolitischen Konsequenzen hergestellt werden.

Die Arbeitszeitsituation der Arbeitnehmer und die Arbeitszeitpolitik des Unternehmers ist mit folgender Kennziffernaufstellung darstellbar:

4. Arbeitszeit		1999	2000 (IST)	2001 (PLAN)
Interesse an Verbesserung der Arbeitszeit	Tatsächliche Wochenarbeitszeit je vollzeitbeschäftigtem Arbeitnehmer (Std.) Überstunden je betroffenem Arbeitnehmer und Monat (Std.) Ausfallzeiten (in % der geleisteten Arbeitsstunden) Gleitende Arbeitszeit (Anzahl) Schichtarbeit (Anzahl) davon Wechselschicht Konti-Schicht Nacht-Schicht Sonn- und Feiertagsarbeit (Anzahl) Samstagsarbeit (Anzahl)			

Der Interessenbereich »*Qualifikation*« ist mit Informationen über die Aus- und Weiterbildungssituation im Unternehmen aufzufüllen. Neben der Aktivität bzw. Passivität des Unternehmens dürften meist eine ziemlich ungleiche Verteilung des Bildungsaufwandes auf die einzelnen Beschäftigtengruppen aufgedeckt und damit Hinweise auf Betriebsratsforderungen gegeben werden. Mit den von der Unternehmensleitung vorangetriebenen technischen und organisatorischen Neuerungen gehen laufende Veränderungen der qualifikatorischen Anforderungen an den Arbeitsplätzen einher. Der Betriebsrat muss deshalb verfolgen, wie sich diese Veränderungen in der Qualifikationsstruktur der Beschäftigten niederschlagen und an welchen Schwerpunkten Qualifikationsmaßnahmen anzusetzen bzw. zu fordern sind. Die Kennziffern zur »Qualifikation« müssen mit Blick auf den Interessenbereich »Arbeitsbedingungen« definiert und interpretiert werden:

	5. Qualifikation	1999	2000 (IST)	2001 (PLAN)
Interesse an Verbesserung der Berufsbildung	Arbeitnehmer ohne Berufs- ausbildung (Anzahl) Arbeitnehmer mit Berufs- ausbildung (Anzahl) Arbeitnehmer in berufsfremden Tätigkeiten (Anzahl) Arbeitnehmer in Umschulungen (Anzahl) Arbeitnehmer in Fortbildung (Anzahl) Bildung mit anschl. Höher- gruppierung (Anzahl) Bildungsaufwand je Arbeiter, Angestellten, AT-Angestellten (TDM) Bildungsaufwand Berufs- ausbildung (TDM) Auszubildende (Anzahl) Übernahme nach Ausbildung (%) Ausbilder (Anzahl)			

Unter »*Sozialeinrichtungen*« soll vollständig erfasst werden, was das Unternehmen neben dem Lohn für seine Mitarbeiter tut, wie hoch der Aufwand hierfür ist und wie er sich entwickelt. Neben dem unmittelbaren Abbau in diesem Bereich findet ja auch eine schleichende Entwertung dieser Leistungen durch die Geldentwertung statt. Kennziffern machen das nachvollziehbar, ermöglichen Vergleiche mit anderen Betrieben und geben so Hinweise auf Forderungen:

6. Soziale Einrichtungen		1999	2000 (IST)	2001 (PLAN)
Interesse an Absicherung der Sozial-einrichtungen	Aufwand für soziale Einrichtungen (DM) Zur Verfügung gestellte Wohnungen (Anzahl) Aufwand für Freizeiteinrichtungen Kindergarten (Zahl der Plätze) Werkskantine (DM)			

Die Auswirkungen der Produktion auf die *Umwelt* werden immer mehr auch zu einem Aufgabenfeld für die betriebliche Interessenvertretung. Einmal haben Arbeitnehmer – neben dem reinen Arbeitsschutz – ein Interesse an einer intakten Umwelt, in der sie arbeiten *und* leben. Andererseits machen gerade in letzter Zeit viele Beispiele deutlich, dass die von der Produktion ausgehenden Umweltbelastungen (durch Rohstoffe, Fertigungsverfahren, Emissionen, Produkte, Abfall) die Arbeitsplätze *in* diesen Betrieben gefährden. So gilt zunehmend, dass nur umweltgerechte Arbeitsplätze auch gesicherte Arbeitsplätze sind und deshalb Betriebsräte dringend Einfluss auf die Umweltbeziehungen des Unternehmens nehmen müssen.

Die für diesen Komplex sinnvollen Kennziffern müssen für den jeweiligen Betrieb mit seinen jeweiligen Umweltwirkungen definiert werden. Für viele Belastungen gibt es produktionsspezifische Mess- und Grenzwerte, teilweise auf der Grundlage gesetzlicher Bestimmungen oder Richtlinien. Sie sind aufzugreifen in aussagefähigen Kennziffern, die auch die Auswirkungen der Arbeitsumwelt auf die Beschäftigten (gesundheitliche Belastungen bzw. deren Vorbeugung) umfassen sollten. Unser Vorschlag benennt nur die Richtung dieser Präzisierung:

7. Umweltbelastungen		1999	2000 (IST)	2001 (PLAN)
Interesse an einer umwelt-gerechten Produktion	Emissionen von Schadstoffen: Luft (Art, Messwerte, Mengen) Boden (Art, Messwerte, Mengen) Wasser (Art, Messwerte, Mengen) Müll/Abfall (Art, Mengen) Kompensationszahlungen (TDM) Verhängte Strafen (Anzahl) Geldbußen (TDM) Umweltbedingte Erkrankungen (Anzahl)			

Werden die einzelnen Interessenbereiche mit ihren Kennziffern zu einem Bild zusammengefasst, ist das Ergebnis zunächst eine betriebliche Ist-Aufnahme, eine *Checkliste* der für die Beschäftigten wichtigen Belange. Zugleich dient sie als Informationskonzept, das die aus Betriebsratsicht wichtigen Fragen enthält.

Das Herausfinden der Informationskarten (Kennziffern), die für die einzelnen Interessenbereiche im jeweiligen Betrieb geeignet sind, ist eine Aufgabe für alle Interessenvertreter in allen Organen. Es werden erforderlich: gezielte Bestandsaufnahmen, Betriebsbegehungen, Rücksprache mit Kollegen an den Arbeitsplätzen, Diskussionen mit Vertrauensleuten, Abstimmungen zwischen Betriebsräten, Gesamtbetriebsrat, Wirtschaftsausschuss, Kommissionen, ggf. den Arbeitnehmervertretern im Aufsichtsrat und der gewerkschaftlichen Organisation vor Ort.

Auf dem *Musterbogen* auf S. 248 f. ist nachzuvollziehen, wie die nach Interessenbereichen geordneten Informationsarten (Kennziffern) als Konzept für die Informationsarbeit aufbereitet werden können. Der »Kennziffernkatalog« im Anhang I auf S. 324 ff. enthält weitere Beispiele bzw. Kennziffern-Vorschläge zur Anregung und Auswahl. Für jeden Betrieb muss ein Bogen nach den jeweiligen Verhältnissen erarbeitet werden (vgl. zur Vorgehensweise Kapitel 8.3).

8.2.2 Informationen, um Forderungen wirtschaftlich zu begründen

Betriebsräte, die Forderungen im Interesse der Beschäftigten stellen, müssen erfahrungsgemäß damit rechnen, dass Arbeitgeber diese regelmäßig mit folgender »Begründungskette« abzulehnen versuchen: Zunächst wird behauptet, die Forderungen des BR entsprächen überhaupt nicht den Interessen der Beschäftigten (etwa bei der Verweigerung von Überstunden). Lässt sich der BR davon nicht beirren und beharrt auf seinen Forderungen, dann wird eingewandt, die Vorstellungen des BR seien technisch oder organisatorisch gar nicht umsetzbar. Kann der BR auch diesen Einwand entkräften, dann erst wird mit wirtschaftlichen »Argumenten« gearbeitet.

Der Unternehmer verunsichert normalerweise Arbeitnehmer und Betriebsräte am nachhaltigsten, wenn er behauptet, ihre Forderungen seien »wirtschaftlich nicht vertretbar« und gefährden die Wettbewerbsfähigkeit des Unternehmens und damit die Arbeitsplätze. Die Behauptung, eine Forderung sei »wirtschaftlich nicht vertretbar«, ist ein »Totschlagargument«, denn es ist äußerst schwierig, die wirtschaftliche Vertretbarkeit einer Forderung zu beurteilen, da es objektive Kriterien hierfür nicht gibt, abgesehen von den Kriterien Verschuldung und Liquidität. Überschuldung und Illiquidität (Zahlungsunfähigkeit) eines Unternehmens stellen Insolvenzgründe dar. Forderungen des BR, die zur Insolvenz eines Unternehmens führen würden, wären in der Tat wirtschaftlich nicht vertretbar. Im Interesse der Sicherheit der Arbeitsplätze werden solche Forderungen von BR aber auch nicht erhoben.

WA und BR sind für den Normalfall gut beraten, wenn sie sich für ihre Gegenargumentation hauptsächlich auf wirtschaftliche Daten stützen, die ohne große »Fachkenntnisse« verstehbar sind, weil sonst die Vermittlung bis zu den Beschäftigten zu kompliziert wird oder gar nicht gelingt. Zugleich müssen diese Informationen für eine Auseinandersetzung mit dem Unternehmer vor der Belegschaft geeignet sein. Denn die Mobilisierbarkeit der Belegschaft nimmt in dem Maße ab, wie Unternehmerargumente eher einleuchten als die der Interessenvertretung.

In diesem Sinne geeignete wirtschaftliche Informationen sind
- Auftragseingang,
- Auftragsbestand,
- Auftragsreichweite,
- Lagerbestand,
- Umsatz,
- Jahresüberschuss,
- Gewinnausschüttung,
- Arbeitsproduktivität.

»Auftragseingang«, »Auftragsbestand«, »Auftragsreichweite«, »Umsatz« und »Lagerbestand« (im Ist und Plan) sind Mess- und Steuerungsgrößen für das (künftige) Produktionsvolumen und damit Anhaltspunkte insbesondere für das Beschäftigungsinteresse.

Die »Arbeitsproduktivität« ist eine Messgröße für die Effektivität des Produktionsprozesses. Sie gibt somit auch Hinweise auf Leistungssteigerungen der Beschäftigten. Wird diese Kennziffer direkt vom Unternehmer abgefragt, so muss genau geklärt werden, wie der Unternehmer diese errechnet. Soll die Arbeitsproduktivität von der Interessenvertretung selbst errechnet werden, so lautet die Formel:

$$\text{Arbeitsproduktivität} = \frac{\text{Gesamtleistung}}{\text{geleistete Arbeitsstunden}}$$

Die Gesamtleistung errechnet sich wie folgt:

Umsatz
+ Lagerbestandserhöhung
./. Lagerbestandsverringerung
+ aktivierte Eigenleistungen
= Gesamtleistung

Diese Größe kann häufig auch direkt der G+V-Rechnung entnommen werden (vgl. Abschn. 4.2.1.2). Sind die geleisteten Arbeitsstunden nicht bekannt, dann kann dafür hilfsweise auch die Zahl der Beschäftigten verwendet werden. Aufschlussreich ist jedenfalls auch schon die Entwicklung des Umsatzes pro Beschäftigten.

Der *Jahresüberschuss* aus der Gewinn- und Verlustrechnung kann als grober Anhaltspunkt für den Gewinn eines Jahres angesehen werden. Da der in der Gewinn- und Verlustrechnung ausgewiesene Jahresüberschuss noch nicht um Zuführungen (bzw. Entnahmen) zu den Rücklagen gekürzt (bzw. erhöht) wurde, ist er zur Gewinndarstellung besser geeignet als der Bilanzgewinn. Allerdings kann auch der Jahresüberschuss vom Unternehmer auf legalem Weg erheblich manipuliert werden (vgl. Abschn. 4.2.5), z. B. um Steuern zu sparen oder auch eine gleichbleibende Gewinnentwicklung darzustellen. Daher besitzt diese Kennziffer erst über einen längeren Zeitraum betrachtet eine gewisse Aussagekraft.

Sollte sich herausstellen, dass diese »einfachen« wirtschaftlichen Informationen für eine erfolgreiche Gegenargumentation (z. B. gegenüber dem Vorsitzenden einer Einigungsstelle) nicht ausreichen, dann muss auf weniger leicht verständliche wirtschaftliche Informationen zurückgegriffen werden, etwa aus dem externen Rechnungswesen (Jahresabschluss) abgeleitete Kennzahlen, die Aussagen über die Vermögens-, Finanz- und Ertragslage ermöglichen (vgl. Abschn. 4.5). Zwar haben aus der Bilanzanalyse gewonnene Kennzahlen den Mangel, dass die Datenbasis aufgrund handelsrechtlicher Vorschriften legal manipulierbar ist. Außerdem sind die Daten nicht aktuell. Insoweit ist es zweckmäßig, Planjahresabschlüsse – soweit vorhanden – heranzuziehen. Außerdem ist ein zusätzlicher Rückgriff auf Daten aus dem Controlling (vgl. Kapitel 6) erforderlich.

Welche der aus diesen Informationsquellen abrufbaren bzw. ableitbaren wirtschaftlichen Informationen erforderlich sind, hängt sehr vom konkreten Fall ab. U.u. ist ein wirtschaftlich versierter Sachverständiger hinzuzuziehen (vgl. Abschn. 3.4.6).

Es soll hier nicht der Eindruck erweckt werden, dass das Kennziffern-System die gesamte Breite der Aufgaben des WA abdeckt. Deshalb wird im Kapitel 8 noch ausführlich auf die gesetzliche Aufgabendefinition der §§ 106 Abs. 3, 108 Abs. 5 und 110 BetrVG und deren Ausfüllung durch den WA einzugehen sein. Für die Systematisierung der *laufenden* Informationsarbeit und als Orientierungshilfe gerade für die weitergehenden Aufgaben des WAs kann dieses Informationskonzept ein strukturierendes Hilfsmittel sein.

8.2.3   # Der Berichtsbogen

Informationen sind dann am nützlichsten, wenn sie laufend erhoben und verarbeitet werden. Es geht auch um Übersichtlichkeit und Verständlichkeit, die
den Informationsaustausch zwischen den verschiedenen Organen der Interessenvertretung erleichtern. Hierfür ist es wichtig, dass die Interessenvertretung
ihr konkretes Interesse an Art, Zeitpunkt und Zeitraum der Information und
auch die Form der Berichterstattung selbst bestimmt. Es darf nicht dem Unternehmer überlassen bleiben, was »rechtzeitig und umfassend« ist und wie die
Informationen präsentiert werden. Wir schlagen deshalb vor, die für wichtig
befundenen Kennziffern in den Berichtsbögen zusammenzustellen. Im Folgenden soll an einem *Musterberichtsbogen* das Grundkonzept erläutert werden.

Das Muster des Berichtsbogens soll für ein Unternehmen gelten. Besteht
dieses aus mehreren Betrieben, sind zusätzliche Blätter gleicher Art für jeden
Betrieb zu erstellen. Bei entsprechenden Größenordnungen ist eine weitere
Gliederung nach Abteilungen erforderlich. Der in Übersicht 71 abgebildete
Musterberichtsbogen ist vor allem unter Auswertungsgesichtspunkten (Ermittlung der Soll-Ist-Abweichungen) konzipiert und unterscheidet sich deshalb
von den Zusammenstellungen der einzelnen Interessenbereiche zu Beginn
dieses Kapitels durch eine andere Anordnung und Bezeichnung der Spalten.

Der Berichtsbogen enthält in den Spalten die Berichtszeiträume und die
Soll-Ist-Abweichungen.

Der Berichtszeitraum ist im Musterbogen so ausgestaltet, dass man auf einen
Blick erkennen kann, wie sich die Kennziffern in der Vergangenheit (2 Jahre),
Gegenwart und bis zum Ende des jeweiligen Planjahres entwickeln. Dabei sind
die Veränderungen und nicht so sehr die absoluten Zahlen von Interesse.
Gedacht ist daran, dass der Unternehmer insbesondere Veränderungen größe-
ren Ausmaßes rechtzeitig schriftlich erläutert. Auch müsste er veränderte
Definitionen benennen.

Hält man es für wichtig, über längere Zeiträume mit Hilfe eines solchen
Berichtsbogens informiert zu sein, müssten mehr Vergangenheitswerte und
weiter reichende Zukunftswerte als zusätzliche Spalten aufgenommen werden.
Zusätzliche Spalten können auch durch kumulierte Werte und Indexwerte
erforderlich sein. Das Gleiche gilt, wenn eine quartalsweise Berichterstattung
als ungenügend und monatliche Informationen als bedeutsam eingeschätzt
werden. Es muss aber davor gewarnt werden, einerseits den Berichtsbogen zu
überfrachten, andererseits die Interessenvertretung in zu kurzen Zeitabständen
mit Auswertungsarbeiten zu überlasten. *Weniger ist oft mehr!*

Berichte über längere Planperioden als ein Jahr sind – trotz stark anwach-
sender Unsicherheit – für die Interessenvertretung wichtig. Projektplanungen,

die neben der regelmäßigen Planung durchgeführt werden, müssen in zusätzlichen Kennziffernbögen abgebildet werden (z. B. Werksneubau, größere Investitionsvorhaben, Umorganisation usw.). Die Interessenvertretung sollte vor der Verabschiedung des Budgets (Jahresplanung) ihr Informationsbegehren bereits mit konkreten Forderungskatalogen begleiten.

Bei allem ist Folgendes zu beachten: Kennziffernbögen allein sind Datenfriedhöfe. Nur ihre bewusste Handhabung kann die Interessenvertretungsarbeit unterstützen. Die mobilisierende Politik, die konkrete, gemeinsame Aktion selbst, ist das eigentlich Wichtige, nicht das Kennziffernsystem.

Im folgenden Abschnitt sollen Tipps und Beispiele gegeben werden, wie man mit der Erstellung und Einführung eines auf den konkreten Betrieb bezogenen Kennziffern-Informationssystems (KIS) weiterkommt.

8.3 »Weniger ist oft mehr!« – Die Erstellung eines unternehmensbezogenen Kennziffernsystems

Leider stellen Interessenvertretungen, die mit dem Kennziffernkonzept arbeiten, bisher eher noch eine Ausnahme dar. So verwenden nach unserer Untersuchung nur 6 % aller befragten WA Informationssysteme, die den Anforderungen eines arbeitnehmerorientierten KIS, wie es oben dargestellt wurde, genügen. Dieses Ergebnis deckt sich auch mit den Erfahrungen gewerkschaftlicher Bildungseinrichtungen.

Die Ursachen für diesen Zustand liegen zum einen sicherlich in dem immer noch zu geringen Bekanntheitsgrad des Kennziffernansatzes bei den Interessenvertretungen und den gewerkschaftlichen Betreuungssekretären. Zum anderen sind es aber auch Widerstände von Unternehmerseite und vor allem Probleme und Widerstände innerhalb der Interessenvertretung, die eine Umsetzung des Konzepts bisher häufig erschwert oder gar verhindert haben.

In diesem Kapital sollen zunächst nur die internen Schwierigkeiten bei Erstellung und Anwendung eines unternehmensbezogenen Kennziffernsystems dargestellt und Vorschläge zur Überwindung dieser Probleme gemacht werden. Auf die möglichen Reaktionen der Interessenvertretung bei externen Widerständen durch die Unternehmerseite wird in Kapitel 10 eingegangen.

Oft wird die Arbeit mit Kennziffern von vielen BR- und WA-Mitgliedern mit folgenden Begründungen abgelehnt:

- *»Das ist doch alles zu arbeitsaufwändig!«*
- *»Viel zu theoretisch, für die praktische Arbeit ist das eher hinderlich!«*

Übersicht 71:
Muster eines Berichtsbogens

Kennziffern für Arbeitnehmer (Muster für einen Berichtsbogen) für den 1. Quartalsbericht 1987	IST 1998	Abweichungen in % Vorjahr (1997)	IST 1999 I. Quartal	Abweichungen in % zum Vorjahresquart.	SOLL 1999 I. Quartal	Abweichungen in % IST I. Quartal 1998	SOLL/BUDGET/PLAN 1999	Abweichungen in % IST 1998	Voraussichtliches IST 1999	Abweichungen in % SOLL 1999	Erläuterungen besonderer Abweichungen
Interesse an Beschäftigungssicherung											
1. Beschäftigung											
Personalbestand (Anzahl)											
Teilzeitbeschäftigte (Anzahl)											
Befristete Arbeitsverhältnisse (Anzahl)											
Arbeiter (Anzahl)											
Tarifangestellte (Anzahl)											
AT-Angestellte (Anzahl)											
Leitende Angestellte (Anzahl)											
Ausbildungsquote (%)											
Einstellungen (Anzahl)											
Entlassungen (Anzahl)											
Versetzungen (Anzahl)											
Fluktuation (%)											
Interesse an Einkommenssicherung und -steigerung											
2. Einkommen											
Lohn je Arbeiter (DM) (Haupt- und Nebenbezüge)											
davon tariflich (%)											
Gehalt je Tarifangestellten (DM)											
davon tariflich (%)											
Gehalt je AT-Angestellten (DM)											
Gehalt je Leitender Angestellter (DM)											
Höhergruppierungen (Anzahl)											
Abgruppierungen (Anzahl)											
Interesse an Verbesserung der Arbeitsbedingungen											
3. Arbeitsbedingungen											
Lärmarbeitsplätze (Anzahl)											
Arbeitsplätze mit gefährlichen Stoffen (Anzahl)											
Monotone Tätigkeiten (Anzahl)											
Krankenstand (%)											
Arbeitsunfälle (Anzahl)											
Sicherheitsbeauftragte (Arbeitsstunden)											
Arbeitsplätze mit mehr Arbeitsinhalten (Anzahl)											
Aufwand für menschengerechte Technologie, Abschirmungen und individuellen Schutz (TDM)											
Abschirmungen von Staub Erschütterungen usw. an der Entstehungsquelle (Anzahl der Arbeitsplätze)											
Interesse an Verbesserung der Arbeitszeit											
4. Arbeitszeit											
Tatsächl. Wochenarbeitszeit je Vollzeitbeschäftigtem Arbeitnehmer (Std.)											
Überstunden je betroffener Arbeitnehmer und Monat (Std.)											
Ausfallzeiten (in % der geleisteten Arbeitsstunden)											

	Gleitende Arbeitszeit (Anzahl) Schichtarbeit (Anzahl) Schichtarbeit (Anzahl) davon Wechsel-/Konti-/Nachtschicht Sonn- und Feiertagsarbeit Samstagsarbeit (Anzahl)
Interesse an Verbesserung der Berufsbildung	**5. Qualifikation** Arbeitnehmer ohne Berufsausbildung (Anzahl) Arbeitnehmer mit Berufsausbildung (Anzahl) Arbeitnehmer in berufsfremden Tätigkeiten (Anzahl) Arbeitnehmer in Umschulung (Anzahl) Arbeitnehmer in Fortbildung (Anzahl) Bildung mit anschl. Höhergruppierung (Anzahl) Bildungsaufwand je Arbeiter, Angestellter, AT-Angestellter (TDM) Bildungsaufwand Berufsausbildung (TDM) Auszubildende (Anzahl) Übernahme nach Ausbildung (%) Ausbilder (Anzahl)
Interesse an Absicherung der Sozialeinrichtungen	**6. Soziale Einrichtungen** Aufwand für soziale Einrichtungen (DM) Zur Verfügung gestellte Wohnungen (Anzahl) Aufwand für Freizeiteinrichtungen (DM) Kindergarten (Zahl der Plätze) Werkskantine (DM)
Interesse an einer umweltgerechten Produktion	**7. Umweltbelastungen** Emissionen von Schadstoffen: Luft (Art, Meßwerte, Mengen) Boden (Art, Messwerte, Mengen) Wasser (Art, Messwerte, Mengen) Müll/Abfall (Art, Mengen) Kompensationszahlungen (TDM) Verhängte Strafen (Anzahl) Geldbußen (TDM) Umweltbedingte Erkrankungen (Anzahl)
Unternehmen	Auftragseingang (TDM) Auftragsbestand (TDM) Umsatz (TDM) Lagerbestand (Fertig-/Halbfertigprodukte – TDM) Arbeitsproduktivität (pro Beschäftigtenstunde) Cash-flow (TDM) Jahresüberschuss (TDM)

Hinter diesen Argumenten verbergen sich jedoch häufig Befürchtungen, dass sich durch die Arbeit mit Kennziffern die Interessenvertretungsarbeit insgesamt ändern könnte.

In einer solchen Situation hilft nur geduldige Überzeugungsarbeit. Dazu können die Beispiele aus diesem Buch oder Erfahrungsberichte von Arbeitnehmervertretern aus anderen Betrieben, in denen mit dem KIS gearbeitet wird, herangezogen werden. Außerdem könnten sich einzelne Interessenvertreter für ihre eigene Arbeit im (G)BR, WA oder Aufsichtsrat Kennziffernbögen erstellen. Merken die anderen Mitglieder, dass jemand z. B. bei einer Auseinandersetzung mit dem Unternehmer oder bei internen Diskussionen des öfteren die »richtigen«, mit Zahlen belegten Argumente zur Hand hat, so könnte dieses Beispiel Schule machen. Schließlich ließe sich auch eine intensivere Schulungsarbeit für alle Mitglieder der Interessenvertretung anregen, um auf diese Weise Widerstände in den eigenen Reihen zu vermindern.

Selbst wenn weit gehende Einigung über den Einsatz des Kennziffernkonzepts besteht, werden sich bei der Entwicklung des Systems Probleme, Rückschläge und Frustrationen ergeben, die oft genug zu einem Abbruch oder Versanden führen können, wie Erfahrungen aus der Vergangenheit zeigen. Es lohnt sich deshalb, schon die Einführung des KIS planmäßig zu betreiben. Dazu sind die folgenden Fragen zu klären:

• Wer entwickelt den Kennziffernbogen?
• In welchen Schritten wird er eingeführt?
• Was enthält der Kennziffernbogen?
• Wer beschafft die Daten und pflegt den Kennziffernbogen?
• Wann wird der Kennziffernbogen überarbeitet?

Diese Fragen werden je nach der betrieblichen Situation unterschiedlich zu beantworten sein. Wir wollen jedoch einige Hinweise auf erfolgversprechende Vorgehensweisen und vermeidbare Fehler geben.

8.3.1 Wer entwickelt den Kennziffernbogen?

Zunächst muss festgelegt werden, wer die Entwicklung des auf das eigene Unternehmen bezogenen KIS in die Hand nehmen soll. Erfahrungsgemäß ist es sinnvoll, eine kleine Arbeitsgruppe zu bilden, die Vorschläge erarbeitet und im (G)BR zur Beschlussfassung vorlegt. Soll der WA später die Pflege des Systems übernehmen, d.h. für die Aktualität der Informationen sorgen, so sollte die Arbeitsgruppe aus WA-Mitgliedern bestehen. Dabei muss darauf geachtet werden, dass diese WA-Mitglieder auch zugleich im BR sitzen, um die Entwicklung eines »abgehobenen« Systems zu verhindern.

Abzuraten ist vom Einsatz von »Einzelkämpfern«. Da es sich bei einem solchen Mitglied der Interessenvertretung oft um einen der wenigen Aktiven handelt, droht in solchen Fällen die Entwicklung des unternehmensbezogenen KIS leicht auf die lange Bank geschoben zu werden, da immer wieder kurzfristig zu lösende, wichtige Probleme dazwischenkommen. Oder es besteht die Gefahr einer mehr »privaten« oder zufälligen Nutzung der Daten.

8.3.2   ## In welchen Schritten wird der Kennziffern-bogen eingeführt?

Auch für dieses Problem gibt es keine Patentlösung. Wir wollen drei mögliche Vorgehensweisen beschreiben, die an unterschiedliche Voraussetzungen gebunden sind und jeweils Vor- und Nachteile haben. Es sind dies
- die Einführung auf einen Schlag
- die problemorientierte, schrittweise Einführung
- der Mittelweg.

Einführung auf einen Schlag
Von Schulungsteilnehmern hört man manchmal, dass sie nach der Teilnahme an einem Kennziffernseminar einen umfangreichen Bogen entwickelt haben, in dem alle zur Zeit und möglichst auch für die Zukunft als wichtig erachteten Kennziffern enthalten waren. Häufig ist damit der Misserfolg leider schon vorprogrammiert: Entweder scheiterte dieser Versuch an der Überforderung der restlichen Mitglieder der Interessenvertretung, oder der Unternehmer verweigerte die Übermittlung der geforderten Daten. Da bei der Interessenvertretung der Nutzen des Konzepts zu diesem Zeitpunkt jedoch noch nicht erkennbar war, wurde auch kein Druck auf den Unternehmer zur Herausgabe der geforderten Daten entwickelt. Im Ergebnis landete der Kennziffernbogen in der Schublade.

Gelänge die Einführung auf einen Schlag, so hätte sie unbestreitbar den Vorteil, dass die Interessenvertretung schon nach kurzer Zeit über eine umfassende Problemsicht verfügt. Allerdings sollte man einen solchen Kraftakt nur wagen, wenn das Konzept auf einer gemeinsamen Klausurtagung der gesamten Interessenvertretung unter Anwesenheit eines mit dem KIS-Ansatz vertrauten Experten entwickelt wird. Außerdem sollte zumindest für das erste Jahr der Arbeit mit dem Kennziffernbogen eine Betreuung durch einen Gewerkschaftssekretär erfolgen, damit auftretende Probleme früh erkannt und schnell gelöst werden können. Denn auch bei der Einführung auf einen Schlag braucht man einen langen Atem, da viele Daten erst dann zu einer nutzbringenden Information für die Interessenvertretung werden, wenn sie über einen längeren Zeitraum erhoben und ausgewertet wurden.

Problemorientierte, schrittweise Einführung

Der in aller Regel erfolgversprechendere Weg zur Einführung des KIS im Unternehmen dürfte in einem schrittweisen Vorgehen bestehen. Dabei wird zunächst nur ein Kennziffernbogen mit wenigen Kennziffern (etwa 15 bis 20) entwickelt. Zur Auswahl dieser Kennziffern orientiert man sich am besten an einem aktuellen Problem bzw. einer Aufgabe, die sich die Interessenvertretung für die nähere Zukunft gestellt hat.

> Beispiel:
> In der Z-KG hatte sich der BR vorgenommen, das Überstundenproblem anzugehen. Einerseits wurde der BR vom Arbeitgeber gar nicht oder zu spät eingeschaltet, wenn Überstunden geleistet werden sollten, so dass die Mitbestimmungsrechte oft nicht wahrgenommen werden konnten. Wenn der BR dennoch einmal Überstunden ablehnen wollte, wurde von der Unternehmensleitung zumeist behauptet, es handele sich um unvorhersehbare Überstunden, die der BR doch nicht ernsthaft verhindern wolle. Andererseits war es auch erforderlich, die Belegschaft zu überzeugen, dass ein Überstundenabbau notwendig und möglich sei.
> Der WA erhielt die Aufgabe, die dafür geeigneten Kennziffern zusammenzustellen. Im WA wurde daraufhin der (auf Seite 254 abgebildete) Kennziffernbogen entwickelt. Nachdem die Daten über mehrere Monate vom Unternehmer abgefragt und in den Kennziffernbogen eingetragen worden waren, verfügte der BR über wichtige Informationsgrundlagen. So konnte z. B. durch den Vergleich zwischen beantragten und geleisteten Überstunden die bisherige Vermutung, dass der BR über viele Überstunden von der Geschäftsleitung nicht unterrichtet wurde, belegt werden. Außerdem stellte man anhand des Zahlenmaterials fest, dass in der Abteilung mit den meisten Überstunden auch der höchste Krankenstand gegeben war. Da es sonst keine vernünftige Erklärung dafür gab, konnte der BR nun seine Behauptung belegen, zu viele Überstunden machten krank. Schließlich konnte der BR auch seine Forderung nach Neueinstellungen besser untermauern, da ein Vergleich der Planzahlen für Beschäftigte und Umsatz mit den Vergangenheitszahlen ergab, dass auch in Zukunft wieder Überstunden anfallen würden, wenn die Umsatzziele erreicht werden sollten. Die Überstunden wurden also von der Geschäftsleitung quasi mit eingeplant. (Vgl. dazu auch das Beispiel auf S. 259 ff.)

Sind erst einmal positive Erfahrungen mit einem solchen *verkürzten Kennziffernbogen* gemacht worden, so dürfte einer späteren schrittweisen Ausdehnung der zu erfassenden Daten nichts mehr im Wege stehen. Bei den Ausweitungsschritten kann man dann auch zugleich die bei der Arbeit mit dem Kennziffernbogen erkannten Mängel beheben.

Der Vorteil dieser Vorgehensweise besteht darin, dass man schon nach recht kurzer Zeit erste Erfolge sieht. Allerdings bleibt die Problemsicht in der Regel unvollkommen, da aus einigen Interessenbereichen zunächst keine Daten ermittelt werden. Die schrittweise Einführung sollte deshalb gewählt werden, wenn es in der Interessenvertretung noch viele zögernde Mitglieder gibt, die durch Anfangserfolge vom Nutzen des Konzepts überzeugt werden müssen.

Mittelweg

Der Mittelweg besteht aus einer Kombination der beiden beschriebenen Verfahren: Es wird ein Bogen mit ca. 20 Kennziffern entwickelt, der aus jedem Interessenbereich mindestens 2 Kennziffern enthält, so dass die vollständige Erfassung der Arbeitnehmerbelange wenigstens im Prinzip gewährleistet ist. Außerdem wird ein Interessenbereich mit 5 bis 7 Kennziffern genauer ausgeleuchtet. Die Auswahl dieses Bereichs sollte dabei wie beim zweiten Weg davon abhängig gemacht werden, wo die Interessenvertretung zur Zeit oder in Zukunft die größten Probleme erwartet bzw. sich selbst Prioritäten setzt. Nach etwa einem halben bis ganzen Jahr kann dann darangegangen werden, weitere Interessenbereiche durch die schrittweise Aufnahme zusätzlicher Kennziffern vollständiger zu beschreiben. Diese Ergänzungsschritte sollten ebenfalls im Halb- bis Ganzjahresabstand erfolgen und den Kennziffernbogen um ca. jeweils 10 Kennziffern erweitern.

8.3.3   Was enthält der Kennziffernbogen?

Hat sich die Interessenvertretung für einen der drei Wege entschieden, so hat die *Arbeitsgruppe* die Aufgabe, Kennziffernbögen für das Unternehmen zu entwerfen. Dabei sind folgende Entscheidungen zu treffen:

Dazu geht man am besten den Kennziffernkatalog (Anhang I, S. 324 ff.) Zeile für Zeile durch und überlegt, ob die jeweiligen Kennziffern für das eigene Unternehmen bzw. den eigenen Betrieb wichtig sind. Gibt es z. B. im Unternehmen keine Teilzeitbeschäftigten, so braucht man die entsprechende Zeile nicht im eigenen Kennziffernbogen.

Nimmt der Unternehmer Neueinstellungen fast nur noch befristet vor, kann die Kennziffer »Zahl der befristeten Arbeitsverhältnisse« diese unternehmerische Personalpolitik aufdecken.

Da die so entwickelten Kennziffernbögen – besonders bei der Einführung auf einen Schlag – oft zu umfangreich werden, muss vor der Aufnahme einer Kennziffer in den Bogen genau überprüft werden, ob die Interessenvertretung glaubt, damit etwas anfangen zu können. Im Zweifel sollte man dabei lieber eine Kennziffer *weniger* als eine mehr verwenden, um nicht später in der Datenfülle zu versinken. Eine Ausweitung des Bogens kann zu späteren Zeitpunkten immer noch erfolgen.

Welche Kennziffern sollen zur Beschreibung der einzelnen Interessenbereiche in den Bogen aufgenommen werden?

	Unternehmensbogen Z–KG							
	monatliche IST-Zahlen 2000					Jahreszahlen		
						IST	PLAN	
	Januar	Febr.	März	...	Dez.	2000	2000	2001
Personalbestand (Anzahl) 　Arbeiter (Anzahl) 　Angestellte (Anzahl) 　Einstellungen (Anzahl) 　Entlassungen (Anzahl) Geleistete Arbeitsstunden Geleistete Überstunden Ausfallstunden 　wegen Krankheit								

	Unternehmensbogen Z–KG							
	monatliche IST-Zahlen 2000					Jahreszahlen		
						IST	PLAN	
	Januar	Febr.	März	...	Dez.	2000	2000	2001
Umsatz (1 000 DM) Auftragsbestand (1 000 DM) Lagerbestand (1 000 DM) Jahresüberschuss (1 000 DM) Arbeitsproduktivität 　(DM/Std.) (Umsatz/gel. Arbeitsstunde)								

	Abteilungsbogen Z–KG							
	monatliche IST-Zahlen 2000					Jahreszahlen		
						IST	PLAN	
	Januar	Febr.	März	...	Dez.	2000	2000	2001
Personalbestand (Anzahl) 　Arbeiter (Anzahl) 　Angestellte (Anzahl) 　Einstellungen (Anzahl) 　Entlassungen (Anzahl) Geleistete Arbeitsstunden Geleistete Überstunden Ausfallstunden 　wegen Krankheit								

Für welche Bereiche sollen die Kennziffern erfasst werden?

Besteht das Unternehmen aus mehreren Betrieben, so ist es für die sechs hauptsächlichen Interessenbereiche sinnvoll, die Kennziffern zum einen für das Unternehmen insgesamt und zum anderen für jeden einzelnen Betrieb zu erfassen. Man erhält so auf der einen Seite eine Gesamtübersicht über die Entwicklung der Arbeitnehmerbelange auf Unternehmensebene, auf der anderen Seite lässt sich auch die Entwicklung in den einzelnen Betrieben verfolgen und vergleichen. Die Übersicht über die Datenfülle wird dabei erleichtert, wenn man für jeden Betrieb einen eigenen Kennziffernbogen verwendet.

Sind die einzelnen Betriebe relativ groß, so kann eine weitere Unterteilung in Abteilungen sinnvoll sein. Eine solche weiter gehende Aufspaltung ist immer dann notwendig, wenn sich die Interessenvertretung bestimmter Probleme, die nur in einigen Abteilungen gegeben sind, annehmen will. Soll z. B. der bisher hohe Überstundenanfall reduziert werden, so ist eine Betrachtung in Abteilungen notwendig, da Überstunden in der Regel nicht in allen Abteilungen gleichmäßig anfallen.

Aus der Gruppe der wirtschaftlichen Kennziffern kommen dagegen nur einige wenige für eine Aufspaltung nach Betrieben in Frage. So können die Zugänge an Sachanlagen nach Betrieben und u.U. auch nach Abteilungen untergliedert werden. Eine Unterteilung der Kennziffern Auftragseingang, Auftragsbestand, Umsatz, Lagerbestand und Arbeitsproduktivität ist dagegen nur sinnvoll, wenn in den Betrieben unterschiedliche Produkte hergestellt werden und keine wesentlichen Leistungsverflechtungen zwischen den Betrieben bestehen. Allerdings wird häufig eine Einteilung dieser Kennziffern nach den im Unternehmen hergestellten Produktgruppen vorgenommen. Denn wenn sich z. B. die Anteile der Produktgruppen am geplanten Umsatz verändern, kann dies Auswirkungen auf die Arbeitnehmer haben (Versetzungen, notwendige Qualifizierungsmaßnahmen usw.), selbst wenn sich der Gesamtumsatz nicht wesentlich verändert.

In welchem zeitlichen Abstand sollen die Kennziffern erfasst werden?

Nach unseren Erfahrungen gibt es in jedem Unternehmen einige Kennziffern, bei denen eine jährliche Erfassung ausreicht, während bei anderen Kennziffern ein kürzerer Abstand (z. B. vierteljährlich oder monatlich) geboten ist. Generell dürfte es ausreichen, den Cashflow und den Jahresüberschuss im Jahresrhythmus zu erfassen. Dagegen besteht meist ein Interesse daran, bei den Größen Auftragseingang, Auftragsbestand, Umsatz und Lagerbestand die monatliche Entwicklung zu verfolgen.

Ebenso sind die Kennziffern aus den sechs arbeitnehmerbezogenen Interessenbereichen daraufhin zu überprüfen, ob sie in monatlichen, vierteljährlichen oder jährlichen Abständen erfasst werden sollen. Viele Interessenvertretungen entscheiden sich hier für einen kurzen Berichtszeitraum (monatlich bzw. vierteljährlich) bei den Daten zur Beschäftigung und zur Arbeitszeit und für einen längeren Abstand (jährlich) bei den Daten zu Einkommen, Arbeitsbedingungen, Qualifikation und den sozialen Einrichtungen.

Als grobe Richtschnur für die Entscheidung kann die vermutliche Entwicklung der einzelnen Kennziffern im Laufe eines Jahres verwendet werden: Sind keine großen Schwankungen von Monat zu Monat bzw. von Quartal zu Quartal zu erwarten, so genügt in der Regel die Erfassung im Jahresrhythmus. Weiß man dagegen, dass größere Schwankungen innerhalb eines Jahres auftreten, wie es z. B. bei Saisonbetrieben regelmäßig der Fall ist, so sollten die entsprechenden Kennziffern für kürzere Zeiträume erfasst werden.

Zur Bewahrung der Übersichtlichkeit kann es sich anbieten, für das Unternehmen und jeden Betrieb zwei Kennzifferbögen zu entwickeln: einen *Jahresbogen*, in dem alle Kennziffern (auch die in kürzeren Zeitabständen zu erfassenden) mit ihren Jahreswerten enthalten sind, und einen *Monats-* oder *Quartalsbogen*, in dem nur die im Monats- bzw. Vierteljahresrhythmus erfassten Daten aufgeführt sind.

Welche zusätzlichen Definitionen sind zu treffen?

Als letzter Schritt müssen bei einigen Kennziffern noch zusätzliche Festlegungen getroffen werden, damit die Zahlen nicht missgedeutet werden können. So muss man bei allen Kennziffern, die direkt oder indirekt die Zahl der Beschäftigten messen (z. B. Anzahl der Teilzeitbeschäftigten oder Anzahl bzw. Anteil der Schichtarbeiter), entscheiden, ob Durchschnitts- oder Stichtagswerte verwendet werden sollen. Wir schlagen vor, mit *Stichtagswerten* zu arbeiten (also z. B. Anzahl der Teilzeitbeschäftigten am Monats- oder Jahresende), weil diese Zahlen leichter zu ermitteln sind und die Notwendigkeit zur Interpretation von Durchschnittszahlen entfällt.

In der Gruppe der Kennziffern zu den Arbeitsbedingungen ist außerdem zu definieren, was z. B. unter einem Lärmarbeitsplatz oder einem Arbeitsplatz mit gefährlichen Stoffen zu verstehen ist. In vielen dieser Fälle müssen Grenzen festgelegt werden, wie dies im Kennziffernkatalog im Anhang dieses Handbuchs beispielsweise geschehen ist. Es sollen also z. B. alle Arbeitsplätze, bei denen der Lärmpegel über 70 dB(A) liegt, als Lärmarbeitsplätze eingestuft werden. Erste Anhaltspunkte für solche Grenzwerte liefern die Bestimmungen der Berufsgenossenschaften. Allerdings kann sich die Interessenvertretung auch das Ziel setzen, bei möglichst vielen Arbeitsplätzen diese Grenzwerte zu unterschreiten. In einem solchen Fall müssten für die Kennziffern niedrigere Grenzen angesetzt werden.

Schließlich kann es in bestimmten Unternehmen und Betrieben sinnvoll sein, die Größen Umsatz, Auftragsbestand und -reichweite sowie Lagerbestand nicht wertmäßig (d.h. in DM bzw. Euro), sondern mengenmäßig zu erfassen. Dies kann z.B. bei Unternehmen/Betrieben der Grundstoffindustrie oder in Unternehmen/Betrieben mit nur einem oder wenigen Produkten der Fall sein. Der Vorteil der mengenmäßigen Erfassung besteht darin, dass die in wertmäßigen Größen enthaltenen Preisschwankungen ausgeschaltet werden.

8.3.4 Wer beschafft die Daten und pflegt den Kennziffernbogen?

Wir haben in der Praxis gute Erfahrungen damit gemacht, dem WA die Beschaffung der Kennzifferndaten zu übertragen. Denn § 106 BetrVG bietet eine allgemeine Grundlage, diese Daten – besonders die auf die Zukunft bezogenen Plandaten – vom Unternehmer abzufordern. Der einfachste Weg für den WA besteht dann darin, dem Unternehmen den unausgefüllten Bogen zu übergeben und ausfüllen zu lassen.

Leider gibt es ein für diese Praxis wenig förderliches Urteil des LAG Stuttgart, in dem die Verpflichtung des Unternehmers, standardisierte Kennziffernbogen auszufüllen, verneint wird (vgl. *LAG Stuttgart* vom 22.11.1985). Versucht der Unternehmer unter Hinweis auf dieses Urteil, die Arbeit mit dem Kennziffernbogen zu verhindern, sollte der WA bzw. BR zu den in Kapitel 10.2 und 10.3 genannten Mitteln greifen. Dies wird aber bedeuten, dass diese Gremien zumindest für eine gewisse Zeit den Kennziffernbogen selber ausfüllen müssen, indem die einzelnen Daten vom Unternehmer abgefragt oder notfalls aus den Unterlagen des Unternehmers übertragen werden. Außerdem lassen sich viele Kennziffern auch aus sonstigen Unterlagen, die dem (G)BR vom Arbeitgeber nach § 80 Abs. 2 BetrVG zu überlassen sind, entnehmen.

Auf welchem Weg die Daten auch beschafft werden mögen, in der praktischen Arbeit mit dem KIS hat es sich als notwendig herausgestellt, dass sich mindestens eine Person, besser jedoch eine Gruppe, für die Pflege der Kennziffernbögen verantwortlich fühlt. Pflege bedeutet dabei, dass die Daten möglichst immer auf dem neuesten Stand gehalten und Fehler, die sich immer mal einschleichen können, korrigiert werden.

Werden dem WA die Beschaffung der Daten und die Pflege der Kennziffernbögen übertragen, so ist allerdings auf eine enge personelle und informatorische Verflechtung mit einem Interessenvertretungsgremium zu achten. Ist der WA bisher noch wenig aktiv, so ist es durch die Übertragung dieser

Aufgabe an den WA auch möglich, dieses Gremium aus seinem bisherigen Dornröschenschlaf aufzuwecken.

8.3.5   Wann soll der Kennziffernbogen überarbeitet werden?

Wird der Kennziffernbogen in der Arbeit von WA und BR eingesetzt, so wird man in der Regel sehr schnell kleinere oder auch größere Mängel feststellen, sei es, dass die Definition einzelner Kennziffern unglücklich gewählt wurde, sei es, dass sich bestimmte Kennziffern als überflüssig, andere als fehlend herausstellen.

Es muss jedoch davor gewarnt werden, die Kennziffernbögen zu jeder WA-Sitzung zu verändern. Damit würden gerade die Vergleiche über einen längeren Zeitraum erschwert oder sogar unmöglich. Statt dessen raten wir dazu, dass einmal pro Jahr eine Sitzung der Interessenvertretung stattfindet, auf der die mit dem KIS gesammelten Erfahrungen ausgewertet werden. Als Ergebnis dieser Sitzung kann die mit der laufenden Pflege der Kennziffernbögen betraute Gruppe einen Veränderungsvorschlag machen. Bei der schrittweisen Einführung des KIS (Wege 2 und 3) wäre dies auch der Zeitpunkt, zu dem die bisherigen Kennziffernbögen erweitert werden sollten. Lediglich bei echten Definitionsfehlern und bei Kennziffern, die sich als offensichtlich aussagelos herausstellen, sollte man sofort Änderungen bzw. Streichungen vornehmen.

8.4   Die Auswertung der Kennzifferninformationen: Der Handlungsbedarf der Interessenvertretung wird deutlich

Grundlage der Informationsbeschaffung der Interessenvertretung sind die betriebs- und unternehmensbezogenen Berichtsbögen der Monats- bzw. Jahresbasis. Häufig kann man beobachten, dass Interessenvertretungen die z. T. mühevolle Beschaffung der Informationen als Erfolg an sich betrachten und darüber »vergessen«, *wozu* die Informationen überhaupt beschafft wurden. Dabei ist dieses »Vergessen« sicherlich auch Ausdruck einer nach wie vor vorhandenen reaktiven Grundhaltung vieler Interessenvertretungen, deren Überwindung nicht von heute auf morgen gelingt. Es kommt darauf an, sich immer wieder vor Augen zu halten, dass Informationen für die Interessenvertretung nicht Selbstzweck, sondern Mittel zum Zweck einer möglichst wirksamen Wahrnehmung der Schutz- und Gestaltungsfunktion der Interessenvertretung sind. Hierzu ist es notwendig, die Informationen zu verarbeiten und auszuwerten.

Erfahrungsgemäß stellt gerade die Auswertung von Informationen viele Interessenvertretungen vor erhebliche Probleme. Deshalb wollen wir zunächst die für Interessenvertretung wichtigsten Auswertungstechniken kurz darstellen und anschließend deren Anwendung an verschiedenen Praxisbeispielen demonstrieren.

8.4.1 Auswertungstechniken

Im Rahmen der Auswertung von Kennzifferninformationen sind vor allem
- die Umrechnung von Absolut- in Verhältniszahlen und
- die graphische Darstellung von Kennzifferninformationen bzw. Umrechnungsergebnissen

von Bedeutung.

Umrechnung von Absolut- in Verhältniszahlen

In aller Regel liegen dem WA die Kennziffern aus dem Berichtsbogen als Absolutzahlen vor. Diese sind für sich betrachtet häufig nicht sehr aufschlussreich. Unter Umständen verleiten sie sogar zu falschen Schlussfolgerungen. Für die betriebliche Interessenvertretung wichtige Erkenntnisse ergeben sich oftmals erst dadurch, dass man bestimmte Daten zueinander in Beziehung setzt. Mit Hilfe eines Dreisatzes ist diese Umrechnung relativ einfach möglich.

> Beispiel:
> Bestimmung des *Anteils* der unteren Lohngruppe (250 Beschäftigte) an der Gesamtzahl der Beschäftigten (825 Beschäftigte)
> Gesamtzahl der Beschäftigten: 825 = 100 %
> Besch. der unteren Lohngruppe: 250 = x %
> $$x = \frac{100 \cdot 250}{825} = 30,3\ \%$$

Graphische Darstellungsformen

Wichtiger als einzelne Prozentzahlen ist für die Interessenvertretung häufig die Entwicklung dieser Größen im Zeitablauf oder im Vergleich zu Konkurrenzunternehmen oder zum Branchendurchschnitt. Nur so lassen sich Entwicklungstendenzen ausmachen (z. B. Tendenz zur Dequalifizierung bei überproportionaler Zunahme oder unterproportionaler Abnahme der unteren Lohngruppen) und eine Standortbestimmung vornehmen (z. B. wie ist die Qualifikationsstruktur im eigenen Unternehmen im Vergleich zur Branche, zur Konkurrenz usw.). Zum Erkennen solcher Zusammenhänge und zur besseren Veranschaulichung eignen sich vor allem graphische Darstellungsformen wie z. B. die Verlaufskurve oder das Säulendiagramm.

Graphische Darstellungsformen erleichtern die Auswertung von Informationen. Insbesondere durch die Abbildung mehrerer Kennzahlen in einer gemeinsamen Graphik lassen sich unter Umständen wichtige Zusammenhänge zwischen verschiedenen Größen erkennen. Es empfiehlt sich, die Graphiken auf Millimeterpapier zu zeichnen und für verschiedene Verlaufskurven unterschiedliche Farben zu verwenden.

Welche Zusammenhänge sind aus dieser Graphik ablesbar? Zwei wesentliche Entwicklungen sind deutlich erkennbar: einmal die relative gleichgerichtete Entwicklung von Mehrarbeit und Krankenstand. D.h., steigt die Mehrarbeit, steigt auch der Krankenstand, wobei die Entwicklung der Mehrarbeit einen zeitlichen Vorlauf vor der Entwicklung des Krankenstandes aufweist. Dies lässt vermuten, dass Mehrarbeit einen vermehrten Gesundheitsverschleiß bewirkt hat – und nicht, wie von Unternehmerseite gerne behauptet, dass Mehrarbeit nur notwendig war, um den erhöhten Krankenstand aufzufangen! Zum anderen ist eine gegenläufige Entwicklung zwischen Produktivitätsentwicklung (gemessen anhand der Pro-Kopf-Leistung) und Entwicklung der Mehrarbeit und des Krankenstandes erkennbar. Hieraus ließe sich ableiten, dass Mehrarbeit – zumindest über einen bestimmten Umfang hinaus – kontraproduktiv ist, d.h. während der Mehrarbeitszeit die Pro-Kopf-Leistung zurückgeht. Beide Einsichten eignen sich vorzüglich für eine Aufklärungskampagne gegenüber der Belegschaft zum Abbau von Mehrarbeit und zur Schaffung zusätzlicher Arbeitsplätze im eigenen Unternehmen sowie als Argumente zur Verweigerung der Zustimmung zur Mehrarbeit gegenüber dem Unternehmer.

Das einfache Säulendiagramm   **Die Verlaufskurve**

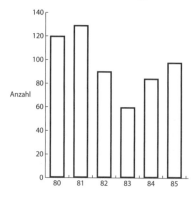
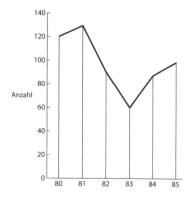

Beispiel:
Abbildung mehrerer Verlaufskurven in einer Graphik
Dem WA der Z-KG (vgl. Beispiel 1 auf S. 262 ff.) liegt der ausgefüllte Kennziffernbogen für das Unternehmen vor (siehe Übersicht auf S. 264).
Es werden nun für ein Jahr die monatlichen Daten bezüglich
• Arbeitsproduktivität (Umsatz : geleistete Arbeitsstunden)
• Mehrarbeit
• Krankenstand
als Verlaufskurven in einer Grafik abgetragen:

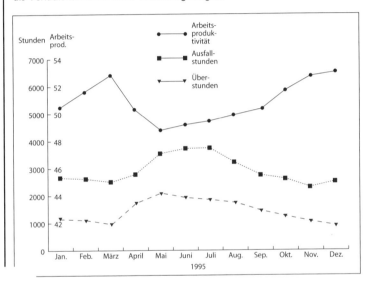

8.4.2   **Praxisbeispiele**

Anhand ausgewählter Beispiele wollen wir die Bedeutung und den Nutzen von Kennzifferninformationen für die Arbeit der Interessenvertretung verdeutlichen. Die Beispiele sind so gewählt, dass ein relativ breites Spektrum von Auswertungsfällen abgedeckt ist.

Verfügt – im Idealfall – die Interessenvertretung sowohl über Vergangenheitsdaten (Ist-Daten) als auch über entsprechende Plandaten, so kommt deren Auswertung eine bedeutsame Frühwarnfunktion zu (Beispiel 1). Stehen der Interessenvertretung (zunächst) Planzahlen nicht zur Verfügung, so können bereits aus Vergangenheitszahlen abgeleitete Entwicklungstendenzen unter

Umständen dazu genutzt werden, den Unternehmer zur (teilweisen) Offenlegung seiner Planungen zu veranlassen (Beispiel 2). Auch konnte z. B. in den Tarifauseinandersetzungen 1986/87 um die Arbeitszeitverkürzung anhand vergangenheitsorientierter Kennziffern der Arbeitsplatzeffekt der Arbeitszeitverkürzung von 1985/86 um 1,5 Stunden in den einzelnen Unternehmen berechnet und damit das Unternehmerargument, Arbeitszeitverkürzung habe keinen Beschäftigungseffekt, für die Beschäftigten dieser Unternehmen eindrucksvoll widerlegt werden (Beispiel 3). Häufig wird es auch notwendig werden, ökonomische Daten zur wirtschaftlichen Begründung von Arbeitnehmerforderungen auszuwerten (Beispiel 4).

Wie das Kapitel zur Anwendung graphischer Darstellungsformen zeigt, können wichtige Sachverhalte bereits direkt aus den Zahlenwerten der Kennziffernbögen abgeleitet werden. Häufig wird es jedoch notwendig sein, für die Darstellung eines bestimmten Problems die in den Kennziffernbögen enthaltenen Daten problembezogen auszuwählen und besonders aufzubereiten, um zu speziellen Aussagen und Begründungen für Forderungen der Interessenvertretung zu kommen. Manchmal wird es auch notwendig sein, sich zusätzlich besondere Daten zu besorgen, die in den regelmäßig erstellten Kennziffernbögen noch nicht enthalten sind. Diese Fälle sollten gesondert notiert werden, da sie wichtige Hinweise für die Überarbeitung der Kennziffernbögen (vgl. Kapitel 5.4.5) geben.

Beispiel 1:

Auswertung der Kennzifferninformationen zur Aufdeckung zukünftiger »geplanter« Überstunden

In einem Unternehmen der metallverarbeitenden Industrie werden monatlich von einer Arbeitsgruppe des WA Berichtsbögen für verschiedene Abteilungen geführt. Der Berichtsbogen für die Montageabteilung des Unternehmens für den Monat Januar ist auf S. 265 abgebildet.

Der Betriebsrat entnimmt dem Kennziffernbogen die Information, dass im Januar 1999 542 Überstunden in der Montage angefallen sind. Bereits seit längerer Zeit ärgert er sich über den Sachverhalt, dass der Unternehmer wiederholt die Notwendigkeit zur Samstagsarbeit betont hat, um die seiner Meinung nach überraschend und unverständlich hohen Ausfallzeiten zu kompensieren. Der Betriebsrat hatte bisher vergeblich zur Erhöhung des Personalstandes in der Montage gedrängt und zähneknirschend die Samstagsschichten genehmigt. Er beschließt nun, mit Hilfe der seit Anfang 1998 geführten Kennziffernbögen das Problem systematisch zu durchleuchten, und er möchte seine Vermutung bestätigen, dass die zu leistenden Überstunden stillschweigend von dem Unternehmer geplant sind und dass demzufolge auch zukünftig mit Überstunden in hohem Umfang zu rechnen ist.

Der Versuch nachzuweisen, dass der Unternehmer Überstunden in der Produktion

bewusst oder unbewusst einplant, muss von den geplanten Umsatzzahlen oder besser noch von den geplanten Produktionsmengen ausgehen.
In einem unternehmensbezogenen Kennziffernbogen, der mittels der »Unternehmensbezogenen Kennziffern« (vgl. Übersicht 71) Auskunft über die geplante wirtschaftliche Unternehmensentwicklung gibt, sind die geplanten Umsatzzahlen und Produktionswerte für die Produkte A und B und die Vorjahres-Ist-Zahlen aufgeführt (siehe die Plandaten zu Beispiel 1 auf S. 264).
Die geplanten Umsätze sind mit dem geplanten Produktionswert identisch, Lagerveränderungen sind also nicht geplant. Um nun die für die geplante Januar-Produktion notwendige Zahl von Vollzeit-Arbeitsplätzen ermitteln zu können, benötigt die Interessenvertretung noch weitere Informationen, die u.U. zusätzlich zu beschaffen sind:

- Aus den geplanten Produktionswerten sind zunächst die geplanten Produktionsmengen zu errechnen. Hierzu benötigt der Betriebsrat die den Produktionswerten zugrunde liegenden Plan-Preise.

Plan-Preis Produkt A = 3500 DM/ME   (ME = Mengeneinheit)

Plan-Preis Produkt B = 4700 DM/ME

Nach der Gleichung

$$\text{Planmenge} = \frac{\text{geplanter Produktionswert}}{\text{Plan-Preis}}$$

ergibt sich für das Produkt A folgende Planmenge:

$$\text{Planmenge Produkt A} = \frac{5\,950\,000 \text{ DM}}{3\,500 \text{ DM}} = 1700 \text{ ME/Monat.}$$

Für das Produkt B ergibt sich:

$$\text{Planmenge Produkt B} = \frac{6\,110\,000 \text{ DM}}{4\,700 \text{ DM}} = 1300 \text{ ME/Monat.}$$

- Ferner bedarf es der notwendigen Arbeitszeit pro Mengeneinheit je Produktart. Die produktbezogene notwendige Arbeitszeit gehört zu den wesentlichen Plandaten der Arbeitsvorbereitung und ist in jedem Betrieb mit einer Produktionsplanung vorhanden. Bei Akkordentlohnung ergibt sich die notwendige Arbeitszeit aus der Division der Vorgabezeit durch den durchschnittlichen Leistungsgrad. Ist die notwendige Arbeitszeit pro Produkteinheit jedoch nicht bekannt, so kann sie hilfsweise aus den Vorjahresdaten gewonnen werden, indem man die im Vorjahr für eine Produktart geleistete Arbeitszeit durch die hergestellte Produktionsmenge dividiert. Die Jahresproduktionsmenge je Produktart kann näherungsweise wie folgt ermittelt werden:

$$\text{Jahresproduktionsmenge} = \frac{\text{Produktionswert}}{\text{Ist-Preis}}$$

Für die notwendige Arbeitszeit gilt:

$$\text{notwendige Arbeitszeit je ME} = \frac{\text{jährlich geleistete Arbeitsstunden}}{\text{Jahresproduktionsmenge}}$$

Unternehmensbogen Z-KG

| | monatliche IST-Zahlen 1999 | | | | | | | | | | | | Jahreszahlen | | |
| | | | | | | | | | | | | | IST | PLAN | PLAN |
	Januar	Febr.	März	April	Mai	Juni	Juli	August	Sept.	Oktober	Nov.	Dez.	1999	1999	2000
Personalbestand (Anzahl)	275	277	280	284	285	282	279	281	279	276	273	269	269	267	265
Arbeiter (Anzahl)	184	186	188	192	193	190	188	190	188	185	183	179	179	178	177
Angestellte (Anzahl)	91	91	92	92	92	92	91	91	91	91	90	90	90	89	88
Einstellungen (Anzahl)	5	3	5	4	2	1	0	3	2	0	2	0	27		
Entlassungen (Anzahl)	3	1	2	0	1	4	3	1	4	3	5	4	31		
Geleistete Arbeitsstunden	43 675	41 763	42 691	43 306	40 828	42 310	38 411	34 692	45 006	46 233	41 429	36 147	496 481	470 000	465 000
Geleistete Überstunden	1 117	1 020	874	1 627	2 024	1 913	1 832	1 692	1 422	1 237	1 056	929	16 743		
Ausfallstunden wegen Krankheit	2 640	2 577	2 463	2 761	3 516	3 723	3 757	3 218	2 752	2 580	2 307	2 518	34 812		
Umsatz (1 000 DM)	2 201	2 155	2 254	2 178	1 988	2 077	1 897	1 731	2 264	2 390	2 187	1 880	25 202	24 000	26 000
Auftragsbestand (1 000 DM)	3 708	3 560	3 270	3 510	3 760	3 480	3 210	3 070	2 850	3 190	3 460	3 570	3 570	3 000	3 000
Lagerbestand (1 000 DM)	1 280	1 240	1 150	1 170	1 280	1 350	1 400	1 430	1 450	1 410	1 370	1 320	1 320	1 200	1 000
Jahresüberschuss (1 000 DM)													850	720	900
Arbeitsproduktivität (DM/Std) (Umsatz/ gel. Arbeitsstunde)	50,4	51,6	52,8	50,3	48,7	49,1	49,4	49,9	50,3	51,7	52,8	53,2	50,8	ca. 51	ca. 56

Beispiel 1: **Kennziffernbogen »geplante Unternehmensentwicklung« – Soll-Ist-Vergleich 1999**

monatliche Kennzahlen	Januar			Februar			Dezember			Gesamt 1999			Gesamt 2000
	Soll	Ist	Abw.	Soll	Ist	Abw.	Soll	Ist	Abw.	Soll	Ist	Abw.	Ist
Umsatz Produkt A (TDM)	5 950	5 915	– 0,6 %	5 950									72 500
Umsatz Produkt B (TDM)	6 110	6 580	+ 7,6 %	6 204									73 100
Produktion Produkt A (TDM)	5 950	5 950	0	5 950									71 100
Produktion Produkt B (TDM)	6 110	6 110	0	6 204									72 300
Lagerbestand Produkt A (TDM)	1 400	1 435	+ 2,5 %	1 400									1 100
Lagerbestand Produkt B (TDM)	1 880	1 410	– 25 %	1 880									1 500
Auftragsbestand Produkt A (TDM)	8 750	8 820	+ 0,8 %	8 750									8 700
Auftragsbestand Produkt B (TDM)	11 750	11 891	+ 1,2 %	11 844									11 700

Beispiel 1: **Berichtsbogen Montage**

	Gesamtzahlen 1998	Januar 1999
1. Beschäftigung		
Personalbestand (Anzahl)	27	27
Teilzeitbeschäftigte (Anzahl)	9	9
Befristete Arbeitsverhältnisse (Anzahl)	2	2
Arbeiter (Anzahl)	21	21
Tarifangestellte (Anzahl)	4	4
AT-Angestellte (Anzahl)	2	2
Leitende Angestellte (Anzahl)	0	0
Auszubildende (Anzahl)	2	2
Ausbildungsquote (%)	7,4	7,4
Einstellungen (Anzahl)	6	2
Entlassungen (Anzahl)	4	1
Versetzungen (Anzahl)	2	1
2. Einkommen		
Lohn je Arbeiter (DM/Monat)	2 100	2 150
davon tariflich (%)	89	90
Gehalt je Tarifangestellter (DM/Monat)	3 000	3 050
davon tariflich (%)	90	92
Gehalt je AT-Angestellter	5 600	5 800
Höhergruppierungen (Anzahl)	5	2
Abgruppierungen (Anzahl)	2	1
3. Arbeitsbedingungen		
Lärmarbeitsplätze (Anzahl)	6	6
Monotone Tätigkeiten (Anzahl)	7	7
Krankenstand (%)	10	11
Arbeitsunfälle (Anzahl)	5	1
Sicherheitsbeauftragte (Arbeitsstunden)	131	12
Aufwand für menschengerechte Technologie, Abschirmungen u. individuellen Schutz (DM)	40 000	5 000
4. Arbeitszeit		
geleistete Arbeitsstunden	37 800	3 190
davon Überstunden	6 120	542
Ausfallzeiten (Stunden)	9 900	826
Tatsächliche Wochenarbeitszeit je vollbeschäftigten Arbeitnehmer (DM)	44,2	44,6
Überstunden je betroffenen Arbeitnehmer	18,9	20
Gleitende Arbeitszeit (Anzahl)	3	3
Sonn- und Feiertagsarbeit, Samstagsarbeit (Anzahl)	24	3
5. Qualifikation		
Arbeitnehmer ohne Berufsausbildung (Anzahl)	8	8
Arbeitnehmer mit Berufsausbildung (Anzahl)	19	19
Arbeitnehmer in berufsfremder Tätigkeit (Anzahl)	4	4
Arbeitnehmer in Umschulung (Anzahl)	4	0
Arbeitnehmer in Fortbildung (Anzahl)	3	0
Bildung mit anschl. Höhergruppierung (Anzahl)	4	0
Bildungsaufwand je Arbeiter, Angestellter, AT-Angestellter (TDM)	7 500	0
6. Soziale Einrichtungen		
Aufwand für soziale Einrichtungen (DM)	4 800	500

- Die Jahresproduktionsmengen für A und B ergeben sich bei einem Ist-Preis von DM 3500 für Produkt A und DM 4700 bei Produkt B wie folgt:

$$\text{Jahresproduktionsmenge A} = \frac{71\,100\,000\ \text{DM}}{3\,500\ \text{DM}} = 20\,314\ \text{ME}$$

$$\text{Jahresproduktionsmenge B} = \frac{72\,300\,000\ \text{DM}}{4\,700\ \text{DM}} = 15\,383\ \text{ME}$$

Danach ergibt sich für die notwendige Arbeitszeit je ME:

$$\text{notwendige Arbeitszeit je ME von A} = \frac{16\,254\ \text{Std.}}{20\,314\ \text{ME}} = 0{,}8\ \text{Std./ME}$$

$$\text{notwendige Arbeitszeit je ME von B} = \frac{21\,546\ \text{Std.}}{15\,383\ \text{DM}} = 1{,}4\ \text{Std./ME}$$

Die Aufteilung der 1998 insgesamt geleisteten Arbeitszeit (= 37 800 Std.) auf die Produkte A und B ergibt sich aus einer Rückfrage in der Montage.

- Für die geplanten Produktionsmengen im Januar 1999 errechnet sich folgende notwendige Arbeitszeit:

Produkt A: 1700 ME × 0,8 Std./ME = 1360 Std.
Produkt B: 1300 ME × 1,4 Std./ME = <u>1820 Std.</u>
3180 Std.

- In der so ermittelten insgesamt notwendigen Arbeitszeit von 3180 Stunden müssen nun noch die durchschnittlich anfallenden Ausfallzeiten hinzugerechnet werden. Grundlage hierfür ist die Reservequote des Vorjahres, die sich aus dem »Berichtsbogen Montage« (S. 266) ermitteln lässt.

Bei der Berechnung der *Reservequote* werden die Ausfallzeiten zu den geleisteten Arbeitsstunden in Beziehung gesetzt:

geleistete Arbeitsstunden 1998 = 37 800 Std. = 100 %
Ausfallzeiten 1998   = 9 900 Std. = x %

$$\text{Reservequote} = \frac{9\,900\ \text{DM} \times 100}{37\,800\ \text{DM}} = 26{,}2\ \%$$

- Aufgrund dieser Reservequote ergibt sich eine voraussichtliche Ausfallzeit für Januar 1999 von 833 Stunden:

$$\text{voraussichtliche Ausfallzeit} = \frac{3\,180\ \text{DM} \times 26{,}2}{100} = 833\ \text{Std.}$$

Demzufolge wären für die geplanten Produktionsmengen im Januar insgesamt 4013 Stunden Arbeitszeit anzusetzen gewesen.

- Bei einer 38,5-Stunden-Woche beträgt die tägliche Arbeitszeit 7,7 Stunden, bei durchschnittlich 20 Arbeitstagen im Monat sind dies 154 Stunden Arbeitszeit je Vollzeit-Arbeitskraft. Die insgesamt notwendige Anzahl von Vollzeit-Arbeitsplätzen ergibt sich dann, indem die insgesamt erforderliche Arbeitszeit durch die monatliche Arbeitszeit einer Vollzeit-Arbeitskraft dividiert wird:

$$\frac{4\,013\ \text{Std.}}{20 \times 7{,}7\ \text{Std.}} = 26{,}05\ \text{Vollzeit-Arbeitskräfte.[1]}$$

---

1 Bei Zugrundelegung der 37-Stunden-Woche erhöht sich deren Zahl entsprechend.

- Dem Kennziffernbogen (S. 266) kann der Betriebsrat entnehmen, dass in der Montage permanent 3,5 Vollzeit-Arbeitskräfte fehlen. Insgesamt arbeiten in der Montage 27 Arbeitnehmer, davon 18 Vollzeit-Beschäftigte und 9 Teilzeit-Beschäftigte. Rückfragen in der Montage ergeben, dass die Teilzeit-Beschäftigten jeweils 50 % der normalen Arbeitszeit arbeiten, demzufolge entsprechen 9 Teilzeit-Beschäftigte 4,5 VollzeitArbeitskräften, so dass in der Montage insgesamt 22,5 Vollzeit-Arbeitsplätze besetzt sind. Die Differenz zwischen den besetzten Vollzeit-Arbeitsplätzen (22,5) und den erforderlichen Vollzeit-Arbeitsplätzen (26) ergibt das dauernde Personaldefizit in Höhe von 3,5 Vollzeit-Arbeitsplätzen.
- Tatsächlich bewegen sich die Ausfallzeiten mit 826 Stunden im Januar 1999 im Rahmen des Jahresdurchschnitts 1998. Die Behauptung des Unternehmers, die Überstunden im Januar 1999 resultierten auf überdurchschnittlich hohen Ausfallzeiten, ist also unhaltbar.

Vielmehr lässt sich zeigen, dass der Unternehmer mit einer viel zu niedrigen Reservequote plant und somit Überstunden auch für die Zukunft vorhersehbar sind: 22,5 besetzte Vollzeit-Arbeitsplätze ergeben im Monat (20 Arbeitstage, 7,7 Std./Tag) 3465 Stunden an zur Verfügung stehender Arbeitszeit. Für die geplanten Produktionsmengen sind bereits 3180 Stunden notwendige Arbeitszeit erforderlich, so dass eine mögliche Ausfallzeit von 285 Stunden verbleibt. Dies sind nur 35 % der tatsächlichen Ausfallzeit! Die verbleibende Ausfallzeit entspricht einer Reservequote von 9 % ($\frac{285 \times 100}{3\,180}$), einem völlig unrealistischen Wert.

Nachdem der Betriebsrat durch die systematische Auswertung der Kennzifferninformationen den Sachverhalt gründlich analysiert hat, beschließt er, die gewonnenen Ergebnisse übersichtlich in einer Tabelle anzuordnen (s. S. 269) und diese zur Grundlage für die erforderlichen Verhandlungen mit dem Arbeitgeber zu machen.

Mit dieser übersichtlichen Auswertungstabelle bestens auf eine Diskussion mit dem Unternehmer vorbereitet, beschließt der Betriebsrat, seine Zustimmung zu den zukünftig erforderlichen Überstunden von der Zusage des Unternehmers zur Erfüllung folgender Forderungen abhängig zu machen:

1. Der Personalbedarf für die Montage ist zukünftig auf der Basis einer realistischen Reservequote von 26 % zu ermitteln.
2. Umwandlung der zwei befristeten Arbeitsverhältnisse in unbefristete.
3. Angebot der Umwandlung der Teilzeitbeschäftigung in eine Vollzeitbeschäftigung an die Teilzeitbeschäftigten der Montage.
4. Sofern durch eine entsprechende Umwandlung der erforderliche Personalbedarf von 3,5 Vollzeit-Stellen nicht abzudecken ist, sind Neueinstellungen erforderlich.

Aufgrund der in dem Kennziffernbogen enthaltenen Informationen fällt es dem Betriebsrat nicht schwer, diesen Forderungskatalog zu formulieren.

Diese Forderungen sind zusätzlich auch wirtschaftlich zu begründen, da aufgrund der zu erwartenden Auftragsentwicklung und der Abnahme des Lagerbestandes im Januar 1999 um 25 % bei der Produktgruppe B eher mit einem Produktionsanstieg als mit einem Produktionsrückgang zu rechnen ist.

Zur Durchsetzung dieser Forderungen ist es notwendig, dass der Betriebsrat mit

Abt. Montage Januar 1999	Produkt A	Produkt B	Gesamt
geplante Produktonswerte (TDM)	5 950	6 110	12 060
Planpreise (DM)	3 500,–	4 700,–	
geplante Produktionsmenge (ME)	1 700 ME	1 300 ME	
notwendige Arbeitszeit pro ME (Std.)	0,8	1,4	–
notwendige Arbeitszeit für geplante Produktions- mengen (Std.)	1 360	1 820	3 180
Reservequote Jan. 1999	–	–	$\dfrac{826 \times 100}{3\,190} = 25,9\%$
Reservequote 1998	–	–	$\dfrac{9\,900 \times 100}{37\,800} = 26,2\,\%$
rechnerische Ausfallzeiten bei einer Reservequote von 26,2 % (Std.)	354	473	833
Ist-Ausfall Jan. 1999	–	–	826
Insgesamt erforderliche Arbeitszeit (Std.)	1 714	2 293	4 013
tatsächlich vorhandenes Arbeitszeitvolumen (Std.)	–	–	$22,5 \times 20 \times 7,7$ $= 3\,465$
»geplantes« Arbeitszeit- Defizit (Std.)	–	–	548
Einstellungsbedarf (Vollzeit-Arbeitskräfte)	–	–	$\dfrac{548}{154} = 3,6$
Vorhandenes Arbeits- volumen (Std.)	–	–	$22,5 \times 20 \times 7,7$ $= 3\,465$
Notwendige Arbeitszeit Planproduktion (Std.)	1 360	1 820	3 180
mögliche Ausfallzeit (Std.)			285
vom Unternehmer eingeplante Reservequote			$\dfrac{285 \times 100}{3\,180} = 9\,\%$

dem Unternehmer Verhandlungen aufnimmt (§ 92 BetrVG). Als Druckmittel kommen dabei in Betracht:

- Androhung der Verweigerung der Zustimmung von Überstunden,
- Verweigerung der Zustimmung zu Versetzungen aus Abteilungen, die nach den Berechnungen des Betriebsrats unterbesetzt sind,
- Abteilungen mit hohen Überstundenkontingenten in der Vergangenheit genauer »unter die Lupe zu nehmen«, z. B. nach Zusammenhängen zu Unfall- und Krankheitsquote suchen,
- Aufklärung der Belegschaft über die negativen Wirkungen von Überstunden (z. B. gesundheitliche Auswirkungen, Gefährdung des eigenen Arbeitsplatzes, Freizeitverlust, geringfügige Einkommensverbesserung durch hohe Abgaben, fehlende Solidarität mit den Arbeitslosen).

Wir haben das erste Beispiel bewusst sehr ausführlich dargestellt, um zu zeigen, dass man zu sehr aussagekräftigen Daten kommt, wenn man die in den Kennziffernbögen enthaltenen Daten systematisch und problemorientiert auswertet. Anhand des ersten Beispiels soll auch deutlich werden, dass

- man für ein bestimmtes Problem nicht alle Kennziffern eines Monatsbogens braucht, sondern die problemrelevanten Daten erkennen und zu aussagefähigen Zahlenwerten »verdichten« muss;
- die Daten verschiedener Kennziffernbögen u. U. miteinander in Beziehung gesetzt werden müssen;
- es sinnvoll ist, die Kennziffernbögen länger aufzubewahren, um Jahreswerte zu ermitteln;
- es sinnvoll ist, die Ergebnisse der Kennziffernauswertung in einer problembezogenen Übersicht darzustellen, um diese als Argumentationsgrundlage zu verwenden;
- aus den Kennziffernbögen abteilungsspezifisch sinnvolle Forderungen für die Durchsetzung von Arbeitnehmerinteressen abgeleitet werden können.

Beispiel 2:

»Prognose« über die Entwicklung der Belegschaftsstruktur anhand der Auswirkung von Vergangenheitsdaten

Der Betriebsrat eines Einzelhandelsunternehmens mit rd. 280 Beschäftigten hat bisher ohne Erfolg versucht, vom Unternehmer die Personalplanung für das jeweils kommende Geschäftsjahr zu erhalten. Angeblich ist es dem Unternehmer nicht möglich, angesichts der »Unwägbarkeiten des Marktes« eine hinreichend genaue Personalplanung zu betreiben. Man lebe notgedrungenermaßen »von der Hand in den Mund«.

Der Betriebsrat will diese Situation nicht länger hinnehmen und beschließt, seine eigene Personalplanung zu machen. Zunächst einmal sollen die vorhandenen Unterlagen des WA über Beschäftigten- und Einkommensstruktur sowie die Produktivitätskennzahlen für die letzten vier Jahre ausgewertet werden (siehe die gegenüberstehende Tabelle).

	1996	1997	Veränd. Vorjahr	1998	Veränd. Vorjahr	1999	Veränd. Vorjahr
Beschäftigte insg. (umgerechnet auf VZ-Stellen)	251	246	– 2 %	225	– 9 %	197	– 12 %
– Vollzeit	201	190	– 5 %	162	– 15 %	128	– 21 %
Männer	74	70	– 5 %	67	– 4 %	66	– 1 %
Frauen	127	120	– 6 %	95	– 21 %	62	– 35 %
– Teilzeit	99	112	13 %	122	9 %	141	16 %
Arbeitszeit ≥ 15 Std./Wo.	72	74	3 %	81	9 %	93	15 %
Männer	3	3	0 %	6	100 %	5	– 17 %
Frauen	69	71	3 %	75	6 %	88	17 %
Arbeitszeit ‹ 15 Std./Wo.	22	30	36 %	31	3 %	34	10 %
Männer	0	0	0 %	0	0 %	0	0 %
Frauen	22	30	36 %	31	3 %	34	10 %
geringfüg. Beschäftigung	5	8	60 %	10	25 %	14	40 %
Männer	0	0	0 %	0	0 %	0	0 %
Frauen	5	8	60 %	10	25 %	14	40 %
– Aushilfen	10	11	10 %	10	– 9 %	12	20 %
Männer	2	3	50 %	2	– 33 %	3	50 %
Frauen	8	8	0 %	8	0 %	9	13 %
– Befristete Arbeitsverhältn.	15	17	13 %	28	65 %	45	61 %
Männer	7	8	14 %	11	38 %	16	45 %
Frauen	8	9	13 %	17	89 %	29	71 %
Einkommen (Vollzeit)							
Ø Männer (DM)	2 172	2 237	3 %	2 349	5 %	2 490	6 %
Ø Frauen (DM)	1 771	1 825	3 %	1 890	4 %	1 991	5 %
Gehaltsgruppe IV							
Männer (Anzahl)	21	21	0 %	21	0 %	20	– 5 %
Frauen (Anzahl)	15	15	0 %	11	– 27 %	10	– 9 %
Gehaltsgruppe III							
Männer (Anzahl)	30	28	– 7 %	27	– 4 %	27	0 %
Frauen (Anzahl)	52	54	4 %	50	– 7 %	46	– 8 %
Gehaltsgruppe II							
Männer (Anzahl)	23	21	– 9 %	22	5 %	21	5 %
Frauen (Anzahl)	57	55	– 4 %	45	– 18 %	37	– 18 %
Gehaltsgruppe I							
Männer (Anzahl)	3	3	0 %	3	0 %	3	0 %
Frauen (Anzahl)	99	105	6 %	105	0 %	105	0 %
Umsatz (TDM)	13 450	13 861	3 %	14 267	3 %	14 709	3 %
Verkaufsfläche (m²)	10 829	10 829	0 %	10 916	1 %	10 916	0 %
Leistungskennzahlen							
– Umsatz pro Beschäftigten (DM)	53 586	56 346	5 %	63 409	13 %	74 665	18 %
– Umsatz pro m² Verkaufsfläche	1 242	1 280	3 %	1 307	2 %	1 347	3 %
– Verkaufsfläche/ Beschäftig. (m²)	43,14	44,02	2 %	48,52	10 %	55,41	14 %

Bei einem Anstieg des Umsatzes von jährlich rd. 3 % bei relativ gleichbleibender Verkaufsfläche ist ein deutlicher Abbau des Beschäftigtenvolumens (gemessen in Vollzeit-Arbeitsplätzen) zu verzeichnen. Erreicht wurde dies vor allem durch eine Vernichtung von Vollzeit-Arbeitsplätzen sowie durch Umwandlung von Vollzeit- in Teilzeitstellen. Auffallend ist insbesondere die Zunahme der geringfügigen Beschäftigungsverhältnisse (die weder arbeitslosen-, kranken- noch rentenversicherungspflichtig sind) und der Teilzeitbeschäftigten mit weniger als 15 Std./Woche (die nicht arbeitslosenversicherungspflichtig sind). Ganz offensichtlich nutzt der Unternehmer auch die Möglichkeit des Beschäftigungsförderungsgesetzes zum vermehrten Abschluss befristeter Arbeitsverhältnisse.

Diese negativen Veränderungen in der Beschäftigtenstruktur gehen ganz eindeutig zu Lasten der Frauen. Sie sind es vor allem, die in Teilzeitbeschäftigungsverhältnissen arbeiten, schlechter bezahlt sind als Männer und auch schneller ihren Arbeitsplatz verlieren.

Die Verringerung des Beschäftigungsvolumens bei gleichzeitig leichtem Umsatzanstieg führt notgedrungen zu einer drastischen Arbeitsintensivierung, die sich in der Entwicklung des Umsatzes pro Vollzeitbeschäftigten ausdrückt. Mit dieser Entwicklung haben allerdings die Einkommen, die lediglich um die tariflichen Erhöhungen gestiegen sind, nicht Schritt gehalten.

Da der Unternehmer keine Informationen über die Personalplanung für das Geschäftsjahr 2000 zur Verfügung gestellt hatte, erarbeitet der BR auf der Grundlage der vorliegenden Vergangenheitsdaten eine »Prognose« für das kommende Geschäftsjahr, die der Belegschaft auf der nächsten ordentlichen Betriebsversammlung unter Verwendung der angefertigten Statistiken und Graphiken vorgestellt wird. Aufgrund der vorliegenden Daten und Trends befürchtet der BR folgende Entwicklung:

* eine weitere Reduzierung des Beschäftigtenvolumens um mehr als 10 %,
* eine Vernichtung von Vollzeitstellen um mehr als 20 %,
* eine Zunahme der Teilzeitarbeit um mindestens 10 %, wobei insbesondere Teilzeitarbeit mit weniger als 15 Std./Woche und geringfügige Beschäftigung ausgedehnt werden soll,
* weitere Leistungsverdichtung um ca. 15 %, die zu einem weiteren Auseinanderklaffen von Produktivitäts- und Einkommensentwicklung zu Lasten der Beschäftigten führen wird,
* eine weitere Benachteiligung der Frauen, die von diesen negativen Entwicklungen überproportional betroffen sein werden.

Der Betriebsrat fordert deshalb vom Unternehmer die Aufnahme von Verhandlungen über eine Personalplanung, die zunächst keine Zunahme der geringfügigen Beschäftigung und Teilzeitarbeit unter 15 Std./Woche vorsieht. Außerdem sollen die schon bestehenden, weitgehend ungeschützten Beschäftigungsverhältnisse schrittweise abgebaut werden. Um der Benachteiligung der Frauen einen Riegel vorzuschieben, soll ein Frauenförderplan vereinbart werden, der insbesondere auch Qualifizierungsmaßnahmen vorsieht, die vom Unternehmer zu bezahlen sind.

Auf der gleichen Betriebsversammlung bezichtigt der Unternehmer in einer Rede den BR der »Panikmache«. Die prognostizierten Daten seien »unseriös«, die Reduzierung des Personals werde wesentlich geringer ausfallen und weitere Umwandlungen von Vollzeit- in Teilzeitarbeitsverhältnisse sollen nur auf »freiwilliger Basis« vorgenommen werden usw.

Dieser Redebeitrag des Unternehmers zeigt ganz deutlich, dass entgegen bisherigen Behauptungen offensichtlich doch geplant wird. Wie sonst könnte der Unternehmer behaupten, die Zahlen des BR wären falsch? Doch nur, wenn er selbst Vergleichszahlen besitzt!

Solche »Fehlleistungen« des Unternehmers, die nach unserer Erfahrung gar nicht so selten sind, sollten von BR und WA zur erneuten Information und Beratung über die Personalplanung genutzt werden.

Beispiel 3:
Auswertung vergangenheitsbezogener Daten zur Mobilisierung der Belegschaften für die Tarifauseinandersetzung

Zur Mobilisierung der Belegschaften für die Auseinandersetzungen um die 35-Stunden-Woche startete die IG Metall im Dezember 1986 eine Kampagne unter dem Motto: »Unternehmer auf dem Prüfstand«. Ziel dieser Kampagne war es u.a., den Beschäftigungseffekt der letzten Arbeitszeitverkürzung in den einzelnen Unternehmen festzustellen.

Zu diesem Zweck erstellt die IG Metall Ortsverwaltung Berlin das auf S. 274 abgebildete Auswertungsschema, das für ein Unternehmen der elektronischen Industrie beispielhaft durchgerechnet ist.

Demnach erbrachte die Auswertung folgende Ergebnisse, die für die Mobilisierung der Belegschaft dieses Unternehmens genutzt werden konnte: Ohne Arbeitszeitverkürzung von 1,5 Stunden wären – eine unveränderte Produktivitätsentwicklung wie im Durchschnitt der Jahre 1980–1984 unterstellt – zur Erzielung des Umsatzes von 10,3 Mio. DM (Zeile 1), 564 Beschäftigte (Zeile 9) – notwendig gewesen. Tatsächlich waren jedoch 575 Arbeitnehmer (Zeile 2) beschäftigt. Hieraus folgt, dass die zusätzlichen 11 Beschäftigten (Zeile 11) Ergebnis der Arbeitszeitverkürung sind. Entsprechend ergab sich für 1986 ein positiver Arbeitsplatzeffekt von 53 Beschäftigten (Zeile 12).

Beispiel 4:
Auswertung ökonomischer Daten zur wirtschaftlichen Begründung von Arbeitnehmerforderungen

Seit mehreren Jahren erweist sich die Gießerei eines Halbzeugherstellers in der metallverarbeitenden Industrie als Engpassfaktor für das Unternehmen. Dies äußert sich vor allem darin, dass Reparatur- und Wartungsarbeiten häufig auf Wochenenden gelegt und Gussbolzen von Wettbewerbern zugekauft werden. Um diese Wochenendarbeit möglichst zu vermeiden, fordert der BR seit Jahren eine technische Lösung des Problems durch eine Kapazitätserweiterung der Gießerei. Die Geschäftsleitung lehnte diese Forderung bislang mit folgenden Argumenten ab: EU-weit bestünden Überkapazitäten, die durch Erweiterungsinvestitionen noch vergrößert würden; eine langfristige Auslastung sei somit nicht gewährleistet.

Auswertungsschema zur Ermittlung der Arbeitsplatzwirkung der Arbeitszeitverkürzung

Geschäftsjahr	40-Stunden-Woche					38,5-Std.-Woche	
	1980	1981	1982	1983	1984	1985	1986
1. Gesamtleistung (ersatzweise Umsatz) (in Mio. DM)	81,4	84,9	88,0	88,9	91,8	103,0	105,0
2. Beschäftigte insgesamt	650	627	588	547	542	575	586
3. Gesamtleistung je Beschäftigten (in 1 000 DM) (jeweilige Werte Zeile 1 : Werte Zeile 2)	125,2	135,5	149,7	162,6	169,4	178,3	179,1
4. jährliche Veränderung in % (bis 1984)		+ 8,2	+ 10,5	+ 8,6	+ 4,1		
5. durchschnittliche jährliche Veränderung (Werte in Zeile 4 addieren und durch 4 teilen)			$\dfrac{8,2 + 10,5 + 8,6 + 4,1}{4}$		7,85		
6. Produktivitätsfaktor $\dfrac{(100 + \text{Wert Zeile 5})}{100} = 1,\ldots$			$\dfrac{100 + 7,85}{100}$		1,0785		
7. Gesamtleistung je Beschäftigten 1985 (geschätzt) (Wert 1984 in Zeile 3 × Zeile 6)		$169,4 \times 1,0785$				182,7	
8. Gesamtleistung je Beschäftigten 1986 (geschätzt) (Wert Zeile 7 × Wert Zeile 6)		$182,7 \times 1,0785$					197,0
9. geschätzte Zahl der Beschäftigten ohne AZV 1985 (Wert 1985 Zeile 1 : Wert Zeile 7)		103 000 : 182,7				564	
10. geschätzte Zahl der Arbeitsplätze ohne AZV 1986 (Wert 1986 Zeile 1 : Wert Zeile 8)		105 000 : 197					533
11. Arbeitsplatzeffekt der AZV 1985 (Wert 1985 Zeile 2 – Wert Zeile 9)		575 – 564				11	
12. Arbeitsplatzeffekt der AZV 1986 (Wert 1986 Zeile 2 – Wert Zeile 10)		586 – 533					53

Man versuche, durch technische Verbesserungen an der bestehenden Anlage das derzeitige Gussvolumen um etwa 25 % zu erhöhen. Erweiterungsinvestitionen, wie vom BR gefordert, seien in Anbetracht der seit einigen Jahren aufgelaufenen Bilanzverluste nicht finanzierbar.In dieser Situation wird der BR von der Geschäftsführung darüber informiert, dass wegen eines zur Zeit bestehenden Auftragsbooms die zunächst befristete Einführung eines 4-Schicht-Betriebes in der Gießerei geplant sei. Es sollte deshalb schnellstmöglich eine diesbezügliche Betriebsvereinbarung abgeschlossen werden. Ein Entwurf der Geschäftsleitung sei beigefügt.

Auf der nächsten ordentlichen BR-Sitzung berät der BR dieses Problem und beschließt zunächst folgendes Vorgehen:
1. Der BR-Vorsitzende informiert unverzüglich die IGM-Ortsverwaltung und klärt mit dieser die tarif- und arbeitsrechtliche Lage.
2. Der WA wird aufgefordert, umgehend von der Geschäftsleitung Informationen über (technische) Alternativen zum 4-Schicht-Betrieb zu verlangen und darüber hinaus Informationen zusammenzustellen, die Auskunft über die Finanzierbarkeit von Erweiterungsinvestitionen geben können.
3. Die Belegschaft in der Gießerei soll umgehend auf einer Abteilungsversammlung informiert werden.

Auf einer vom WA-Sprecher einberufenen außerordentlichen WA-Sitzung erläutert die Geschäftsführung anhand der folgenden Übersicht die von ihr geprüften Konzepte zur Erhöhung des Gießvolumens:

Konzepte zur Erhöhung des Gießvolumens				
Konzept	Investitions-summe (in Mio. DM)	Bedarf an Arbeits-kräften	Gieß-leistung t/Monat	Vollkosten pro 100 kg DM
A. Zusätzlicher Tiegelofen	6	+ 3	2 000	23,–
B. Vertikalanlage	4,5	+ 6	2 000	25,–
C. Horizontalanlage	15–17	+ 10	2 000	27,–
D. 4-Schicht-Betrieb	–	+ 15	2 000	13,–
E. Zukauf	–	–	2 000	30,–
Vorhandene Anlage (3-Schicht-Betrieb)	(15)	45	8 000	16,–

In Anbetracht der schwierigen wirtschaftlichen Lage des Unternehmens sei die optimale Ausnutzung der vorhandenen Anlage im 4-Schicht-Betrieb (Konzept D) die betriebswirtschaftlich einzig sinnvolle Lösung.

Schließlich stellt der WA anhand seiner Unterlagen eine Übersicht der wichtigsten

wirtschaftlichen Daten für den BR zusammen, die Auskunft über die Finanzierbarkeit einer Erweiterungsinvestition geben können:
Aufgrund dieser Informationen und nach Auskunft der Gewerkschaft über die tarifvertragliche und arbeitsrechtliche Lage sowie der ablehnenden Haltung der Beschäftigten in der Gießerei (auf einer von den Vertrauensleuten durchgeführten Unterschriftenaktion sprachen sich 100 % gegen die Einführung der 4. Schicht aus) fasste der BR nach ausführlicher Diskussion folgende Beschlüsse:

	1984	1985	1986	1987 (Vor.)	1988 (Plan)
Wirtschaftliche Daten					
Zugänge von Sachanlagevermögen (Mio. DM)	4,1	3,7	5,2	4,0	4,5
Tilgung von Fremdkapital (Mio. DM)	–	–		1,1	2,0
Jahresüberschuss/-fehlbetrag (Mio. DM)	– 3,0	– 2,8	– 1,6	– 0,5	1,0
Cash-flow (Mio. DM)	+ 2,3	+ 3,1	+ 4,7	+ 5,1	8,0
Umsatz (Mio. DM)	147,2	151,6	158,6	160	162

1. Der BR stimmt dem Antrag auf Einführung einer 4. Schicht nicht zu.
2. Der BR fordert weiterhin eine technische Lösung des Problems, d. h. eine Kapazitätserweiterung der Gießerei.
3. Für den Fall, dass die Geschäftsführung die Durchführung einer Erweiterungsinvestition *verbindlich* zusagt, ist der BR bereit, mit der Geschäftsführung für die Übergangszeit von voraussichtlich zwei Jahren bis zur Inbetriebnahme der neuen Anlage über Lösungen (z. B. Sonderschichten, befristete 4. Schicht, Zukauf) zu beraten.

Begründung:
Aufgrund des geltenden *Tarifvertrages* ist ein kontinuierlicher Schichtbetrieb nur aus technischen, nicht jedoch aus wirtschaftlichen Gründen zulässig.
Dessen ungeachtet hält der BR eine Erweiterungsinvestition aus folgenden Gründen für dringend geboten:

• Schon bisher reichte die Kapazität der Gießerei nicht aus, um den Gussbedarf zu decken. Notwendige Instandhaltungs- und Reparaturarbeiten werden deshalb seit einiger Zeit schon auf die Wochenenden gelegt. Nach Auffassung des BR muss aber die Gießkapazität so dimensioniert sein, dass neben dem »normalen« Bedarf an Guss auch ein gewisser Vorrat angelegt werden kann, damit die notwendigen Reparatur- und Instandhaltungsarbeiten in der regelmäßigen tariflichen Wochenarbeitszeit von Montag bis Freitag durchgeführt werden können, ohne dass dadurch die übrige Produktion beeinträchtigt wird.

- Auch für die kommenden Geschäftsjahre wird ganz offensichtlich von einem weiteren Anstieg des Umsatzes und damit auch einem erhöhten Gussbedarf ausgegangen.
- Die Einführung eines 4-Schicht-Betriebs ist zwar für die Geschäftsführung die profitabelste Alternative. Für die Beschäftigten in der Gießerei hingegen hat diese Lösung jedoch schwerwiegende negative gesundheitliche und soziale Auswirkungen. Da jedoch nach Angaben der Geschäftsführung andere Alternativen existieren, die ebenfalls – wenn auch weniger – profitabel sind und die diese negativen Folgen für die Beschäftigten nicht aufweisen, kann ohne Gefahr für die Existenz des Unternehmens eine dieser Alternativen gewählt werden.
- Auch eine Finanzierung der Erweiterungsinvestition ist zumindest zum Teil aus dem Umsatzüberschuss (cash-flow) möglich. Außerdem wäre zu prüfen, ob bereits geplante Investitionen (Zugänge zum Sachanlagevermögen) oder die Tilgung von Fremdkapital zeitlich hinausgeschoben werden können.
- Die Bereitschaft des BR, sobald eine verbindliche Zusage über eine Erweiterungsinvestition vorliegt, über Übergangsregelungen zu verhandeln, beinhaltet auch die Vereinbarung von Sonderschichten am Wochenende. Die hierdurch erzielbaren zusätzlichen Deckungsbeiträge könnten ebenfalls zur Finanzierung herangezogen werden.

Vertiefende und weiterführende Literatur:

Boguslawski, G.-U./Irrek, B., Datenhandbuch, Graue Reihe Nr. 10 der Hans-Böckler-Stiftung, Düsseldorf 1984.

Briefs, U. u.a., Gewerkschaftliche Betriebspolitik und Information, Köln 1983.

Krack, J./Strauss-Wieczorek, G., Der Wirtschaftsausschuß als Teil gewerkschaftlicher Interessenvertretung, Schriftenreihe der IG Metall, Heft 96, Frankfurt a. M. 1982, auch in: Der Betriebsrat (IGCPK) Heft 3, 1981.

Kröger, H. J. (Hrsg.), Wirtschaftliche Kennzahlen – Handbuch für gewerkschaftliche Betriebspolitik, Hamburg 1984.

WSI-Projektgruppe, Mitbestimmung in Unternehmen und Betrieb, Köln 1981, S. 100–188 und S. 277–300.

»Worüber soll informiert und beraten werden?« – Die inhaltliche Gestaltung der Wirtschaftsausschuss-Sitzungen

Inhaltsübersicht

Im Prinzip ist der Unternehmer verpflichtet, den WA von sich aus rechtzeitig und umfassend über die wirtschaftlichen Angelegenheiten des Unternehmens zu unterrichten. Die Praxis zeigt jedoch, dass gut informierte WA in der Regel nur dort zu finden sind, wo der WA selbst Zeitpunkt und Umfang der zu übermittelnden Informationen bestimmt. Der WA sollte deshalb dem Unternehmer mitteilen, welche Unterlagen und Daten er regelmäßig dem WA vorlegen soll.

Bei der inhaltlichen Gestaltung der WA-Sitzung ist es sinnvoll, zwischen einem Routinebereich, der auf jeder WA-Sitzung wiederkehrt, einem Bereich für Sonderthemen, die nur zu ganz bestimmten WA-Sitzungen behandelt werden, und einem Bereich für aktuelle Themen, die auf Veranlassung des Unternehmers auf die Tagesordnung gesetzt werden, zu unterscheiden.

9.1 Der Routinebereich

Der Routinebereich der WA-Sitzung enthält die Themen, über die regelmäßig auf jeder WA-Sitzung informiert und beraten wird. Der WA sollte sich dazu vom Unternehmer regelmäßig folgende Unterlagen und Daten vorlegen lassen:

- Die monatliche kurzfristige Erfolgsrechnung (z. B. in Form der Deckungs-beitragsrechnung) untergliedert nach den Sparten, Bereichen oder wichtigs-ten Produkten des Unternehmens, wobei die Aufstellung neben den Istwer-ten für den vergangenen Monat und das bisher abgelaufene Jahr auch – soweit dies im Unternehmen üblich ist – die entsprechenden Vorjahres-, Plan- und Vorschauwerte enthalten sollte (vgl. auch Abschn. 6.3.1 sowie *ArbG Offenbach*, Beschluss vom 9.11.1987 – 5/2 BV 40/87 und *BAG* vom 17.9.1991 – 1 ABR 74/90 – AP Nr. 13 zu § 106 BetrVG).
- Außerdem sollten die im Unternehmen gebräuchlichsten Leistungskennzif-fern – wie z. b. Umsatz pro Vollzeitarbeitnehmer, Umsatz pro Quadrat-meter, Produktionsmenge pro Tag – in der Soll- und Istentwicklung dar-gestellt werden.
- Je nach Branche und Besonderheit des Unternehmens sollten ergänzend zu der kurzfristigen Erfolgsrechnung differenzierte Umsatz-, Absatz und Pro-duktionsstatistiken sowie die Entwicklung wichtiger Kostenbereiche vor-gelegt werden.
- Schließlich sollten die Daten entsprechend dem vom WA entwickelten Kennziffernbogen (vgl. Kap. 8) vom Unternehmer abgefordert werden, wo-bei auch hier möglichst eine Gegenüberstellung der Plan- und Istwerte erfolgen sollte.

Wichtig ist dabei, dass diese Unterlagen und Daten vom WA schriftlich so rechtzeitig vom Unternehmer abgefordert werden, dass sie schon zur Vor-bereitungssitzung des WA vorliegen (vgl. *BAG* vom 20.11.1984 – 1 ABR 64/82, AP Nr. 3 zu § 1067 BetrVG). Auf dieser Vorbereitungssitzung erfolgt die Auswertung (Soll/Ist-Vergleich) der Daten, so dass der WA konkrete Fragen an den Unternehmer bezüglich

- der Ursachen möglicher Abweichungen der Ist- bzw. Vorschauzahlen von den Planzahlen,
- der vom Management vorgesehenen Maßnahmen zur Vermeidung zukünf-tiger Abweichungen sowie
- der voraussichtlichen Auswirkungen auf die Interessen der Beschäftigten

formulieren und gegebenenfalls schriftlich an den Unternehmer gestellt werden können.

Auf der Grundlage dieser Vorbereitung sowie der Antworten des Unterneh-mers auf der WA-Sitzung können nun von der Interessenvertretung Forderun-gen bzw. Alternativen zum Schutz der Beschäftigten entwickelt und vom WA in die Beratungen mit dem Unternehmer eingebracht werden.

Beispiel:
Standard-Daten zur WA-Vorbereitung
Der WA der X-GmbH bereitet sich u.a. anhand folgender Daten auf die regelmäßige WA-Sitzung mit dem Unternehmer im Monat Mai vor:
Welche Erkenntnisse kann der WA aus dem monatlichen Soll/Ist-Vergleich gewinnen? Zunächst einmal kann er erkennen, dass die tatsächlich realisierten Umsätze im ersten Quartal 1999 in allen drei Monaten hinter den Planumsätzen zurückgeblieben sind; zunächst nur geringfügig, dann aber mit zunehmender Tendenz. Da der Unternehmer zunächst die Produktion entsprechend seiner Planung realisiert hat, haben sich die Lagerbestände entsprechend erhöht. Da auch die Auftragsbestände bisher deutlich unter den Planansätzen geblieben sind, ist zu vermuten, dass die Planumsätze auf zu optimistischen Absatzprognosen für das laufende Geschäftsjahr beruhen. Es ist deshalb damit zu rechnen, dass die Planumsätze und damit auch die geplante Produktion für die restlichen Monate des Geschäftsjahres nach unten korrigiert werden. Dies wiederum kann bedeuten, dass auch Arbeitsplätze in Gefahr sind.
Betrachtet man die bisherige Personalpolitik, dann zeigt sich Folgendes: Entgegen seiner Personalplanung hat der Unternehmer auf eine Erhöhung des Personalbestandes verzichtet und unter teilweiser Ausnutzung der Fluktuation vor allem Vollzeit-Arbeitsplätze abgebaut. Da die Produktion zunächst nicht eingeschränkt wurde, musste zwangsläufig die Mehrarbeit zunehmen.
Für den WA sind im Blick auf die bevorstehende WA-Sitzung mit dem Unternehmer nun folgende Fragen von Bedeutung:
• Von welchen Planumsätzen und welcher Planproduktion geht der Unternehmer für das restliche Geschäftsjahr aus?
• Wie wirken sich diese Plankorrekturen auf Zahl und Struktur der Arbeitsplätze aus?
Die Beantwortung dieser Fragen bedeutet letztlich nichts anderes als die Offenlegung der korrigierten Planung für das restliche Geschäftsjahr. Von den Antworten des Unternehmers auf diese Fragen hängt es dann ab, welcher Handlungsbedarf für die Interessenvertretung zur Sicherung der Arbeitsplätze entsteht.

Zusätzlich zum »Routinebereich« können bzw. müssen noch je nach betrieblicher Situation und Problemlage zusätzliche Themen (z.B. Einsatz neuer Technologien, Einführung von Sonderschichten oder Kurzarbeit, Betriebsänderung, Durchführung einer Gemeinkosten-Wert-Analyse, usw.) zum Gegenstand von WA-Sitzungen gemacht werden. Solche Themen können sich entweder aus der Auswertung der Informationen aus dem »Routinebereich« (z.B. bei der jährlichen Erläuterung der Investitionsplanung) ergeben (vgl. Kapitel 4.4.1) oder aber vom BR – ggf. auch vom GBR oder der Arbeitnehmerbank im Aufsichtsrat – an den WA herangetragen werden. Auch wenn in der betrieblichen Praxis die Themen überwiegend durch Initiativen und Maßnahmen des Unternehmers diktiert sein werden, so ist doch dringend geboten,

Übersicht 72

Standard-Kennziffernbogen für die X-GmbH

Monatliche Kennzahlen (April 1999)	Januar '99 Soll	Ist	Abw.	Februar '99 Soll	Ist	Abw.	März '99 Soll	Ist	Abw.	April '99 Soll	Ist	Abw.	Mai '99 Soll	Ist	Abw.	Dezember '99 Soll	Ist	Abw.	Gesamt '99 Soll	Ist	Abw.
Umsatz (Mio. DM)	9,3	9,2	– 1,1 %	9,1	8,8	– 3,3 %	9,5	9,1	– 4,2 %	9,1	8,5	– 6,6 %	11,1			9,1			120		
Produktion (Mio. DM)	9,3	9,3	0,0 %	9,3	9,3	0,0 %	9,4	9,4	0,0 %	9,3	9,1	– 2,2 %									
Lagerbestand (Mio. DM)	3,1	3,2	3,2 %	3,4	3,7	8,8 %	3,3	4,1	24,2 %	3,5	4,9	40,0 %									
Auftragsbestand (Mio. DM)	16,5	15,1	– 8,5 %	16,4	15,1	– 7,9 %	16,6	15,5	– 6,6 %	16,5	15,5	– 6,1 %	15,5			16,5			195		
Beschäftigte (gesamt)	1 491	1 439	– 3,5 %	1 445	1 439	– 0,4 %	1 450	1 430	– 1,4 %	1 453	1 425	– 1,9 %	1 458			1 458			1 458		
– VZ-Arbeiter	881	879	– 0,2 %	881	877	– 0,5 %	881	870	– 1,2 %	881	867	– 1,6 %	881								
– TZ-Arbeiter	43	43	0,0 %	46	44	– 4,3 %	51	42	– 17,6 %	51	41	– 19,6 %	55								
– VZ-Angestellte	424	424	0,0 %	424	424	0,0 %	424	424	0,0 %	424	423	– 0,2 %	424								
– TZ-Angestellte	41	41	0,0 %	42	42	0,0 %	42	42	0,0 %	42	42	0,0 %	43								
– Auszubildende	52	52	0,0 %	52	52	0,0 %	52	52	0,0 %	55	52	– 5,5 %	55			55			55		
Arbeitszeit																					
– Überstunden (1 000 Std.)		3,1			3,3			3,5			3,7										
– Kurzarbeit																					

auch eigene Themen (z. B. Abbau von Überstunden, Verhinderung befristeter Arbeitsverhältnisse usw.) in den WA-Sitzungen zur Sprache zu bringen und mit dem Unternehmer zu beraten.

In all diesen Fällen können die umfassenden Informations- und Beratungsrechte des WA genutzt werden, um möglichst frühzeitig, d.h. bereits im Planungsstadium, an die für die Arbeit der Interessenvertretung wichtigen Informationen zu kommen und den Unternehmer mit Forderungen im Arbeitnehmerinteresse zu konfrontieren.

> Beispiel:
> Der BR der Y-GmbH, ein mittelständiges Unternehmen der holzverarbeitenden Industrie, stellt fest, dass in letzter Zeit die Anträge des Unternehmers auf Zustimmung zu befristeten Einstellungen deutlich zugenommen haben. Begründet wird dies vom Unternehmer vor allem mit einer eher skeptischen Beurteilung der Zukunftsperspektiven des Unternehmens. Der BR will diese Entwicklung nicht tatenlos hinnehmen. Auf der nächsten BR-Sitzung wird deshalb das Problem der befristeten Beschäftigungsverhältnisse anhand der vom WA zusammengestellten Kennziffern diskutiert (siehe Übersicht 73).
> Die Diskussion im BR führt zu folgendem Ergebnis:
> 1. Anhand der vorliegenden Ist- und Planzahlen ist deutlich erkennbar, dass vor allem in den beiden Produktionsabteilungen die Kernbelegschaft deutlich abgebaut und statt dessen eine flexible Randbelegschaft mit ungeschützten Arbeitsverhältnissen aufgebaut werden soll.
> 2. Die skeptische Beurteilung der Zukunftsaussichten des Unternehmens findet keinen Niederschlag in den Planungen des Unternehmers. Die Planzahlen für Umsatz und Beschäftigte deuten im Gegenteil auf eine optimistische Beurteilung hin.
> 3. Selbst wenn sich die Unternehmensplanung als zu optimistisch erweisen sollte und die geplanten Umsatzzuwächse nicht realisiert würden, so lässt sich daraus kein Befristungsgrund rechtfertigen. Durch Abbau von Überstunden und Ausnutzen der Fluktuation ließe sich ein Umsatzrückgang in bestimmten Grenzen auffangen, ohne dass es zu Entlassungen kommen muss.
> 4. Aufgrund dieser Argumente beschließt der BR, im Unternehmen eine Aufklärungskampagne gegen befristete Arbeitsverträge zu starten und die Belegschaft über die Absicht des BR zu informieren, gegenwärtig keinen befristeten Einstellungen zuzustimmen.

Übersicht 73

Kennzifferntabelle für die Y-GmbH

Y-GmbH	Produktion									Absatz			Verwaltung			Gesamt		
	Vorfertigung			Montage			Sonstiges			Absatz			Verwaltung			Gesamt		
	1998 Ist	1999 Vor.	2000 Plan	1998 Ist	1999 Vor.	2000 Plan	1998 Ist	1999 Vor.	2000 Plan	1998 Ist	1999 Vor.	2000 Plan	1998 Ist	1999 Vor.	2000 Plan	1998 Ist	1999 Vor.	2000 Plan
Beschäftigte insgesamt	131	130	117	95	94	104	166	166	164	63	63	63	42	41	41	497	494	489
Arbeiter	118	117	104	85	84	94	128	129	127	15	15	16				346	345	341
Angestellte	13	13	13	10	10	10	22	22	22	43	43	42	37	36	36	125	124	123
Auszubildende							16	15	15	5	5	5	5	5	5	26	25	25
Teilzeit über 450 DM (Anzahl)	5	5	10				3	3	1				2	2	4	10	10	15
Teilzeit über 450 DM (Std.)																13 200	13 700	
450-DM-Verträge (Anzahl)			10			20												30
betr. Beschäftigte (Anzahl)	1	5	12	1	1	8	3	4	5			2			3	5	10	30
betr. Beschäftigte (Std.)																9 360	19 360	
Leiharbeitnehmer (Std.)																17 530	25 360	
Geleistete Arbeitsstunden (ohne Leiharbeitnehmer)	211 107	203 807		163 778	161 407		284 603	276 504		110 565	102 980		69 277	64 426		839 330	809 124	
Ausfallzeiten	61 918	58 800		51 337	47 883		65 217	63 258		23 735	25 435		13 823	13 624		216 030	209 000	
davon Krankheit	27 208	24 850		26 157	22 263		32 815	31 417		9 450	9 120		4 190	4 050		99 820	91 700	
Überstunden	16 025	17 170		25 115	28 340		20 820	23 100		8 300	7 140		1 100	1 050		71 360	76 800	
Einstellungen	5	4		8	10		5	3		4	4		3	2		25	23	
Abgänge	10	5		12	11		11	3		3	4		4	3		40	26	
Umsatz (in Mio. DM)																88,6	90,2	93
Lagerbestand (in Mio. DM) (fertige und unfertige Waren)																14,4	15,1	12,5
Jahresüberschuss (in Mio. DM)																1,0	1,5	1,5

9.2 **Die Sonderthemen**

Im Jahresverlauf regelmäßig wiederkehrend sind im WA folgende Sonderthemen zu behandeln:
- die operative Planung (vgl. Abschn. 5.2.3) für das kommende Jahr (meist in der Zeit zwischen September und Dezember),
- der Jahresabschluss des Vorjahres (meist in der ersten Jahreshälfte),
- die Abstimmung der Vierteljahresberichte gemäß § 110 BetrVG (am Ende eines jeden Quartals).

9.2.1 **Die Planungssitzung**

Nach der Entscheidung des *BAG* vom 20.11.1984 (1 ABR 64/84, AP Nr. 3 zu § 106 BetrVG) ist der WA so rechtzeitig zu informieren, dass er auf die unternehmerischen Entscheidungen noch Einfluss nehmen kann. Nach dem *OLG Hamburg* (Beschluss vom 4.6.1985, DB 1985, 1846) hat deshalb die Information in einem frühen Stadium der Planung zu erfolgen, bevor diese abgeschlossen ist. Dem WA ist somit die zumeist jährlich erstellte operative Unternehmensplanung vor ihrer definitiven Verabschiedung durch die Unternehmensleitung bzw. ein Aufsichtsgremium vorzulegen. Die Informations- und Beratungspflicht gilt auch dann, wenn die Unternehmensleitung Aufgaben der Unternehmensplanung auf andere Konzernunternehmen oder Drittfirmen übertragen hat (*BAG* vom 17.3.1987 – 1 ABR 59/85, AP Nr. 29 zu § 80 BetrVG).

Die besten Voraussetzungen für eine umfassende und rechtzeitige Darstellung der operativen Planung im WA werden geschaffen, indem sich der WA vorab von der für die Planung zuständigen Stelle (oft der Controlling-Abteilung) das Planungsverfahren, die Planungsinhalte sowie den terminlichen Ablauf der Jahresplanung erläutern lässt (vgl. Kap. 5). Auf dieser Basis ist es relativ leicht zu bestimmen, zu welchem Zeitpunkt der WA die Vorlage welcher Planungsergebnisse fordern sollte.

Da die Unternehmensplanung in der Regel auf die unternehmerischen Ziele abgestellt ist, ist es gerade in der Planungssitzung erforderlich, die Auswirkungen der Planung auf die Beschäftigten zu thematisieren. Die Rechtsgrundlage ergibt sich aus § 106 Abs. 1 BetrVG, wonach der Unternehmer die Auswirkungen wirtschaftlicher Maßnahmen auf die Personalplanung mit dem WA zu beraten hat.

9.2.2   **Die Jahresabschlusssitzung**

Gemäß § 108 Abs. 5 BetrVG hat der Unternehmer dem WA unter Beteiligung des BR den Jahresabschluss zu erläutern. Unter dem Jahresabschluss ist die Bilanz, die Gewinn- und Verlustrechnung sowie der Anhang (soweit dieser erstellt ist) zu verstehen (vgl. Kap. 4.2.1). Dem WA einer Konzernobergesellschaft ist neben dem Einzelabschluss auch der Konzernabschluss vorzulegen (FKHE Rn. 30 zu § 108 BetrVG), soweit ein solcher erstellt wurde (vgl. dazu Kap. 4.3.2). Weicht der handelsrechtliche Jahresabschluss vom steuerrechtlichen Jahresabschluss ab, so ist auch die Steuerbilanz vorzulegen (vgl. DKK Rn. 37 zu § 108 BetrVG).

Die Unterrichtung hat in einem frühen Stadium zu erfolgen, dies ist nach der Ansicht von FKHE (Rn. 33 zu § 108 BetrVG) unverzüglich nach Eingang des Prüfungsberichts, also vor einer Feststellung des Jahresabschlusses durch die maßgeblichen Organe. Möglichst noch vor der Jahresabschluss-Sitzung vorzulegen und wegen des Umfangs zumindest vorübergehend zu überlassen sind somit in jedem Fall die Bilanz und die Gewinn- und Verlustrechnung sowie der Anhang (wenn ein solcher erstellt wurde).

Zu den im Sinne von § 106 Abs. 2 BetrVG erforderlichen Unterlagen, die der Erläuterung des Jahresabschlusses dienen, gehört weiterhin der Wirtschaftsprüferbericht (vgl. *BAG* vom 8.8.1989 – 1 ABR 61/88, AP Nr. 6 zu § 106 BetrVG). Der Lagebericht ist zwar nicht Bestandteil des Jahresabschlusses, er wird aber von Kapitalgesellschaften zusammen mit dem Jahresabschluss erstellt und geprüft. Er ist dem WA wenn nicht nach § 108 Abs. 5 BetrVG jedoch zumindest gemäß § 106 Abs. 3 Ziff. 1 BetrVG vorzulegen und gegebenenfalls vorübergehend zu überlassen (vgl. FKHE Rn. 29 zu § 108 BetrVG).

Der Unternehmer dürfte lediglich in Ausnahmefällen zur Zurückhaltung des Jahresabschlusses wegen der Gefährdung von Betriebs- und Geschäftsgeheimnissen berechtigt sein. Dies gilt erst Recht für die zu veröffentlichenden Teile des Jahresabschlusses (vgl. dazu Kapitel 4.2.4). Kommt der Unternehmer seiner Veröffentlichungspflicht nicht nach, so kann jedermann beim Registergericht die Festsetzung eines Zwangsgelds (zwischen 2500 und 25000 Euro) beantragen (§ 335a HGB).

Neben dem Jahresabschluss ist auch das von Kapitalgesellschaften zu errichtende Risikomanagementsystem (zu Einzelheiten siehe Kap. 7) im WA zu erläutern (vgl. DKK Rn. 40a zu § 108 BetrVG). Da jedoch die Erläuterung des Jahresabschlusses in der Regel schon viel Zeit in Anspruch nehmen wird, sollte dieser Punkt möglicherweise auf einer gesonderten Sitzung behandelt werden.

9.2.3 **Die Abstimmung des Vierteljahresberichts mit dem Unternehmer**

Der Unternehmer in Unternehmen mit mehr als 20 wahlberechtigten ständigen Arbeitnehmern ist gemäß § 110 BetrVG verpflichtet, einmal im Vierteljahr nach vorheriger Abstimmung mit dem WA (soweit vorhanden) und dem (G)BR die Arbeitnehmer über die wirtschaftliche Lage und Entwicklung des Unternehmens zu unterrichten. Diese Unterrichtung kann in kleineren Unternehmen (‹ 1 000 Arbeitnehmer) mündlich (in der Regel im Rahmen der Betriebsversammlung), in Unternehmen mit mehr als 1 000 ständig beschäftigten Arbeitnehmern muss sie schriftlich erfolgen. In den Fällen, in denen der Unternehmer nur mündlich informiert und nicht vierteljährlich eine Betriebsversammlung abgehalten wird, verstößt der Unternehmer meist unbeanstandet gegen diese Bestimmung des Betriebsverfassungsgesetzes.

Abstimmung bedeutet, dass Inhalt und Umfang des Berichts zunächst mit dem WA und (G)BR erörtert werden. Es ist nicht erforderlich, dass über den vom Unternehmer erstellten Bericht völlige Übereinstimmung erzielt wird. Allerdings muss dem WA und (G)BR Gelegenheit zu einer Stellungnahme gegeben werden. In der Praxis ist es häufig so, dass der Unternehmer den Vierteljahresbericht dem WA und (G)BR lediglich zur Kenntnis gibt. Eine Aussprache findet in der Regel nicht statt.

Selbst in großen Unternehmen passt der schriftliche Vierteljahresbericht meist auf ein bis zwei Seiten. Dementsprechend allgemein und nichtssagend ist er gehalten. Nicht selten nehmen Klagen über den hohen Krankenstand und gestiegene Personalkosten sowie Appelle an den Leistungswillen und das Qualitätsbewußtsein der Beschäftigten breiten Raum ein. WA und (G)BR sollten die Erörterung des Vierteljahresberichts zum Anlass nehmen, darauf zu dringen, dass konkrete und aussagefähige Informationen über die wirtschaftliche und finanzielle Lage des Unternehmens gegeben werden. Hierzu zählen vor allem folgende wirtschaftliche Daten:

- Auftragseingang
- Auftragsbestand
- Umsatz
- Lagerbestand
- Arbeitsproduktivität
- Umsatzüberschuss (Cashflow)
- aufgelaufener Jahresüberschuss.

Hierbei sollten die Ist-Daten den Plan-Daten gegenübergestellt und Abweichungen jeweils erläutert werden. Außerdem sollte darauf gedrungen werden,

dass in dem Vierteljahresbericht auch über die Entwicklung der Arbeitnehmerinteressen informiert wird. Zumindet sollten Aussagen zur
- Beschäftigung (Vollzeit-, Teilzeitarbeitsplätze, befristete Arbeitsverhältnisse, Leiharbeitnehmer)
- Arbeitszeit (Überstunden, Kurzarbeit, Schichtarbeit)
- Arbeitsqualität (Krankenstand, Arbeitsunfälle)
aufgenommen werden.

Weigert sich der Unternehmer, so sollten WA und (G)BR den Vierteljahresbericht nicht unterschreiben, sondern eine eigene Information an die Belegschaft herausgeben, die genau diese Informationen enthält. Dabei empfiehlt es
sich, diese Informationen schriftlich (Aushang am Schwarzen Brett, Informationsblatt, Betriebszeitung) zu verbreiten, und zwar in der gleichen Form, in
der der Unternehmer die Belegschaft informiert.

Beispiel:
Information der Belegschaft
In einem Unternehmen der metallverarbeitenden Industrie fand in der Vergangenheit die nach § 110 Abs. 1 BetrVG geforderte Abstimmung des »Vierteljahresberichts« mit WA und GBR nicht statt. Die Unternehmensleitung verlas lediglich
auf einer gemeinsamen Sitzung von WA und GBR das zum Aushang für die Mitarbeiter bestimmte Informationsblatt. Schon seit Jahren ortet dabei die Unternehmensleitung die Gründe für die unbefriedigende Umsatz- und Ertragsentwicklung
neben den Marktverhältnissen bei der durch den hohen Krankenstand im Berliner
Werk verursachten »Leistungsschwäche«:

Unterrichtung der Mitarbeiter nach § 110 BetrVG
An unsere Mitarbeiter!
Diese Unterrichtung behandelt sieben Monate des laufenden Geschäftsjahres 1984/85,
d.h. die Zeit von Oktober 1984 bis einschließlich Mai 1985.
Seit der letzten Unterrichtung, die die Monate Oktober bis einschließlich Februar 1985
zum Inhalt hatte, haben sich die einzelnen Unternehmensbereiche sehr unterschiedlich
entwickelt. Teilweise sind es die Marktverhältnisse, die als Ursache zu benennen sind,
teilweise sind es aber auch die nachwirkenden Folgen aus der durch hohen Kranken-
stand (…) vorhanden gewesenen Leistungsschwäche. (Auszug)
WA und GBR wollten dies nicht mehr kommentarlos hinnehmen und forderten vom
Vorstand nach entsprechend gründlicher Vorbereitung eine Diskussion und Abstimmung des Textes. Als dies von der Firmenleitung verweigert wurde, erarbeiteten WA und GBR eine eigene Stellungnahme und hängten sie neben der Information der Unternehmensleitung am »Schwarzen Brett« aus.

Information des Gesamtbetriebsrates betr. der
Mitteilung des Vorstandes nach § 110 BetrVG
Der Gesamtbetriebsrat hat den neuen Bericht Juli '85 des Vorstandes nach § 110 BetrVG
erhalten und eingehend diskutiert. Der Gesamtbetriebsrat ist der Meinung, dass dieser

Bericht nicht in allen Punkten der Realität entspricht. Der Gesamtbetriebsrat gibt daher eine Ergänzung zum Bericht des Vorstandes heraus.

In der Tat hatten wir in den ersten Monaten des Geschäftsjahres einen erhöhten Krankenstand. (…) Diese Tatsache als einzige Ursache für »Leistungsschwäche« zu bezeichnen, halten wir für nicht zutreffend, zumal auch der erhöhte Krankenstand Gründe hat, die innerhalb des Werkes liegen.

Wir führen an:

Ursachen, wie mangelnder Führungsstil, wie ergonomisch schlecht ausgestaltete Arbeitsplätze, zugige Fenster und ein in der Fertigung nicht kontinuierlicher Arbeitsablauf usw. Diese Ursachen zeigen sicherlich Wirkung in Bezug auf erhöhten Krankenstand. Auch die vielen geleisteten Überstunden sind da ein Thema. Aber die eigentliche »Leistungsschwäche« des Werkes liegt in der Organisation der Fertigung. Es werden teilweise Termine gemacht, die nur sehr schwer einzuhalten sind. Es wird versucht, mit einem immer noch veralteten Maschinenpark eine moderne Fertigung aufzuziehen.

In den letzten Jahren wurde zwar einiges in Bezug auf Modernisierung getan. Nach unserer Meinung waren aber die getroffenen Maßnahmen nicht ausreichend. Jahrelang wurde zu wenig bzw. zu spät investiert. (…) Es fehlte in der Vergangenheit nicht an Vorschlägen und Kritik aus der Belegschaft, und der Betriebsrat hat ebenfalls entsprechend reagiert. Um etwas besser zu machen, reicht es sicher nicht aus, den Schuldigen immer nur bei »den anderen« zu suchen. (Auszug)

Während diese Information nach Aussagen des GBR von der Belegschaft äußerst positiv aufgenommen wurde, gab sich die Unternehmensleitung sehr verärgert. In einem Schreiben an den GBR-Vorsitzenden wurde u.a. bemängelt, dass die Stellungnahme des GBR als »Rundumschlag gewertet werden muss«, dass »die Ausgeglichenheit vermisst wird« und dies »keine gute Basis für unsere Pflicht, die Zukunft besser zu gestalten«, ist. GBR und WA haben die Unternehmensleitung wissen lassen, dass sie den nächsten »Vierteljahresbericht« vorab erhalten wollen, um diesen in der gemeinsamen Sitzung mit der Unternehmensleitung dann auch vernünftig diskutieren und abstimmen zu können.

Im Ergebnis konnte der GBR in diesem Fall durch seine Gegendarstellung zum Vierteljahresbericht die Belegschaft in die Diskussion um die Verbesserung der Arbeitsbedingungen einbeziehen und so seinen Forderungen zusätzlichen Nachdruck verleihen.

Neben diesen regelmäßig wiederkehrenden Sonderthemen kann der WA je nach Situation des Unternehmens z. B. folgende Themen zum Gegenstand seiner Sitzungen machen:

- strategische Unternehmensplanung
  (§ 106 Abs. 3 Ziff. 1 oder 10 BetrVG)
- Risikomanagement
  (§ 106 Abs. 3 Ziff. 1 oder 10 BetrVG)
- Sanierungsmaßnahmen
  (§ 106 Abs. 3 Ziff. 1 oder 10 BetrVG)

- Einsatz von Unternehmensberatern
  (Der Bericht einer Unternehmensberatungsfirma ist gemäß *LAG Frankfurt/M*, Beschluss vom 22.7.1987 – 12 TA BV 30/87 in: BB 1987, S. 2452 dem WA vorzulegen.)
- bestehende oder neue vertragliche Beziehungen zu anderen Unternehmen
  (§ 106 Abs. 3 Ziff. 10 BetrVG)
- Werkverträge
  (*LAG Hamm*, Beschluss vom 22.7.1987 – 12 Ta BV 30/87, in BB 1987, S. 2452)
- Betriebsänderungen
  (§ 106 Abs. 3 Ziff. 6, 7, 8 oder 9 BetrVG)
- Maßnahmen unterhalb der Betriebsänderungsgrenze
  (§ 106 Abs. 3 Ziff. 10 BetrVG)
- Kauf oder Verkauf von Anteilen an anderen Unternehmen
  (§ 106 Abs. 3 Ziff. 1 oder 10 BetrVG)
- Spaltung des Unternehmens oder Zusammenschluss mit anderen Unternehmen
  (§ 106 Abs. 3 Ziff. 8. BetrVG)
- Gesellschafterwechsel
  (Ein Vertrag über den Verkauf von Geschäftsanteilen ist dem WA gemäß *ArbG Wuppertal*, Beschluss vom 8.9.1988 – 3 BV 20/88 vorzulegen.)

9.3 Vom Unternehmer eingebrachte Themen

Im Wesentlichen obliegt die inhaltliche Gestaltung einer WA-Sitzung dem WA. Dennoch wird es immer wieder vorkommen, dass der Unternehmer von sich aus bestimmte wirtschaftliche Angelegenheiten (z. B. Betriebsänderungen, Erwerb von Beteiligungen, Veräußerung von Betriebsvermögen, außerplanmäßige Investitionen) im WA besprechen will bzw. muss. Dies kann in der Weise geschehen, dass zum Ende einer WA-Sitzung unter dem TOP Sonstiges nochmals der Katalog des § 106 Abs. 3 BetrVG abgefragt wird oder im Vorfeld der WA-Sprecher beim Unternehmer anfragt, ob dieser bestimmte Themen auf die Tagesordnung gesetzt haben will.

Wesentlich ist, dass im WA bezüglich der vom Unternehmer vorgegebenen Themen vor allem nach den Auswirkungen der geplanten wirtschaftlichen Maßnahmen auf die Beschäftigten gefragt wird (vgl. hierzu auch Kapitel 8). Sofern der WA von bestimmten Maßnahmen in der WA-Sitzung überrascht wird, sollte er es tunlichst vermeiden, hierüber unvorbereitet in eine Beratung einzusteigen. Dies gilt auch dann, wenn der Unternehmer Zeitdruck vorschiebt. Schließlich ist dieser Zeitdruck, wenn er denn tatsächlich bestehen sollte, in aller Regel auf die verspätete Information des Unternehmers zurückzuführen. Der Unternehmer selbst käme auch nie auf die Idee, unvorbereitet mit Verhandlungen zu beginnen. Lässt sich der WA dennoch darauf ein, dann befindet er sich schon zu Beginn der Beratungen in einem beträchtlichen Nachteil gegenüber dem Unternehmer, der später kaum noch wettzumachen ist.

10. »Wer sich nicht wehrt, lebt verkehrt!« – Unternehmerische Informationspolitik und Durchsetzung der Informationsrechte

Inhaltsübersicht

10.1   **»Nichts Genaues weiß man nicht!«**
– Die Praxis unternehmerischer
Informationspolitik

Die unternehmerische Politik gegenüber dem WA und speziell die unternehmerische Informationspolitik im WA hängt von der grundsätzlichen Strategie der Arbeitgeberseite gegenüber dem BR ab. Unterschieden werden sollen hier drei alternative Strategievarianten:
• Zurückdrängung des BR,
• Begrenzung des Einflusses des BR,
• Einbindung des BR.

10.1.1   **»Bei uns erfährt der Wirtschaftsausschuss**
gar nichts!« – Informationspolitik zur
Zurückdrängung der Interessenvertretung

Die Strategie der Zurückdrängung ist durch den Versuch gekennzeichnet, den Einfluss des BR auf betriebliche Veränderungen möglichst auszuschalten. Der Unternehmer stellt dazu den BR meist vor vollendete Tatsachen und missachtet selbst die unstrittig bestehenden Mitbestimmungsrechte in sozialen und personellen Angelegenheiten. (z.B. die neue Maschine steht schon auf dem Hof; Überstunden werden ohne Einschaltung des BR angeordnet). Diese Einstellung gegenüber dem BR setzt sich dann in folgender Behandlung des WA fort:

Der WA wird in seiner Arbeit in vielfältiger Weise behindert, indem z.B.
• die Teilnahme des Unternehmers an WA-Sitzungen oftmals kurzfristig abgesagt wird,
• der Unternehmer auf lange Sicht keine freien Termine hat,
• die WA-Sitzungen unter Zeitdruck stattfinden (die Sitzung kommt erst kurz vor Feierabend zustande, der Unternehmer setzt wichtige Termine kurz nach der WA-Sitzung an),
• die Zulässigkeit von WA-Sitzungen ohne Teilnahme des Unternehmers bestritten wird.

Solche Maßnahmen der Behinderung des WA sind leider keine Einzelfälle. So gaben 20 % der von uns befragten WA-Sprecher an, dass die WA-Sitzungen manchmal oder auch häufiger unter Zeitdruck gesetzt würden.

Einzelne WA-Mitglieder werden eingeschüchtert und in der Ausübung ihrer WA-Arbeit behindert, indem z. B.

- die Qualifikation einzelner WA-Mitglieder vom Unternehmer bestritten wird,
- der Unternehmer in schulmeisterlicher Art auftritt,
- einzelne oder alle WA-Mitglieder keine oder nur unzureichende Arbeitsbefreiung für ihre WA-Arbeit erhalten,
- WA-Mitglieder unter Vorgabe fadenscheiniger Gründe in andere Abteilungen versetzt werden,
- einzelnen WA-Mitgliedern mit Kündigung gedroht wird.

Während wir Einschüchterungsversuche häufiger feststellen konnten, stellen offensichtliche Behinderungsversuche einzelner WA-Mitglieder dagegen eher die Ausnahme dar.

Der Unternehmer informiert den WA in der Regel nicht von sich aus, wie es eigentlich seine Pflicht wäre. Auf Nachfrage im WA werden wichtige Informationen entweder gar nicht gegeben oder so lange wie möglich zurückgehalten. Dies wird durch folgende Tricks oder Ausflüchte erreicht:

- Es wird behauptet, die geforderte Information liege dem Unternehmer nicht vor, obwohl möglicherweise die geforderten Unterlagen unternehmensintern nur eine andere Bezeichnung haben.
- Die Übermittlung der geforderten Daten wird von Sitzung zu Sitzung verschoben, bis der WA ihre Anforderung vergessen hat oder die Daten für den WA uninteressant geworden sind.
- Es wird behauptet, es handele sich um ein Betriebs- bzw. Geschäftsgeheimnis, über das der Unternehmer im WA nicht berichten müsse.
- Es wird versucht, die Notwendigkeit geforderter Informationen für die WA-Arbeit zu bestreiten.
- Es wird behauptet, dass es sich bei der geforderten Information nicht um eine wirtschaftliche Angelegenheit handele, der WA also nicht zuständig sei.
- Der Unternehmer lässt sich im WA durch inkompetente Mitglieder des Managements vertreten, die auf konkrete Fragen nicht antworten können.

Über eine solche Informationszurückhaltung berichteten insgesamt gut 60 % der befragten WA-Sprecher. Immerhin 16 % sagten hier, dass es sich hierbei um ein häufiges Informationsverhalten des Arbeitgebers im WA handelt.

Der WA erhält bestenfalls vergangenheitsbezogene Daten, und die Herausgabe von Plandaten wird mit folgenden Begründungen verweigert:

- Es werde im Unternehmen nicht geplant, insbesondere gäbe es keine Personalplanung,

- die Plandaten seien mit zuviel Unsicherheiten behaftet,
- die Planungen müssten erst vom Vorstand abgesegnet werden usw.

Die Tatsache, dass lediglich in 55 % der von uns befragten WA eine Umsatzplanung und sogar nur in 40 % der geplante Beschäftigtenstand vorgelegt wird, belegt, dass es sich hier um eine weit verbreitete restriktive Informationspolitik handelt.

Die im WA übermittelten Informationen werden so allgemein gehalten und so mangelhaft dargestellt, dass die Informationsweitergabe nur unter großen Informationsverlusten möglich ist:
- Der Unternehmer informiert nur »in großem Stil«, ohne konkrete Fakten zu nennen.
- Die Informationen im WA werden nur in mündlicher Form gegeben.
- Die Einsichtnahme in Unterlagen des Unternehmers und die Überlassung von Unterlagen wird dem WA verweigert.

So wurden in 17 % der befragten WA nie schriftliche Unterlagen vorgelegt, in weiteren 17 % geschah dies bisher nur selten.

10.1.2 »Im Wirtschaftsausschuss werden knallharte Fakten präsentiert« – Informationspolitik zur Begrenzung des Einflusses der Interessenvertretung

Die Strategie der *Begrenzung des Einflusses* des Betriebsrats wird vom Unternehmer zumeist nur dann gewählt, wenn dessen offene Missachtung und Behinderung zu allzu großen Konflikten im Betrieb führt. Diese Strategie ist zwar zumeist mit einer formal genaueren Beachtung der Betriebsverfassungsrechte verbunden, allerdings wird versucht, die Einflussnahme des BR auf die Wahrnehmung der Mitbestimmungsrechte in personellen und sozialen Angelegenheiten zu einem möglichst späten Zeitpunkt zu beschränken. Damit sollen die wesentlichen wirtschaftlichen Entscheidungen so weit wie möglich von einem direkten oder auch indirekten Einfluss des BR freigehalten werden.

Ebenso wie der BR wird auch der WA im Rahmen der Begrenzungsstrategie vom Unternehmer meist formal korrekt behandelt. Deshalb sind offensichtliche Behinderungen eher die Ausnahme. Dagegen gewinnt eine verzögernde und selektive Informationspolitik gegenüber dem WA an Bedeutung:

Die Information im WA über geplante Maßnahmen erfolgt zwar vor der Durchführung, aber dennoch erst, nachdem die Entscheidung des Unternehmers schon gefallen ist. Auf die Forderung, nicht erst am Ende der Planung, sondern schon im Planungsverlauf zu informieren, reagiert der Unternehmer abwehrend:

- Es handele sich bisher nur um »Gedankenspiele«, bzw. man befinde sich noch im Stadium der Vorüberlegungen, so dass man im Augenblick noch nichts Konkretes sagen könne.
- Eine frühzeitigere Information sei rechtlich nicht geboten und dem WA stünde noch genügend Zeit zur Beratung zur Verfügung.

Ein Beleg für die Häufgkeit dieser Politik ist darin zu sehen, dass in 50 % der von uns befragten WA bisher keine *Plan-Alternativen* vorgelegt und beraten wurden.

Der Unternehmer versucht, die im WA behandelten Themen auf wirtschaftliche und technische Aspekte zu begrenzen. Über die Auswirkungen der geplanten Maßnahmen auf die Beschäftigten wird dagegen nicht informiert. Entsprechende Forderungen der WA-Mitglieder werden mit folgenden »Argumenten« abgeblockt:

- Man wisse im momentanen Planungsstadium noch nichts Genaues über die personellen Auswirkungen.
- Solche »Detaildiskussionen« gehörten nicht in den WA, sondern sollten vom Betriebsrat vor Ort geführt werden.

So beklagten gut 50 % der von uns befragten WA-Sprecher, dass eine solche Politik der Informationsbegrenzung zumindest manchmal betrieben wird und in 50 % der Fälle Informationen über die Auswirkungen geplanter Maßnahmen auf die Beschäftigten nie, selten oder nur manchmal gegeben würden.

Typisch für diese Begrenzungsstrategie ist auch die Information des WA anhand von »knallharten Fakten«. In wirtschaftlich schwierigen Zeiten soll damit die Unausweichlichkeit wirtschaftlicher Entscheidungen des Unternehmers demonstriert werden:

- Der WA erhält umfangreiche Unterlagen, die z. B. den Umsatz- und Auftragsrückgang belegen und einschneidende Maßnahmen begründen sollen.
- Die Präsentation so genannter »ungeschminkter Fakten« wird oft mit der Drohung einer (Teil-)Stilllegung verbunden, die notwendig werde, wenn die Interessenvertretung die geplanten Sanierungsmaßnahmen nicht akzeptiert.

Mit der Begrenzungsstrategie kann auch eine Überschüttung des WA mit Daten (Informationsüberflutung) verbunden sein, die es den WA-Mitgliedern erschwert, die für die Interessenvertretung wichtigen Daten zu finden, und die den WA von wichtigeren Konfliktfeldern abzulenken versucht:

- Dem WA werden stapelweise die EDV-Auswertungen über Tagesumsätze, Kosten der einzelnen Kostenstellen etc. zur Verfügung gestellt.
- Der WA erhält z. B. detaillierte technische Unterlagen über neue Maschinen, aus denen die Auswirkungen auf die Beschäftigten jedoch bestenfalls indirekt hervorgehen.

Allerdings gaben 80 % der von uns befragten WA-Sprecher an, dass eine Informationsüberflutung bei ihnen bisher noch nicht stattgefunden habe.

Durchaus üblich ist auch die selektive Information einzelner »vertrauenswürdiger« WA-Mitglieder:

- Auf einem Management-Seminar »Praktische Fragen der Zusammenarbeit mit dem Wirtschaftsausschuss« empfahl der Referent beispielsweise: »In der Vorklärungsphase, wo der Unternehmer noch nicht informieren müsste, wird er wichtige Köpfe einbeziehen. ... Jeder Unternehmer wäre schlecht beraten, wenn er wichtige GBR-Mitglieder oder WA-Mitglieder nicht rechtzeitig einbeziehen würde.«
- Verbunden mit einer solchen selektiven Information ist meist die Aufforderung, die erhaltenen Informationen vertraulich zu behandeln.

Zur Begrenzungsstrategie gehört allerdings oft auch eine mangelhafte Darstellung der Information:

- So erhält der WA nur selten Unterlagen schon vor der Sitzung, so dass eine gründliche Vorbereitung nur schwer möglich ist.
- Nur ein Teil der Informationen erfolgt schriftlich.
- Viele der vorgelegten Unterlagen sind nicht zum Verbleib beim WA bestimmt.
- Durch einen häufigen Wechsel der Darstellungsform und des Aufbaus der Berichte wird die Vergleichbarkeit eingeschränkt.
- Durch die Verwendung betriebswirtschaftlicher Fachbegriffe sind die Berichte vielen WA-Mitgliedern nicht verständlich. (Bei Unternehmen, die zu internationalen Konzernen gehören, verwendet die Geschäftsleitung oft sogar englischsprachige Fachbegriffe und Berichte.)

Der Unternehmer versucht, die Weitergabe der Information an die Belegschaft zu verhindern. Dazu wird

- die Information als vertraulich erklärt,
- auf die bisherige vertrauensvolle Zusammenarbeit verwiesen, die bei Verletzung der Vertraulichkeit gefährdet wäre, und
- auf die noch nicht abgeschlossene Planung verwiesen.

10.1.3   **»Der Wirtschaftsausschuss als kampffreie Zone« – Informationspolitik zur Einbindung der Interessenvertretung**

Die *Einbindungsstrategie* versucht im Gegensatz zu den beiden ersten Strategien, den BR gezielt bei der Durchsetzung geplanter Veränderungen einzuspannen. Durch kleine Zugeständnisse soll erreicht werden, dass Interessenvertretung und Belegschaft die vom Unternehmer geplanten Maßnahmen aktiv unterstützen oder zumindest nicht behindern. Dabei wird versucht, die ökonomischen Vorteile geplanter Maßnahmen in den Hintergrund treten zu lassen oder sie sogar in Vorteile für die Beschäftigten umzudeuten.

Der WA nimmt in einer solchen Strategie eine wichtige Funktion ein. Nach Vorstellung des Unternehmers stellt er eine »kampffreie Zone« dar, in der mit der Arbeitnehmerseite über wirtschaftliche Maßnahmen beraten wird. Durch eine entsprechende »Ledersesselatmosphäre« wird den WA-Mitgliedern der Eindruck vermittelt, »dicht an den Entscheidungen dran« zu sein, obwohl auch bei dieser Strategie die grundsätzlichen wirtschaftlichen Entscheidungen meist gefällt sind, bevor der WA informiert wird. Den WA-Mitgliedern kommt dabei die Aufgabe zu, dem BR die Notwendigkeit und letztlich auch die Vorteilhaftigkeit der wirtschaftlichen Entscheidungen für die Belegschaft zu verdeutlichen. Die unternehmerische Informationspolitik gegenüber dem WA ist bei dieser Einbindungsstrategie folgendermaßen gekennzeichnet:

- Der Unternehmer informiert über anstehende Maßnahmen häufiger von sich aus, wobei grundlegende Entscheidungen allerdings zum Zeitpunkt der Informationsübermittlung schon gefällt sind.
- Im WA versucht der Unternehmer, die Diskussion auf die wirtschaftlichen und technischen Tatbestände zu konzentrieren. Die (angeblichen) Vorteile der geplanten Maßnahmen werden nur allgemein begründet. (Durch Investitionen werden Arbeitsplätze gesichert, das Abstoßen von Verlustbereichen stärkt das Unternehmen und sichert so die restlichen Arbeitsplätze etc.)
- Im Interesse einer vertrauensvollen Atmosphäre werden dem WA viele Informationen in schriftlicher Form gegeben. Daneben erhält der WA aber auch viele Informationen in einer Form, die eine ernsthafte Überprüfung der Behauptungen des Unternehmers erschweren bzw. unmöglich machen (z. B. Bombardement mit 40 Overhead-Folien in einer Stunde).
- Häufig erfolgt eine Vorabinformation wichtiger WA-Mitglieder mit dem Ziel, die Reaktion der Arbeitnehmerseite auszutesten und auch gleichzeitig den WA vorab einzustimmen.

10.2   Der Unternehmer blockt – was tun?
Zur Durchsetzung der Informationsrechte des Wirtschaftsausschusses

Eine restriktive Informationspolitik und Behinderungsversuche gegenüber dem WA sind immer noch verbreitete Unternehmerstrategien. Vor dem Hintergrund der Bedeutung von Informationen für die Arbeit der Interessenvertretung ist es um so überraschender, dass solche Zustände zwar bemängelt werden, das Management aber erst in wenigen Fällen durch eine entsprechende Gegenwehr zu einer Änderung dieser Politik gezwungen wird. In diesem Kapitel folgen deshalb Hinweise, wie WA und (G)BR auf Behinderungsversuche und verschiedene Varianten restriktiver Informationspolitik reagieren können.

10.2.1   Der überfüllte Terminkalender und andere Mätzchen –
Zum Umgang mit Behinderungsversuchen

Versuche zur Behinderung des WA sind leider nicht als Einzelfälle abzutun. Unter den dazu angewandten Tricks finden sich besonders häufig

• Erzeugung von Zeitdruck auf WA-Sitzungen,
• kurzfristige Absagen,
• Entsenden von inkompetenten Vertretern,
• Terminschwierigkeiten bei der Festlegung von Sitzungen,
• Bestreiten des Rechts zur Durchführung von WA-Sitzungen ohne Arbeitgeber,
• Einschüchterung einzelner WA-Mitglieder.

Wollen die Ausschussmitglieder auf Dauer vom Unternehmer ernst genommen werden, so dürfen sie sich eine solche Behandlung nicht gefallen lassen. Der WA muss deshalb den Spielraum für solche Behinderungsversuche einengen:

• Schon in der Einladung sollte ein realistischer Zeitraum für die Sitzung angesetzt werden. Zusätzlich kann man den Unternehmer (schriftlich) darauf hinweisen, dass er sich entsprechend Zeit für die WA-Sitzung nimmt. Auf keinen Fall sollte man Sitzungstermine akzeptieren, die kurz vor Feierabend liegen.
• Bei kurzfristigen Absagen sollte der WA-Sprecher darauf bestehen, dass

sofort ein neuer Termin innerhalb der nächsten zwei Wochen vereinbart wird.

• Behauptet der Unternehmer, in nächster Zeit keine freien Termine für WA-Sitzungen zu haben, so kann man ihn auffordern, einen kompetenten und bevollmächtigten Vertreter zu benennen. Außerdem ist es in einem solchen Fall sinnvoll, die Sitzungstermine des WA langfristig möglichst für ein ganzes Jahr im Voraus festzulegen. Terminschwierigkeiten können dann ernsthaft kaum noch vorgebracht werden.

• Entsendet der Unternehmer Vertreter, die nicht zur Gruppe der leitenden Angestellten gehören, keine Generalvollmacht oder Prokura besitzen und in der Unternehmenshierarchie nicht direkt unterhalb des Unternehmers rangieren, so besitzen solche Vertreter in der Regel nicht die notwendige, nach § 108 Abs. 2 Satz 1 BetrVG geforderte Kompetenz zur Information und Beratung mit dem WA. Der WA sollte solche Vertreter als Gesprächspartner grundsätzlich nicht akzeptieren. Er sollte vielmehr den Unternehmer darauf hinweisen, dass er der Ansprechpartner des WA ist und die Entsendung eines Vertreters nur in Ausnahmefällen und nicht etwa regelmäßig akzeptiert werden kann.

• Bestreitet der Unternehmer das Recht des WA, Sitzungen auch ohne Arbeitgeber (also Vor- bzw. Nachbereitungssitzungen) durchzuführen, so dürfte der Hinweis auf die *BAG*-Entscheidungen vom 16.3.1982 (1 AZR 406/80, AP Nr. 3 zu § 108 BetrVG) und 20.11.1984 (1 ABR 64/82, AP Nr. 3 zu § 106 BetrVG), in denen dieses Recht eindeutig bestätigt wird, genügen.

• Einschüchterungsversuche des Unternehmers gegenüber einzelnen Mitgliedern sollten vom WA-Sprecher unverzüglich zurückgewiesen werden, um eine Spaltung in »gute« und »schlechte« Mitglieder von vornherein zu verhindern. Bemängelt der Unternehmer z.B. die Qualifikation des Protokollanten, so sollte man den Spieß umdrehen und ein fehlerhaftes Protokoll auf die mangelhafte Informationsdarstellung (z.B. lediglich mündliche Information) durch den Unternehmer zurückführen.

Gleichzeitig sollte der WA den (G)BR über die Behinderungsversuche des Unternehmers informieren, damit dieser bei Fortsetzung dieser Politik folgende weitergehende Maßnahmen ergreifen kann:

Zunächst sollte der (G)BR beim nächsten Gespräch mit dem Unternehmer auf eine einvernehmliche Lösung drängen. Zeigt sich der Unternehmer dabei nicht zum Einlenken bereit, so sollte er im nächsten Schritt schriftlich darauf hingewiesen werden, dass das Verhalten des Unternehmers als Behinderung des WA angesehen wird, die nach § 78 Satz 1 BetrVG verboten ist und im Wiederholungsfalle einen groben Verstoß gemäß § 23 Abs. 3 BetrVG darstellt. Sollte der Unternehmer seine Behinderungstaktik dennoch fortsetzen, so sollte sich der (G)BR mit der Verwaltungsstelle der Gewerkschaft in Verbindung setzen und ein mögliches Vorgehen nach § 23 Abs. 3 und/oder § 119 BetrVG durchsprechen (vgl. Kap. 10.2.4).

Neben dieser Vorgehensweise sollte der (G)BR das Verhalten des Unternehmers auch in der betrieblichen Öffentlichkeit, z. B. in den BR-Infos oder auf einer Betriebsversammlung, bekannt machen. Am erfolgversprechendsten dürfte es jedoch sein, wenn der BR unter Hinweis auf die ungenügenden WA-Sitzungen und den deshalb schlechten Informationsstand der Interessenvertretung seine Zustimmung zu Maßnahmen des Unternehmers verweigert. Dies wird besonders bei solchen Maßnahmen sinnvoll sein, bei denen der BR ein erzwingbares Mitbestimmungsrecht hat (z. B. bei Überstunden oder Umsetzungen).

10.2.2 »Die geforderten Daten bekommen wir nie!« – Zum Umgang mit restriktiver Informationspolitik

In diesem Kapitel werden die *Handlungsmöglichkeiten* des WA beschrieben, wenn der Unternehmer

- Informationen gänzlich zurückhält,
- Informationen auf wirtschaftliche oder technische Sachverhalte begrenzt oder
- Informationen in mangelhafter Weise darstellt.

In solchen Situationen ist häufig Eile geboten, da Informationen in der Regel eine verderbliche Ware darstellen. Die vom WA beschafften Informationen sind also für den (G)BR meist oder gerade dann von Interesse, wenn sie aktuell sind. Der WA darf sich deshalb bei einer restriktiven Informationspolitik vom Unternehmer nicht lange vertrösten lassen, sondern muss zügig zu den dargestellten Maßnahmen greifen. Möglicherweise kann es auch sinnvoll sein, mehrere Wege parallel zu beschreiten und/oder auch den (G)BR relativ zeitgleich einzuschalten. Die möglichen Vorgehensweisen dazu sind in Kapitel 10.2.3 beschrieben.

Allerdings lassen sich die in den Kapiteln 10.2.2 und 10.2.3 beschriebenen Aktionen von (G)BR und WA auch als »erzieherische Maßnahmen« einsetzen. Da das Ziel solcher Maßnahmen nicht so sehr in der Beschaffung aktueller Informationen, sondern in der positiven Beeinflussung des zukünftigen Informationsverhaltens des Unternehmers besteht, können sich WA und (G)BR in einer solchen Situation mehr Zeit lassen, um die Aktionen besser vorbereiten zu können.

10.2.2.1   **Informationszurückhaltung**

Die häufigste Strategie im Rahmen einer restriktiven Informationspolitik des
Unternehmers besteht in der Zurückhaltung wichtiger Informationen (z. B.
über anstehende Investitionsmaßnahmen oder organisatorische Veränderungen), indem er diese dem WA nicht von sich aus oder zu spät übergibt. Verfolgt
der Unternehmer eine Zurückdrängungs- oder Behinderungsstrategie gegenüber dem BR, so wird auch der WA recht oft mit einer solchen Informationspolitik konfrontiert sein.

Übersicht 74
Vorgehensweise des WA bei verspäterer Information durch den Unternehmer

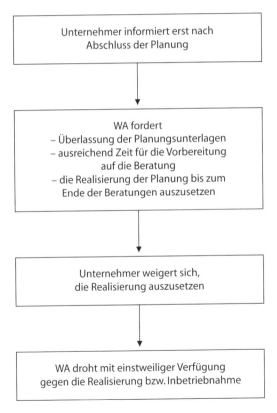

Wird der WA über eine geplante Maßnahme (z. B. Neubau einer Werkhalle) erst informiert, wenn die Planungen bereits abgeschlossen, d.h. konkrete Entscheidungen schon getroffen sind (die Zeichnungen des Architekten liegen schon vor, die Anordnung der Maschinen ist festgelegt), so braucht sich der WA dieses Verhalten nicht hilflos gefallen zu lassen. Er kann zunächst die Planungsunterlagen anfordern und sich gründlich auf die notwendigen Beratungen zwischen WA und Unternehmer vorbereiten. Gleichzeitig muss dem Unternehmer mitgeteilt werden, dass die Arbeitnehmervertretung die Realisierung der geplanten Maßnahme so lange nicht akzeptieren wird, wie die Beratungen zwischen WA und Unternehmer nicht abgeschlossen sind und die Mitbestimmungsrechte des (G)BR nicht ausgeschöpft sind. Der (G)BR gewinnt so mehr Zeit, die möglichen negativen Folgen für die Belegschaft abzuwenden oder wenigstens abzumildern. Die mit solchen Gegenstrategien verbundenen Verzögerungen bei der Realisierung der Maßnahmen kann übrigens nicht dem WA bzw. (G)BR angelastet werden, da der Unternehmer durch rechtzeitige Unterrichtung und Beratung entsprechend dem BetrVG diese Verzögerung hätte vermeiden können.

In bestimmten aussichtsreichen Fällen kann auch mit einer einstweiligen Verfügung gedroht werden, die dem Unternehmer die Realisierung der geplanten Maßnahme oder die Inbetriebnahme von Anlagen untersagt, solange WA und (G)BR die zustehenden Informations-, Beratungs- und Mitbestimmungsrechte nicht gewährt werden. Eine solche Situation liegt zumindest immer dann vor, wenn durch die Maßnahme Mitbestimmungsrechte nach § 87 BetrVG ausgelöst werden (z. B. Einführung einer weiteren Schicht, Einführung neuer Technologien, die Leistungs- und Verhaltenskontrollen ermöglichen).

Diese Gegenstrategie des WA bei verspäteter Information mag zwar im Einzelfall erfolgreich sein, grundsätzlich sollte der WA jedoch anstreben, solche Situationen möglichst zu verhindern. Dazu kann die beschriebene Gegenstrategie auch als »erzieherische« Maßnahme eingesetzt werden, um den Unternehmer in Zukunft zu einer rechtzeitigen Unterrichtung zu bewegen. Daneben sollten die WA-Mitglieder auch außerhalb des WA auf alle Hinweise auf laufende, im WA noch nicht besprochene Planungen achten. Entsprechende Hinweise können von BR-Mitgliedern und gegebenenfalls Arbeitnehmervertretern aus dem Aufsichtsrat stammen. Außerdem sollten auch alle persönlichen Kontakte zu Arbeitskollegen/innen im Unternehmen genutzt werden. In Bezug auf geplante Rationalisierungsmaßnahmen können z. B. Beschäftigte aus EDV-, Organisations-, Planungs- und Controllingabteilungen wertvolle Hinweise geben.

Bekommen WA-Mitglieder auf diesem Wege Hinweise auf laufende Planungen des Unternehmers, so sollte der WA den Unternehmer unverzüglich zur

Unterrichtung auffordern. Dabei braucht man die Informationsquellen nicht bloßzulegen, damit diese auch in Zukunft nicht versiegen. Handelt es sich um einen dringenden Fall, so sollte auch nicht die nächste reguläre Sitzung abgewartet werden. Der WA sollte statt dessen den Unternehmer zur schriftlichen Stellungnahme innerhalb einer vom WA bestimmten Frist auffordern oder notfalls kurzfristig eine zusätzliche WA-Sitzung einberufen.

Da der WA auf dem Weg über gezielte Hinweise möglicherweise viel, aber doch nicht alles rechtzeitig erfahren wird, sollte der WA auf seinen regelmäßigen Sitzungen mit einer gewissen Penetranz nachfragen, ob Maßnahmen, wie sie in § 106 Abs. 3 BetrVG aufgelistet sind, geplant werden. Um die Ernsthaftigkeit dieser Fragen zu demonstrieren, sollten sie vom WA schriftlich rechtzeitig vor der nächsten WA-Sitzung gestellt werden. Aus demselben Grund sollten auch die Antworten des Unternehmers, wenn diese trotz Aufforderung nicht schriftlich gegeben werden, im Protokoll festgehalten werden.

Wenn der WA auf diese Weise versucht, stärkeren Einblick in die unternehmerische Planung zu nehmen, entzieht sich das Management oft seinen Informationspflichten, indem behauptet wird,

1. im Unternehmen würde keine systematische Planung betrieben, insbesondere gäbe es keine Personalplanung;
2. die geforderten Planungsunterlagen, Statistiken und Daten würden im Unternehmen nicht erstellt bzw. erfasst;
3. die anstehenden Maßnahmen, von denen der (G)BR möglicherweise über andere Kanäle etwas erfahren hat, befänden sich noch nicht in einem konkreten Planungsstadium, in dem der WA schon zu informieren sei;
4. die Planungen seien zu unsicher, als dass sie dem WA dargestellt werden könnten;
5. es handele sich um Betriebs- und Geschäftsgeheimnisse, über die im WA nach § 106 Abs. 2 BetrVG nicht informiert zu werden brauche.

Da der Unternehmer mit diesen Behauptungen in der Regel versucht, die Informationsübermittlung an den WA zumindest zu verzögern, sollten die WA-Mitglieder die folgenden *Gegenargumente* möglichst parat haben, um schon auf der WA-Sitzung ihre Forderungen begründen zu können.

Zu 1: Keine Planung

Diese Behauptung sollte der WA sehr skeptisch betrachten, da heutzutage allenfalls noch kleine Unternehmen auf eine detaillierte Planung verzichten (vgl. Kapitel 5). Der Unternehmer muss sich deshalb in aller Regel den Vorwurf der Unglaubwürdigkeit oder der Unfähigkeit gefallen lassen. Besonders wirkungsvoll ist ein solcher Vorwurf, wenn er sich mit einem Hinweis auf dem WA bekannte (Teil-)Pläne des Unternehmens verbinden lässt.

Zu 2: Unterlagen existieren nicht

Diese Behauptung mag zwar im Einzelfall stimmen, oft liegt in einem solchen Fall jedoch nur eine bewusste »Begriffsstutzigkeit« des Unternehmers vor: Die geforderten Unterlagen oder Daten existieren zwar, werden aber anders bezeichnet. So werden für die unternehmerischen Zielvorstellungen im internen Rechnungswesen beispielsweise die Begriffe »Planziel«, »Soll«, »Budget« verwendet. Hat der WA das Gefühl, dass eine solche Situation vorliegt, so sollte er sich über die im Controlling des Unternehmens verwendeten Begriffe Klarheit verschaffen (vgl. Kapitel 6). Man kann dies entweder zum Gegenstand einer WA-Sitzung machen oder aber der Interessenvertretung gegenüber aufgeschlossene Kolleginnen und Kollegen aus den entsprechenden Abteilungen befragen.

Zu 3: Planung noch zu unkonkret

In dieser Situation gibt der Unternehmer zwar zu, dass Planungsüberlegungen angestellt werden, behauptet aber, es sei noch zu früh für eine Information und Beratung im WA. Dem muss im WA entgegengehalten werden, dass eine Berücksichtigung der Arbeitnehmerbelange in der Planung gerade eine frühzeitige Information notwendig macht (vgl. auch OLG *Hamburg*, Beschluss vom 4. 6. 1985, DB 1985, S. 1846). In einer solchen Situation hat es sich auch als äußerst hilfreich erwiesen, wenn sich der WA zu einem frühen Zeitpunkt einmal das Planungssystem des Unternehmens und insbesondere den zeitlichen Planungsablauf hat erläutern lassen. Mit diesem Wissen kann u.U. der Verdacht begründet werden, dass die Planungsüberlegungen schon sehr viel konkreter sein müssen, als dies vom Unternehmer zugegeben wird.

Zu 4: Planung zu unsicher

Die Unsicherheit gerade auch von langfristigen Plänen kann kein Argument sein, den WA nicht zu informieren. Es ist gerade das Wesen der auf die Zukunft gerichteten Pläne, dass nicht mit Sicherheit gesagt werden kann, ob die in den Plänen formulierten Zukunftsvorstellungen tatsächlich eintreten. In der Regel enthalten die Pläne die Zielvorstellungen des Unternehmers. Auch wenn die bisherige Erfahrung im WA lehrt, dass diese Pläne häufig nicht eingehalten werden (können), sollte sich die Interessenvertretung über diese Zielvorstellungen informieren, um daraus Gefährdungen für die Arbeitnehmer ableiten und eigene Zielvorstellungen entwickeln zu können.

Zu 5: Betriebs- und Geschäftsgeheimnis gefährdet

Das Ziel dieser oft nur vorgeschobenen Behauptung besteht häufig darin, WA und (G)BR zunächst über wichtige zukünftige Entwicklungen im Unklaren zu

Übersicht 75

Vorgehensweise des WA, um den Unternehmer zu einer rechtzeitigen Information zu veranlassen

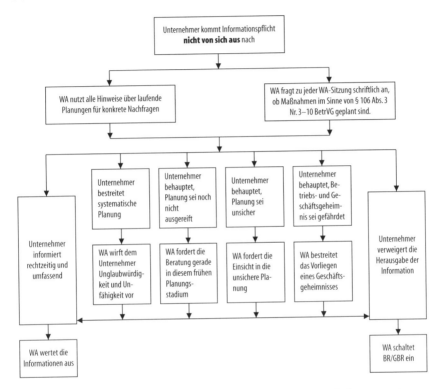

lassen. Dabei machen es sich die Unternehmer meist zu einfach. Denn damit eine Unterrichtung im WA unter Hinweis auf Betriebs- und Geschäftsgeheimnisse berechtigterweise verweigert werden darf, müssen zwei Voraussetzungen gegeben sein:

- Erstens muss es sich tatsächlich um ein Betriebs- oder Geschäftsgeheimnis handeln. Das ist nur der Fall, wenn
  a. ein Zusammenhang mit dem technischen Betrieb (technische Verfahren) oder der wirtschaftlichen Betätigung (insbesondere im neuralgischen Bereich der Außenbeziehungen) besteht,
  b. die Tatsache nur einem engbegrenzten Personenkreis bekannt, also nicht schon offenkundig ist und

c. die Geheimhaltung für das Unternehmen wichtig ist, weil ihm sonst ein nicht unerheblicher Schaden droht.

- Zweitens muss der Unternehmer mit objektiven Argumenten begründen, wieso das Betriebs- und Geschäftsgeheimnis durch eine Preisgabe im WA gefährdet ist. Die bloße Vermutung, WA-Mitglieder könnten das Geheimnis gegenüber Unbefugten ausplaudern, reicht als Begründung nicht aus. Zur Zurückhaltung eines Betriebs- oder Geschäftsgeheimnisses ist der Unternehmer z. B. nur dann berechtigt, wenn einzelne WA-Mitglieder schon in der Vergangenheit Geheimnisverrat begangen oder die Weitergabe an die Belegschaft im Voraus angekündigt haben. Die Gefahr einer Weitergabe des Geheimnisses an den (G)BR, zu der der WA nach § 108 Abs. 4 BetrVG verpflichtet ist, kann vom Unternehmer deshalb nicht angeführt werden, da die (G)BR-Mitglieder wie die WA-Mitglieder gemäß § 79 BetrVG ebenfalls zur Verschwiegenheit verpflichtet sind.

Der WA sollte deshalb die Behauptung des Unternehmers, er brauche wegen des Vorliegens eines Betriebs- oder Geschäftsgeheimnisses nicht zu informieren, nicht ohne weiteres akzeptieren, sondern folgende Fragen stellen:

a. Wer besitzt außer dem Unternehmer schon Kenntnis von dem umstrittenen Sachverhalt?

b. Welcher Schaden würde dem Unternehmen durch eine Preisgabe z. B. gegenüber Konkurrenten entstehen?

c. Welche objektiven Anhaltspunkte hat der Unternehmer für eine Weitergabe an unbefugte Dritte durch einzelne WA-Mitglieder, obwohl die WA- und (G)BR-Mitglieder nach § 79 BetrVG zur Verschwiegenheit verpflichtet sind und auch kein Interesse daran haben können, dem Unternehmen einen Schaden zuzufügen?

Grundsätzlich ist somit der Unternehmer verpflichtet, im WA auch über Betriebs- und Geschäftsgeheimnisse zu informieren (vgl. auch OLG *Karlsruhe*, Beschluss vom 7.6.1985 – 1 Ss 68/95, in NZA 1985, S. 570 ff).

In allen unter 1. bis 5. aufgeführten Fällen muss damit gerechnet werden, dass sich der Unternehmer gegenüber der Argumentation des WA nicht aufgeschlossen zeigt und bei seiner restriktiven Informationspolitik bleibt. Der WA sollte sich nicht scheuen, darauf hinzuweisen, dass der (G)BR notfalls die Einigungsstelle nach § 109 BetrVG anrufen wird, wenn der Unternehmer weiterhin die geforderte Auskunft verweigert. Außerdem muss der WA unverzüglich den (G)BR einschalten, dessen weitere Vorgehensweise in Kapitel 8.2.3 dargestellt ist.

10.2.2.2   **Informationsbegrenzung**

Ein weiteres häufig verwendetes Element restriktiver Informationspolitik besteht in der Begrenzung der im WA übermittelten Informationen auf den wirtschaftlichen und technischen Bereich, d.h. der Unternehmer informiert zwar über anstehende Maßnahmen, stellt aber die personellen und sozialen Auswirkungen auf die Beschäftigten nicht dar. Mit einer solchen Informationspolitik wird der WA häufig konfrontiert, wenn der Unternehmer eine Begrenzungs- oder Einbindungsstrategie gegenüber dem BR verfolgt. Die Aufgabe des WA besteht in einer solchen Situation darin, den Unternehmer immer wieder nach den Auswirkungen der geplanten Maßnahmen auf die Beschäftigten zu befragen. Dazu kann der Kennziffernkatalog (vgl. Anhang I) als eine Checkliste verwendet werden, um einzelne Gefährdungsbereiche systematischer auszuleuchten.

Werden dem Unternehmer auf diese Weise Daten zu den Auswirkungen seiner geplanten Maßnahmen abverlangt, so muss der WA auf folgendes Gegenargument gefasst sein: Die vom WA geforderten Daten lägen dem Unternehmer selbst nicht vor und ihre Ermittlung sei unmöglich. Eine solche Argumentation ist in vielen Fällen unglaubwürdig. Die personellen und sozialen Auswirkungen werden zwar nur in Ausnahmefällen vom Unternehmer schon so systematisch zusammengestellt sein, wie dies vom WA gefordert wird, jedoch sind die Auswirkungen in den Unternehmensplänen zumindest indirekt enthalten. So basiert eine Kostenplanung z. B. auf Annahmen über die zukünftige Zahl der Beschäftigten und die Entlohnungsstruktur. Auch die Rentabilität einer Investitionsmaßnahme lässt sich nur sinnvoll berechnen, wenn Annahmen über die Zahl der Arbeitsplätze, die Lohngruppen und die Zahl der Schichten zugrunde gelegt werden.

Hat der WA dem Unternehmer auf diese Weise deutlich gemacht, dass es sich offensichtlich um eine Schutzbehauptung handelt und eine Reihe von Auswirkungen doch bekannt sein müssen, so wird der Unternehmer im nächsten Schritt oft behaupten, die Ermittlung der vom WA geforderten Daten über die personellen und sozialen Auswirkungen seien so zeit- und kostenaufwendig, dass sie ihm nicht zugemutet werden könne. Auch wenn die Daten tatsächlich nicht in der vom WA geforderten Art vorliegen, so ist der Unternehmer verpflichtet, die geforderten Daten für den WA zusammenzustellen. Dies ergibt sich aus § 106 Abs. 2 BetrVG, wonach im WA die Auswirkungen unternehmerischer Maßnahmen auf die Personalplanung vom Unternehmer darzustellen sind. Der WA ist in seinem Informationsverlangen deshalb nicht nur auf die im Unternehmen erstellten Unterlagen beschränkt.

Als Druckmittel kann der WA auf die Einigungsstelle nach § 109 BetrVG verweisen, die auch in diesem Fall zuständig ist. Außerdem sollte schon im WA deutlich gemacht werden, dass (G)BR – und gegebenenfalls auch die Arbeitnehmervertreter im Aufsichtsrat – ihre Zustimmung zu den geplanten Maßnahmen verweigern, solange die Auswirkungen auf die Beschäftigten nicht dargestellt wurden. So ist es beispielsweise im Bereich der Montanindustrie üblich, dass bei Maßnahmen, die der Zustimmung des Aufsichtsrats bedürfen, auch die Auswirkungen auf die Belegschaft detailliert beschrieben wird. Bei AUDI/NSU und VW wurden entsprechende Betriebsvereinbarungen bzw. Haustarifverträge abgeschlossen, die bei Investitionsmaßnahmen und der Neuplanung von Arbeitssystemen eine ausführliche Information und Beratung über die personellen und sozialen Auswirkungen vor der Beschlussfassung der zuständigen Gremien vorsehen (vgl. Anhang VI).

10.2.2.3   Information ohne erforderliche Unterlagen

Eine aus Unternehmersicht ebenfalls sehr erfolgreiche und deshalb häufig angewandte Methode restriktiver Informationspolitik besteht darin, im WA lediglich mündlich, ohne die selbst im Gesetz vorgeschriebene Vorlage von Unterlagen zu informieren. Dabei beweisen Unternehmer nach Ansicht vieler WA-Mitglieder oft die Fähigkeit von Politikern, mit vielen Worten möglichst wenig zu sagen.

Der WA sollte in einer solchen Situation zunächst unmissverständlich klarstellen, dass er in der Regel rechtzeitig vor der WA-Sitzung schriftlich unter Vorlage der notwendigen Unterlagen informiert werden will. Der WA kann sich dabei auf die *BAG*-Entscheidungen vom 20.11.1984 (1 ABR 64/82, AP Nr. 3 zu § 106 BetrVG) berufen. Im Einzelnen sollte die Forderung wie folgt begründet werden:

• Die schriftliche Information ist wegen der Fülle der Daten notwendig.
• Der Unternehmer arbeitet selbst auch auf der Grundlage schriftlicher Informationen.
• Die Vorabinformation ist zur gründlichen Vorbereitung der WA-Sitzung unabdingbar.
• Eine Information ohne Vorlage von Unterlagen stellt eine bewusste Behinderung des WA dar.

Ist der Unternehmer nicht bereit, auf die Forderungen des WA einzugehen, so sollte sich der WA nicht scheuen, einzelne der folgenden Maßnahmen zu ergreifen:

• Ausführliche Diskussion des Protokolls der vorhergehenden Sitzung.
• Detaillierte Mitschrift der Aussagen des Unternehmers. Dabei wird sich ein häufigeres Unterbrechen und Nachfragen nicht vermeiden lassen.

Übersicht 76

Vorgehensweise des WA, um den Unternehmer zu einer umfassenden Information zu veranlassen

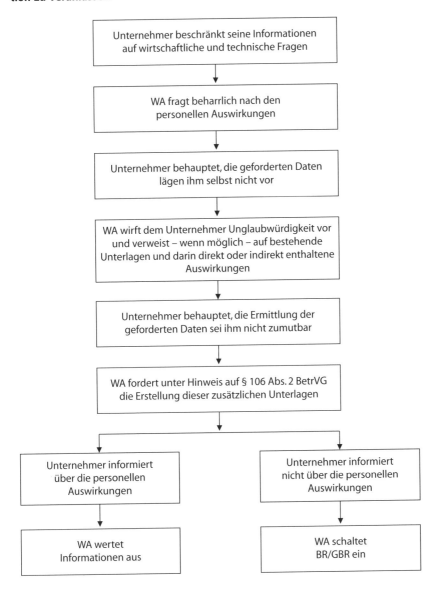

Übersicht 77

Vorgehensweise des WA, um den Unternehmer zur Vorlage schriftlicher Informationen bzw. Überlassung von Unterlagen zu veranlassen

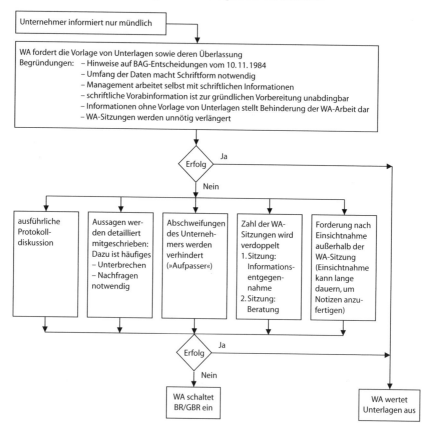

- Ein möglicherweise bewusstes Abschweifen des Unternehmers von den gestellten Fragen sollte durch konsequentes Nachfragen auf der Sitzung unterbunden werden. Unter Umständen ist es sinnvoll, in wechselnder Reihenfolge jeweils einem WA-Mitglied die Aufgabe zu übertragen, bei Abschweifungen immer wieder auf eine Beantwortung der gestellten Fragen zu drängen (vgl. hierzu auch die Ausführungen in Kapitel 3.4.4).
- Werden Daten und Unterlagen nur auf der Sitzung, aber nicht vorab zur Verfügung gestellt, so kann es notwendig werden, Sitzungen zu wiederholen. Dabei werden auf der ersten Sitzung die Informationen lediglich entgegen-

genommen. Nach einer internen Diskussion folgt dann möglichst bald eine zweite WA-Sitzung, auf der dann die Beratung stattfindet.

In der Regel wird sich der Unternehmer mit solchen Sitzungen auf die Dauer nicht »die Zeit stehlen« lassen und dem WA deshalb die geforderten Daten zumindest zum Teil schriftlich vorab übergeben.

Weigert sich der Unternehmer lediglich, die Daten in der vom WA gewünschten Form – etwa in einem Kennziffernbogen – zu übermitteln, ohne gleichzeitig dem WA die Einsicht in Unterlagen des Unternehmers zu untersagen, so sollte der WA von seinem Recht Gebrauch machen, diese Unterlagen notfalls in den Räumen des Unternehmers einzusehen und sich dabei Notizen zu machen. Nach der Entscheidung des *BAG* vom 20. 11. 1984 müssen die WA-Mitglieder nämlich die Möglichkeit haben, sich auf die WA-Sitzungen gründlich vorzubereiten. Dazu müssen ihnen Unterlagen mit umfangreichen Daten und Zahlen schon vor der Sitzung vorgelegt werden. Will der Unternehmer diese Unterlagen nicht an den

WA herausgeben, so ist er zumindest verpflichtet, den WA-Mitgliedern die Unterlagen zur Vorbereitung zeitweise zu überlassen, da es dem WA nicht zumutbar ist, die Unterlagen nur in Gegenwart des Unternehmers einzusehen. Außerdem berechtigt das Gebot zur vertrauensvollen Zusammenarbeit den WA, die Aushändigung solcher Unterlagen auf Dauer zu fordern, an denen kein besonderes Geheimhaltungsbedürfnis besteht (vgl. *LAG München*, Beschluss vom 6. 8. 1986 – 8 Ta BV 34/86, in DB 1987, S. 281 f). Wenn der Unternehmer auch die Anfertigung von Abschriften untersagen kann, so hat das *BAG* in der oben genannten Entscheidung das Recht zur Anfertigung von Notizen nochmals ausdrücklich bestätigt. Da eine solche mühselige Datenbeschaffung »zu Fuß« sicherlich mehr Zeit in Anspruch nimmt, als wenn der Unternehmer die vom WA geforderten Daten (möglicherweise mit Hilfe der EDV) zusammenstellen lässt, werden die meisten Unternehmer sehr bald nachgeben und dem WA die geforderten Daten schriftlich zur Verfügung stellen.

Weitere Möglichkeiten, die dem Unternehmer die Bedeutung der Forderungen des WA deutlich machen können, sind

- Sitzungsunterbrechungen,
- Sitzungsabbruch oder
- Sitzungsvertagungen.

Sitzungsabbrüche oder -vertagungen sollten jedoch nur eingesetzt werden, wenn dadurch nicht andere wichtige Tagesordnungspunkte unerledigt bleiben.

10.2.3 ## Arbeitsgericht und Einigungsstelle: Erfolge fallen niemandem in den Schoß!

Wir haben beschrieben, welche Schritte der WA bei restriktiver Informationspolitik des Arbeitgebers ergreifen kann. Regelmäßig sollte der WA auch die Betriebsräte über das kritische Unternehmerverhalten in Kenntnis setzen, so dass der (G)BR schon parallel zu den Versuchen des WA – spätestens jedoch, wenn dessen Möglichkeiten ausgeschöpft sind – auf den Unternehmer einwirken kann.

Zunächst muss der (G)BR mit dem Unternehmer so genannte Beilegungsverhandlungen führen, in denen versucht wird, diesen zur Aufgabe seiner restriktiven Informationspolitik zu bringen. Zusätzlich zu den Argumenten, die auch schon vom WA vorgebracht worden sind, sollte die Interessenvertretung dem Unternehmer deutlich machen, welchen Eindruck seine negative Haltung in der Belegschaft hervorruft, und dass sie bestimmten mitbestimmungspflichtigen Angelegenheiten ihre Zustimmung nicht geben kann, solange die verlangten Informationen nicht vorliegen. Dabei muss natürlich ein Zusammenhang zwischen der mitbestimmungspflichtigen Angelegenheit und der verlangten Information bestehen: So kann z. B. ein verantwortungsvoller BR Überstunden nicht zustimmen, wenn er befürchten muss, dass die nächste Kurzarbeitsperiode kurz bevorsteht, der Unternehmer aber seine Produktions- und Absatzplanung dem WA nicht vorlegen will. Im Zweifelsfall ist es notwendig, diese Maßnahmen nicht nur anzudrohen, sondern auch zu ergreifen, um so den Verhandlungsdruck auf den Unternehmer zu erhöhen (vgl. Übersicht 75).

Zeigt sich die Unternehmensleitung weiterhin nicht bereit, auf die Forderungen des (G)BR einzugehen, so kann dieser im nächsten Schritt die Einigungsstelle oder aber das Arbeitsgericht anrufen. Im Prinzip ist für die Frage, ob es sich bei der geforderten Information um eine Information über wirtschaftliche Angelegenheiten handelt, das Arbeitsgericht zuständig, während für die Fragen, ob der Unternehmer eine Informationsforderung des WA nicht zu erfüllen braucht, weil sie
• zu umfangreich und deshalb dem Unternehmer nicht zumutbar ist,
• zu frühzeitig ist oder
• Betriebs- und Geschäftsgeheimnisse gefährdet,
von der Einigungsstelle gemäß § 109 BetrVG entschieden wird, wobei die Entscheidung der Einigungsstelle von beiden Seiten angefochten werden kann und somit der gerichtlichen Kontrolle unterliegt.

Übersicht 78
Durchsetzung der Informationsrechte

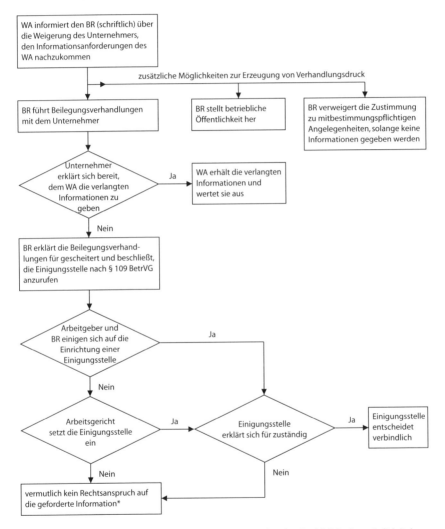

*) Nur in Ausnahmefällen wird die Entscheidung des Arbeitsgerichts über die offensichtliche Unzuständigkeit der Einigungsstelle bzw. die Entscheidung der Einigungsstelle auf dem Wege eines Beschlussverfahrens korrigierbar sein.

Wegen der Primärzuständigkeit der Einigungsstelle in den genannten Fragen ist es dem (G)BR nach der herrschenden Rechtsprechung verwehrt, eine über den WA verlangte Information bei Weigerung des Arbeitgebers auf der Grundlage von § 80 Abs. 2 BetrVG im Wege des Beschlussverfahrens zu erzwingen (vgl. *LAG Frankfurt* vom 1. 9. 1988 und *BAG* vom 8. 8. 1989 AP Nr. 6 zu § 106 BetrVG). Dementsprechend sollen in einem solchen Fall auch einstweilige Verfügungen nicht zulässig sein, da sie dem Spruch der Einigungsstelle vorgreifen würden. Dieses ist insbesondere in den Fällen ärgerlich, in denen der (G)BR zu Feststellung und gegebenenfalls Wahrung seiner Beteiligungsrechte auf eine kurzfristige Information angewiesen ist, da die Einsetzung einer Einigungsstelle – insbesondere im Streitfall – mehrere Wochen in Anspruch nehmen kann.

Stimmt der Arbeitgeber der Einrichtung einer Einigungsstelle nicht zu, so kann der (G)BR die Einigungsstelle durch das Arbeitsgericht einsetzen lassen. Nach § 98 ArbGG prüft das Arbeitsgericht dabei nur, ob die Einigungsstelle offensichtlich unzuständig ist. Da nur wenige Fälle denkbar sind, in denen im Unternehmen erstellte, vorhandene oder benutzte Unterlagen keinen Bezug zu den in § 106 Abs. 3 BetrVG genannten wirtschaftlichen Angelegenheiten aufweisen, wird die Einrichtung einer Einigungsstelle in den meisten Fällen – auch wenn der Arbeitgeber den wirtschaftlichen Bezug der geforderten Information bestreitet – gelingen. Dem (G)BR ist deshalb in der Regel anzuraten, den Weg über die Einigungsstelle zu versuchen (vgl. Übersicht 75).

Die Einigungsstelle wird, wenn die Arbeitgeberseite den Bezug der Informationsforderung zu wirtschaftlichen Angelegenheiten bestreitet, zunächst über ihre Zuständigkeit beschließen. Häufig wird diese Frage von den Einigungsstellenvorsitzenden jedoch einstweilig zurückgestellt, um zunächst eine einvernehmliche Lösung des Konflikts zu versuchen.

Kommt eine Entscheidung der Einigungsstelle zustande – dies wird zumindest immer dann der Fall sein, wenn sich die Einigungsstelle für zuständig hält – so ist dieser für beide Seiten verbindlich. Allerdings kann ihr Spruch von beiden Seiten vor dem Arbeitsgericht angefochten werden, wobei er bis zur Entscheidung des Arbeitsgerichts jedoch zunächst zu vollziehen ist.

Hält sich der Unternehmer nicht an den Spruch der Einigungsstelle, so kann der (G)BR ein arbeitsgerichtliches Beschlussverfahren nach § 2 a ArbGG einleiten, um die Verpflichtung des Unternehmers zur Auskunfterteilung feststellen zu lassen. Aus einem rechtskräftigen Beschluss kann der (G)BR sodann gemäß § 85 Abs. 1 ArbGG die Zwangsvollstreckung unter Androhung eines Zwangsgeldes betreiben. Entsprechendes gilt auch für den Fall, dass sich der Unternehmer nicht an eine (freiwillige) Betriebsvereinbarung über die Information des WA, die z. B. im Rahmen eines Einigungsstellenverfahrens beschlossen wurde, hält.

Handelt es sich bei den strittigen Informationsforderungen um Unterlagen, die der WA regelmäßig vorgelegt bekommen möchte (z. B. die monatliche Deckungsbeitragsrechnung oder die jährlich erstellten Planungsunterlagen), so ist es sinnvoll, neben der konkreten Forderung (z. B. Deckungsbeitragsrechnung für einen bestimmten Monat) auch die allgemeine Forderung nach regelmäßiger Vorlage dieser Unterlagen zu erheben. Zwar ist nach dem Wortlaut von § 109 BetrVG die Einigungsstelle vermutlich nur für eine konkrete Informationsforderung zuständig, allerdings können dann die Verhandlungen in der Einigungsstelle mit dem Ziel geführt werden, eine einvernehmliche Regelung in Form einer freiwilligen Betriebsvereinbarung zur regelmäßigen Information des WA (vgl. Anhang IV) zu erreichen.

> Beispiel:
> Nachdem der WA eines Nahrungsmittelunternehmens fast ein Jahr lang vergeblich vom Unternehmer die Informationen über die Investitions- und Produktionsplanung und deren Auswirkungen auf die Personalplanung sowie die Kosten- und Ertragsplanung abforderte, beschloss der BR die Einschaltung der Einigungsstelle nach § 109 BetrVG »zur Beilegung der Meinungsverschiedenheiten über den Umfang der vom Wirtschaftsausschuss verlangten Auskunft über die Jahresplanung des Unternehmens«.
>
> In der Einigungsstelle, die mit je zwei Beisitzern beider Betriebsparteien besetzt war – der BR hatte einen von der Gewerkschaft empfohlenen Fachmann als externen Beisitzer sowie den BR-Vorsitzenden als internen Beisitzer benannt –, konnte folgende Vereinbarung getroffen werden:
>
> 1. Die Geschäftsleitung wird den Wirtschaftsausschuss über folgende Angelegenheiten informieren:
>
>   1.1. Investitionsplanung
>   Es sind folgende Angaben zu machen:
>   - Auflistung aller vorgesehenen Projekte
>   - Mitteilung der wirtschaftlichen Überlegungen, die der Planung der Investitionen zugrunde liegen. Dabei ist die der Planung zugrunde liegende Wirtschaftlichkeitsberechnung (z. B. Angaben über Kosten, Kapazitätsmöglichkeiten und Nutzung von geplanten Anlagen und Geräten, einschl. deren Nutzungsdauer, sowie die Amortisationsberechnung) offenzulegen. Sofern eine derartige Berechnung z. B. wegen der Art der Investition nicht aufgestellt worden ist, sind Angaben darüber zu machen, warum die Investition für notwendig oder nützlich gehalten wird, welche Ziele mit ihr verfolgt werden und welche Kosten voraussichtlich entstehen werden.
>   - Mitteilung, welche Projekte vom Konzern bereits genehmigt worden sind.

1.2. Produktionsplanung

Es sind – nach Monaten aufgeschlüsselt – folgende Angaben zu machen:
- Menge des zu verarbeitenden Rohstoffs,
- Menge der Endprodukte, unterteilt nach einzelnen Produktgruppen.

1.3. Auswirkungen von 1.1 und 1.2 auf die Personalplanung

Darzulegen ist:
- Der Personalbestand (Ist zum Ende d.J.), aufgeschlüsselt nach Vollzeit- und Teilzeitbeschäftigten sowie deren Eingruppierung.
- Der Personalbestand (Soll zum Ende d. Folgejahres), aufgeschlüsselt wie vorstehend, unter besonderer Darlegung der Personalveränderungen nach Art, Umfang und voraussichtlichem Zeitpunkt, bezogen auf jedes der geplanten Investitionsprojekte.

1.4. Kosten und Erfolgsplanung

Es sind folgende Angaben zu machen (jeweils in TDM):
- Kosten für Personalaufwendungen (Ist/Soll), aufgeschlüsselt nach gesetzlichem sozialen Aufwand, freiwilligem sozialen Aufwand, tariflichen Zahlungen, übertariflichen Zahlungen und Zahlungen an AT-Angestellte.
- Bildungsaufwand (Ist/Soll).
- Strategische Ausgaben nach Art und Umfang (Ist/Soll), insbesondere Sachanlagen – Zugänge, Finanzanlagen –, Zugänge, Tilgung von Fremdkapital, Dividenden und Tantiemen, Pacht bzw. Miete von Grundstücken und/oder Anlagen.
- Finanzierung der strategischen Ausgaben (Ist/Soll), insbesondere Cashflow, Außenfinanzierung.
- Einflussgrößen der strategischen Ausgaben (Ist/Soll), insbesondere Umsatzsumme; Angabe der Leistungsintensität = Umsatz pro gezahlter Arbeitsstunde, Lagerbestand, Jahresüberschuss.

Hierzu wird dem Wirtschaftsausschuss das Budget in deutscher Sprache übergeben.

2. Die Auskünfte werden dem Wirtschaftsausschuss bis spätestens 15.12.d.J. erteilt.

3. Die Geschäftsleitung wird dem Wirtschaftsausschuss in der vorangehenden Wirtschaftsausschusssitzung die den nach 1. gemachten Angaben zugrunde liegenden und zur Erläuterung erforderlichen Unterlagen vorlegen und dem Wirtschaftsausschuss Einsicht gewähren.

Schließlich hat der (G)BR bei fortgesetzter Weigerung des Unternehmers, den Informationsforderungen des WA nachzukommen, noch folgende Sanktionsinstrumente:

Antrag auf Unterlassung der Behinderung (§ 23 Abs. 3 BetrVG)

Unvollständige und verspätete Information des WA stellt nach allgemeiner Auffassung eine Behinderung der Betriebsratsarbeit im Sinne von § 23 Abs. 3 BetrVG dar. Will der (G)BR den nach § 23 Abs. 3 BetrVG vorgezeichneten

Weg beschreiten oder doch zumindest mit ihm drohen, so sollte er dem Unternehmer zunächst eine Abmahnung schicken, in der das beanstandete Informationsverhalten als grober Verstoß im Sinne von § 23 Abs. 3 BetrVG bezeichnet und für den Wiederholungsfall mit entsprechenden gerichtlichen Schritten gedroht wird. Tritt der Wiederholungsfall dennoch ein, so kann der (G)BR beim Arbeitsgericht beantragen, dass dem Unternehmer erneute Wiederholungen unter Androhung eines Zwangsgeldes untersagt werden. Fällt das Arbeitsgericht einen solchen Beschluss, so werden auch hartgesottene Informationsverweigerer in ihrer Informationspolitik den Forderungen der Interessenvertretung entgegenkommen.

Ordnungswidrigkeitsanzeige (§ 121 BetrVG)

Nach § 121 BetrVG stellt auch die wahrheitswidrige, unvollständige oder verspätete Information des WA eine Ordnungswidrigkeit dar, die mit bis zu DM 20 000 geahndet werden kann. Eine entsprechende Ordnungswidrigkeitsanzeige kann vom (G)BR oder einer im Betrieb vertretenen Gewerkschaft bei der obersten Arbeitsbehörde des jeweiligen Bundeslandes erstattet werden. Allerdings soll nach einer Entscheidung des *OLG Karlsruhe* (Beschluss vom 7. 6. 1985 – 1 Ss 69/85, in NZA 1985, 570 f.) vor Einleitung des Ordnungswidrigkeitenverfahrens die Auskunftspflicht des Unternehmers in einem Einigungsstellenverfahren nach § 109 BetrVG konkretisiert worden sein.

Da die Festsetzung einer Geldbuße – bei entsprechendem Antrag – nicht nur gegen das Unternehmen, sondern auch gegen den Unternehmer oder einen Geschäftsführer persönlich erfolgen kann, der Unternehmer oder der beauftragte Geschäftsführer die Geldbuße folglich aus seinem Privatvermögen zu zahlen hat, kann die Verhängung eines Ordnungsgeldes im Einzelfall durchaus heilsame Wirkung haben. Allerdings hat eine entsprechende Anzeige nur dann Aussicht auf Erfolg, wenn man dem Unternehmer nachweisen kann, dass er vorsätzlich seinen Informationspflichten nicht nachgekommen ist.

Strafanzeige (§ 119 BetrVG)

Schließlich kann der (G)BR oder eine im Betrieb vertretene Gewerkschaft in besonders groben Fällen nach § 119 Abs. 1 Ziff. 2 BetrVG auch einen Strafantrag gegen den Unternehmer oder Mitglieder der Geschäftsführung wegen Behinderung des WA stellen. Der Antrag ist bei den zuständigen Strafverfolgungsbehörden (Polizei oder Staatsanwaltschaft) innerhalb von drei Monaten nach Bekanntwerden zu stellen. Ebenso wie bei einer Geldbuße wegen ordnungswidrigen Handelns erfolgt eine Bestrafung nur bei vorsätzlichem Handeln. Als Strafmaß kommen bis zu einem Jahr Freiheitsentzug oder eine Geldstrafe in Betracht.

Der Einsatz dieser drei Sanktionen ist allerdings nicht dazu geeignet, die Übermittlung konkreter geforderter Informationen zu erzwingen, da der (G)BR nachweisen muss, dass der Unternehmer in einem konkreten Fall wahrheitswidrig, zu spät oder unvollständig informiert hat. Dies ist aber regelmäßig erst im Nachhinein möglich, wenn der (G)BR über die vollständige Information verfügt. Insofern eignen sich die Sanktionsinstrumente nur dazu, dass zukünftige Informationsverhalten des Unternehmers zu beeinflussen. Ihr Einsatz bzw. die Drohung ihres Einsatzes stellt also gewissermaßen nur eine vorbeugende Maßnahme dar.

Da die drei Sanktionsinstrumente nur greifen, wenn sich die Vorwürfe im einzelnen belegen lassen, abgewiesene Anträge bzw. eingestellte Verfahren für den (G)BR aber eher nachteilig wirken, sollte der (G)BR vor der Stellung eines Antrags bzw. der Erstattung einer Anzeige unbedingt seine Gewerkschaft bzw. einen Rechtsberater hinzuziehen.

10.2.4   »Bei uns ist alles vertraulich!« – Zum Umgang mit der Geheimhaltungspflicht

Besonders gerne werden von Unternehmerseite der Inhalt der WA-Sitzungen und insbesondere alle vorgelegten und überlassenen Unterlagen als vertraulich bezeichnet. Dies hat einen doppelten Zweck: Zum einen soll der – leider allzuoft unbegründete – Eindruck geschaffen werden, dem WA würden die aktuellsten, sonst nur dem Top-Management vorbehaltenen Informationen übergeben; zum anderen soll der WA an einer Weitergabe seines Wissens gehindert werden.

Zunächst ist festzustellen, dass zwischen WA auf der einen und (G)BR auf der anderen Seite keine Geheimhaltungspflicht existiert. Im Gegenteil ist der WA nach § 108 Abs. 4 BetrVG verpflichtet, den (G)BR unverzüglich und vollständig über die WA-Sitzungen – also auch über etwaige Geschäftsgeheimnisse – zu unterrichten. Die Frage nach der Geheimhaltungsbedürftigkeit von Informationen, die im WA übermittelt wurden, stellt sich folglich erst in den einzelnen Betriebsratsgremien.

Allerdings gibt es viele Informationen, an deren Weitergabe an die betriebliche oder außerbetriebliche Öffentlichkeit der (G)BR von sich aus kein Interesse haben kann (z. B. Kundenlisten oder Kalkulationsunterlagen), da mit ihrer Weitergabe nur Nachteile für den Unternehmer und auch für die Beschäftigten verbunden sind. Schwierig wird es für den (G)BR immer dann, wenn der

Unternehmer bei geplanten Maßnahmen, die zu erheblichen Nachteilen für die Beschäftigten führen, den (G)BR zur Geheimhaltung verpflichten will. Zu denken ist hier beispielsweise an Teilstilllegungen oder die Einführung neuer Produktionsverfahren.

Da auch der Unternehmer weiß, dass der (G)BR in Verhandlungen über solche Maßnahmen in der Regel nur dann etwas durchsetzen kann, wenn die Belegschaft hinter den Forderungen des (G)BR steht, versucht die Unternehmensleitung mit ihrer Aufforderung, bestimmte Informationen geheimzuhalten, die Verhandlungsposition der Arbeitnehmervertretung zu schwächen und so die notwendige Ruhe im Betrieb zur Durchführung der geplanten Maßnahmen zu schaffen. Jeder (G)BR sollte sich deshalb genau überlegen, wie er in solchen Situationen vorgehen will.

Zunächst muss im ersten Schritt geklärt werden, ob formell eine Verpflichtung zur Verschwiegenheit (nach § 79 BetrVG) besteht. Dies ist nur der Fall, wenn der Unternehmer gegenüber WA oder (G)BR eine bestimmte Angelegenheit ausdrücklich zum Betriebs- oder Geschäftsgeheimnis erklärt und Stillschweigen gefordert hat. Die bloße Kennzeichnung einer Mitteilung als »vertraulich« genügt nicht. Liegt diese formelle Voraussetzung für die Verschwiegenheitspflicht vor, muss der (G)BR im nächsten Schritt überprüfen, ob es sich bei dem geheimzuhaltenden Sachverhalt auch tatsächlich um ein Betriebs- und Geschäftsgeheimnis handelt. Denn dies ist nicht schon dadurch der Fall, dass der Unternehmer die Geheimhaltung fordert. Es müssen vielmehr folgende objektiv feststellbaren Voraussetzungen erfüllt sein:

a. Der Sachverhalt muss in unmittelbarem Zusammenhang mit dem technischen Betrieb oder der wirtschaftlichen Betätigung des Unternehmens stehen. Betriebsgeheimnisse können – wenn die restlichen Voraussetzungen erfüllt sind – z. B. Patente, Herstellungsverfahren oder Versuchsprotokolle sein. Als Geschäftsgeheimnisse gelten z. B. Kalkulationsunterlagen oder Kundenlisten.

b. Der Sachverhalt darf nur einem engbegrenzten Personenkreis, also z. B. dem Unternehmer, leitenden Angestellten und gegebenenfalls dem Aufsichtsrat, bekannt sein. Ist der Sachverhalt gänzlich oder auch nur in Teilen in Unternehmen oder in der Öffentlichkeit schon bekannt, sei es auch nur gerüchteweise, stellt er in der Regel kein Geheimnis mehr dar.

c. Die Geheimhaltung muss für das Unternehmen wichtig sein; d.h. die Offenbarung des Geheimnisses muss das Risiko eines nicht unerheblichen Schadens für das Unternehmen beinhalten.

Nur wenn die drei genannten Voraussetzungen gleichzeitig erfüllt sind, liegt ein Betriebs- und Geschäftsgeheimnis vor. Unlautere oder gesetzwidrige Vorgänge (z. B. Steuerhinterziehungen) sind übrigens kein Geschäftsgeheimnis.

Kommt ein Betriebsratsgremium zu dem Ergebnis, dass eine erhebliche Wahrscheinlichkeit für das Vorliegen eines Betriebs- und Geschäftsgeheimnisses gegeben ist, so sollte es abwägen, ob die Weitergabe der Information nicht im Interesse der Belegschaft dennoch geboten ist. Dies kann der Fall sein, wenn der mögliche Schaden, der den Beschäftigten durch eine weitere Geheimhaltung droht, den durch die Weitergabe der Information beim Unternehmen entstehenden Schaden eindeutig überwiegt.

So könnte der Unternehmer beispielsweise die Interessenvertretung mit der Begründung auffordern, den geplanten Einsatz eines neuen Produktionsverfahrens geheimzuhalten, weil sonst mit negativen Reaktionen der Konkurrenz zu rechnen sei. Da mit dem neuen Produktionsverfahren ein Arbeitsplatzabbau und veränderte Arbeitsanforderungen verbunden sein können, ist für die Belegschaft dagegen eine frühzeitige Information wichtig, damit die Arbeitnehmer z. B. mehr Zeit für Arbeitsplatzsuche oder die Umstellung auf neue Arbeitsplatzanforderungen haben.

Ist der (G)BR in einem solchen Fall nach eingehender Prüfung der Meinung, dass die Nachteile einer Geheimhaltung für die Belegschaft die Nachteile einer Offenbarung für die Anteilseigner überwiegen, so ist er berechtigt, die Information an die Belegschaft weiterzugeben. Dazu sollte der Abwägungsprozess und das Ergebnis im Protokoll festgehalten werden, um zu dokumentieren, dass sich der (G)BR diese Entscheidung nicht leicht gemacht hat. Der Bundesgerichtshof hat in einem ähnlich gelagerten Fall einem Arbeitnehmervertreter im Aufsichtsrat sogar zugebilligt, bei dieser Abwägung wegen der damit verbundenen Schwierigkeiten zu Fehlentscheidungen zu kommen, solange die Interessenabwägung nur mit der notwendigen Sorgfalt vorgenommen wurde.

In jedem Fall sollte in einer solchen Situation die Information vom (G)BR als Gremium und nicht von einem Einzelmitglied an die (betriebliche) Öffentlichkeit gebracht werden, um dem Unternehmer nicht die Möglichkeit zu bieten, gegen einzelne Arbeitnehmervertreter vorzugehen.

Vertiefende und weiterführende Literatur:

Böhle, F., Strategien betrieblicher Informationspolitik. Eine systematische Darstellung für Betriebsräte und Vertrauensleute, Hrsg.: Hans-Böckler-Stiftung. Wissenschaft im Arbeitnehmerinteresse, Bd. 5, Köln 1986.

Bösche, B./Grimberg, H./Kröger, H. J., Die Informationsrechte des Wirtschaftsausschusses, in: Bierbaum, H./Kröger, H. J./Neumann, H.: Unternehmenspolitik und Interessenvertretung, Hamburg 1988, S. 103–116.

Hase, D./v. Neumann-Cosel, R./Rupp, R./Teppich, H., Handbuch für die Einigungsstelle. Ein praktischer Ratgeber, Köln 1990.

Anhang

I.

Kennziffernkatalog

Im Textteil dieses Handbuches wurden die einzelnen Interessenbereiche der Beschäftigten anhand von Kennziffern beschrieben und zu einem Berichtsbogen zusammengefasst (vgl. Kapitel 8.3).
Der hier abgedruckte Katalog enthält eine Fülle weiterer und z. T. auch detaillierterer Kennziffern zu den einzelnen Interessenbereichen der Beschäftigten. Diese Kennziffern wurden von Kolleginnen und Kollegen vor Ort in ihrer jeweils konkreten betrieblichen Praxis entwickelt, vom Unternehmer abgefragt und für die betriebliche Interessenvertretungsarbeit genutzt. Insofern ist der folgende Katalog nichts anderes als eine Zusammenfassung bislang in der betrieblichen Praxis ganz unterschiedlicher Unternehmen und Branchen eingesetzter Kennziffern. Damit ist klar, dass dieser Katalog nicht von einem Wirtschaftsausschuss komplett übernommen werden kann. Es ist vielmehr ein Vorschlag zur Präzisierung der einzelnen Interessenbereiche der Beschäftigten, aus dem die Interessenvertretung/der Wirtschaftsausschuss diejenigen Kennziffern *auswählen* muss, die für das jeweilige Unternehmen von Bedeutung sind. Wie man dabei vorgehen kann, ist ebenfalls im Kapitel 8.3 beschrieben.

Kennziffernkatalog
(Muster zum Auswählen)

1. Beschäftigung
Personalbestand
Vollzeitbeschäftigte (Anzahl)
Teilzeitbeschäftigte (Anzahl)
          (Stunden insgesamt)
Verträge bis DM 630,– (Anzahl)
          (Stunden insgesamt)
Beschäftigungsverhältnisse mit Stundenkontingenten
Befristete Arbeitsverhältnisse insgesamt
davon Arbeitsbeschaffungsmaßnahmen (Anzahl)

Heimarbeiter
Sonstiger Personalbestand
(Praktikanten, freie Mitarbeiter, Aushilfskräfte usw.)

Arbeiter
Tarifangestellte insgesamt
davon: kaufmännische Angestellte
davon: technische Angestellte/Meister
AT-Angestellte
Leitende Angestellte
Auszubildende insgesamt
Anteil an allen Arbeitnehmern (Ausbildungsquote)

Frauen insgesamt
Anteil an allen Arbeitnehmern
Ausländische Arbeitnehmer
Anteil an allen Arbeitnehmern
Schwerbehinderte
Anteil an allen Arbeitnehmern

Neueinstellungen
　Arbeiter
　Angestellte
　AT-Angestellte
Übernahme nach der Ausbildung
– entsprechend der Qualifikation

Abgänge durch:
　Kündigung Unternehmen
　betriebsbedingt
　personenbedingt
　Kündigung Arbeitnehmer
　Auflösungsverträge
　Vorruhestand
　Erreichen der Altersgrenze
　Ablauf der Befristung
　Nichtübernahme nach Ausbildung

Versetzungen insgesamt
verbunden mit Höhergruppierung
　　　　　　Abgruppierung
Fluktuation

Offene Stellen
Kündigungsschutz
(unterteilt nach Fristen)
Planung des Arbeitsvolumens
Geleistete Arbeitsstunden (Stunden insgesamt)
Normalstunden ohne Überstunden
Überstunden
Kurzarbeitsstunden
Ausfallzeiten insgesamt (Std.) davon:
  Urlaub (%)
  Erholzeiten (%)
  Krankheit (%)
  Unfälle (%)
  Bildung (%)
  Sonstige Gründe (%)
  (z. B. Mutterschutz, Elternurlaub, Fluktuation)
Ausgleich durch Vollzeitbeschäftigte (Std.)
               Teilzeitbeschäftigte (Std.)

Ausgleich durch:
  Überstunden (Std.)
  Befristete Arbeitsverhältnisse (Std.)
  Leiharbeitnehmer (Std.)
  Fremdfirmen (Std.)
  Sonstiges (Std.)
Insgesamt nicht mit Voll- oder Teilzeitbeschäftigten
ausgeglichene Ausfallzeiten (%)

2. Einkommen
Arbeiter (unterteilt nach Lohngruppen – Anzahl)
Tarifangestellte (unterteilt nach Tarifgruppen)
AT-Angestellte (unterteilt nach Führungsstufen)
Teilzeitbeschäftigte (unterteilt nach Vergütungsgruppen)
Arbeiter im Zeitlohn (Anzahl)
Lohn je Arbeiter (DM)
Arbeiter im Akkordlohn (Anzahl)
Lohn je Arbeiter (DM)
Akkorddurchschnitt
Arbeiter im Prämienlohn (Anzahl)
Lohn je Arbeiter (DM)

Angestellte mit Prämienvergütung (Anzahl)
Vergütung je Angestellten (DM)
Höhergruppierungen
Abgruppierungen
Lohn und Gehalt je Arbeitnehmer (DM)
Lohn und Gehalt je männl. Arbeitnehmer (DM)
davon: je ausländischem Arbeitnehmer (DM)
Lohn und Gehalt je weibl. Arbeitnehmerin (DM)
davon: je ausländischer Arbeitnehmerin (DM)

Löhne (DM)
Lohn je Arbeiter (DM) (Haupt- und Nebenbezüge)
davon tariflich (%)
Hauptbezüge je Arbeiter (DM)
davon tariflich (%)
davon betrieblich (%)
Hauptbezüge (betrieblich, unterteilt nach Lohngruppe je Arbeiter)
Nebenbezüge je Arbeiter (DM)
davon tariflich (%)
davon betrieblich (%)
Nebenbezüge (betrieblich, unterteilt nach Lohngruppe je Arbeiter)

Gehälter Tarifangestellte (DM)
Gehalt je Tarifangestellten (DM)
davon tariflich (%)
Hauptbezüge je Tarifangestellten (DM)
davon tariflich (%)
davon betrieblich (%)
Hauptbezüge (betrieblich, unterteilt nach Gehaltsgruppe
    je Tarifangestellten)
Nebenbezüge je Tarifangestellten (DM)
davon tariflich (%)
davon betrieblich (%)
Nebenbezüge (betrieblich, unterteilt nach Gehaltsgruppe
    je Tarifangestellten)

Gehalt je AT-Angestellten (DM)
Gehalt je Leitender Angestellter (DM)
Vergütung je Teilzeitbeschäftigten (DM)
Vergütung je Leiharbeitnehmer (DM)

Aufteilung Nebenbezüge (durch Betriebs- oder Tarifvereinbarung)

Sonderzulagen (DM)
davon Erschwerniszulagen (DM)
Überstundenverdienst (DM)
Urlaubsgeld (DM)
Anteiliges 13. Monatsgehalt (DM)
Weihnachtsgeld (DM)
Gewinnabhängige Entgeltbestandteile (DM)
Kontoführungsgebühren (DM)
Aufwand Belegschaftsaktien o.ä. (DM)
je betroffener Arbeitnehmer (DM)
Vermögenswirksame Leistungen (DM)
Darlehen an Arbeitnehmer (DM)
Jubiläumsgeld für 20 Jahre Betriebszugehörigkeit (DM)
Vom Unternehmer übernommene Lohn- und Kirchensteuer (DM)
    (bei lohnsteuerpflichtigen Nebenbezügen)
Zuschüsse zum Kurzarbeitergeld (DM)
Wohnungszuschüsse (DM)
je betroffener Arbeitnehmer (DM)
Fahrgeldzuschüsse (DM)
Verbesserungsvorschläge (DM)
Essenszuschüsse (DM)
Abfindungen (DM)
je betroffener Arbeitnehmer (DM)
Altersversorgung und Unterstützung (DM)
Pensionszusage je Monat für 20 Jahre Betriebszugehörigkeit
je betroffener Arbeiter (DM)
je betroffener Tarifangestellter (DM)
je betroffener AT-Angestellter (DM)
je betroffener leitender Angestellter (DM)
Übergangsgeld je Arbeitnehmer
    (ggf. nach Dauer der Betriebszugehörigkeit)

3. Arbeitsbedingungen
Gesundheitsgefährdungen und Belastungen
Lärmarbeitsplätze (Anzahl) über 90 dB (A)
                            über 85 dB (A)
                            über 70 dB (A)
                            über 55 dB (A)

Vibrationsarbeitsplätze, Ganzkörpervibrationen,
Teilvibrationsbelastungen
Arbeitsplätze mit Raumtemperaturen über 26° C
Arbeitsplätze mit Zugluft
Kältearbeitsplätze
Nässearbeitsplätze
Arbeitsplätze im Freien
Schlechte Beleuchtung
    (Unterschreitung der vorgeschriebenen Beleuchtungsstärken)
Arbeitsplätze mit greller Beleuchtung
Arbeitsplätze mit einer Bewegungsfläche unter $1,50\,m^2$
Arbeitsplätze mit Strahlengefährdung
Arbeitsplätze mit gefährlichen Stoffen/Zubereitungen
(unterteilt ggf. nach: giftig, sehr giftig, ätzend usw.)
Arbeitsplätze mit Überschreitung der MAK-Werte[1]
Arbeitsplätze mit Überschreitung der TRK-Werte[2]
Arbeitsplätze mit Geruchsbelästigung
Arbeitsplätze mit Staubbelästigung
Arbeitsplätze mit Fehlbeanspruchungen
Körperliche Schwerarbeit
Frauenarbeitsplätze, an denen häufig und regelmäßig Lasten
    von mehr als 10 Kilo gehoben werden müssen
Zwangshaltungen
Monotone Arbeitsvorgänge
    (innerhalb eines kurzen Zeitabstandes, z. B. 2,5 Minuten)
Einseitige belastende Tätigkeiten
Tempoabhängige Arbeiten
Arbeiten mit hoher Konzentration und/oder hoher Verantwortung
Arbeitsplätze ohne unmittelbare Kommunikationsmöglichkeiten
Bildschirmarbeitsplätze
Mehrmaschinenbedienung
Arbeitsplätze mit einer, zwei, drei und mehr der obengenannten
    Belastungen

Arbeitsbedingte Erkrankungen, Berufskrankheiten und Arbeitsunfälle
Krankenstand (%)
Arbeiter (%)
Angestellte (%)

---

1 MAK-Wert bedeutet »Maximale Arbeitsplatz-Konzentration« eines gefährlichen Stoffes
2 TRK bedeutet »Technische Richtkonzentration« eines krebserregenden Stoffes«

Männer (%)
Frauen (%)
Schichtarbeiter (%)
Arbeitsplätze mit mehr als 2 Belastungen (%)
Berufskrankheiten, beantragt insgesamt
                 anerkannt insgesamt
Arbeitsunfälle, insgesamt davon:
  behandelt ohne Krankmeldung (unter 3 Tage)
  mit mehr als 6 Wochen Ausfallzeit
  mit tödlichem Ausgang
Wegeunfälle (%)
Anerkannte Fälle von Erwerbsminderung
vollständiger Erwerbsunfähigkeit
Berufsunfähigkeit

Vorbeugende Gesundheitssicherung und Arbeitsschutz

Vorsorgeuntersuchungen
Anzahl der betroffenen Personen
Anzahl der Kuren
Betriebsärzte/Ärztlicher Dienst (Anzahl und Einsatzzeiten)
Fachkräfte für Arbeitssicherheit (Anzahl und Einsatzzeiten)
Sicherheitsbeauftragte (Arbeitsstunden)
Sonstige Fachkräfte (z. B. für Ergonomie)
Erste-Hilfe-Ausgebildete
Vorhandensein/Zahl der Sozialräume
Staatliche Zuschüsse für Arbeitssicherheit/Gesundheitsschutz (DM)
Verstöße gegen Arbeitsschutzvorschriften
(ArbstättV, ArbstoffV, ASiG, UW, JASchG, AZO, BetrVG)
Zahl der Kontrollen von Aufsichtsdiensten
(BG, Gewerbeaufsicht; TÜV)
Beiträge zur Berufsgenossenschaft/Unfallversicherung (DM)
Arbeitgeberbeiträge zur gesetzlichen Krankenversicherung
    nach § 384 RVO[1]
Aufwand für Schutzkleidung (DM)
Erschwerniszulagen insgesamt (DM)

---

1 Abstufung der Beiträge nach Höhe der Erkrankungsgefahr in einzelnen Erwerbszweigen

Erholzeiten

Erholzeiten (Std.)
davon Arbeiter
davon Angestellte
Erholzeiten für Arbeitsaufgaben von besonderer Erschwernis
je betroffener Arbeitnehmer (Std.)
davon für Schichtarbeiter (%)
für Feiertagsarbeit (%)
für monotone Arbeitsvorgänge (%)
für Bildschirmtätigkeit

Umgestaltung von Technik und Arbeitsorganisation

Arbeitsplätze mit mehr Arbeitsinhalten (Anzahl)
(z. B. Zusammenlegung von Arbeitsvorbereitung,
 -durchführung und -kontrolle)
Gruppenarbeit (Anzahl)
Mischarbeitsplätze (Anzahl)
Arbeitsplätze mit Leistungsvorgaben (Anzahl)
Aufwand für menschengerechtere Technologie,
 Abschirmungen und individuellen Schutz (DM)
Automatisierte Technologie bei Arbeitsaufgaben mit besonderer
 Arbeitsmühe oder Gefährlichkeit (Anzahl der Arbeitsplätze)
Aufwand dafür (DM)
Abwendungen besonderer Belastungen durch Umgestaltung
 des Arbeitsplatzes (Anzahl der Arbeitsplätze)
Aufwand dafür (DM)
Ersatz gesundheitsschädlicher Werkstoffe durch unschädliche
(Anzahl der Arbeitsplätze)
Aufwand dafür (DM)
Abschirmungen von Staub, Erschütterungen usw.
 an der Entstehungsquelle (Anzahl der Arbeitsplätze)
Aufwand dafür (DM)
Zuschüsse aus öffentlichen Mitteln für Verbesserung
 der Arbeitsbedingungen (DM)
Arbeitsproduktivität (Gesamtleistung/geleistete Stunden)

4. Arbeitszeit

Wochenarbeitszeit

Tatsächliche Wochenarbeitszeit
je vollzeitbeschäftigem Arbeitnehmer (Std.)
Ältere Vollzeitbeschäftigte mit einer reduzierten Arbeitszeit von ... Std.
(ggf. unterteilt nach Altersstufen)
Überstunden je betroffener Arbeitnehmer und Monat (Std.)
Ausfallzeiten (in % der geleisteten Arbeitsstunden)

Erholungsurlaub

Arbeitnehmer mit einem Jahresurlaub von
weniger/mehr als 6 Wochen (in % Personalbestand)
Grundurlaub Arbeiter (Tage)
Grundurlaub Tarifangestellte (Tage)
Grundurlaub AT-Angestellte (Tage)
Erholungsurlaub für Schwerbehinderte (Tage)
Freischichten für Schichtarbeiter (Tage)
Freischichten altersbedingt (Tage)

Arbeitszeiteinteilung

Gleitende Arbeitszeit (Anzahl)
Arbeiter (%)
Angestellte (%)
Schichtarbeit (Anzahl)
davon: Männer
         Frauen
davon: Arbeiter
         Angestellte
davon: Wechselschicht
         Konti-Schicht
         Nacht-Schicht
Sonn- und Feiertagsarbeit (Anzahl)
Samstagsarbeit (Anzahl)
Durchschnittliche Wegzeit zum Arbeitsplatz (Std.)

5. Qualifikation
Ausbildungsstand

Arbeitnehmer mit qualifizierter Berufsausbildung
davon Frauen
davon Ausländer
Arbeitnehmer ohne Berufsausbildung
davon Frauen
davon Ausländer
Arbeitsplätze, die eine qualifizierte Berufsausbildung erfordern

Berufsausbildung

Auszubildende (Anzahl)
davon weiblich (%)
davon Ausländer (%)
davon Behinderte (%)
ohne Schulabschluss (%)
mit Sonderschulabschluss (%)
Vorzeitig beendete Ausbildungsverhältnisse
Abschlussprüfungen
davon nicht bestanden
davon mit gut oder sehr gut bestanden
davon vor Ablauf der normalen Ausbildungszeit
Übernahme nach Ausbildung (%)
Ausbilder (Anzahl)
Zuschüsse zu Berufsbildungsmaßnahmen aus öffentlichen Mitteln

Struktur des Bildungsaufwands

Bildungsaufwand (TDM)
darunter: Zuschüsse aus öffentlichen Mitteln (TDM)
  (z. B. Einarbeitungszuschüsse, …)
Bildungsaufwand je Arbeitnehmer (DM)
Bildungsaufwand je Arbeiter (DM)
davon Anlernung (%)
Umschulung (%)
Weiterbildung (%)
Bildungsurlaub (%)
Bildungsaufwand je Tarifangestellter (DM)
davon Anlernung (%)
Umschulung (%)

Weiterbildung (%)
Bildungsurlaub (%)
Bildungsaufwand je AT-Angestellter (DM)
Bildungsaufwand je leitender Angestellter (DM)
Bildungsaufwand Berufsausbildung (TDM)
davon Ausbildungsvergütungen (DM)
davon Bildungsaufwand für Ausbilder (DM)
davon Bildungsaufwand für Bildungsbeauftragte (DM)
Sonstiger Bildungsaufwand (DM)

Bildung und Eingruppierung

Bildung mit anschließender Höhergruppierung (Anzahl)

6. Soziale Einrichtungen
Aufwand für soziale Einrichtungen (DM)
Zur Verfügung gestellte Wohnungen (Anzahl)
Erholungseinrichtungen (DM)
Zahl der Plätze
Kulturelle, sportliche und sonstige Freizeiteinrichtungen (DM)
Betriebsfeiern (DM)
Werksbücherei (DM)
Kindergarten (DM)
Zahl der Plätze
Sozialbetreuung und Beratungsstellen (DM)
Betriebskrankenkassen (DM)
Durchschnittlicher Beitragssatz der BKK
(in % Durchschnittssatz der AOK)
Werkskantine (DM)
Durchschnittspreise je Essen
Sonstiger Aufwand für soziale Einrichtungen (DM)

7. Umweltbelastungen
Emissionen von Schadstoffen;
Luft (Art, Messwerte, Mengen)
Boden (Art, Messwerte, Mengen)
Wasser (Art, Messwerte, Mengen)
Müll/Abfall (Art, Mengen)
Kompensationszahlungen (TDM)
Verhängte Strafen (Anzahl)
Geldbußen (TDM)

Umweltbedingte Erkrankungen (Anzahl)

8. Entwicklung wichtiger wirtschaftlicher Daten
Zugänge an Sachanlagen (TDM)
(bzw. Aufwand für Leasing)
Forschung und Entwicklung (TDM)
Ausgaben für organisatorische Maßnahmen (TDM)
(z. B. Unternehmensberatung)
Zugänge an Finanzinvestitionen
Tilgung von Fremdkapital (TDM), langfristige Bestandsveränderungen) Dividende bzw. Gewinnabführung (TDM)
(ggf. Aufwand für Mieten, Pachten)
Strukturell wichtige Ausgaben (zusammen, einschließlich Subventionen/Steuergutschriften – (TDM)
Auftragseingang (TDM)
Auftragsbestand (TDM)
Umsatz (TDM)
Lagerbestand (Fertig-/Halbfertigprodukte – (TDM)
Anteil der Fremdfertigung
Arbeitsproduktivität (Gesamtleistung/pro Beschäftigten-Stunde)
Cash-flow (TDM)
Jahresüberschuss
Subventionen
Steuergutschriften
Zinsaufwand (TDM)
Mieten und Pachten (TDM)
Aufwendungen bei Verlustübernahme (TDM)
Dividenden bzw. Gewinnabführung (TDM)
Aktienkurs

Mitbestimmung
(wird von der Interessenvertretung selbst ausgefüllt!)
Freigestellte Betriebsratsmitglieder (Anzahl)
Mitbestimmungsorgane
Mitbestimmungsträger im Aufsichtsrat (Anzahl)[*]
Konzernbetriebsratsmitglieder (Anzahl)[*]

---

[*] ggf. jeweils Organisationsbindung

Gesamtbetriebsratsmitglieder (Anzahl)*
Wirtschaftsausschussmitglieder (Anzahl)*
Betriebsratsmitglieder (Anzahl)*
davon Frauen
davon Ausländer
Fachreferenten des Betriebsrates
Jugendvertreter (Anzahl)*
Vertrauensleute (Anzahl)*
davon freigestellt
Betriebsversammlungen (Anzahl)
Abteilungsversammlungen (Anzahl)
Wirtschaftsausschusssitzungen (Anzahl)

Paritätisch besetzte Ausschüsse, Kommissionen (Anzahl)
Arbeitskreise des Betriebsrates (Anzahl)

Schulung

Schulungen für Betriebsräte (Kopfzahl)
davon nach § 37 Abs. 6 BetrVG
davon nach § 37 Abs. 7 BetrVG
davon nach Bildungsurlaub

Besondere Konflikte

Beschwerden nach § 84 BetrVG
Arbeitsgerichtsverfahren (Anzahl)
Einigungsstellenverfahren (Anzahl)
Verstöße gegen die Betriebsordnung (Anzahl)
davon Verweise
davon Geldbußen
Abmahnungen (Anzahl)

---

* ggf. jeweils Organisationsbindung

II

Muster einer Geschäftsordnung des Wirtschaftsausschusses

Nach allen vorliegenden Untersuchungen und Erfahrungen ist die Organisation der Arbeit der meisten Wirtschaftsausschüsse mit z.t. gravierenden Mängeln behaftet. Diese führen dazu, dass dem Unternehmer erhebliche Einflussmöglichkeiten auf Inhalt und Ablauf von Wirtschaftsausschuss-Sitzungen eröffnet werden, um möglichst wenige der für die Interessenvertretungsarbeit wichtigen Informationen preiszugeben.

Aufgrund unserer Untersuchungsergebnisse und praktischen Erfahrungen bei der Beratung von Wirtschaftsausschüssen haben wir einen Vorschlag für eine Geschäftsordnung des Wirtschaftsausschusses erarbeitet, dessen konsequente Anwendung dazu führen wird, dass der Einfluss des Unternehmers auf die Wirtschaftsausschuss-Sitzungen zurückgedrängt und diese, wie vom Gesetzgeber beabsichtigt, auch tatsächlich Veranstaltungen der betrieblichen Interessenvertretung werden.

Muster-Geschäftsordnung

für einen Wirtschaftsausschuss nach § 107 Abs. 1 und 2 BetrVG

Der Wirtschaftsausschuss des Unternehmens ....

....

gibt sich folgende Geschäftsordnung:

§ 1 Der Wirtschaftsausschuss besteht aus ... Mitgliedern. Davon muss mindestens ein Mitglied dem Betriebsrat/Gesamtbetriebsrat (im Folgenden BR/GBR) angehören.

§ 2 Der Wirtschaftsausschuss wählt aus seiner Mitte einen Vorsitzenden und dessen Stellvertreter. Es wird ferner ein Schriftführer gewählt. Gewählt ist, wer die meisten Stimmen auf sich vereinigt. Das Gruppenprinzip findet dabei keine Anwendung.

§ 3 Der Wirtschaftsausschuss tritt nach Bedarf zusammen, mindestens jedoch einmal in jedem Monat. Auf Antrag von zwei Mitgliedern ist der Wirtschaftsausschuss innerhalb von zehn Kalendertagen einzuberufen.

§ 4 Vor bzw. nach jeder Wirtschaftsausschuss-Sitzung mit dem Unternehmer findet je eine Vor- bzw. Nachbereitungssitzung statt. An diesen

Sitzungen sollen auch Mitglieder aus den anderen betrieblichen Interessenvertretungsorganen des Unternehmens, die nicht Mitglieder des Wirtschaftsausschusses sind, die Vertrauenskörperleitung und der Gewerkschaftsbeauftragte teilnehmen.

§ 5 Der Vorsitzende des Wirtschaftsausschusses oder im Fall seiner Verhinderung sein Stellvertreter vertritt den Wirtschaftsausschuss im Rahmen der von ihm gefassten Beschlüsse. Zur Entgegennahme von Anträgen und Erklärungen, die dem Wirtschaftsausschuss gegenüber abzugeben sind, ist der Vorsitzende des Wirtschaftsausschusses oder im Fall seiner Verhinderung sein Stellvertreter berechtigt.

§ 6 Der Vorsitzende des Wirtschaftsausschusses oder im Fall seiner Verhinderung sein Stellvertreter hat insbesondere folgende Aufgaben:

a. Termine für Sitzungen, in denen der Unternehmer gemäß §§ 106 Abs. 1 und 2; 108 Abs. 2 und 5; 110 BetrVG erscheinen muss, mit dem Unternehmer abzusprechen.

b. Termine für sonstige Sitzungen des Wirtschaftsausschusses (Vor- und Nachbereitungssitzungen) festzulegen und den Unternehmer davon zu unterrichten.

c. Die Tagesordnung der Sitzungen festzusetzen. Sie bedarf jedoch der Genehmigung des Wirtschaftsausschusses.

d. Die Mitglieder des Wirtschaftsausschusses und den Unternehmer mindestens eine Woche vor dem Termin der Sitzung, zu der der Unternehmer erscheinen muss, unter Mitteilung der Tagesordnung einzuladen.

e. Die Mitglieder des Wirtschaftsausschusses zu den sonstigen Sitzungen ohne Unternehmer (Vor- bzw. Nachbereitungssitzungen) mindestens eine Woche vor dem Sitzungstag unter Mitteilung der Tagesordnung einzuladen. Das gilt nicht für den Eilfall.

f. Eröffnung, Leitung und Schließung der Wirtschaftsausschuss-Sitzung.

§ 7 Ist ein Mitglied des Wirtschaftsausschusses am Erscheinen zur Sitzung oder einer anderen Wirtschaftsausschusstätigkeit verhindert, so hat er sich umgehend zu entschuldigen.

§ 8 Die Sitzungen des Wirtschaftsausschusses finden während der Arbeitszeit statt. Das Gleiche gilt für sonstige Tätigkeiten des Wirtschaftsausschusses und seiner Mitglieder. Im Ausnahmefall hat der Vorsitzende des Wirtschaftsausschusses und der Vorsitzende des BR/GBR mit dem Unternehmer eine entsprechende Regelung herbeizuführen.

§ 9 Der Wirtschaftsausschuss ist arbeits- und beschlussfähig, wenn die Hälfte seiner Mitglieder mitwirkt. Die Schwerbehindertenvertretung ist berechtigt, mit beratender Stimme an den WA-Sitzungen teilzunehmen. Die Sitzungen sind nicht öffentlich.

§ 10 Auf Grund der erteilten Ermächtigung des Betriebsrats (Gesamtbetriebsrat) ist auf Beschluss des Wirtschaftsausschusses zu Sitzungen des WA ein Beauftragter der im BR/GBR vertretenen Gewerkschaft mit beratender Stimme hinzuzuziehen; in diesem Falle sind der Zeitpunkt und die Tagesordnung der Gewerkschaft rechtzeitig mitzuteilen. Der Beschluss gilt nur für eine konkret bestimmte Sitzung.

§ 11 Zu den Sitzungen sind auf Antrag von zwei Mitgliedern des Wirtschaftsausschusses als Auskunftspersonen hinzuzuziehen:
a. sachkundige Arbeitnehmer des Unternehmens;
b. leitende Angestellte im Sinne des § 5 Abs. 3 BetrVG;
c. Betriebsrats- bzw. Gesamtbetriebsratsmitglieder.

§ 12 Für die Tätigkeit des Wirtschaftsausschusses ist auf Antrag von zwei Mitgliedern des Wirtschaftsausschusses ein Sachverständiger hinzuzuziehen. Hierzu bedarf es einer näheren Vereinbarung mit dem Unternehmer. Das Gleiche gilt sinngemäß für die Hinzuziehung eines Sachverständigen durch den Unternehmer.

§ 13 In jeder ordentlichen Sitzung des Wirtschaftsausschusses stehen folgende wirtschaftliche Angelegenheiten zur Unterrichtung und Aussprache:
1. die wirtschaftliche und finanzielle Lage des Unternehmens;
2. die Produktions- und Absatzlage; insbesondere Auftragseingang, Auftragsbestand, Auftragsreichweite, Lagerbestand, Umsatz, Arbeitsproduktivität;
3. das Produktions- und Investitionsprogramm;
4. Rationalisierungsvorhaben;
5. Fabrikations- und Arbeitsmethoden, insbesondere die Einführung neuer Arbeitsmethoden;
6. die Einschränkung oder Stillegung von Betrieben oder Betriebsteilen;
7. die Verlegung von Betrieben oder Betriebsteilen;
8. der Zusammenschluss bzw. die Spaltung von Betrieben;
9. die Änderung der Betriebsorganisation oder des Betriebszwecks sowie
10. sonstige Vorgänge und Vorhaben, welche die Interessen der Arbeitnehmer des Unternehmens wesentlich berühren können.

Die Unterrichtung und Aussprache bezieht sich dabei vor allem auf die folgenden Interessen- bzw. Gefährdungsbereiche der Arbeitnehmer: Beschäftigung, Einkommen, Arbeitszeit, Arbeitsbedingungen, Qualifikation, Mitbestimmung, Umwelt. Hierzu benötigt der Wirtschaftsausschuss neben Ist- vor allem auch Informationen über Plandaten.

§ 14 Rechtzeitig vor jeder Wirtschaftsausschuss-Sitzung mit dem Unternehmer, mindestens jedoch 14 Tage vorher, sind *alle* Fragen, die der Wirtschaftsausschuss vom Unternehmer beantwortet haben möchte, dem Unternehmer in *schriftlicher Form* zuzuleiten, verbunden mit der Aufforderung, diese Fragen *ebenfalls schriftlich vor* der Wirtschaftsausschuss-Sitzung zu beantworten.

§ 15 Der Wirtschaftsausschuss hat den BR/GBR über jede Sitzung innerhalb von drei Arbeitstagen vollständig zu unterrichten. Über bedeutungsvolle und auswirkungsreiche Vorgänge ist dem BR/GBR noch am Sitzungstag, spätestens jedoch am darauf folgenden Arbeitstag umfassend zu berichten.

§ 16 Der BR/GBR ist hinzuzuziehen, wenn der Unternehmer den Jahresabschluss dem Wirtschaftsausschuss gegenüber erläutert.

§ 17 Der vierteljährliche wirtschaftliche Bericht über die Lage und Entwicklung des Unternehmens ist mit dem BR/GBR im Wirtschaftsausschuss zu beraten und mit dem Unternehmer abzustimmen. Kommt es über den Inhalt des Berichtes mit dem Unternehmer zu keiner Übereinstimmung, wird der Wirtschaftsausschuss seine vom Bericht abweichende Auffassung den Arbeitnehmern des Unternehmens gegenüber verlautbaren.

§ 18 Der Wirtschaftsausschuss nimmt an jeder Betriebs-, Teil- oder Abteilungsversammlung teil, in der der vierteljährliche Bericht über die wirtschaftliche Lage und Entwicklung des Unternehmens erstattet wird. Wer teilnimmt, entscheidet jeweils der Wirtschaftsausschuss.

§ 19 Kommt es zwischen Unternehmer und dem Wirtschaftsausschuss zu Meinungsverschiedenheiten über die Art, Weise und Umfang der Auskunftspflicht des Unternehmers, so wird die Angelegenheit einstweilen von der Tagesordnung abgesetzt. Der Vorsitzende hat dem BR/GBR umgehend mit dem Ersuchen des Eingreifens gemäß der Vorschrift des § 109 BetrVG zu unterrichten. Sobald das Einvernehmen zwischen BR/GBR und Unternehmer hergestellt ist, wird die Angelegenheit in der darauf folgenden Sitzung des Wirtschaftsausschusses weiterbehandelt.

§ 20 Über jede Verhandlung und Sitzung des Wirtschaftsausschusses ist eine Niederschrift aufzunehmen. Die Niederschrift ist vom Vorsitzenden und dem Schriftführer zu unterzeichnen. Der Niederschrift ist eine Anwesenheitsliste beizufügen, in die sich jeder Sitzungsteilnehmer eigenhändig einzutragen hat.

§ 21 In der Niederschrift sind wörtlich festzuhalten:

a. die Ergebnisse von Beratungen; insbesondere die Auswirkungen wirtschaftlicher Maßnahmen auf die Interessenbereiche der Arbeitnehmer

b. die Beurteilung von gutachterlichen Äußerungen und Feststellungen. Der Niederschrift sind eine Abschrift oder Kopie sämtlicher vom Unternehmer auf der Wirtschaftsausschuss-Sitzung zur Einsicht vorgelegten schriftlichen Unterlagen als Anlage beizufügen.

§ 22 Das Ergebnis von Beratungen und Beurteilungen wird in der Form der Beschlussfassung in entsprechender Anwendung des § 33 Abs. 1 und 2 BetrVG festgestellt. Dabei ist festzuhalten, wer dafür und dagegen gestimmt hat. Die Minderheit hat das Recht, ihre andere Auffassung zur Niederschrift zu geben.

§ 23 Jedes Mitglied des Wirtschaftsausschusses erhält eine Kopie der Niederschrift. Die Niederschriften werden außerdem durch den Vorsitzenden des Wirtschaftsausschusses im Büro des BR/GBR aufbewahrt. Die Mitglieder des BR/GBR haben jederzeit das Recht zur Einsichtnahme in die Niederschriften des Wirtschaftsausschusses. Dem Unternehmer werden die Niederschriften abschriftlich ausgehändigt.

§ 24 Die Geschäftsordnung gilt für die Amtszeit des Wirtschaftsausschusses.

Beschlossen in der Sitzung vom ....

Die Mitglieder des Wirtschaftsausschusses:
(Unterschriften)

III

Rechtsprechung zum Wirtschaftsausschuss

Seit In-Kraft-Treten des Betriebsverfassungsgesetzes 1972 gab es eine Vielzahl von Meinungsverschiedenheiten und unterschiedlichen Rechtsauffassungen zur Auslegung dieses Gesetzes. Im Folgenden werden die Leitsätze der für die WA-Arbeit wichtigsten gerichtlichen Entscheidungen dokumentiert.

1. Errichtung eines Wirtschaftsausschusses

a. Voraussetzungen für die Errichtung eines Wirtschaftsausschusses

LAG Frankfurt/M., Beschluss vom 7.11.1989 – 4 Ta BV 18/89:
Ein Wirtschaftsausschuß ist auch dann zu errichten, wenn in einem Unternehmen mit mehreren Betrieben nur in einem dieser Betriebe ein Betriebsrat gebildet wurde und insoweit ein Gesamtbetriebsrat existiert.

BAG, Beschluss vom 1.8.1990 – ABR 91/88: (AP Nr. 8 zu § 106 BetrVG 1972), AiB 1993, S. 178
Wirtschaftsausschuß für einheitlichen Betrieb mehrerer Unternehmen mit jeweils nicht mehr als 100 Beschäftigten.
Betreiben mehrere Unternehmen gemeinsam einen einheitlichen Betrieb mit in der Regel mehr als 100 ständig beschäftigten ArbeitnehmerInnen, so ist ein Wirtschaftsausschuß auch dann zu bilden, wenn keines der beteiligten Unternehmen für sich allein diese Beschäftigtenzahl erreicht.

BAG, Beschluss vom 1.10.1974 – 1 ABR 77/73: (AP Nr. 1 zu § 106 BetrVG 1972), und BAG, Beschluss vom 31.10.1975 – 1 ABR 4/74: (AP Nr. 2 zu § 106 BetrVG 1972), AiB 1993, S. 177
Für die Bildung eines Wirtschaftsausschusses kommt es nicht darauf an, ob die Unternehmensleitung vom Inland oder Ausland aus erfolgt. Deshalb ist bei

Vorliegen der sonstigen gesetzlichen Voraussetzungen auch für inländische Unternehmensteile (Betriebe) eines ausländischen Unternehmens ein Wirtschaftsausschuß zu bilden.

LAG Berlin vom 25. 4. 1988 – 9 TaBV 2/88: AiB 1993, S. 178
Bei der Ermittlung der Beschäftigtenzahl i.s.d. § 106 Abs. 1 BetrVG ist nicht auf die durchschnittliche Beschäftigtenzahl eines bestimmten Zeitraums, sondern auf die normale Beschäftigtenzahl des Betriebs abzustellen. Dazu bedarf es grundsätzlich eines Rückblicks und einer Einschätzung der nahen zukünftigen Entwicklung der Personalstärke.

b.
Voraussetzung für die Beendigung der Amtszeit der Wirtschaftsausschuss- mitglieder

Hessisches LAG vom 17. 8. 1993 – 4 TaBV 61/93: ArbuR 1994, S. 108
Im Falle des § 13 Abs. 2 Ziff. 1 BetrVG – erhebliches Absinken der Belegschaftsstärke des Betriebes – endet die Amtszeit der Mitglieder des Wirtschaftsausschusses nicht allein deshalb und damit, sondern erst mit der Beendigung der Amtszeit des Betriebsrates, der die Mitglieder des Wirtschaftsausschusses bestimmt hat, durch Bekanntgabe des Wahlergebnisses einer gemäß § 13 Abs. 2 BetrVG gebotenen (vorzeitigen) Neuwahl.

Bis dahin bleibt die rechtzeitige Existenz des Wirtschaftsausschusses unberührt, auch wenn in dem Unternehmen nunmehr weniger als 100 Arbeitnehmer ständig beschäftigt sind.

c.
Konzernwirtschaftsausschuss

BAG, Beschluss vom 23. 8. 1989 – 7 ABR 39/88: (AP Nr. 7 zu § 106 BetrVG 1972), AiB 1993, S. 178
Nach dem eindeutigen Wortlaut des § 106 Abs. 1 BetrVG ist der Wirtschaftsausschuß ausschließlich der Unternehmensebene zugeordnet. Es ist nicht möglich, den Unternehmensbegriff auch auf Konzerne auszudehnen.

In den Zuständigkeitsbereich des Konzernbetriebsrats fallen ohnehin fast nur wirtschaftliche Daten.

> **Hinweis:**
> Der Konzernbetriebsrat kann also selber nach § 80 Abs. 2 BetrVG die notwendigen wirtschaftlichen Informationen anhand von Unterlagen verlangen. Bei entsprechender Größe kann er auch einen Ausschuß für wirtschaftliche Angelegenheiten bilden, der dann nur aus KBR-Mitgliedern bestehen kann und insoweit die Funktion eines Wirtschaftsausschusses ausübt.

d. Tendenzunternehmen

BAG, Beschluss vom 30.6.1981 – 1 ABR 30/795: (AP Nr. 20 zu § 118 BetrVG 1972), AiB 1993, S. 177

1. ...
2. Daß ein reines Druckunternehmen abhängiges Unternehmen in einem sogenannten Tendenzkonzern ist, führt nicht dazu, daß das Druckunternehmen selbst Tendenzschutz genießt. Für das Druckunternehmen ist daher ein Wirtschaftsausschuß zu bilden.

2. Schulungsanspruch von Wirtschaftsausschuss-Mitgliedern

BAG, Beschluss vom 6.11.1973 – 1 ABR 8/73: (AP Nr. 5 zu § 37 BetrVG 1972), AiB 1993, S. 179

Eine Anwendung des § 37 Abs. 6 BetrVG kommt auf Mitglieder eines Wirtschaftsausschusses nur in ihrer etwaigen Eigenschaft als Betriebsratsmitglied aufgrund eines Beschlusses des einzelnen Betriebsrates in Betracht, im Regelfall ist davon auszugehen, daß Mitglieder des Wirtschaftsausschusses die zur Erfüllung ihrer Aufgaben erforderlichen Kenntnisse besitzen.

LAG Hamm, Urteil vom 8.8.1996 – 3 Sa 2016/95: AiB 1997, S. 346

Jedes Wirtschaftsausschußmitglied hat Anspruch auf eine Schulung, die Grundkenntnisse über Funktionen und Rechte des Wirtschaftsausschusses vermittelt. Die Erforderlichkeit dieser Schulungsteilnahme muß nicht besonders dargelegt werden.

LAG Bremen, Beschluss vom 17.1.1984 – 4 Ta BV 10/83: AiB 1993, S. 180

Ein Betriebsrat überschreitet das ihm zuzubilligende Ermessen nach § 37 Abs. 6 BetrVG nicht, wenn er ein Mitglied, das schon an drei üblichen Betriebsratsschulungen teilgenommen hat, zu einer Spezialschulung für Wirtschaftsausschußmitglieder entsendet, in der die juristischen Probleme des Wirtschaftsausschusses und betriebswirtschaftliche Themen behandelt werden. Geringe Überschneidungen in der Themenstellung mit bereits besuchten Veranstaltungen stehen der Notwendigkeit der Schulungsmaßnahme nach § 37 Abs. 6 BetrVG nicht entgegen.

Der Hinweis des Gesetzes in § 107 BetrVG auf die fachliche und persönliche Eignung der Mitglieder eines Wirtschaftsausschusses bedeutet lediglich, dass die zu Entsendenden in der Lage sein müssen, unter Inanspruchnahme der gesetzlich zulässigen Schulungsmöglichkeiten (§ 37 BetrVG) innerhalb einer überschaubaren Zeit sich so einzuarbeiten, dass sie den Anforderungen des Gesetzes entsprechen.

LAG Hamburg, Urteil vom 12. 11. 1996 – 6 SA 51/96 (rk): AiB 1997, S. 542 f.
Die Grundsätze zur Erforderlichkeit einer Schulungsveranstaltung nach § 37 Abs. 6 BetrVG können auf den Begriff der Erforderlichkeit im Rahmen des § 26 Abs. 4 SchwbG übertragen werden. Es kann nicht davon ausgegangen werden, daß das Gesetz der Schwerbehindertenvertretung einerseits ein Recht auf beratende Teilnahme an Sitzungen des Wirtschaftsausschusses eingeräumt hat, es andererseits aber nicht für erforderlich gehalten haben sollte, daß der Schwerbehinderte sich über Aufgaben und Funktionsweise dieses Gremiums und die für dessen Arbeit grundlegenden Begriffe Kenntnisse verschafft. (Leitsätze des Bearbeiters)

LAG Berlin, Beschluss vom 13. 11. 1990 – 3 Ta BV 3/90: AiB 1993, S. 180
Ein in den Wirtschaftsausschuß gewähltes Betriebsratsmitglied kann an einer Schulung teilnehmen, die Grundkenntnisse für die Wahrnehmung der Tätigkeit im Wirtschaftsausschuß vermittelt, wenn es diese Kenntnisse nicht bereits hat. Hiergegen kann nicht eingewandt werden, daß die Wirtschaftsausschußmitglieder, »die zur Erfüllung ihrer Aufgaben erforderliche fachliche und persönliche Eignung besitzen« sollen.

LAG Nürnberg, Beschluss vom 8. 6. 1994 – 45 a 599/92: Der Betriebsrat 1994, S. 121
Seminar »Bilanzanalyse« ist eine erforderliche Schulungsveranstaltung gemäß § 37 Abs. 6 BetrVG für Mitglieder eines Wirtschaftsausschusses.

BAG, Urteil vom 11. 11. 1998 – 7 AZR 491/97: AiB 1999, S. 585
Wirtschaftsausschußmitglieder, die nicht zugleich Betriebsratsmitglieder sind, haben regelmäßig keinen Anspruch auf Vergütung für die Dauer einer Schulungsveranstaltung nach § 37 Abs. 6 BetrVG (im Anschluß an BAG, Urteil vom 28. 4. 1988 – 6 AZR 39/86 – NZA 1989, 221).

> **Hinweis:**
> In seiner Urteilsbegründung nennt das BAG als denkbare Ausnahmefälle vom
> Grundsatz als Beispiele, wenn der BR völlig neu gewählt wurde oder wenn er keinen
> Arbeitnehmer findet, der die erforderliche fachliche und persönliche Eignung be-
> sitzt.

3. Teilnehmerkreis der Wirtschafts- ausschusssitzung

a. Schwerbehindertenvertretung

BAG vom 4.6.1987 – 6 ABR 70/85: (AP Nr. 2 zu § 22 SchwbG), AiB 1993, S. 179
Die Schwerbehindertenvertretung ist berechtigt, an Sitzungen des Wirtschaftsausschusses beratend teilzunehmen.

b. Gewerkschaftsbeauftragte

BAG vom 18.11.1980 – 1 ABR 31/78: (AP Nr. 2 zu § 108 BetrVG 1972), AiB 1981, S. 143
Die Vorschrift des § 31 BetrVG über die Zuziehung eines Gewerkschaftsbeauftragten zu den Sitzungen des Betriebsrats ist auf die Sitzungen des Wirtschaftsausschusses entsprechend anzuwenden.

Dies bedeutet, daß auf Antrag eines Viertels der Mitglieder oder der Mehrheit einer Gruppe des Betriebsrats (Gesamtbetriebsrats) oder auf Beschluß des
Betriebsrats (Gesamtbetriebsrats) ein Beauftragter einer im Betriebsrat (Gesamtbetriebsrat) vertretenen Gewerkschaft an den Sitzungen des Wirtschaftsausschusses teilnehmen kann.

Der Wirtschaftsausschuß kann die Zuziehung eines solchen Gewerkschaftsbeauftragten jedenfalls dann selbst beschließen, wenn ihm der Betriebsrat
(Gesamtbetriebsrat) eine entsprechende Ermächtigung erteilt hat.

Eine Gewerkschaft ist im Beschlußverfahren antragsberechtigt, wenn das
Recht ihres Beauftragten auf Teilnahme an den Sitzungen des Wirtschaftsausschusses bestritten wird.

BAG vom 25.6.1987 – 6 ABR 45/85: (AP Nr. 6 zu § 108 BetrVG 1972), AiB 1993, S. 179
An den Sitzungen des Wirtschaftsausschusses kann in entsprechender Anwendung des § 31 BetrVG ein Gewerkschaftsbeauftragter beratend teilnehmen.

Die Teilnahme eines Gewerkschaftsbeauftragten kann jeweils nur für eine konkret bestimmte Sitzung des Wirtschaftsausschusses beschlossen werden. Eine generelle Einladung zu allen künftigen Sitzungen des Wirtschaftsausschusses ist unzulässig.

c. ## Sachverständige

BAG, Beschluss vom 18.7.1978: (AP Nr. 1 zu § 108 BetrVG 1972), AiB 1993, S. 180

1. Die Frage, ob die Zuziehung eines Sachverständigen zur ordnungsgemäßen Erfüllung der Aufgaben des Wirtschaftsausschusses erforderlich ist (§ 108 Abs. 2 Satz 3 i.V.m. § 80 Abs. 3 Satz 1 BetrVG) ist eine Rechts- und keine Ermessensfrage. Im Streitfall entscheiden die Gerichte für Arbeitssachen im Beschlußverfahren. Antragsberechtigt ist in einem solchen Fall der Betriebsrat bzw. der Gesamtbetriebsrat. Ob auch der Wirtschaftsausschuß antragsberechtigt ist, bleibt offen.

2. Aufgabe des Sachverständigen ist es, dem Wirtschaftsausschuß die ihm zur Beurteilung einer konkreten aktuellen Frage fehlenden fachlichen Kenntnisse zu vermitteln.

3. Die Zuziehung eines Sachverständigen ist nur dann notwendig, wenn der Wirtschaftsausschuß einzelne seiner gesetzlichen Aufgaben ohne sachverständige Beratung nicht ordnungsgemäß würde erfüllen können. Hierbei muß jedoch davon ausgegangen werden, daß die Mitglieder des Wirtschaftsausschusses bereits über diejenigen Kenntnisse verfügen, die im Regelfalle zur ordnungsgemäßen Wahrnehmung ihrer Aufgaben erforderlich sind.

4. Zum Verständnis des vom Unternehmer dem Wirtschaftsausschuß unter Beteiligung des Betriebsrates zu erläuternden Jahresabschlusses bedarf es nicht ohne weiteres der Zuziehung eines Sachverständigen. Vielmehr müssen besondere Gründe dargelegt werden, die im Einzelfall die Notwendigkeit sachverständiger Beratung ergeben.

d. ## Unternehmer

BAG, Beschluss vom 11.12.1991 – 7 ABR 16/91: (AP Nr. 2 zu § 90 BetrVG), DB 1992, S. 1732 ff.

Das Betriebsverfassungsgesetz enthält keine eindeutige und abschließende Regelung, durch wen sich der Arbeitgeber bei der Wahrnehmung seiner betriebsverfassungsrechtlichen Aufgaben gegenüber dem Betriebsrat vertreten lassen darf.

Der Arbeitgeber kann sich gegenüber dem Betriebsrat nur durch eine Person vertreten lassen, die gemessen an der Aufgabenstellung über eine gewisse Fachkompetenz verfügt. Nicht erforderlich ist, daß der Vertreter auch hinsichtlich der einzelnen Maßnahmen Entscheidungsbefugnisse besitzt.

> **Hinweis:**
> Diese Entscheidung dürfte sinngemäß auch für den Wirtschaftsausschuss gelten.

4. Sitzungen des Wirtschaftsausschusses

a. Vor- und Nachbereitungssitzungen

BAG, Urteil vom 16.3.1982: (AP Nr. 3 zu § 108 BetrVG 1972), AiB 1993, S. 179
Die gesetzliche Pflicht des Unternehmers zur Teilnahme an den Sitzungen des Wirtschaftsausschusses bedeutet nicht, daß ohne ihn eine Wirtschaftsausschußsitzung nicht stattfinden könne oder dürfe. Vielmehr kann der Wirtschaftsausschuß zur Vorbereitung einer Sitzung mit dem Unternehmer auch ohne diesen zu einer Sitzung zusammentreten.

BAG vom 20.11.1984 – 1 ABR 64/82: (AP Nr. 3 zu § 106 BetrVG 1972), AiB 1993, S. 181
Der Wirtschaftsausschuß hat die Aufgabe, wirtschaftliche Angelegenheiten mit dem Unternehmer zu beraten. Die Mitglieder des Wirtschaftsausschusses müssen die Möglichkeit haben, sich auf die Sitzungen des Wirtschaftsausschusses gründlich vorzubereiten.

Was im Einzelfall an Vorbereitung erforderlich ist, hängt weitgehend von den Angelegenheiten ab, die mit dem Unternehmer beraten werden sollen. Der Unternehmer kann verpflichtet sein, Unterlagen mit umfangreichen Daten und Zahlen schon vor der Sitzung vorzulegen. Er kann auch verpflichtet sein, diese Unterlagen den Mitgliedern des Wirtschaftsausschusses zeitweise – zur Vorbereitung auf die Sitzung – zu überlassen (aus der Hand zu geben).

Die Mitglieder des Wirtschaftsausschusses haben kein Recht, sich von den überlassenen Unterlagen ohne Zustimmung des Unternehmers Abschriften (Ablichtungen) anzufertigen.

LAG Frankfurt, Beschluss vom 19.10.1989 – 12 TaBV 172/88: AiB 1990, S. 442
Der Betriebsrat ist berechtigt, die ihm erforderlich erscheinenden Daten aus den Bruttolohn- und Gehaltslisten zu notieren. Dies ist auch möglich unter Mithilfe vorbereiteter Listen z.B. zu einzelnen Kostenstellen oder z.B. zu einzelnen ArbeitnehmerInnengruppen.

Der Umfang der auszugsweisen Notizen bestimmt sich danach, was der Betriebsrat bei objektiver Betrachtung für erforderlich halten durfte. Das allmähliche Entstehen annähernd vollständiger Lohn- und Gehaltslisten beim Betriebsrat als Folge der Notizen anläßlich mehrfacher Einblicknahmen über einen längeren Zeitraum hinweg ist letztlich nicht zu beanstanden.

> **Hinweis:**
> Auch der Wirtschaftsausschuss ist gelegentlich darauf angewiesen, nur Aufzeichnungen anfertigen zu dürfen. Die obige Entscheidung lässt sich in ihren Grundüberlegungen auch auf die Wirtschaftsausschussarbeit übertragen.

b. # Protokollführung

BAG vom 17.10.1990 – 7 ABR 69/89: (AP Nr. 8 zu § 108 BetrVG 1972), AiB 1994, S. 493
§ 40 Abs. 2 BetrVG, wonach der Arbeitgeber dem Betriebsrat unter anderem das erforderliche Büropersonal zur Verfügung zu stellen hat, gilt für den Wirtschaftsausschuss entsprechend.

Allerdings ergibt sich weder aus § 40 Abs. 2 BetrVG noch aus anderen Rechtsgrundlagen für den Wirtschaftsausschuß oder für den (Gesamt-)Betriebsrat das Recht, zu den Sitzungen des Wirtschaftsausschusses zusätzlich zu dessen Mitgliedern ein (Gesamt-)Betriebsratsmitglied als Protokollführer hinzuzuziehen. Dies gilt auch, wenn das (Gesamt-)Betriebsratsmitglied freigestellt ist.

Vielmehr kann der Arbeitgeber selbst bestimmen, wen er als Büropersonal zur Verfügung stellt. Dieser Protokollführer kann an der Sitzung des Wirtschaftsausschusses teilnehmen.

LAG Frankfurt, Beschluss vom 19.5.1988 – 12 TA BV 123/87: DB 1989, S. 486
Unter »Einwendungen« i. S. des § 34 Abs. 2 Satz 2 BetrVG sind kurze Gesamt- oder punktuelle Gegenstellungnahmen des Arbeitgebers zu einzelnen beanstandeten Protokollinhalten oder Formulierungen der Sitzungsniederschrift zu verstehen. Das folgt aus dem Begriff »Einwendungen« der gerade nicht mit einer u. U. auch komplexen Stellungnahme wie sie etwa durch § 82 Abs. 1 Satz 2 BetrVG ermöglicht wird, gleichzusetzen ist. Von daher ist es – gemessen an den Bedürfnissen des betriebsverfassungsrechtlichen Normalfalles – überzogen und nicht gesetzesentsprechend, eine Sitzungsniederschrift des Gesamtbetriebsrats mit einem kompletten Gegenprotokoll als »Einwendung« zu beantworten.

c. # Notizen

LAG Hamm, Beschluss vom 9.2.1983: AiB 1993, S. 181
Die Mitglieder des Wirtschaftsausschusses sind berechtigt, sich bei der Erläuterung des Jahresabschlusses durch den Unternehmer gemäß § 108 Abs. 5 BetrVG schriftliche Notizen zu machen.

5. # Informationsanspruch des Wirtschaftsausschusses

a. ## Allgemeiner Informationsanspruch

Kammergericht Berlin, Beschluss vom 25.9.1978: DB 1978, S. 112ff.
Der Unternehmer ist nach § 106 Abs. 2 BetrVG verpflichtet, den Wirtschaftsausschuß von geplanten unternehmerischen Entscheidungen und sonstigen Maßnahmen so frühzeitig zu unterrichten, dass dieser sein Beratungsrecht gegenüber dem Unternehmer betriebswirtschaftlich sinnvoll ausüben kann. Eine Kritik oder sonstige Stellungnahme und eigene Vorschläge des Wirtschaftsausschusses und des Betriebsrates sowie Initiativen des Betriebsrates in sozialen Angelegenheiten müssen noch möglich sein.

Hanseatisches OLG Hamburg, Beschluss vom 4.6.1985: DB 1985, S. 1846
Die Unterrichtung des Wirtschaftsausschusses hat in einem früheren Stadium der Planung zu erfolgen und zwar zu einem Zeitpunkt, bevor konkrete Planungen zu den daran sich anschließenden Unterrichtungs- und Beratungsrechten des Betriebsrats nach § 111 BetrVG führen.

b. ## Personalplanung

BAG, Beschluss vom 6.11.1990 – 1 ABR 60/89: (AP Nr. 3 zu § 92 BetrVG 1972), BB 1991, S. 689ff.
Die Feststellung des Personalbedarfs für ein geplantes Projekt ist auch schon vor Zustimmung des einzigen Zuwendungsgebers (z.B. Sozialamt der Stadt) Personalplanung im Sinne von § 92 BetrVG. Das Gleiche gilt für Abweichungen von dem vom Zuwendungsgeber bewilligten Stellenplan. Der Arbeitgeber hat den Betriebsrat über diese Personalplanung nach § 92 Abs. 1 Satz 1 BetrVG zu informieren.

Hinweis:
Die etwas schwer verständliche Entscheidung bedeutet in der praktischen Konsequenz, dass der Betriebsrat und auch der Wirtschaftsausschuss nicht erst dann über die Planung zu unterrichten sind, wenn alle Voraussetzungen für deren Realisierung geschaffen sind, sondern auch dann, wenn der Vorstand z.B. den Personalbedarf geplant hat, aber die Finanzierung noch nicht sichergestellt ist.

LAG Berlin, Teilbeschluss vom 13.6.1988 – 9 Ta BV 1/88: DB 1988, S. 1860

a. Der Begriff der Personalplanung umfaßt insbesondere den gegenwärtigen und zukünftigen Personalbedarf in quantitativer und qualitativer Hinsicht.

b. § 92 Abs. 1 BetrVG umfaßt nicht nur die langfristige, mittelfristige und kurzfristige Personalplanung, sondern auch die intuitive Planung, bei der unter Umständen nur eine kurzfristige Maßnahmeplanung aufgrund schwer nachvollziehbarer Vorstellungen des Arbeitgebers betrieben wird.

c. Die dem Betriebsrat ebenfalls mitzuteilende geplante Personalbeschaffung betrifft nicht nur Neueinstellungen sondern auch die Umsetzung von ArbeitnehmerInnen auf neugeschaffene oder neu zu schaffende Arbeitsplätze.

Hinweis:
Diese für den Betriebsrat entwickelten Grundsätze gelten auch für den WA.

LAG München, Beschluss vom 6.8.1986: AiB 1994, S. 633

1. Der Betriebsrat kann im Rahmen der Unterrichtung über die Personalplanung (§ 92 BetrVG) die Aushändigung der Unterlagen verlangen, die der Arbeitgeber zu ihrer Grundlage gemacht hat, wenn nur auf diese Art und Weise dem Beratungsrecht des Betriebsrats Rechnung getragen werden kann.

2. Die Dauer der gebotenen Aushändigung hängt von den Umständen, insbesondere davon ab, wann der Betriebsrat über die Ausübung seines Beratungsrechts beschließen kann.

3. Der Betriebsrat darf von den Unterlagen keine Abschrift herstellen. Er muss sich mit einzelnen Notizen begnügen.

Hinweis:
Diese für den BR entwickelten Grundsätze gelten auch für den WA.

c.   # Jahresabschluss

Hessisches LAG vom 19.4.1988 – 4 TaBV 99/87: AiB 1994, S. 633
Der Wirtschaftsprüfungsbericht kann zu den Unterlagen gehören, die – insbesondere im Zusammenhang mit der Erläuterung des Jahresabschlusses gemäß § 108 Abs. 5 BetrVG – dem Wirtschaftsausschuß im Zuge der Unterrichtung über wirtschaftliche Angelegenheiten nach § 106 Abs. 2 BetrVG vorzulegen sind. Es besteht weder ein grundsätzlicher und unmittelbarer Anspruch noch ein absolutes Verbot, daß der Wirtschaftsprüfungsbericht dem Wirtschaftsausschuß vorgelegt wird.

Die Einigungsstelle nach § 109 BetrVG entscheidet im Streitfall über die Vorlagepflicht des Wirtschaftsprüfungsberichts.

Dabei hat die Einigungsstelle auch zu entscheiden, ob und inwieweit die Gefährdung von Betriebs- und Geschäftsgeheimnissen der Vorlage des Wirtschaftsprüfungsberichts entgegensteht oder sie einschränkt.

Hinsichtlich der Erforderlichkeit der Vorlage von Unterlagen an den Wirtschaftsausschuß wie auch bezüglich des Vorliegens der Gefährdung von Betriebs- und Geschäftsgeheimnissen (und deren Berücksichtigung) steht der Einigungsstelle ein Beurteilungsspielraum zu. Insoweit besteht eine gerichtliche Überprüfungskompetenz nur in beschränktem Umfang.

BAG, Beschluss vom 8.8.1989 – 1 ABR 61/88: (AP Nr. 6 zu § 106 BetrVG 1972), AiB 1994, S. 632

a. Der Wirtschaftsprüfungsbericht ist eine wirtschaftliche Angelegenheit im Sinne des § 106 Abs. 3 BetrVG.

b. Schon wenn der Prüfungsbericht den gesetzlichen vorgeschriebenen Mindestinhalt hat, belegt er Umstände und Verhältnisse, die die wirtschaftliche und finanzielle Lage des Unternehmens beleuchtet, diese deutlich machen und durch Einzeltatsachen belegen.

c. Auch der Wirtschaftsprüfungsbericht ist daher eine Unterlage, die anläßlich der Unterrichtung über die wirtschaftliche und finanzielle Lage des Unternehmens nach § 106 Abs. 2 BetrVG von der Unternehmensleitung vorzulegen ist.

d. Zur konkreten Durchsetzung dieses Anspruches bedarf es im Streitfall eines wirksamen Spruchs der Einigungsstelle.

d. # Kostenrechnung

ArbG Offenbach, Beschluss vom 9.11.1987 – 5/2 BV 40/87 – rechtskräftig: AiB 1993, S. 182

a. Die dem Wirtschaftsausschuß vorzulegenden EDV-Budget-Kontrollblätter sind nach Kostenstellen aufgeschlüsselte monatliche Gegenüberstellungen der Plan- und der Ist-Zahlen, mithin detaillierte Erfolgsberechnungen.

b. Anhand der EDV-Budget-Kontrollblätter ist es möglich, Abweichungen von den Planvorgaben sowie Vorgänge, die die Interessen der Arbeitnehmer-Innen des Unternehmens wesentlich berühren können, zu erkennen.

c. Ein Einigungsstellenspruch, der die Vorlage dieser Unterlagen an den Wirtschaftsausschuß ablehnt, ist aufzuheben.

BAG vom 17.9.1991 – 1 ABR 74/90: (AP Nr. 13 zu § 106 BetrVG 1972), AiB 1994, S. 633
Monatliche Erfolgsrechnungen (Betriebsabrechnungsbögen) für einzelne Filialen oder Betriebe sind Unterlagen, die einen Bezug zu wirtschaftlichen Angelegenheiten i.S.d. § 106 Abs. 3 BetrVG haben.
Ob und ggf. wann solche Erfolgsrechnungen dem Wirtschaftsausschuß vorzulegen sind, ist eine Frage der Erforderlichkeit der Vorlage dieser Unterlagen und damit von der Einigungsstelle zu entscheiden.

e. # Berichte, Gutachten, Unternehmensverträge

LAG Frankfurt, Beschluss vom 1.9.1988 – 12 TA BV 46/88:
Dem Wirtschaftsausschuß ist der Bericht einer Unternehmensberatungsfirma vorzulegen.

BAG, Beschluss vom 22.1.1991 – 1 ABR 38/89: (AP Nr. 9 zu § 106 BetrVG 1972), AiB 1991, S. 437
Der Geschäftsführer einer GmbH ist verpflichtet, den Wirtschaftsausschuß darüber zu unterrichten, daß sämtliche Geschäftsanteile einer GmbH auf einen neuen Gesellschafter übergegangen sind. Außerdem hat er dem Wirtschaftsausschuß mitzuteilen, ob im Zusammenhang mit der Abtretung der Geschäftsanteile Absprachen über die künftige Geschäftsführung und Geschäftspolitik getroffen sind.
Der notarielle Vertrag über die Veräußerung der Geschäftsanteile braucht dem Wirtschaftsausschuß nur dann vorgelegt zu werden, wenn darin Absprachen über die künftige Geschäftsführung und Geschäftspolitik enthalten sind.

BAG, Beschluss vom 31.1.1989 – 1 ABR 72/87: (AP Nr. 33 zu § 80 BetrVG 1972), AiB 1989, S. 256 ff.

a. Werden in einem Betrieb Fremdfirmen mit der Erledigung von laufenden Arbeiten beauftragt, kann der Betriebsrat Einsicht in die Verträge verlangen.

b. Durch die Einsichtnahme in die Werkverträge wird der Betriebsrat in die Lage versetzt zu prüfen, ob die Werkverträge indirekt Arbeitnehmerüberlassung bzw. Leiharbeit regeln und ob insoweit ein Mitbestimmungsrecht besteht.

c. Zur Sicherstellung des Geheimhaltungsinteresses hat die Unternehmensleitung die Möglichkeit, gegenüber dem Betriebsrat auf die Geheimhaltungsbedürftigkeit hinzuweisen.

> **Hinweis:**
> Obwohl die BAG-Entscheidung nur auf die Informationsrechte des Betriebsrats Bezug nimmt, hat sie auch für den Informationsanspruch des Wirtschaftsausschusses große Bedeutung. Sie stellt klar, dass Betriebsrat/Gesamtbetriebsrat und damit auch der Wirtschaftsausschuss – als Hilfsorgan des Betriebsrats/Gesamtbetriebsrats – einen Anspruch haben kann auf Einsicht in Verträge, soweit dies aus Betriebsrats-/Wirtschaftsausschusssicht begründet werden kann. Verträge die für das gesamte Unternehmen von Bedeutung sind, können daher auch vom Wirtschaftsausschuss zur Einsicht angefordert werden, (z.B. Mietverträge, Leasingverträge, Konzessionsverträge, Gesellschafterverträge von Tochtergesellschaften, Auftragserteilung an Unternehmensberatungsfirmen usw.).

BAG, Beschluss vom 27.6.1989 – 1 ABR 19/88: (AP Nr. 37 zu § 80 BetrVG 1972), AiB 1994, S. 631

Soweit sich für den Betriebsrat Aufgaben erst dann stellen, wenn der Arbeitgeber eine Maßnahme ergreift oder plant, die Beteiligungsrechte des Betriebsrats auslöst, kann der Betriebsrat die Vorlage von Unterlagen die zur Erfüllung seiner Aufgaben erforderlich sind, auch erst dann verlangen, wenn der Arbeitgeber tätig wird und damit Aufgaben des Betriebsrats auslöst. Revisionsberichte, die solche Maßnahmen des Arbeitgebers lediglich anregen, sind daher nicht schon deswegen dem Betriebsrat zur Verfügung zu stellen.

> **Hinweis:**
> Dieser relativ späte Zeitpunkt der Unterrichtung gilt nicht für den Wirtschaftsausschuss. Der Wirtschaftsausschuss ist nicht nur zu unterrichten im Zusammenhang mit Beteiligungsrechten, sondern generell zum frühestmöglichen Zeitpunkt. Er soll auf diese Weise Gelegenheit haben, auf die Planungen des Unternehmens Einfluss zu nehmen.

Hess. LAG, Beschluss vom 19. 3. 1996 – 4 Ta BV 12/96: AiB 1996, 668
Der Arbeitgeber hat dem Wirtschaftsausschuß auch solche Studien vorzulegen, die er selbst nicht in Auftrag gegeben hat, die ihm jedoch zur Verfügung
stehen und von denen er Kenntnis genommen hat.

f.   ## Betriebsänderung

OLG Hamburg vom 4. 6. 1985 – 2 Ss 5/85 OWi: AiB 1993, S. 181
Die dem Unternehmer nach § 111 BetrVG obliegende Pflicht, den Betriebsrat
über die beabsichtigte Betriebsänderung zu unterrichten, ist so früh wie möglich zu erfüllen. Denn mit dem Wort »geplant« in § 111 BetrVG soll sichergestellt werden, daß der Betriebsrat schon in einem möglichst frühen Stadium
der Planung der Betriebsänderung zu beteiligen ist. Das in §§ 111, 112 BetrVG
vorgesehene Verfahren muß danach noch in einem Zeitraum abgewickelt
werden, in dem der Plan noch nicht, und zwar auch noch nicht teilweise,
verwirklicht ist und er überhaupt noch nicht abschließend feststeht, weil dies
der soziale Schutzcharakter der zitierten Bestimmung erfordert.

Der Betriebsrat muß schon in einem möglichst frühen Stadium der Planung,
auf jeden Fall vor ihrem Abschluß beteiligt werden, weil nur dadurch die
Interessen der Belegschaft und ihrer Angehörigen hinreichend gewahrt werden.

Denn gerade in diesem Zeitraum hat der Betriebsrat als Interessenvertretung
der Arbeitnehmer die Möglichkeit, auf die endgültige Entscheidung des Unternehmers und dessen nähere Durchführung Einfluß zu nehmen. Wenn demgegenüber der Unternehmer bereits den Beschluß über die Betriebsänderung
gefaßt hat, damit für den Betriebsrat vollendete Tatsachen vorliegen, ist es für
ihn kaum noch möglich, zu dieser bereits im Prinzip beschlossenen Maßnahme
eigene Pläne, Vorstellungen oder Vorschläge zu entwickeln oder gar durchzusetzen. Die in § 112 BetrVG vorgesehene Möglichkeit, einen Interessenausgleich über die Betriebsänderung zu erreichen oder einen Sozialplan anzustreben, wahrt die hier herausgestellten Belange der Belegschaft nicht in dem
gebotenen Maße, weil damit keine erfolgversprechende Einwirkungsmöglich-
keit mehr auf die bereits getroffene Entscheidung des Unternehmens über die
Betriebsänderung gegeben ist.

Aus den gleichen Erwägungen handelt der Unternehmer auch ordnungs-
widrig nach § 121 Abs. 1 BetrVG, wenn er entgegen § 106 Abs. 2 BetrVG
den Wirtschaftsausschuß nicht rechtzeitig über eine geplante Betriebsänderung
unterrichtet. Angesichts der dem Wirtschaftsausschuß nach § 106 Abs. 1
BetrVG übertragenen Aufgabe, wirtschaftliche Angelegenheiten mit dem Unternehmer zu beraten und den Betriebsrat zu unterrichten, kann die durch

§ 106 Abs. 2 BetrVG geforderte Unterrichtung nur rechtzeitig sein, wenn der Wirtschaftsausschuß sowohl sein Beratungsrecht gegenüber dem Unternehmer sinnvoll ausüben, als auch den Betriebsrat so unterrichten kann, dass dieser seinerseits von den ihm zustehenden Beteiligungsrechten rechtzeitig Gebrauch machen kann. Deshalb ist die dem Unternehmer nach § 106 Abs. 2 BetrVG obliegende Pflicht zur Unterrichtung des Wirtschaftsausschusses noch früher zu erfüllen und zwar bevor konkrete Planungen zu den daran sich anschließenden Unterrichtungs- und Beratungsrechten des Betriebsrates nach § 111 BetrVG führen.

BAG, Beschluss vom 9.5.1985 – 1 ABR 61/94: (AP Nr. 12 zu § 106 BetrVG 1972), AiB 1995, S. 370

Der Anspruch des Wirtschaftsausschusses auf Unterrichtung über geplante Betriebsstillegungen erstreckt sich auch auf solche Betriebe, in denen kein Betriebsrat gebildet worden ist. Nach dem Wortlaut des Gesetzes umfaßt der Unterrichtungsanspruch alle Betriebe des Unternehmens. Der Zweck der Regelung erfordert es nicht, hiervon betriebsratslose Betriebe auszunehmen. Der Wirtschaftsausschuß bedarf nicht der Legitimation durch einzelne Belegschaften. Anders als der Betriebsrat und Gesamtbetriebsrat ist er nicht selbst Träger von Mitbestimmungsrechten. Vielmehr soll er als Hilfsorgan des Gesamtbetriebsrats die unternehmerischen Rahmenbedingungen ermitteln, die für die Interessenvertretung der Belegschaften des ganzen Unternehmens von Bedeutung sein können. Daher hat er ausschließlich Unterrichtungs- und Beratungsrechte in wirtschaftlichen Angelegenheiten. Diese sind naturgemäß auf das Unternehmen in seiner Gesamtheit bezogen.

6.

Durchsetzung des Informationsanspruchs des Wirtschaftsausschusses

a.

Einigungsstelle

OLG Karlsruhe vom 7.6.1985 – 1 Ss 68/85: AiB 1993, S. 682 u. AiB 1993, S. 182

Der Unternehmer, der seiner Unterrichtungspflicht nach § 106 Abs. 2 BetrVG nicht in gehöriger Weise nachkommt, kann zur Einhaltung seiner Pflichten einerseits im arbeitsgerichtlichen Beschlußverfahren und zudem durch die Ahndung des darin liegenden ordnungswidrigen Verhaltens nach § 121 BetrVG angehalten werden.

Bestehen indessen Meinungsverschiedenheiten zwischen dem Wirtschaftsausschuß und dem Unternehmer über den Umfang der Unterrichtungspflicht und/oder den Zeitpunkt der Unterrichtung i.S.d. § 106 BetrVG, so setzt das arbeitsgerichtliche Beschlußverfahren eine Entscheidung der Einigungsstelle voraus (§ 109 BetrVG).

Die Primärzuständigkeit der Einigungsstelle gilt auch für den Fall, daß der Unternehmer die Auskunft unter Berufung auf ein Betriebs- oder Geschäftsgeheimnis verweigert. Die Einigungsstelle hat also zunächst darüber zu entscheiden, ob ein Betriebs- oder Geschäftsgeheimnis vorliegt, ob dieses durch die verlangte Auskunft gefährdet wird mit der Folge, daß die Unterrichtungspflicht des Unternehmers beschränkt wird. Erst die Entscheidung der Einigungsstelle über die Rechtsfrage, ob wegen der Gefährdung eines Geschäftsgeheimnisses die Auskunft verweigert werden kann, unterliegt der Nachprüfung durch das Arbeitsgericht.

Das Gesetz enthält zwar keine ausdrückliche Regelung darüber, in welchem Verhältnis die Entscheidung der Einigungsstelle (§ 109 BetrVG) zur Ahndung einer Ordnungswidrigkeit nach § 121 BetrVG steht. Nach dem Zweck der gesetzlichen Regelung ist jedoch davon auszugehen, daß in den Fällen, in denen die Primärzuständigkeit der Einigungsstelle nach arbeitsrechtlichen Grundsätzen gegeben ist, ein pflichtwidriges und damit ordnungswidriges Verhalten des Unternehmers erst dann vorliegen kann, wenn aufgrund einer Entscheidung der Einigungsstelle der zwischen Unternehmer und Wirtschaftsausschuß stetige Umfang der Unterrichtungspflicht konkretisiert worden ist.

Der Unternehmer handelt daher in derartigen Fällen erst dann pflichtwidrig, wenn mit der Entscheidung der Einigungsstelle eine Konkretisierung des Umfangs der Unterrichtungspflicht, die an den jeweiligen betrieblichen Erfordernissen zu messen ist, eingetreten ist.

LAG Berlin vom 13.7.1988 – 1 TaBV 3/88: AiB 1988, S. 314
Die Einigungsstelle ist für die Frage zu bilden, ob der Wirtschaftsausschuß verlangen kann, daß ihm bereits der Entwurf des Jahresabschlusses vor konzerninterner Abgleichung und der Zugehörigkeit Wirtschaftsprüferbericht vorzulegen sind. Sie ist hierfür nicht offensichtlich unzuständig.

LAG Stuttgart, Beschluss vom 22.11.1985: DB 1986, S. 334f.
Die Einigungsstelle ist offenkundig unzuständig zur Entscheidung über die Verpflichtung des Unternehmers zur Auskunftserteilung in der vom Wirtschaftsausschuß (Betriebsrat) gewünschten Form.

Hessisches LAG vom 1.9.1988 – 12 TaBV 46/88: AiB 1993, S. 182
Hat zunächst der Betriebs-/Gesamtbetriebsrat die Erteilung bestimmter Aus-

künfte unter Vorlage an den Wirtschaftsausschuß verlangt, kann er – im Falle der Weigerung des Arbeitgebers – nicht hernach Vorlage an sich selbst nach § 80 Abs. 2 BetrVG verlangen. § 109 BetrVG enthält insoweit eine speziellere gesetzliche Regelung. Die Einigungsstelle ist dann primär zuständig.

BAG vom 8.3.1983 – 1 ABR 44/81: (AP Nr. 26 zu § 118 BetrVG), AiB 1993, S. 183
Der Wirtschaftsausschuß ist in einem Beschlußverfahren, in dem die Betriebspartner über die Berechtigung des Betriebsrats (Gesamtbetriebsrats) zur Bildung des Wirtschaftsausschusses streiten, nicht beteiligt.

ArbG Wetzlar vom 28.2.1989 – 1 BVGa 4/89: AiB 1993, S. 183
Für Streitigkeiten über das Vorliegen von Betriebs- oder Geschäftsgeheimnissen ist nach § 109 BetrVG die Einigungsstelle zuständig; daher besteht für eine einstweilige Verfügung, mit der das Einsichtsrecht durchgesetzt werden soll, kein Verfügungsanspruch.

OLG Karlsruhe vom 7.6.1985 – 1 Ss 68/85: AiB 1994, S. 632 u. AiB 1993, S. 182
Bei einem Streit darüber, ob der Unternehmer den Wirtschaftsausschuß mit Rücksicht auf Betriebs- und Geschäftsgeheimnisse nur beschränkt zu unterrichten braucht oder nicht, muß zunächst die Einigungsstelle entscheiden. Ein ordnungswidriges Verhalten des Unternehmers i.S.d. § 121 BetrVG kann erst vorliegen, wenn aufgrund einer Entscheidung der Einigungsstelle der zwischen Unternehmer und Wirtschaftsausschuß streitige Umfang der Unterrichtungspflicht konkretisiert ist.

BAG vom 8.8.1989 – 1 ABR 61/88: (AP Nr. 6 zu § 106 BetrVG 1972), AiB 1993, S. 183
Der Senat läßt dahingestellt, ob ein Spruch der Einigungsstelle nach § 109 BetrVG der vollen Rechtskontrolle der Arbeitsgerichte im Beschlußverfahren unterliegt. Er erwägt, im Spruch der Einigungsstelle eine anspruchsbegründende Entscheidung zu sehen, die einer Rechtskontrolle nur hinsichtlich der Zuständigkeit der Einigungsstelle, im übrigen aber einer Ermessenskontrolle nach § 76 Abs. 5 Satz 4 BetrVG unterliegt.

b. ## Ordnungswidrigkeitenverfahren

**Bußgeldbescheid des Regierungspräsidiums Tübingen vom 8.1.1992 –
15-5/0523.1-1 (rechtskräftig):** AiB 1992, S. 461
Die nicht rechtzeitige und vollständige Unterrichtung des Wirtschaftsaus-
schusses und des Betriebsrats über Einzelheiten der in Aussicht genommenen
Betriebsänderung stellt einen Verstoß gemäß §§ 92, 106 Abs. 2 Nr. 5, 111
Nr. 1 BetrVG und damit eine Ordnungswidrigkeit i.S.v. § 121 BetrVG dar.

ArbG Ludwigshafen, Beschluss vom 22.4.1988 – 7 BV 13/88:
Bei der Verletzung der Auskunftspflichten kommt neben § 121 BetrVG auch
ein Verfahren nach § 23 Abs. 3 BetrVG in Betracht.

7. ## Informationsweitergabe

LAG Köln, Beschluss vom 10.1.1992 – 12 Ta BV 52/91 – nicht rechtskräftig: AiB 1992,
S. 292
1. Der Arbeitgeber ist verpflichtet, dem Betriebsrat die Information der Belegschaft über ein EDV-gestütztes Kommunikationssystem zu gestatten,
wenn das System im Betrieb allgemein zu diesem Zweck genutzt wird.
2. Das technische Ausstattungsniveau des Arbeitgebers hat auch Einfluß auf
den Anspruch des Betriebsrats nach § 40 Abs. 2 BetrVG. Insoweit folgt
bereits aus dem Grundsatz der vertrauensvollen Zusammenarbeit, daß ein
Gleichgewicht zwischen den Betriebspartnern vorhanden sein muß. Nutzt
also der der Arbeitgeber ein elektronisches Kommunikationssystem, kann
der Betriebsrat nicht auf die Information der Beschäftigten über Anschläge
oder Schwarze Bretter verwiesen werden. Hierdurch würde er unzulässig
benachteiligt.

Hinweis:
Die Entscheidung ist auch entsprechend auf den Wirtschaftsausschuss anzuwenden.

IV

Betriebsvereinbarung zur Unterrichtung des Wirtschaftsausschusses

BETRIEBSVEREINBARUNG
(Entwurf des Betriebsrats vom ...)
zwischen
dem Betriebsrat der Firma XYZ GmbH & Co. KG
und
der Geschäftsleitung der Firma XYZ GmbH & Co. KG
zur Unterrichtung des Wirtschaftsausschusses

1.   Information und Beratung über die Ist-Situation

a. Der Wirtschaftsausschuss wird monatlich über die aktuelle wirtschaftliche und finanzielle Situation des Unternehmens informiert. Die Information über die wirtschaftliche Situation erfolgt anhand der unternehmensüblichen kurzfristigen Erfolgsrechnung/Betriebsergebnisrechnung (vgl. **Anlage 1**). Die Information über die finanzielle Situation erfolgt anhand einer Übersicht über den Liquiditätsstatus zum jeweiligen Monatsende (Kontenstände, eingeräumte Kreditlinien, kurzfristige Forderungen und Verbindlichkeiten, Sicherheitsleistungen). Über aktuelle Zahlungsschwierigkeiten (Verzögerung der Lohn- bzw. Gehaltszahlung, Rückstände bei den Zahlungen an AOK, Verweigerung der Einlösung eigener Schecks oder Wechsel o.Ä.) wird der Wirtschaftsausschuss unverzüglich auch außerhalb vereinbarter Sitzungstermine unter Angabe der Gründe informiert.

b. Dem Wirtschaftsausschuss werden monatlich die in **Anlage 2** aufgelisteten Informationen für die einzelnen Abteilungen/Betriebe und das gesamte Unternehmen übergeben. Außerdem wird dem Wirtschaftsausschuss jährlich einmal eine Aufstellung pro Abteilung/Betrieb über die Eingruppierung der Beschäftigten (ohne Aushilfen) übergeben.

c. Den Mitgliedern des Wirtschaftsausschusses sind die entsprechenden Unterlagen rechtzeitig (mindestens 1 Woche vor der entsprechenden Wirtschaftsausschusssitzung mit der Geschäftsleitung) zu übergeben.

d. Die entsprechenden Unterlagen werden in der jeweiligen Wirtschaftsausschusssitzung von der Geschäftsleitung oder deren Vertreter erläutert. Dem Wirtschaftsausschuss steht das Recht zu, sich einzelne Ertrags- und Kostenarten inhaltlich erläutern und weiter untergliedern zu lassen. Weitergehende Untergliederungen einzelner Ertrags- und Kostenarten sind auf Anforderung des Wirtschaftsausschusses in schriftlicher Form zu übergeben.

e. Insbesondere werden von der Geschäftsleitung die Abweichungen (Prozentsatz vom Budget/Plan und vom Vorjahr) für den abgelaufenen Monat und das aufgelaufene Jahr dargestellt und erläutert. Die Geschäftsleitung wird über die Ursachen dieser Abweichungen und über geplante Maßnahmen zur Beseitigung der Abweichungen sowie über die hiermit verbundenen personellen Auswirkungen unter Bezugnahme auf die Personalplanung berichten.

2. **Information und Beratung über die Planung**

a. Der Wirtschaftsausschuss wird von der Geschäftsleitung einmal jährlich über die lang-, mittel- und kurzfristige Planung in allen wirtschaftlichen, personellen und sozialen Fragen schriftlich unterrichtet. Die regelmäßig zu beratenden Planungen sind in der **Anlage 3** aufgeführt.

b. Der Wirtschaftsausschuss wird über die Investitions-, Umsatz-, Kosten-, Erfolgs- und Personalplanung vor der endgültigen Festlegung durch die Geschäftsleitung bzw. die Gesellschafterversammlung informiert. Diese Planungen werden zwischen Geschäftsleitung und Wirtschaftsausschuss so rechtzeitig beraten, dass die Beratungsergebnisse noch Eingang in die endgültige Planung finden können.

c. Der Wirtschaftsausschuss wird über sämtliche erforderliche Veränderungen der bereits erörterten Planungsunterlagen umgehend schriftlich informiert. Die Änderungsgründe und die veränderten Planungsunterlagen sind Gegenstand der (eventuell außerordentlichen) nächsten Wirtschaftsausschusssitzung mit der Geschäftsleitung.

3. **Information und Beratung des Jahresabschlusses (§ 108 Abs. 5 BetrVG)**

Der Jahresabschluss wird auf derjenigen Wirtschaftsausschusssitzung erläutert, die unmittelbar nach der Erstellung durch den Wirtschaftsprüfer/Steuerberater folgt. Jedem Wirtschaftsausschussmitglied werden die Bilanz, die Gewinn- und Verlustrechnung, der Anhang, der Lagebericht und die Gewinnverwendungsrechnung sowie der Bericht des Wirtschaftsprüfers/Steuerberaters über den Jahresabschluss mindestens 2 Wochen vor der Sitzung ausgehändigt.

4. **Abstimmung des Vierteljahresberichtes (§ 110 BetrVG)**

a. Die Geschäftsführung informiert den Wirtschaftsausschuss schriftlich über die von ihr beabsichtigte vierteljährliche Information über die wirtschaftliche Lage und Entwicklung des Unternehmens an die Belegschaft gemäß § 110 BetrVG. Diese schriftliche Information an den Wirtschaftsausschuss hat mindestens 1 Woche vor der entsprechenden Wirtschaftsausschuss-Sitzung zu erfolgen, auf der dieser Bericht an die Belegschaft mit dem Wirtschaftsausschuss und dem Betriebsrat erörtert und abgestimmt werden soll. Die Information an die Belegschaft erfolgt erst nach Abstimmung mit dem Wirtschaftsausschuss und (Gesamt-)Betriebsrat.

b. Ergeben sich bei der Erörterung und Abstimmung des Berichtes an die Belegschaft unterschiedliche Auffassungen zwischen den Betriebsparteien über einzelne Berichtspunkte, die in dem gemeinsamen Erörterungstermin nicht auszuräumen sind, dann informiert der Betriebsrat/Gesamtbetriebsrat die Belegschaft über seine abweichenden Auffassungen in der gleichen Form, in der die Geschäftsführung die Belegschaft informiert.

5. **Sonstige Informationen**

Welche Unterlagen über die bereits genannten hinaus im Einzelfall zusätzlich erforderlich sind, ergibt sich jeweils aus der aktuellen wirtschaftlichen, personellen und sozialen Situation des Unternehmens und aus den entsprechenden Fragestellungen des Wirtschaftsausschusses zu einzelnen Punkten der Tagesordnung.

Die Geschäftsleitung verpflichtet sich, im Wirtschaftsausschuss über alle Vorgänge und Vorhaben zu berichten, die die Interessen der Arbeitnehmer wesentlich berühren und die noch nicht im Zusammenhang mit der Durchsprache der kurzfristigen Erfolgsrechnung, der Investitionsplanung, der Umsatz- und Erfolgsplanung und der Personalplanung erörtert wurden.

Hierzu gehören unter anderem folgende Planungen und Projekte:

- Abschluss von Verträgen mit wesentlichen finanziellen Auswirkungen
- Durchführung von Rationalisierungsmaßnahmen
- Einführung neuer Arbeitsmethoden/Arbeitstechniken
- Veränderung der Arbeitsabläufe und der Arbeitsorganisation
- Veränderung der Unternehmensorganisation
- Veränderung der Unternehmensführung
- Konzessionierung bisheriger Unternehmensbereiche
- Wesentliche Veränderungen in der Sortimentsstruktur
- Einschaltung von Unternehmensberatern

– Aufgabe/Erwerb von Beteiligungen
– Veränderungen in der Gesellschafterstruktur
Die Darstellung der Auswirkungen dieser Maßnahmen auf die Personalplanung soll sich insbesondere auf möglichen Veränderungen
– im Personalbedarf
– in der Personalstruktur
– in den Qualifikationsanforderungen
– bei der Eingruppierung/Entlohnung
– bei der Arbeitszeit
– der Arbeitsbelastung/Produktivität
beziehen.

6.   **Organisatorische Regelungen**

a. Pro Jahr werden mindestens 12 Wirtschaftsausschuss-Sitzungen mit der Geschäftsleitung anhand der vom Wirtschaftsausschuss aufgestellten Tagesordnung durchgeführt. Jedes Wirtschaftsausschussmitglied erhält wenigstens 7 Tage vor der Sitzung mit der Geschäftsleitung die für die einzelnen Tagesordnungspunkte erforderlichen Unterlagen ausgehändigt.
b. Der Wirtschaftsausschuss hat das Recht, sich während der Sitzung ohne Geschäftsleitung zu beraten.
c. der Wirtschaftsausschuss kann zur Vor- und Nachbereitung von Wirtschaftsausschuss-Sitzungen Sitzungen ohne die Geschäftsleitung durchführen.

7.   **Abschließende Regelungen**

a. Die Anlagen 1, 2 und 3 sind Bestandteil dieser Vereinbarung.
b. Diese Vereinbarung ist zum Ablauf eines Kalenderjahres, frühestens zum 31.12.199... mit einer Frist von 6 Monaten zum Jahresende kündbar. Sie wirkt nach, bis eine neue Vereinbarung getroffen wurde.
c. Bei Meinungsverschiedenheiten zur Auslegung und Anwendung dieser Vereinbarung verhandeln Gesamtbetriebsrat und Geschäftsführung mit dem ernsten Willen, die Meinungsverschiedenheiten auszuräumen. Gelingt dies nicht, so entscheidet die Einigungsstelle (§ 109 BetrVG).

..., den ...

Für den Betriebsrat   Für die Geschäftsleitung

Anlage 1

Information über die kurzfristige Erfolgsrechnung/Betriebsergebnisrechnung (Beispiel)

Erlös-/Kostenarten	Jahres-Budgetwert Plan/Monat 01.00 bis 12.00	Ist/Monat oder %-Satz v. Sollwert/Monat	N-Erlös	Abweichungen im Monat absolut	in %	Plan kumuliert 01.00 bis 03.00	Ist kumuliert %-Satz v. 01.00 bis 03.00	N-Erlös	Abweichungen kumuliert absolut	in %
Betriebsleistung Möbel, Türen, E-Geräte/Erlöse sonstige										
Betriebsleist./N-Erlöse (ohne MwvSt.)/Erlösschmälerung										
Netto-Erlöse nach Erlösschmälerungen/Materialverbrauch (Soll-%satz/NE)										
Fremdleistungen (Fertigung)/Rohertrag										
Lohnkosten (gewerblich)/Gehälter (technisch + kaufmännisch)										
Summe Personalkosten (inkl. sonstige)/Instandhaltung gesamt										
Energiekosten gesamt/Betriebsstoffe + Werkzeugkosten										
Versich., Steuern, Abgaben, Gebühren/Beratungskosten gesamt										
Leasing + Mietkosten/Verkaufs- u. Werbekosten										
Reisekosten u. Bewirtung/Büro- u. Formularkosten										
Postkosten/Verbandsabgaben, Delkredere, Lizenzen										
Provisionen (Soll-%satz/NE)/Weitere Kostenarten (Bereich Fertig.)										
Weitere Kostenarten (Ber. Verwalt.)/										
Weitere Kostenarten (Ber. Vertrieb)										
Weitere Kostenarten (Ber. Auslief.)										
Summe Sachgrundkosten										
Kalkulatorische Kostenarten gesamt										
Summe Kosten (ohne Neutrale)										
Betriebsergebnis (Zeile 5 – 30)										
Neutrale Aufwendungen u. Erträge										
Untern.ergebnis, Basis: Betriebsleist.										

Anlage 2

1. Anzahl der Beschäftigten (Kopfzahl am Ende des Monats)
1.1 Männer
1.2 Frauen
1.3 Vollzeit
1.4 Teilzeit
1.5 Unbefristete Arbeitsverhältnisse
1.6 Befristete Arbeitsverhältnisse
1.7 Auszubildende
2. Einstellungen (ohne Aushilfen)
3. Abgänge/Entlassungen
4. geleistete Arbeitsstunden (ohne Aushilfsstunden)
5. Über-/Mehrarbeitsstunden
5.1 Gewerbliche ArbeitnehmerInnen
5.2 Angestellte
6. Aushilfsstunden
7. Einsatz von Fremdfirmen/LeiharbeitnehmerInnen (in Stunden)
8. bezahlte Ausfallzeiten

Anlage 3

1.   **Information über die Investitionsplanung**

Die Information über die Investitionsplanung erfolgt entsprechend dem Planungsrhythmus des Unternehmens jährlich im Wirtschaftsausschuss vor der endgültigen Entscheidung über die durchzuführenden Investitionen.

Die Darstellung der Investitionsplanung erfolgt schriftlich anhand folgender Systematik:

- Höhe des geplanten Gesamtvolumens der beabsichtigten Investitionen unterteilt in Sachinvestitionen und Finanzinvestitionen,
- Aufteilung des Gesamtvolumens der Sachinvestitionen auf die einzelnen Betriebe/Abteilungen,
- schriftliche Darstellung der Auswirkungen der einzelnen Investitionsvorhaben auf die Personalplanung insbesondere auf
  - Personalbedarf,
  - Personalstruktur,
  - Qualifikationsanforderungen,
  - Eingruppierungen/Entlohnung,
  - Arbeitszeit,
  - Arbeitsbelastung/Produktivität.

2.   **Information über die Umsatz- und Erfolgsplanung (anhand des Soll-Ist-Vergleichs)**

Die Information über die Umsatz- und Erfolgsplanung erfolgt entsprechend dem Planungsrhythmus des Unternehmens jährlich im WA vor der endgültigen Entscheidung über die Festlegung der geplanten Umsatz- und Erfolgszahlen für die einzelnen Monate sowie für das Gesamtjahr.

Die Darstellung der Umsatz- und Erfolgsplanung erfolgt schriftlich anhand folgender Systematik:

- Planumsätze (Monate/Jahr),
- Plannettorohertrag (Monate/Jahr),
- Planpersonalkosten (Monate/Jahr),
- Planbetriebsergebnis (Monate/Jahr),
- Erläuterungen zur positiven/negativen Veränderung der Planzahlen gegenüber den Istzahlen des laufenden Geschäftsjahrs,
- schriftliche Darstellung der Auswirkungen der Umsatz- und Erfolgsplanung auf die Personalplanung, insbesondere auf
  - Personalbedarf,

– Personalstruktur,
– Qualifikationsanforderungen
– Eingruppierung/Entlohnung,
– Arbeitszeit,
– Arbeitsbelastung/Produktivität.

3.   **Information über die Personalplanung**

Die Information über die Personalplanung erfolgt im WA vor der endgültigen Entscheidung über Veränderungen
- im Personalbedarf,
- in der Personalstruktur,
- in den Qualifikationsanforderungen,
- bei Eingruppierung/Entlohnung,
- der Arbeitszeit.

Die Darstellung der Personalplanung erfolgt anhand folgender Systematik jeweils im Soll-Ist-Vergleich:
- Personalbedarf in (Monate/Quartal/Jahr) je Betrieb/Abteilung
- Personalstruktur (Vollzeit-, geringfügig Beschäftigte, sonstige Teilzeit, Aushilfen, befristet Beschäftigte, Auszubildende) je Betrieb/Abteilung
- Qualifikationsstruktur und Eingruppierungsstruktur je Betrieb/Abteilung
- Vertragliches Arbeitszeitvolumen und geleistetes Arbeitszeitvolumen je Betrieb/Abteilung
- Geplante Qualifizierungsmaßnahmen zur Personalentwicklung je Betrieb/Abteilung.

V

Fragebogen über Investitionen und deren Auswirkungen

1.   Allgemeine Beschreibung

Beschreibung des Investitionsvorhabens: _____

_____

_____

Betroffene Abteilung/Bereich: _____
(je Abteilung/Bereich ein Fragebogen)

Investitionsvolumen: _____ (DM)

Inbetriebnahme: _____ (Datum)

Art der Investition: (überwiegend:)

                               Ersatz   ❏

                               Rationalisierung   ❏

                               Erweiterung   ❏

                               Sonstige _____

Ergebnis der Wirtschaftlichkeitsberechnung:

_____

_____

_____

_____

Mögliche Alternative:

1. _____

2. _____

3. _____

_____

1 Dieser Fragebogen wurde von Toni Engberding entwickelt (IGM Vorstand, Abt. Wirtschaft, Investitions- und Personalplanung Heft 2, Wirtschaftliche Angelegenheiten).

2. **Personalbemessung und Eingruppierung**

Tätigkeitsbeschreibung	IST-Stand		Soll	
	Anzahl Stellen	Tarif-gruppe	Anzahl Stellen	Tarif-gruppe
durchschnittl. Eingruppierung				

Erläuterung der Abweichungen: _____

_____

_____

_____

Vorgesehene Maßnahmen bei
- Personalmehrbedarf: _____

_____

_____

- Personalminderbedarf: _____

_____

_____

3. **Qualifikation**

Berufsgruppe	Anzahl der Beschäftigten					
	IST	SOLL	Qualifikations-anforderungen unverändert	Bedarfsdeckung		
				von außen	durch Versetzung	durch Qualif.-maßnahmen

Vorgesehene Qualifikationsmaßnahmen:

(Erläuterungen)

4.   Arbeitsbedingungen

	nimmt zu	bleibt	nimmt ab
Unfallgefahr	☐	☐	☐
Lärm	☐	☐	☐
Hitze	☐	☐	☐
Kälte	☐	☐	☐
Dämpfe	☐	☐	☐
Staub	☐	☐	☐
Öle	☐	☐	☐
Chemikalien	☐	☐	☐
körperliche Belastung	☐	☐	☐
Sonstige:	☐	☐	☐
	☐	☐	☐
	☐	☐	☐

Bemerkungen: _____

_____

Änderung der Arbeitsinhalte: _____

_____

Änderungen der Arbeitsteilung (Mehrmaschinenbedienung, Gruppenarbeit):

_____

_____

Sonstige Auswirkungen:

Leistungskontrolle _____

Datenschutz _____

Schichtarbeit _____

_____ _____

_____ _____

(Erläuterungen)

VI

Information und Beteiligung des Betriebsrats bei VW

Der neue »Tarifvertrag zur sozialen Sicherung der Arbeitnehmer bei technischen und arbeitsorganisatorischen Änderungen« der Volkswagen AG Wolfsburg enthält folgende insbesondere für die Einbeziehung der Interessenvertretung in betriebliche und unternehmerische Planungsprozesse wichtige Regelungen:

§ 1   Präambel

Die Tarifvertragsparteien schließen diesen Tarifvertrag ab in dem Bewußtsein
- daß zur Sicherung der Arbeitsplätze die Erhaltung der Wettbewerbsfähigkeit des Unternehmens unverzichtbar ist,
- daß deshalb die hierfür erforderlichen Rationalisierungsmaßnahmen des Unternehmens auch im Interesse der Werksangehörigen liegen,
- daß jedoch die betroffenen Werksangehörigen vor den Auswirkungen der Rationalisierungsmaßnahmen soweit wie möglich geschützt werden müssen.

§ 2   Geltungsbereich

Dieser Tarifvertrag gilt:
2.1 räumlich: für die Werke der Volkswagen AG
2.2 persönlich: für alle Werksangehörigen ...

§ 3   Anwendungsbereich

Die Einführung neuer und Änderung bestehender Techniken sowie die Änderung der Arbeitsorganisation im Sinne dieses Tarifvertrages sind folgende von der Volkswagen AG veranlaßte
- wesentliche Änderungen der Produktionsabläufe durch Einsatz von Anlagen und Maschinen
- wesentliche Änderungen der Arbeitsorganisation, des -ablaufs und der -methoden
- Einführung, wesentliche Erweiterung und/oder Änderung computerunterstützter Informations-, Kommunikations- und Dispositionssysteme.

§ 4   **Grundsätze**

Bei Maßnahmen nach § 3 sind folgende Grundsätze zu beachten:

4.1 Menschengerechte Gestaltung der Arbeit

4.2 Sicherung und Erweiterung der Qualifikation

4.3 Aufgrund der Einführung neuer und Änderung bestehender Techniken sowie der Änderung der Arbeitsorganisation wird keinem betroffenen Werksangehörigen gekündigt.

4.4 Führen Maßnahmen nach § 3 zu einer Versetzung, finden § 9 Monatsentgelttarifvertrag und § 5 Gehaltstarifvertrag Anwendung.

§ 5   **Zusammenarbeit mit dem Betriebsrat**

5.1 Im Zusammenhang mit Maßnahmen nach § 3 ist der Betriebsrat während des Planungs- und Realisierungsvorganges rechtzeitig und umfassend zu informieren.

Die Unterrichtung des Betriebsrates hat nach Vorliegen eines konkreten Planungsvorhabens – Planungsziel und Durchführungsmethoden sind konkretisiert – so rechtzeitig zu erfolgen, dass die vom Betriebsrat vorgebrachten Anregungen und Bedenken noch in der Planung berücksichtigt werden können.

5.2 Der Planungs- und Realisierungsvorgang gliedert sich in folgende Phasen:
- Grobplanungsphase (Alternativlösungen)
- Feinplanungsphase (Technikauswahl)
- Realisierungsphase (Probeläufe/Inbetriebnahme)

5.3 Die Unterrichtung des Betriebsrates enthält folgende Informationen:
- Ziel und Umfang der Planungen
- Geplante Bauten oder die Veränderung von Bauten
- Geplante technische Anlagen und/oder wesentliche Veränderungen solcher Anlagen
- Geplante Veränderungen der Arbeitsinhalte und -abläufe
- Die sich aus dem Planungsvorhaben ergebenden Auswirkungen auf die Art der Arbeit und Arbeitsumgebung sowie auf den Personalbedarf einschließlich der Qualifikationsanforderungen.

Die vorgenannten Informationsdaten sind mit zunehmendem Planungsfortschritt inhaltlich zu konkretisieren.

5.4 Personelle und soziale Auswirkungen sind mit dem Betriebsrat so rechtzeitig wie möglich zu beraten und zu regeln.

§ 6   **Beteiligung der Werksangehörigen**

Die Beteiligung der Werksangehörigen gemäß den Bestimmungen des Betriebsverfassungsgesetzes ist betrieblich zu regeln.

§ 7   **Qualifizierung**

7.1   Im Zusammenhang mit Maßnahmen nach § 3 sind auf der Grundlage
       der betrieblichen Personalplanung mit dem Betriebsrat bedarfsgerechte
       Qualifizierungsprogramme rechtzeitig zu vereinbaren.
7.1.1 In dem Qualifizierungsprogramm sind die Maßnahmen nach Ziel, Art,
       Dauer, Inhalt und Methode geregelt.
7.1.2 Die Auswahl der für das Qualifizierungsprogramm vorgesehenen
       Werksangehörigen erfolgt im Einvernehmen mit dem Betriebsrat.
7.1.3 Die ausgewählten Werksangehörigen sind rechtzeitig über die Qualifi-
       zierungsmaßnahmen zu unterrichten.
7.2   Werden Werksangehörigen als Folge der in § 3 genannten Maßnahmen
       versetzt, um innerhalb des Unternehmens andere Arbeit zu überneh-
       men, so sind sie hierfür zu qualifizieren.
7.3   Qualifizierungsmaßnahmen sind während der Arbeitszeit und unter
       Fortzahlung des Entgelts durchzuführen. Die Sachkosten hierfür trägt
       das Unternehmen.

§ 8   **Meinungsverschiedenheiten**

Kommt eine nach diesem Tarifvertrag erforderliche Einigung mit dem Be-
triebsrat bzw. Gesamtbetriebsrat nicht zustande, können Volkswagen AG,
Betriebsrat bzw. Gesamtbetriebsrat die Schlichtungsstelle gemäß § 18.2.2
Manteltarifvertrag anrufen.

§ 9   **Vertragsdauer**

9.1   Dieser Tarifvertrag tritt am 1. April 1987 in Kraft und ersetzt das Ratio-
       nalisierungsabkommen vom 14. Juni 1968.
9.2   Dieser Tarifvertrag kann mit einer Frist von 3 Monaten zum Quartalsende,
       erstmals zum 31. März 1992, gekündigt werden.

Wolfsburg, den 2. März 1987

Volkswagen AG   Industriegewerkschaft Metall
                                 für die Bundesrepublik Deutschland
                                 Bezirksleitung Hannover

Verzeichnis der Übersichten

Stichwortverzeichnis